KOMPENDIEN DER SOZIALEN ARBEIT

Sie arbeiten sich in ein neues Sachgebiet ein und benötigen rasch zuverlässige und umfassende Informationen? Sie möchten die wesentlichen Fakten zu Konzepten, Fällen, Arbeitsfeldern und Anwendungsgebieten der Sozialen Arbeit wissen, Good Practice-Beispiele kennenlernen und Handlungsempfehlungen für die Praxis erhalten?
In der Reihe „Kompendien der Sozialen Arbeit" erscheinen Werke mit direktem Praxisbezug. Die Bände richten sich an Studierende, gerade auch mit Blick auf Praxissemester und Anerkennungsjahr, sowie an Berufseinsteiger und -umsteiger und an fachlich interessierte Professionals.

Carsten Homann | Malte Poppe

Schuldnerberatung für die Soziale Arbeit

Nomos

Onlineversion
Nomos eLibrary

Die Deutsche Nationalbibliothek verzeichnet diese Publikation in
der Deutschen Nationalbibliografie; detaillierte bibliografische
Daten sind im Internet über http://dnb.d-nb.de abrufbar.

ISBN 978-3-8487-6302-3 (Print)
ISBN 978-3-7489-0408-3 (ePDF)

1. Auflage 2022

Vorwort

Nun ist es also endlich soweit. Mit knapp 18 Monaten Verspätung erscheint unser Lehrbuch zur Schuldnerberatung für die Soziale Arbeit. Wir sind schon ein wenig stolz darauf, wobei unser Respekt für die Lehrbuchautorinnen und -autoren dieser Welt noch größer geworden ist, als er ohnehin schon war.

Zunächst möchten wir uns bei vielen Menschen bedanken, ohne die dieses Lehrbuch nicht möglich gewesen wäre. Hierzu zählen die Mitarbeiterinnen und Mitarbeiter des Nomos-Verlages, die den Herstellungsprozess reibungslos gestaltet haben. Ein besonderer Dank gilt unserem geduldigen und stets motivierenden Lektor, Herrn Alexander Hutzel. Dem Verlag danken wir für die Aufnahme in die Reihe „Kompendien der Sozialen Arbeit".

Weiterer Dank gilt drei Menschen, die einen erheblichen Anteil daran haben, dass wir im Arbeitsfeld Schuldnerberatung gelandet sind, die uns immer wieder unterstützt und gelegentlich auch nur herausgefordert haben: Universitätsprofessor Dr. jur. Curt Wolfgang Hergenröder, Professor Dr. jur. Dieter Zimmermann und Diplom-Sozialarbeiter Thomas Zipf.

Als ständigen Diskussionspartnern und kritischen Vorab-Lesern unserer Ausführungen danken wir unseren Kolleginnen Professor Dr. Cornelia Füssenhäuser, Diplom-Pädagogin Nina Bernitt und Diplom-Sozialarbeiterin Cilly Lunkenheimer, sowie den Kollegen Professor Dr. Andreas Rein und Professor Dr. Claus Richter.

Viel Geduld und Verständnis haben unsere Familien und Freunde in den letzten Monaten für uns haben müssen, auch dafür sagen wir danke. Ihnen sei dieses Buch gewidmet.

Zuletzt bedanken wir uns bei Ihnen, liebe Leserinnen und Leser: Dafür, dass Sie sich für das Arbeitsfeld Schuldnerberatung interessieren, und dafür, dass Sie dieses Buch in Händen halten und hoffentlich wissbegierig lesen.

Nichts ist so gut, dass es nicht verbessert werden könnte. In diesem Sinne freuen wir uns auf Ihre (positive wie negative) Kritik und Ihre Verbesserungsvorschläge. Diese können Sie uns an folgende E-Mail-Adresse senden:

lehrbuch.schuldnerberatung@gmail.com

Wiesbaden und Bad Kreuznach, im April 2022
Carsten Homann   Malte Poppe

Inhalt

Abbildungsverzeichnis

Tabellenverzeichnis

Abkürzungen

a.A.	andere Ansicht
a.F.	alte Fassung
Abb.	Abbildung
Abs.	Absatz
AEUV	Vertrag über die Arbeitsweise der Europäischen Union
AGSBV	Arbeitsgemeinschaft Schuldnerberatung der Verbände
AK	Arbeitskreis
Alt.	Alternative
AO	Abgabenordnung
Art.	Artikel
AsylbLG	Asylbewerberleistungsgesetz
Aufl.	Auflage
BAG-SB	Bundesarbeitsgemeinschaft Schuldnerberatung
BeckRS	Beck-Rechtsprechung
BGB	Bürgerliches Gesetzbuch
BGBl.	Bundesgesetzblatt
BHO	Bundeshaushaltsordnung
BKKG	Bundeskindergeldgesetz
bpb	Bundeszentrale für politische Bildung
BSG	Bundessozialgericht
Bsp.	Beispiel
BT-Drs.	Bundestags-Drucksache
BVerfG	Bundesverfassungsgericht
BVG	Bundesversorgungsgesetz
bzw.	beziehungsweise
ca.	circa
CP	Credit Point
d.h.	dass heißt
DAV	Deutscher Anwaltsverein
DBSH	Deutscher Berufsverband für Soziale Arbeit
ders.	derselbe
DSGVO	Datenschutzgrundverordnung
DVO	Durchführungsverordnung
e.V.	eingetragener Verein
ebd.	ebenda
EFZG	Entgeltfortzahlungsgesetz
Einl.	Einleitung
et al.	et alia (und andere)
etc.	et cetera (und so weiter)
EUR	Euro
evtl.	eventuell
f.	für
f./ff.	folgende

FamFG	Gesetz über das Verfahren in Familiensachen und in den Angelegenheiten der freiwilligen Gerichtsbarkeit
FBTS	Fachbereichstag Soziale Arbeit
FVG	Gesetz über die Finanzverwaltung
GasGVV	Verordnung über Allgemeine Bedingungen für die Grundversorgung von Haushaltskunden und die Ersatzversorgung mit Gas aus dem Niederdrucknetz
GbR	Gesellschaft bürgerlichen Rechts
GG	Grundgesetz
GKG	Gerichtskostengesetz
grds.	grundsätzlich
GVG	Gerichtsverfassungsgesetz
GVGA	Geschäftsanweisung für Gerichtsvollzieher
H.	Heft
HaftpflG	Haftpflichtgesetz
HGB	Handelsgesetzbuch
HGrG	Gesetz über die Grundsätze des Haushaltsrechts des Bundes und der Länder
Hrsg.	Herausgeber
i.d.R.	in der Regel
i.H.v.	in Höhe von
i.R.d.	im Rahmen des/der
i.S.d.	im Sinne der/des
i.S.e.	im Sinne eines/einer
i.S.v.	im Sinne von
i.w.S.	im weiteren Sinne
iff	Institut für Finanzdienstleistungen
IFSW	International Federation of Social Workers
IKU	Inkassounternehmen
InsO	Insolvenzordnung
InsStatG	Gesetz über die Insolvenz- und Restrukturierungsstatistik
JBeitrG	Justizbeitreibungsgesetz
Jg.	Jahrgang
Kap.	Kapitel
KFZ	Kraftfahrzeug
KiTa	Kindertagesstätte
KV	Kostenverzeichnis
lit.	littera (Buchstabe)
LPartG	Lebenspartnerschaftsgesetz
LSG	Landessozialgericht
m.w.N.	mit weiteren Nachweisen
Mio.	Million

MüKo	Münchener Kommentar
NJW	Neue Juristische Wochenschrift
Nr.	Nummer
o.Ä.	oder Ähnliches
o.J.	ohne Jahr
OEG	Opferentschädigungsgesetz
OWiG	Gesetz über die Ordnungswidrigkeiten
P-Konto	Pfändungsschutzkonto
PHSB	Praxishandbuch Schuldnerberatung
PsychKHG	Gesetz über Hilfen bei psychischen Krankheiten
RDG	Rechtsdienstleistungsgesetz
RGebStV	Rundfunkgebührenstaatsvertrag
Rn.	Randnummer
RPflG	Rechtspflegergesetz
S.	Seite, Satz
SchuldR	Schuldrecht
SGB I	Sozialgesetzbuch Erstes Buch
SGB II	Sozialgesetzbuch Zweites Buch
SGB III	Sozialgesetzbuch Drittes Buch
SGB IV	Sozialgesetzbuch Viertes Buch
SGB X	Sozialgesetzbuch Zehntes Buch
SGB XII	Sozialgesetzbuch Zwölftes Buch
SGG	Sozialgerichtsgesetz
StGB	Strafgesetzbuch
StromGVV	Verordnung über Allgemeine Bedingungen für die Grundversorgung von Haushaltskunden und die Ersatzversorgung mit Elektrizität aus dem Niederspannungsnetz
StVG	Straßenverkehrgesetz
SWS	Semesterwochenstunde
TÜV	Technischer Überwachungsverein
TV	Television
u.a.	unter anderem/und anderem
u.Ä.	und Ähnliches
u.a.m.	und anderes mehr
ÜSchuldStatG	Gesetz über die Statistik der Überschuldung privater Personen
UVG	Unterhaltsvorschussgesetz
v.a.	vor allem
vgl.	vergleiche
VwGO	Verwaltungsgerichtsordnung
VwVG	Verwaltungsvollstreckungsgesetz

z.B.	zum Beispiel
z.T.	zum Teil
ZAG	Gesetz über die Beaufsichtigung von Zahlungsdiensten
ZKG	Zahlungskontengesetz
ZPO	Zivilprozessordnung

Kapitel 1: Einleitung

Zusammenfassung

Im ersten Kapitel führen die Autoren ins Thema ein. Dabei werden unterschiedliche Ausprägungen von Schuldnerberatung, zum einen *als Arbeitsfeld Sozialer Arbeit*, zum anderen im Sinne einer sogenannten *Sozialen Schuldnerberatung* gegenübergestellt. Exemplarisch benannt werden Studiengänge der Sozialen Arbeit, in denen spezifische Themen des Arbeitsfeldes Schuldnerberatung behandelt werden. In diesem Lehrbuch wird immer auf andere Quellen, Ausbildungsliteratur wie Praxisliteratur bzw. -materialien verwiesen, auf denen dieses Buch aufbaut; in diesem Kapitel werden grundlegende Werke kurz vorgestellt. Die Integration rechtlicher Inhalte in eine im Sinne der Sozialen Arbeit fundierte Schuldnerberatung steht in diesem Lehrbuch im Fokus. Gleiches gilt für die Arbeit am Fall, weswegen sich am Ende des Kapitels noch zwei Fallgestaltungen finden lassen. Diese werden im weiteren Verlauf des Buchs zur Veranschaulichung theoretischer Inhalte genutzt.

1. Motivation und Ansatz der Autoren

Schuldnerberatung ist ein Arbeitsfeld der Sozialen Arbeit (vgl. Matthes 2021, S. 9 ff., Ansen 2018, S. 9). Die Autoren dieses Lehrbuchs haben diese Erkenntnis in ihrer langjährigen Berufspraxis aus unterschiedlichen Blickwinkeln beleuchtet, immer wieder – gerade auch vor dem Hintergrund gemeinsamer Lehrveranstaltungen an der Hochschule RheinMain – miteinander diskutiert und abgewogen, eigene Haltungen erlangt und bisweilen neu justiert. Herausgebildet hat sich eine Faszination für ein umfangreiches, komplexes und für alle Beteiligten sehr forderndes Arbeitsfeld. Im Kern muss dabei die Person stehen, die mit ihren Schulden und regelmäßig weiteren sozialen Problematiken, aber auch mit ihrer Persönlichkeit und ihren Ressourcen in die Schuldnerberatung kommt. Hier muss ein besonderer Zugang in der Beratung dieser Menschen gewährleistet sein, der den Anspruch hat, nicht nur einen Weg zur finanziellen Entschuldung zu bieten. Im Interesse einer Schuldnerberatung als Arbeitsfeld der Sozialen Arbeit muss auch die familiäre oder gesundheitliche Stabilisierung sowie die psychische Entlastung des Ratsuchenden sein.

Exkurs: Definition Sozialer Arbeit

Nach der mittlerweile weithin anerkannten Begriffsbestimmung Sozialer Arbeit der IFSW, die vom DBSH und dem FBTS anerkannt wurde, definiert sich Soziale Arbeit wie folgt: Soziale Arbeit fördert als praxisorientierte Profession und wissenschaftliche Disziplin gesellschaftliche Veränderungen, soziale Entwicklungen und den sozialen Zusammenhalt sowie die Stärkung der Autonomie und Selbstbestimmung von Menschen. Die Prinzipien sozialer Gerechtigkeit, die Menschenrechte, die gemeinsame Verantwortung und die Achtung der Vielfalt bilden die Grundlage der Sozialen Arbeit. Dabei stützt sie sich auf Theorien der Sozialen Arbeit, der Human- und Sozialwissenschaften und auf indigenes Wissen. Soziale Arbeit befähigt und ermutigt Menschen so, dass sie die Herausforderungen des Lebens bewältigen und das Wohlergehen verbessern, dabei bindet sie Strukturen ein.

Neben den von den Autoren vertretenen Studiengängen Sozialpädagogik und Rechtswissenschaften sind in der Schuldnerberatung noch viele weitere Berufsgruppen mit verschiedenen Ausbildungen und Studiengängen vertreten. Dies macht ein multidisziplinäres Arbeiten in der Praxis nötig. Ob insoweit immer der eingangs beschriebenen Erkenntnis, Schuldnerberatung sei ein Arbeitsfeld der Sozialen Arbeit, Rechnung getragen werden kann, erscheint zweifelhaft. Insoweit liegt noch ein grundlegender Entwicklungs- und Professionalisierungsbedarf vor dem Arbeitsfeld der Schuldnerberatung, bei dem ein erhebliches Beharrungsvermögen der Arbeitenden in der Schuldnerberatung und der Träger der Stellen überwunden werden muss. Hieraus erklärt sich auch der Konflikt einer aus der Sozialen Arbeit heraus verstandenen und praktizierten Schuldnerberatung im Vergleich zum Konzept einer (bloß) Sozialen Schuldnerberatung, die auch von anderen Berufsgruppen (Absolventen sozialwissenschaftlicher Studiengänge, Juristen, Kaufleuten etc.) ausgeübt werden kann (vgl. Mattes 2021, S. 11). Dabei gilt die Faustformel, dass Soziale Schuldnerberatung in einer sozialarbeiterischen Schuldnerberatung regelmäßig enthalten ist, (eine nur so benannte) Soziale Schuldnerberatung aber nicht den fachlichen, insbesondere methodischen Anforderungen der Sozialen Arbeit entsprechen kann. Für uns bedingt der Prototyp der Schuldnerberaterin[1] bzw. des Schuldnerberaters ein sozialarbeiterisches oder sozialpädagogisches Studium, welches angereichert wird durch vertiefte rechtliche und kaufmännische Kenntnisse (zu weitgehend AGSBV 2018a, 14 f.; auch kritisch: Mattes/Lang 2015, S. 70). Diese Verknüpfung ist dabei kein Spezifikum der Schuldnerberatung (vgl. Stock et al. 2020, S. 42). Zwei dieser Perspektiven bringen wir in unseren Personen in dieses Buch mit ein. Das Zusammenwirken schon dieser beiden grundverschiedenen Disziplinen verläuft dabei nicht immer harmonisch.

So muss sich der Sozialpädagoge gelegentlich ein „Das Recht sieht das aber anders, sei vorsichtig!" und der Jurist ein „Dein Vorschlag lässt sich in der Beratung nicht umsetzen, mach dir noch mal Gedanken!" anhören. Bei aller Unterschiedlichkeit der Disziplinen war und ist nie Platz für ein „Ich weiß das aber besser!", sondern jede Fachlichkeit beansprucht Berücksichtigung und Wirksamkeit für sich. Mithin schulden wir dem Arbeitsfeld, frei nach dem Freiburger Staatsrechtslehrer *Konrad Hesse* (1999, S. 72), eine „praktische Konkordanz", im Kollisionsfall also die gegenseitige Zuordnung beider Fachlichkeiten mit dem Ziel der Herstellung ihrer weitestgehenden Wirksamkeit. Kollegialität und gegenseitiger Respekt bei aller Heterogenität sind Kernanforderungen an eine solche Zusammenarbeit! Der Anspruch, beide Fachlichkeiten zusammenzubringen und bestmöglich zu verknüpfen, liegt auch diesem Buch zugrunde. So verflechten

---

1 Wie im Rahmen sozialarbeiterischer Literatur üblich findet sich an dieser Stelle der Hinweis, dass mit der Verwendung des grammatikalischen Geschlechts (Genus) keine Diskriminierung des biologischen Geschlechts (Sexus) oder des sozialen Geschlechts (Gender) bezweckt ist. Den Autoren ist der Unterschied zwischen Genus, Sexus und Gender bekannt und bewusst! Den geschlechtergerechten Blick der Sozialen Schuldnerberatung auf die Ratsuchenden nehmen wir uns nochmals vor (→ S. 40 ff.).

wir sozialpädagogische und juristische Themen anhand eines typischen, exemplarischen Beratungsablaufes in der Sozialen Schuldnerberatung.

Es kann dabei in einem Lehrbuch jeweils nur um grundlegende Fragestellungen gehen, nicht um weiterführende. Von daher hören wir gegebenenfalls an einer Stelle auf, wo die fortgeschrittene Leserin oder der berufserfahrene Leser noch Fragen haben. Neben der grundsätzlichen, wissenschaftlichen Anforderung, den aktuellen Forschungsstand abzubilden und darstellen zu wollen, haben wir deswegen, über die gesamten Inhalte hinweg, Hinweise auf spezifische, weiterführende Literatur aufgenommen. Beispielsweise findet man verteilt über das Lehrbuch Verweise auf das *Praxishandbuch Schuldnerberatung*, einer in der Praxis verbreiteten, und mit dem Zweck eines Nachschlagewerkes versehenen, regelmäßig aktualisierten Informationsquelle. Damit streben wir auch eine Heranführung der Studierenden an methodische und inhaltliche Arbeitsmittel der Praxis heran. Strukturelle Grundlage dieses Lehrbuchs ist die von Burkhard Müller erdachte und von Ursula Hochuli Freund weiterentwickelte Lehre der multiperspektivischen Fallarbeit (*Sozialpädagogisches Können – Ein Lehrbuch zur multiperspektivischen Fallarbeit*), die sich quasi wie ein Gerippe über oder hinter die Lehrbuchinhalte legt und diese gliedert. Wir sind der Überzeugung, dass die Inhalte dieser Lehre mit den Dimensionen/Perspektiven (Fall von, Fall für, Fall mit) und der Prozessdarstellung in Anamnese, Diagnose, Intervention und Evaluation sich gut eignet für die Soziale Schuldnerberatung als Beratungsfeld Sozialer Arbeit. Eng verknüpft mit diesem Lehrbuch wurden auch weitere Literaturquellen wie beispielsweise der demnächst in zweiter Auflage erscheinende, von Praktikern der Schuldner- und Insolvenzberatung für ebensolche Praktiker verfasste Gesetzeskommentar zum *Privatinsolvenzrecht* (Hrsg. Henning/Lackmann/Rein) oder das von uns beiden an der Hochschule gelehrte Harvard-Konzept zur Verhandlungsführung von Fisher/Ury/Patton (*Das Harvard-Konzept – Die unschlagbare Methode für beste Verhandlungsergebnisse*). Eine ertragreiche Quelle der Erkenntnis stellt zuletzt der jüngst erschienene, von Mattes/Rosenkranz/Witte herausgegebene Sammelband *Das Soziale in der Schuldnerberatung* dar. Der Verweis auf diese und andere Quellen dient der Vertiefungsmöglichkeiten des Lesers und, im Besonderen, Studierenden als Blaupause für die Technik des wissenschaftlichen Arbeitens. Studieren bedeutet Ausgraben, Aufdeckung der Originalquelle, Befruchtung und Weiterentwicklung der eigenen Gedanken, Fundierung der eigenen Einschätzung, mithin Entwicklungsarbeit (vgl. Bieker 2019, S. 46 ff.). Indes hören diese Vorgänge nach richtigem Verständnis auch für im Berufsleben stehende Schuldnerberaterinnen und -berater nicht auf. Dafür sorgt allein schon der Gesetzgeber, der die Praxis immer wieder vor neue Anforderungen stellt. Aber auch die stetige wissenschaftliche Auseinandersetzung mit den Themen des Berufsfeldes und die hierbei gewonnenen Erkenntnisse macht eine regelmäßige Aktualisierung des eigenen Wissensbestandes und eine Überprüfung bzw. Änderung des eigenen professionellen Handelns nötig.

Das vorliegende Lehrbuch arbeitet am Fall. Zum Ende dieses Kapitels (→ S. 22 ff.) findet die Leserin bzw. der Leser daher zwei grundlegende und ausführlich geschilderte Fallbeschreibungen, die praktischen Fällen nachgebildet sind. Auf diese Fälle wird im Rahmen des typischen Beratungsablaufs immer wieder Bezug genommen und konkrete Handlungsempfehlungen aus der Theorie für die Praxis hergeleitet. Maßgeblich angeregt vom Verlag wurde zudem die Einbeziehung von didaktischen Elementen, wie einer Zusammenfassung zu Beginn eines Kapitels, thematischen Exkursen, den abschließenden Diskussionsfragen und grundlegenden wie weiterführenden Verweisen zur Literatur, was wir gerne aufgenommen haben. Zuletzt habe wir Musterarbeitsmaterialien im Anhang des Lehrbuches aufbereitet, auf die in den einzelnen Kapiteln Bezug genommen wird.

2. Bedeutung des Arbeitsbereichs Schuldnerberatung im Studium Sozialer Arbeit

Schuldnerberatung ist im Studium Sozialer Arbeit bislang eher unterrepräsentiert. Dies verwundert, denn Problemstellungen zur Ver- und Überschuldung tauchen in der Praxis Sozialer Arbeit in sehr vielen, wenn nicht gar fast allen Arbeitsfeldern Sozialer Arbeit auf. Dies gilt klassisch für die Arbeitsfelder Straffälligenhilfe, Wohnungslosenhilfe, Suchtberatung, daneben aber auch beispielsweise im Bereich der Beratung von Arbeitssuchenden, in der Ehe-, Familien- und Lebensberatung und in der Tätigkeit der Jugendämter.

Der nachstehende Überblick (ohne Anspruch auf Vollständigkeit) verdeutlicht die unterschiedlichen Herangehensweisen an das Thema Schuldnerberatung:

- *Hochschule für Angewandte Wissenschaften, Hamburg, Fakultät Wirtschaft und Soziales, Department Soziale Arbeit:*
  Schwerpunkt-Studium im Vertiefungs- und Wahlpflichtbereich „Existenzsicherung, Resozialisierung und Integration" im Bachelor-Studiengang „Soziale Arbeit" über drei Semester mit 21 CP und 16 SWS.

- *Hochschule für Wirtschaft und Gesellschaft, Ludwigshafen, Fachbereich Sozial- und Gesundheitswesen:*
  Schwerpunkt-Studium „Soziale Arbeit mit Menschen in finanziell schwierigen Situationen" im Bachelor-Studiengang „Soziale Arbeit" über vier Semester mit insgesamt 18 CP und 12 SWS; in dieses ist das berufspraktische Semester im Umfang von 750 Stunden und begleitenden Lehrveranstaltungen integriert;

- *Hochschule RheinMain, Wiesbaden, Fachbereich Sozialwesen:*
  Pflicht-Modul in den Bachelor-Studiengängen „Recht und Management in der Sozialen Arbeit" in der Studienrichtung „Sozialarbeitsrecht" im vierten Fachsemester bzw. „Soziale Arbeit: Gesundheit, Soziales Recht und Soziales Management" in der Studienrichtung „Soziales Recht" im fünften Fachsemester mit jeweils 10 CP und 6 SWS.

- *Technische Hochschule, Köln, Fakultät für Angewandte Sozialwissenschaften:*
  Wahl-Pflichtmodul „Beratung bei Zwangsvollstreckung und Insolvenz" im Master-Studiengang „Beratung und Vertretung im Sozialen Recht" im dritten Fachsemester mit 7 CP und 4 SWS.

In Studiengängen außerhalb der Sozialen Arbeit kommt das Thema „Schuldnerberatung", soweit ersichtlich, gar nicht vor. Nimmt also der Themenbereich einer sozialen Schuldnerberatung selbst in der Ausbildung von Studierenden der Sozialen Arbeit nur eine untergeordnete Rolle ein, so sind Absolventinnen und

Absolventen im Rahmen ihrer Berufstätigkeit auf ihre Aufgaben vorzubereiten. Gleiches gilt natürlich auch für andere Berufsgruppen, die in der Praxis der Schuldnerberatung tätig sind. Insoweit haben sich vielfältige Angebote in der Weiterbildung entwickelt, die diese Lücke mit sogenannten Zertifikatskursen füllen wollen. Eine Übersicht über die Inhalte der Weiterbildungsangebote bietet die Bundearbeitsgemeinschaft Schuldnerberatung e.V. auf ihrer Internetseite an unter der Rubrik Veranstaltungen → Ausbildungsoffensive → Weiterbildungsangebote. Abgebildet wird insoweit auch die interdisziplinäre Zusammenarbeit in und damit der Zugang verschiedener Berufsgruppen zur Schuldner- und Insolvenzberatung. Allerdings haben sich die Anbieter dazu verpflichtet, dass ihre Teilnehmer im Anschluss an die Weiterbildung eine Tätigkeit in der Sozialen Schuldnerberatung (in Abgrenzung zur gewerblichen Schuldnerberatung) anstreben sollen.

Exkurs: Verbände der Schuldnerberatung

Neben der bereits erwähnten Bundesarbeitsgemeinschaft Schuldnerberatung e.V. (BAG-SB) gibt es noch die Arbeitsgemeinschaft Schuldnerberatung der Verbände (AGSBV). Während Erstere sich als Fachverband der Beratungspraxis ansieht und deren Satzungszweck u.a. die Aus- und Fortbildung von Schuldnerberatern ist (BAG-SB 2020, 1), stellt Letztere ein Zusammenschluss der Spitzenverbände der Freien Wohlfahrtspflege auf Bundesebene, der Verbraucherzentrale Bundesverband und der Bundesarbeitsgemeinschaft Schuldnerberatung dar. Ziel ist die Vertretung der Interessen überschuldeter Menschen in Deutschland und der in der Schuldnerberatung tätigen Verbände (vgl. AGSBV 2018a).

3. Inhalte des Buches

Zum Einstieg in das Thema werden wir in → Kap. 2 Hintergrundwissen verschaffen, indem wir regelmäßig genutzte Begriffe definieren, Ursachen von Ver- und Überschuldung statistisch ebenso darlegen wie einen Überblick über die Gründe der Problembildung in der Person des Schuldners und der Gesellschaft geben. Hiernach beschreiben wir die Herkunft Schuldnerberatung als Aufgabe der Sozialen Arbeit und die Prinzipien einer Sozialen Schuldnerberatung. Zuletzt erfolgt in diesem Kapitel ein Kurzüberblick über Methoden der Schuldnerberatung und im Speziellen die Methode der multiperspektivischen Fallarbeit nach Burkhard Müller. Wie schon vorstehend erörtert, richten wir uns nach einem idealtypischen Beratungsablauf. Im 3. bis 6. Kap. stellen wir in aufeinanderfolgenden Phasen diesen Beratungsablauf nach, wobei diese regelmäßig zirkulär ablaufen (→ S. 66 f.):

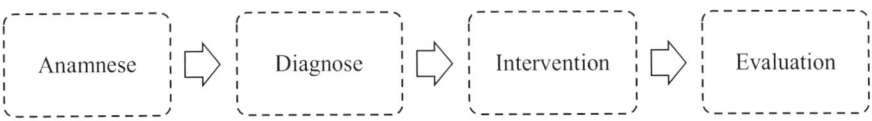

Abb. I.1: Prozess der Fallarbeit, Quelle: eigene Darstellung

■ Phase 1 (Anamnese) ist die Eingangsphase und beinhaltet in → Kap. 3 eine grundlegende Anamnese sowie eventuell nötige Kriseninterventionsmaßnahmen. Nach einer Darstellung des Einstiegs in die Beratung erfolgen die Klärung der individuellen Schuldensituation, Maßnahmen der Krisenintervention und

Existenzsicherung sowie des Schuldnerschutzes. Enthalten ist hier auch die in der Schuldnerberatung obligatorische haushaltswirtschaftlichen Beratung.

- Phase 2 (Diagnose) enthält die in → Kap. 4 beschriebene soziale und rechtliche Diagnose durch Klärung der Schuldensituation, die Entwicklung einer Strategie sowie die Darlegung der verschiedenen Entschuldungsvarianten.

- Phase 3 (Intervention) bildet die in → Kap. 5 beschriebene Umsetzung der Entschuldung inklusive der Begleitung durch den Berater.

- Mit Phase 4 (Evaluation) schließt die Darstellung der Phasen einer Beratung in → Kap. 6 mit der Untersuchung und Bewertung des Beratungsprozesses durch die Schuldnerberaterin.

Eine Darstellung der Schuldnerberatung wäre zuletzt nicht denkbar ohne eine Berücksichtigung der vielfältigen rechtlichen und wirtschaftlichen Rahmenbedingungen einschließlich der Fragen ihrer Wirksamkeit (→ Kap. 7). → Kap. 8 enthält dann als Anhang die schon erwähnten Musterarbeitsmaterialien.

4. Falldarstellungen

Fall Rita:

Rita (39 Jahre) lebt mit ihrem Lebensgefährten Robert (35) und dem gemeinsamen Kind Ronja (dreieinhalb Jahre) in einem Haushalt. Robert kümmert sich täglich um Ronja, einen KiTa-Platz haben sie nicht bekommen. Rita geht ihrer Arbeit als Bürokauffrau nach. Die Arbeitsstelle hat sie seit fast zwei Jahren. Demnächst läuft ihr Vertrag aus und sie hofft, dass sie nun eine Entfristung erhält. Monatlich erzielt sie ein Nettoeinkommen in Höhe von 1.560,00 EUR. Rita hat aus einer vorherigen Beziehung einen Sohn. Er heißt Rolf und ist zwölf Jahre alt. Seitdem sie mit Robert zusammengezogen ist, ist die Beziehung zu Rolf immer schlechter geworden. Rolf ist vor einem Jahr zu seinem Vater gezogen. Das Jugendamt war involviert. Sie hat dort auch etwas bezüglich des Unterhaltes unterschreiben müssen, weiß allerdings nicht mehr so genau, was das war. Seitdem hat Rita Rolf nur selten gesehen, da sie an den vereinbarten Tagen oft keine Zeit oder Lust hatte, ihren Sohn aus dem Nachbarort zu holen.
Rita leidet unter einer rezidivierenden depressiven Störung; bis vor einem Jahr ist sie auch regelmäßig zu ihrer ambulanten Therapie gegangen, hat dann aber abgebrochen. Sie ist sehr dankbar, dass sie die Arbeit hat. Zuhause ist es ihr oft zu laut. Sie wäre froh, wenn Ronja endlich einen KiTa-Platz bekommen würde.
Rita beschreibt Robert als Tagträumer. Er kümmert sich zwar fürsorglich um Ronja, allerdings sucht er sich keine Arbeit. Dies wird ihrer Meinung nach so bleiben, wenn Ronja einen Kindergartenplatz bekommt. Robert, der vor Jahren sein Gewerbe in der Gastronomie aufgegeben hat, ist aktuell weder arbeitslos noch arbeitssuchend gemeldet. Er sei wohl aktuell zwar krankenversichert, können aber seiner Aussage nach nicht zum Arzt gehen.
Rita weiß aktuell nicht mehr weiter. Finanziell steigt ihr alles über den Kopf. Bei ihrem Vermieter, einer gemeinnützigen Wohnungsbaugesellschaft, haben sie aus der letzten Nebenkostenabrechnung noch 450,00 EUR Nachforderung. Zudem konnte sie vor zwei Monaten eine Miete (800,00 EUR warm) nicht bezahlen, da sie ihr Auto über den TÜV bringen und vorher einige Mängel reparieren lassen musste. Die Reparaturen haben insgesamt 1.000,00 EUR gekostet. 200,00 EUR

schuldet sie ihrem Bekannten noch, der ihr das Auto repariert hat. Ohne Auto kommt Rita nicht zur Arbeitsstelle, da die Büroräume in der nächsten Stadt im Industriegebiet liegen, welches man mit dem Bus nicht erreichen kann. Ihr aktuelles Konto ist nicht überzogen. Sie hat bei ihrer Bank, zu der sie nach der Sperre ihres alten Kontos gewechselt ist, nur ein Guthabenkonto bekommen. Somit hat sie auch keine Möglichkeit, kurzfristig ins Soll zu gehen, was sie sehr stört, da sie immer knapp kalkulieren muss. Wenn es ganz eng wird, hilft ihre Mutter manchmal mit Lebensmitteln aus.

Die vormalige Bank A hat ihre Forderung aus Dispositionskredit und einem fällig gestellten Verbraucherdarlehen an ein Inkassobüro verkauft. Dieses ruft nach Aussage von Frau Rita fast täglich an. Außerdem kommt jede Woche mindestens ein Brief, in dem die Konsequenzen ihrer dauerhaften Zahlungsverweigerung mit deutlichen Worten angedroht werden.

Zu allem Überfluss hat nun schon wieder das Jugendamt im Rahmen der Beistandschaft für Rolf geschrieben und fordert monatlich einen Unterhaltsbetrag nach der Düsseldorfer Tabelle in Höhe von 100 % des Tabellenunterhalts, aktuell 533,00 EUR. Der Aufforderung, ihre wirtschaftlichen Verhältnisse offenzulegen, ist sie nicht nachgekommen. Sie erwähnt, dass das Jugendamt schon mehrfach geschrieben hat und dort wohl sicher auch Schulden bestehen würden. Wenn sie aber den Unterhalt, den sie eigentlich ja zahlen will, überweisen würde, dann hätte die Familie gar kein Geld zum Leben.

ÜBERSICHT *Einnahmen & Ausgaben:*

Tab. I.1: *Fall Rita: Einnahmen & Ausgaben, Quelle: eigene Darstellung*

Einnahmen:	Betrag pro Monat
Einkommen	1.560,00 EUR
Kindergeld Ronja	219,00 EUR
Summe:	1.779,00 EUR
Ausgaben:	Betrag pro Monat
Miete, warm inkl. Heizung und Nebenkosten	800,00 EUR
Strom: Abschlagszahlung	75,00 EUR
Telekommunikation (inkl. Streaming / Handy / TV)	55,00 EUR
Rundfunkbeitrag	18,36 EUR
	Keine Zahlung!
KFZ-Haftpflichtversicherung	18,50 EUR
KFZ-Steuer	22,50 EUR
Benzin	100,00 EUR
Unterhalt Rolf (laut Jugendamt)	533,00 EUR
	Keine Zahlung!
Summe:	1.071,00 EUR

ÜBERSICHT Gläubiger & Forderungen:

Tab. I.2: Fall Rita: Gläubiger & Forderungen, Quelle: eigene Darstellung

Nr.	Gläubiger:	Forderungsart /-grund:	Betrag:
1.1	Bank A	Ratenkredit	9.500,00 EUR
1.2	Bank A	Dispo-, Rahmenkredit	2.100,00 EUR
2.1	Vermieter	Miete	800,00 EUR
2.2	Vermieter	Nebenkosten Nachzahlung	450,00 EUR
3.1	Beitragsservice	Rundfunkgebühren	*Nicht bekannt!*
4.1	Rolf	Unterhaltsverpflichtung	*Nicht bekannt!*
5.1	Bekannter	KFZ-Reparatur	200,00 EUR
		Summe:	**13.050,00 EUR**

Fall Katharina:

Katharina nimmt das Beratungsangebot der Schuldner- und Insolvenzberatung in Anspruch. Nach einem Erstgespräch stellt sich die Situation der Katharina wie folgt dar:

Sie ist 43 Jahre alt, seit mehr als zehn Jahren geschieden und lebt aktuell nach einer schmerzhaften Trennung von ihrem langjährigen Lebensgefährten Konrad mit ihrer Perserkatze in ihrer sehr geräumigen Wohnung. Diese befindet sich in bester Innenstadtlage. Katharina ist kinderlos geblieben und erzielt in unbefristeter Anstellung als Assistentin der Geschäftsführung in einem mittelständigen Unternehmen ein monatliches Nettoeinkommen in Höhe von 2.500,00 EUR (Steuerklasse 1, brutto: 4.016,11 EUR).

Katharina hat schon seit Langem Schulden. Nach der Scheidung nahm sie zur Einrichtung ihrer Wohnung und für einen langen Luxusurlaub einen ersten größeren Kredit auf. Da sie neben den Kreditraten auch immer wieder ihren Dispositionsrahmen ausschöpfte, hat sie zwischenzeitlich schon zum dritten Mal den bestehenden Kredit umgeschuldet. Ihre Freunde sind immer sehr beeindruckt von ihrem edlen Geschmack, den stilvollen Möbeln und den großformatigen Urlaubsfotos aus der ganzen Welt.

Seit der Trennung von Konrad spitzt sich aber ihre finanzielle Situation immer weiter zu. Als beide noch ein Paar waren, unterstützte Konrad bei Bedarf Katharina, indem er teilweise die Miete übernahm, Katharina mit neuer Kleidung ausstattete oder aber auch die Urlaube finanzierte. Zwei Urlaube im Jahr waren Katharina zur Entspannung immer wichtig. Von diesem Leben hat Katharina immer geträumt: Es sollte ihr gutgehen, an nichts mangeln, und ihre Wünsche sollten ihr erfüllt werden.

Seit ein paar Monaten konnte sie die monatlichen Raten nicht mehr regelmäßig bedienen, da der Dispositionsrahmen wieder mit 4.200,00 EUR ausgeschöpft ist. Nach einigen Mahnungen und einem Gespräch mit dem zuständigen Bankangestellten hat Bank A nun sowohl das Verbraucherdarlehen (Restforderung 35.000,00 EUR) als auch den Dispositionskredit fällig gestellt. Bank A hat in der letzten Woche auch eine Lohn- und Gehaltsabtretung beim Arbeitgeber von Frau Katharina offengelegt. Der Arbeitgeber wird nun mit dem nächsten Gehaltslauf monatlich die geschuldete Rate in Höhe von 585,00 EUR überweisen.

Der Arbeitgeber hat Katharina nun auch in die Schuldnerberatung geschickt. Sie soll ihre finanzielle Situation klären, sonst könne sie ihren anspruchsvollen Job nicht mehr ausführen. Wie Katharina am kommenden Monatsanfang die Miete und Energieversorgung zahlen soll, weiß sie aktuell nicht. Auch die bisher ihr zugegangene Post hat sie nicht mehr geöffnet. Aus der in im Rahmen der Beratung gemeinsam geöffneten Post ist ersichtlich, dass unter anderem ein Vollstreckungsbescheid eines Kreditkarteninstituts B über 2.500,00 EUR vorliegt. Auch ein Schreiben des zuständigen Gerichtsvollziehers mit Ladung zur Vermögensauskunft und Androhung eines Haftbefehls ist dabei. Der Termin war vor zehn Tagen. Der auftraggebende Gläubiger ist ein Versandhaus D mit einer Gesamtforderung in Höhe von 800,00 EUR. Des Weiteren findet sich noch ein Mahnschreiben eines Inkassobüros C für Telekommunikationsleistungen über einen Gesamtbetrag in Höhe von 1.800,00 EUR. Das Inkassobüro C kündigt in diesem eine Pfändung des Kontos von Katharina an. Sie hat nun, um endlich Ruhe vor den Anrufen und Schreiben zu haben, einer Ratenzahlung in Höhe von 50,00 EUR zugestimmt.

Katharina berichtet auf Nachfrage, dass es eine ruhend gestellte Renten- und Lebensversicherung gibt, die wohl einen Rückkaufswert von 5.000,00 EUR hat. Aber dann wäre ihre Rücklage weg. Und eigentlich wollte sie damit nächstes Jahr wieder eine schöne Reise machen.

Zum Ende des Beratungstermins sagt sie noch, dass sie auf keinen Fall – wie all die anderen – in eine Insolvenz will. Sie will das alles schaffen, aber für das „Wie" sei ja die Schuldnerberatung zuständig. Sie würde gerne eine Vollmacht unterschreiben und wenn alles erledigt sei, würde sie ihre Unterlagen abholen und die vereinbarten Zahlungen (am besten durch Vergleiche) leisten. Der Berater zeigt sich diesbezüglich irritiert.

ÜBERSICHT Einnahmen & Ausgaben:

Tab. I.3: Fall Katharina: Einnahmen & Ausgaben, Quelle: eigene Darstellung

Einnahmen:	Betrag pro Monat
Einkommen (netto)	2.500,00 EUR
Summe:	**2.500,00 EUR**
Ausgaben:	**Betrag pro Monat**
Miete, kalt	750,00 EUR
Nebenkosten, inkl. Wasser und Heizung	150,00 EUR
Strom Abschlagszahlung	60,00 EUR
Telekommunikation (inkl. Streaming/ Handy / TV / Rundfunkbeitrag)	75,50 EUR
Fitnessvertrag	40,50 EUR
KFZ-Vers. (Stadtflitzer, 8 Jahre alt, sehr gepflegt)	25,00 EUR
KFZ-Steuer	15,00 EUR
Benzin	150,00 EUR

Privathaftpflichtversicherung	4,50 EUR
Krankenversicherung f. Kleintiere	7,50 EUR
Inkassobüro D: Ratenzahlung	50,00 EUR
Summe:	**1.328,00 EUR**

ÜBERBLICK Gläubiger & Forderungen

Tab. I.4: Fall Katharina: Gläubiger & Forderungen, Quelle: eigene Darstellung

Nr.	Gläubiger:	Forderungsart/-grund:	Bemerkung:	Betrag:
1	Bank A	Ratenkredit	*Gehaltsabtretung*, beim Arbeitgeber offen gelegt!	35.000,00 EUR
2	Bank A	Dispo-, Rahmenkredit	Überziehungskredit	4.200,00 EUR
3	Kreditkarten-institut B	Dispo-, Rahmenkredit	*Vollstreckungsbescheid!*	2.500,00 EUR
4	Inkassobüro C	Telekommunikation	*Vollstreckungsbescheid!* Ratenzahlung 50,00 EUR, Pfändung droht	1.800,00 EUR
5	Versandhaus D	Warenlieferung	*Vollstreckungsbescheid!* Ladung *Vermögensauskunft* erfolgt	800,00 EUR
			Summe:	**44.300,00 EUR**

Literatur zur Einführung

Bieker, Rudolf (2019): Soziale Arbeit studieren. Leitfaden für wissenschaftliches Arbeiten und Studienorganisation. 4. Aufl. Stuttgart: Kohlhammer
Nachschlagewerk zum Studium Sozialer Arbeit, insbesondere zu den Anforderungen wissenschaftlichen Arbeitens
Stock, Christof/Schermaier-Stöckl, Barbara/Klomann, Verena/Vitr, Anika (2020): Soziale Arbeit und Recht, Lehrbuch sowie Fallsammlung und Arbeitshilfen. 2. Aufl. Baden-Baden: Nomos
An Arbeitsfeldern Sozialer Arbeit orientiertes rechtliches Lehrbuch samt Fallsammlung und Arbeitshilfen

Weiterführende Literatur

Fisher, Roger/Ury, William/Patton, Bruce (2020): Das Harvard-Konzept. Die unschlagbare Methode für beste Verhandlungsergebnisse. 4. Aufl. München: Deutsche Verlags-Anstalt
Neuausgabe des erstmals 1981 erschienenen Lehrbuchs zur Methode des sachbezogenen Verhandelns

Groth, Ulf/Homann, Carsten/Hornung, Rita/Maltry, Christian/Peters, Sally/Richter, Claus/ Tiffe, Achim/Zimmermann, Dieter/Zipf, Thomas (2021): Praxishandbuch Schuldnerberatung. Loseblattsammlung. 30. Ergänzungslieferung. Köln: Wolters Kluwer
Standardnachschlagewerk der Praxis im Handbuchformat als Loseblattwerk, vorrangig zu rechtlichen Inhalten einer Schuldnerberatung
Mattes, Christoph/Rosenkranz, Simon/Witte, Matthias (Hrsg.) (2021): Das Soziale in der Schuldnerberatung. Baltmannsweiler: Schneider Verlag Hohengehren
Aktueller Sammelband mit einer Vielzahl von lesenswerten Beiträgen zur Schuldnerberatung in der Sozialen Arbeit
Müller, Burkhard/Hochuli Freund, Ursula (2017): Sozialpädagogisches Können. Ein Lehrbuch zur multiperspektivischen Fallarbeit. 8. Auflage. Freiburg im Breisgau: Lambertus
Einführendes Lehrbuch zur multiperspektivischen Fallarbeit als Methode der Sozialpädagogik

Kapitel 2: Einstieg in das Thema – Grundlagen

Zusammenfassung

Schuldnerberatung ist ein Arbeitsfeld der Sozialen Arbeit. Dies beruht in erster Linie auf der Erkenntnis, dass Überschuldung als regelmäßiger Anlass einer Schuldnerberatung ein soziales Problem darstellt; diesem Aufgabenfeld stellt sich die Soziale Arbeit, gerade aufgrund der langen Historie der Armutsbekämpfung, aber auch aufgrund der vielschichtigen sozialen und persönlichen Probleme, und der damit verbundenen Exklusion aus dem gesellschaftlichen Leben, die mit einer Überschuldung einhergehen. Andere Berufsgruppen können qua Ausbildung jeweils nur Teilaufgaben in diesem Bereich für die Ratsuchenden übernehmen, dies gilt insbesondere für Juristen. Aufgrund des starken rechtlichen Bezugs einer Schuldnerberatung „von der Wiege bis zur Bahre" jeder einzelnen Forderung, ist für eine professionelle Schuldnerberatung jedoch ein solides rechtliches Wissen vonnöten, welches in der Beratungsmethodik gerahmt werden muss. Insoweit wird hier die multiperspektivische Fallarbeit nutzbar gemacht. Allgemein besteht der Befund, dass Schuldnerberatung eine vergleichbare Entwicklung wie die Mutterdisziplin durchschritten hat.

1. Begrifflichkeiten

Die grundständigen Begriffe „Gläubiger", „Schuldner", „Schuld" und „Haftung", die im Rahmen einer Schuldnerberatung von Bedeutung sind, sind rechtliche Begriffe. Für ihr Verständnis ist auf das rechtliche Sprachverständnis und das methodische Grundverständnis der Rechtswissenschaften zurückzugreifen. Vor einer Begriffsbestimmung soll daher überblicksmäßig in die Thematik „Recht und Rechtsanwendung" eingeführt, zudem auf das Verhältnis von Recht und Sozialer Arbeit bzw. Schuldnerberatung eingegangen werden.

1.1 Recht und Rechtsanwendung

Recht bezieht sich auf das soziale Dasein des Menschen. Es ist der Inbegriff von Regeln, nach denen Menschen ihr Verhalten untereinander einrichten und an denen sie es messen lassen. Recht ist eine Bedingung für alle höheren Gesellschaftsformen, hilft dabei, Konflikte zu verhindern oder entstandene in friedlicher Weise beizulegen. Diese drei Feststellungen, die dem Standard-Lehrbuch zur juristischen Methodenlehre (vgl. Larenz/Canaris 1995, S. 11) entnommen wurden, beschreiben ein allgemein anerkanntes Verständnis von Recht.

Exkurs: Rechtswissenschaften und die Wissenschaft der Sozialen Arbeit

Die Rechtswissenschaften befassen sich in verschiedenen Disziplinen mit dem Recht, nämlich aus der rechtshistorischen, der rechtsphilosophischen, der rechtssoziologischen, der rechtspolitischen, der rechtstheoretischen, der rechtsdogmatischen und der rechtsvergleichenden Perspektive (vgl. Larenz/Canaris 1995, S. 11). Die Soziale Arbeit als seit 2001 anerkannte Fachwissenschaft ist demgegenüber eine der Disziplinen der Sozialwissenschaften (vgl. Erath 2006, S. 39). Aus dieser Zuordnung ergeben sich unterschiedliche methodische wie Forschungszugänge beider Wissenschaften: Während die Rechtswissenschaften ganz vorrangig textbasiert-hermeneutisch, d.h. sinnerschließend arbeitet, um Erkenntnisse zu gewinnen (vgl. Sauer 2021, Rn. 15), sind Gegenstand der Sozialwissenschaften die Prozesse menschlichen Zusammenlebens. In der Sozialarbeitswissenschaft stehen dabei soziale Wirklichkeiten, insbesondere Exklusionsproblematiken in modernen Gesellschaften, im Vordergrund (vgl. Schefold 2012, S. 1123, 1138; Sommerfeld 1998, S. 15 f.). Die Erforschung dieser Realitäten geschieht auf der Grundlage von Theoriemodellen (vgl. Dewe/Otto 2018, S. 1835) mit den Methoden der Empirie, d.h. sie produziert Erfahrungswissen (vgl. Schefold 2012, S. 1129 f. mit einer Strukturierung nach Forschungstypen); dabei ist der praktische Bedarf an „professionellen Handlungsplänen" zu berücksichtigen (vgl. Sommerfeld 1998, S. 15 f.; instruktiv Dewe/Otto 2018, S. 1834, 1837).

Im Kontext Sozialer Arbeit haben aus den Rechtswissenschaften vor allem die Rechtsphilosophie, die Rechtssoziologie, die Rechtspolitik und zuvorderst die Rechtsdogmatik eine Bedeutung. Die *Rechtsphilosophie* befasst sich mit den Gründen der Geltung des positiven, d.h. von Menschen gesetzten Rechts, mit der Sinnhaftigkeit des Rechts selbst (vgl. Gierhake 2021, Rn. 1; Larenz/Canaris 1995, S. 65). Hierbei geht es unter anderem um die Verbindlichkeit für jede und jeden Einzelnen, daneben um die Kriterien guten Rechts. Die *Rechtssoziologie* sieht das Recht als Verlaufsphänomen an, als dynamisches soziales Konstrukt (vgl. Stegmaier 2021, Rn. 1). Sie informiert über die gesellschaftlichen Umstände des normativen Handelns, geht über die rein juristische Sicht hinaus (vgl. anschaulich Schröder 2016). Die *Rechtspolitik* befasst sich demgegenüber mit dem zu schaffenden Recht (vgl. Larenz/Canaris 1995, S. 57 f.). *Rechtsdogmatik* meint zuletzt die Arbeit an der Rechtspraxis einer geltenden Rechtsordnung (vgl. Sauer 2021, Rn. 5). Kennzeichnend für die Rechtsdogmatik ist hiernach die kritische Auseinandersetzung mit Normen, Problemlösungen und Entscheidungen des Rechts, mit Rechtsgedanken und Wertungsgrundsätzen. Sie stellt die Methodenlehre des Rechts dar (vgl. Sauer 2021, Rn. 1).

Die Rechtsdogmatik trifft Aussagen über das geltende Recht, über den Normsinn und -zweck, über die Geltung bzw. Nichtgeltung. Dabei ist die faktische Geltung (im Vergleich zur normativen) kein Gegenstand der rechtlichen Methodenlehre. Die Frage, ob eine Entscheidung vor dem positiven Recht gerechtfertigt ist, ist getrennt von der Frage zu betrachten, ob die Beteiligten bereit sind, dies hinzunehmen oder nicht (vgl. Larenz/Canaris 1995, S. 22). Rechtsnormen sind auch keine Aussagen über wahrnehmbare, der Beobachtung zugängliche und im Experiment zu erhärtenden Fakten (vgl. Larenz/Canaris 1995, S. 17 f.). Das Recht setzt vielmehr diese Fakten voraus, baut mithin darauf auf. Exakte Gewissheiten kann die Rechtsdogmatik nicht liefern (vgl. Sauer 2021, Rn. 1). Sie markiert und leitet vielmehr den Weg vom abstrakten Recht zur konkreten rechtlichen Entscheidung.

Dabei spielt Sprache eine beherrschende Rolle (vgl. Larenz/Canaris 1995, S. 17). Die rechtswissenschaftliche Sprache enthält dabei präzisere Bedeutungen als die Umgangssprache; sie erfüllt ihre Rolle bzw. Funktion im Sinnzusammenhang mit der Sache „Recht". Die Methodenlehre befasst sich mit dem Verstehen von sprachlichen Äußerungen, dem ihnen zukommenden normativen Sinn (vgl. Sauer

2021, Rn. 15). Dies beginnt bei der Auslegung, die die Entscheidung für eine von mehreren möglichen Deutungen aufgrund von rationalen Methoden meint, die diese Deutung als richtig erscheinen lassen. Dabei sind alle Rechtstexte einer Auslegung im Sinne einer Interpretation und der Einordnung in einen Sinnzusammenhang zugänglich (vgl. Larenz/Canaris 1995, S. 27).

Exkurs:

Bei der Gesetzesauslegung wird nach wie vor auf die Arbeiten des Berliner Rechtslehrers Friedrich Carl von Savigny (1779–1861) zurückgegriffen (vgl. Sauer 2021, Rn. 17). Anerkannte Auslegungsmethoden sind

- die *grammatikalische* Auslegung, die am Wortlaut anknüpft;
- die *historische* Auslegung, die sich auf den Rechtszustand zum Erlasszeitpunkt, mithin die Vorstellungen des Gesetzgebers bezieht;
- die *systematische* Auslegung, die das Verhältnis in den Blick nimmt, in dem einzelne Vorschrift zueinander, innerhalb des Rechtsgebiets und der Rechtsordnung stehen;
- die *teleologische* Auslegung, die den Gesetzeszweck betont, welcher in der Rückschau auf die Motive des Normgebers bzw. dessen mutmaßlichen Willen gewonnen wird.

Die Anwendung des Rechts auf einen Sachverhalt (üblicherweise Subsumtion genannt) geschieht bildlich gesprochen dann durch das „Hin- und Herwandern des Blicks" zwischen Norm und Sachverhalt (vgl. Engisch 1963, S. 15; Larenz/Canaris 1995, S. 29). Diese erfolgt im Wege eines Syllogismus: Obersatz – Untersatz – Schlusssatz, welche auf den Ebenen Tatbestand – Rechtsfolge stattfindet, aber auch auf der Ebene eines jeden einzelnen Tatbestandsmerkmales. Dabei wird von einer Sinnerwartung ausgegangen, die hypothetischen Charakter hat, welche dann durch eine gelungene Auslegung bestätigt wird. Sie baut auf einem vielfältigen Vorverständnis auf: dem Wissen um rechtliche Probleme und Problemzusammenhänge, dem geltenden Recht (also Gesetzen i.w.S. und Entscheidungen der Gerichte) sowie anerkannten juristischen Denkformen (Erkenntnissen und Irrtümern). Neben Sprache und Vorverständnis treten dann die sozialen Zusammenhänge: die Interessenlage und Strukturen der Lebensverhältnisse, auf die sich Rechtsnormen beziehen.

Die Rechtsdogmatik erfordert zuletzt auch ein wertorientiertes Denken (vgl. Sauer 2021, Rn. 8), womit allerdings keine persönlichen Wertungen gemeint sind (vgl. Larenz/Canaris 1995, S. 66). Vielmehr geht es um Regelungsabsichten sowie Gerechtigkeits- oder Zweckmäßigkeitserwägungen, die Ausdruck in gesetzlichen Vorgaben gefunden haben. Dabei ist in der Anwendung des Gesetzes im Fall zu differenzieren zwischen wertungsfreien Tatsachenbegriffen (wie z.B. Altersvorgaben), die im Wege des logischen Schlusses abgeleitet werden, und wertungsoffenen Begriffen, die anhand der Dogmatik zu beurteilen sind.

Die Tätigkeit an der Sache Recht geschieht dann arbeitsteilig (vgl. Larenz/Canaris 1995, S. 27 ff.): Die Rechtswissenschaft muss die Forderung erfüllen, Aussagen über das Gesetz mit hermeneutisch zulässigen Methoden wertorientierten Denkens zu begründen und abzusichern. Die Rechtsprechung liefert Einzelfälle und ist zur Sicherstellung einer Fallgerechtigkeit berufen. Sachverhalte und Begründungen der Fälle werden wiederum von der Rechtswissenschaft analysiert. Erforderlich ist insoweit also die Bereitschaft, voneinander zu lernen. Beide Institutionen identifizieren auch Rechtsprobleme, bereiten diese für den *Gesetzgeber* auf. An dieser Stelle verschränkt sich die Rechtsdogmatik dann mit der Rechtssoziologie, die darüber hinausgehende Rechtstatsachen liefern muss, und der Rechtspolitik.

1.2 Recht und Schuldnerberatung

1.2.1 Recht und Soziale Arbeit

Schuldnerberatung hat, wie andere Arbeitsfelder der Sozialen Arbeit, rechtliche Regelungen zu beachten (vgl. Homann 2009, Rn. 4). Dies ist also keine Besonderheit und verhält sich in der Kinder- und Jugendhilfe, der Straffälligenhilfe, der Sucht-/Drogenhilfe oder der Wohnungslosenhilfe nicht anders. Dabei erfolgt, wie eben ausgeführt wurde, eine Anknüpfung an das geltende Recht, an die Rechtsordnung, bezogen auf die Arbeitsfelder Sozialer Arbeit, üblicherweise bezeichnet als das Recht der Sozialen Arbeit. Anderweitige Begriffsbestimmungen wie beispielsweise die eines sogenannten Sozialen Rechts (vgl. Kötter 2013, S. 117) haben sich nicht als überlegen erwiesen, zumal sie an einer rechtlichen Aufgabenerfüllung lege artis keinesfalls etwas ändern würden (Kötter 2013, S. 131). Kötter zieht hieraus den richtigen Schluss, dass die Anwendung des Rechts in den Arbeitsfeldern Sozialer Arbeit eine „fundierte Rechtsausbildung... [verlange, die Autoren], die zum selbstständigen Agieren befähigt" (Kötter 2013, S. 131). Kötter fährt fort, dass dies Kompetenzen hinsichtlich der Rechtsstruktur und Rechtsdetails, Rechtserfassung (unter Verweis auf Münder 1990, S. 29 ff.) und Rechtsgestaltung voraussetzt, die „eben nicht durch einen allgemeinen Überblick in ‚Rechtskunde für Nichtjuristen' vermittelt" werden könnte (Kötter 2013, S. 131, vgl. auch Keßler, 1990, S. 114 ff.; Maas, 1996, 62 ff., 73 ff.).

1.2.2 Recht der Schuldnerberatung

Mit dem „Recht der Schuldnerberatung" wurde bisher der rechtliche Rahmen der Tätigkeit als auch rechtliche Aufgabenbeschreibungen bezeichnet; den Gegenpart spielte die „rechtliche Schuldnerberatung", unter die dann die rechtlichen Bezüge gefasst wurden, die im Rahmen der konkreten Arbeit von Schuldnerberatung mit Klienten entstehen (Homann 2009, Rn. 3). Aus heutiger Sicht (vgl. Homann 2021, S. 186 ff.) spricht vieles dafür, den Begriff des „Rechts der Schuldnerberatung" als umfassenden Begriff anzusehen, was zunächst der Verwendung des Begriffs des „Rechts der Sozialen Arbeit" entspricht. Zudem lässt sich eine Trennung nicht klar durchhalten, wenn beispielsweise die Vorschriften des § 305 Abs. 1 S. 1 Nr. 1 InsO oder §§ 850k, 899 ff. ZPO sowohl Rahmen-, Aufgaben- als auch tätigkeitsbezogene Vorgaben für Schuldnerberatung enthalten. Im Sinne einer klaren Begriffsdefinition erscheint eine Trennung des Rechts der Schuldnerberatung von der rechtlichen Schuldnerberatung nicht mehr sinnvoll. Gleichwohl ist die Dreiteilung im Recht der Schuldnerberatung weiterhin dienlich und soll beibehalten werden.

Das Recht der Schuldnerberatung umfasst daher die rechtlichen Regelungen zum Rahmen der Tätigkeit, zu den gesetzlichen Aufgaben sowie zur Tätigkeit in Einzelfällen selbst. Diese Differenzierung hilft bei der Bestimmung, wer Normadressat ist, und welcher Zweck mit der Vorschrift verfolgt wird.

■ Der rechtliche Rahmen der Tätigkeit von Schuldnerberatung betrifft dabei diejenigen Vorgaben, die den Zugang zu Schuldnerberatung festlegen, die gesetzlichen Aufgabenbeschreibungen enthalten, eine allgemeine Einfassung definieren, in der dann Schuldnerberatung stattfinden kann und darf, schließlich die Frage der Finanzierung von Schuldnerberatung. Adressat der Regelungen sind die Träger der Beratungsstellen, teilweise auch die Fachkräfte. (→ S. 238 ff.)

■ Die Vorschriften, die sich mit der konkreten Tätigkeit in Einzelfällen befassen, und die sich über die gesamte Rechtsordnung verteilen, sind in Praxis (hier v.a. für die Fachkräfte) und Ausbildung am bedeutsamsten. (→ S. 78 ff., → 147 ff.)

1.3 Schuldverhältnis und Haftung

Nachdem nunmehr die Grundlagen für ein allgemeines Verständnis des Rechts in der Schuldnerberatung gelegt wurden, sollen die zentralen Begriffe erörtert werden. Die für die Schuldnerberatung maßgebliche Ausgangsfrage des Entstehungsgrundes von Schulden ist damit stets eine rechtliche Frage. Mithin kommt Schuldnerberatung bei der Frage des Umgangs mit entstandenen Schulden auch nicht umhin, rechtliche Vorgaben zu beachten. Vorrangig ist danach zu differenzieren, ob die Schulden eine zivilrechtliche oder eine öffentlich-rechtliche Grundlage haben. Nach der Klärung dieser Frage sollen die Kennzeichen und Folgen eines Schuldverhältnisses geklärt werden.

1.3.1 Rechtliche Grundlagen von Schulden

1.3.1.1 Schulden aufgrund Zivilrechts

Nach § 241 Abs. 1 S. 1 BGB ist der Gläubiger kraft des *Schuldverhältnisses* berechtigt, von dem Schuldner eine Leistung (i.S.v. Gegenstand, Ort, Zeit und ggf. Dauer) zu fordern. Dieses Schuldverhältnis kann

■ auf einer vertraglichen Verbindung (rechtsgeschäftliches Schuldverhältnis) oder

■ auf einer gesetzlichen Grundlage (gesetzliches Schuldverhältnis) beruhen

Beispiele für zivilrechtlich begründete Schulden aus den Falldarstellungen:

■ Rita hat zwei Darlehensverträge (§ 488 BGB) mit den Banken A und B abgeschlossen. Zudem bestehen Rückstände in Höhe einer Monatsmiete sowie einer Nebenkostennachforderung aus dem mit ihrem Vermieter bestehenden Mietvertrag (§ 535 BGB). Auch zivilrechtlich ist die Forderung des Bekannten für die Autoreparatur, die als Werkvertrag (§ 631 BGB) zu qualifizieren ist. Zivilrechtlich, aber auf gesetzlicher Grundlage beruhend ist der Unterhaltsanspruch des Sohnes Rolf gegen seine Mutter (§ 1601 BGB)

■ Katharina hat ausschließlich zivilrechtlich begründete Forderungen gegen sich stehen, so aus Darlehensvertrag (§ 488 BGB) der Gläubiger (Bank A und Kreditkarteninstitut B) bzw. Kaufvertrag (§ 433 BGB) des Gläubigers D. Der

Telekommunikationsvertrag ist nicht eingehend spezifiziert, dessen rechtliche Einordnung ist umstritten (die Rspr. geht herrschend von einem Dienstvertrag, § 611 BGB, aus, vgl. BGH, 4.3.2004 – III ZR 96/03, NJW 2004, S. 1590)

Grundlage von Schulden ist regelmäßig der Schuldnerverzug, §§ 286, 280 Abs. 1 BGB. Der Schuldner kommt mit seiner Leistung in Verzug, wenn er auf eine Mahnung des Gläubigers nach Fälligkeit einer Forderung die ihm obliegende Leistung aus einem von ihm zu vertretenen Umstand (§ 286 Abs. 4 BGB) nicht erbringt. Der Schuldnerverzug ist ein Fall der Nichterfüllung der Leistungspflicht (vgl. Grüneberg/Grüneberg 2022, Vor §§ 275 ff. BGB Rn. 2).

1.3.1.2 Schulden aufgrund Öffentlichen Rechts

Öffentlich-rechtliche Forderungen spielen in der Praxis eine große Rolle, wie sich insbesondere aus den Ergebnissen der Überschuldungsstatistik (Anteil der öffentlichen Gläubiger, → S. 42), aber auch aus den Berichten der Praxis ergibt. Insoweit bestehen nicht nur Besonderheiten bei der Begründung dieser Forderungen, sondern auch im Rahmen der Vollstreckung (→ S. 105 ff.).

Beispiele für öffentlich-rechtlich begründete Schulden aus den Falldarstellungen:

- Bei Rita bestehen nach dem Sachverhalt auf jeden Fall bei einem öffentlichen Gläubiger, ggf. auch bei zweien Schulden: Rita zahlt keine Rundfunkgebühren, wozu sie aber nach § 2 Abs. 2 RGebStV verpflichtet ist. Zudem ist im Sachverhalt angegeben, dass Rita davon ausgeht, dass sie mutmaßlich auch Schulden beim Jugendamt haben würde. Solche würden dann entstehen, wenn die beim Jugendamt ansässige Unterhaltsvorschusskasse die Leistung „Unterhaltsvorschuss" (§ 1 UVG) erbracht hätte, und nun den Rückgriffsanspruch nach § 7 UVG geltend machen würde (→ S. 129).
- Katharina hat bislang keine Verbindlichkeiten bei öffentlichen Gläubigern.

Das öffentliche Recht kennt auch ein (öffentlich-rechtliche) Schuldverhältnis, aus dem Forderungen entstehen können. Dies gilt auch und gerade im Sozialrecht, welches im Rahmen der Schuldnerberatung von besonderer Bedeutung ist (→ S. 94 ff.). Anknüpfungspunkt für Schulden im Rahmen des Leistungsbezugs ist insoweit häufig das sozialrechtliche Leistungsverhältnis; darüber hinaus tauchen immer wieder Verbindlichkeiten im Sozialversicherungsrecht, insbesondere im Krankenversicherungsrecht, auf (vgl. instruktiv Schwengers et al. 2021, § 17 Rn. 99 ff., 133 ff.). Forderungen können aber auch in anderen Bereichen öffentlichen Rechts entstehen, so im Baurecht, dem Gewerberecht, dem Steuerrecht usw. Fragestellungen hier sind dann speziell und vielschichtig. Beispielsweise sind die rechtlichen Vorgaben bei der Rückforderung einer überzahlten Sozialleistung gänzlich andere als bei der Eintreibung einer Geldbuße (OWiG) bzw. Geldstrafe (StGB).

1.3.2 Kennzeichen zivilrechtlicher Schuldverhältnisse und Haftung

Das Schuldnerverhältnis wird im BGB nicht definiert, sondern vorausgesetzt. Kennzeichnend ist eine Sonderverbindung zwischen mindestens zwei voneinander verschiedenen Personen, die aufgrund eines Rechtsgeschäfts oder kraft Gesetzes entsteht. Das Schuldnerverhältnis ist relativ (und nicht absolut, d.h. gegen jedermann wirkend), nur die Beteiligten sind berechtigt und verpflichtet (vgl. MüKo-BGB/Ernst 2019, Einl. SchuldR Rn. 18 ff.). Der Begriff des Schuldnerverhältnisses wird sodann in einem weiten und einem engen Verständnis beschrieben:

■ Der *weite* Begriff des Schuldverhältnisses bezeichnet die Gesamtheit der Rechtsbeziehungen zwischen einem Gläubiger und einem Schuldner (vgl. BGH 11.11.1953 – II ZR 181/52, NJW 1954, S. 231, 232), aus der sich Haupt- und Nebenpflichten, Schutz- und Auskunftspflichten sowie Gestaltungsrechte ergeben können (vgl. Schulze/Schulze 2021, Vor §§ 241–853 BGB Rn. 15).

Bsp.: Ein solches Schuldverhältnis ist beispielsweise das durch einen Mietvertrag geschaffene Mietverhältnis zwischen dem Vermieter und dem Mieter.

Exkurs: Begriff des Schuldners (1)

Der juristische Begriff des Schuldners bezeichnet also eine Person, der eine Funktion zugeordnet wird. Der Schuldner hat Pflichten, aber auch Rechte aus dem Schuldverhältnis. Diese Funktionsbezeichnung ist unabhängig von der natürlichen oder juristischen Person zu sehen, die die Funktion ausübt. Kritisch zu sehen sind daher an dieser Stelle die Versuche, juristische Begriffe im Sinne einer geschlechtergerechten Sprache zu vereinnahmen, beispielsweise *Schuldner:innen, Gläubiger:innen, SchuldnerInnenberatung*. Solche Versuche sind von Anfang an zum Scheitern verurteilt, weil sie die formalisierten, juristischen Texte unlesbar und deren Zugänglichkeit – gerade für Klientel Sozialer Arbeit – weiter einschränken. Wir verwenden in diesem Buch neben dem rechtlichen Begriff des Schuldners als dem Gegenüber des Gläubigers noch den Begriff des Ratsuchenden (→ S. 45 f.) als Auftraggeber und Koproduzenten einer Schuldnerberatung.

■ Der *enge* Begriff des Schuldverhältnisses drückt auch einen einzelnen (vertraglichen oder gesetzlichen) Anspruch (§ 194 BGB) des Gläubigers auf eine konkrete Leistung aus, dem als Kehrseite die Pflicht des Schuldners zur Leistung, die sogenannte Schuld oder Verbindlichkeit, gegenübersteht (vgl. Grüneberg/Grüneberg 2022, Vor § 241 BGB Rn. 3).

Bsp.: Im zuvor benannten Mietverhältnis ergeben sich gegenseitige Ansprüche (§ 535 BGB: auf Gebrauchsgewährung bzw. Mietzahlung), Vermieter und Mieter sind jeweils Gläubiger und Schuldner eines dieser Ansprüche.

Exkurs: Begriff des Schuldners (2)

Der juristische Begriff des Schuldners wird vielfach missverstanden, wenn der *Schuldner* auch schuld sein soll an seiner Situation; das ist aber schlicht nicht damit gemeint. Dieses Missverständnis beruht auf der Gleichsetzung der Begriffe Schuld i.S.e. rechtlichen Verbindlichkeit (verpflichtet sein, Schulden haben) und Schuld i.S.e. rechtlichen Verantwortlichkeit (auch Vertretenmüssen, Verschulden;

vgl. hierzu Homann 2011, S. 130). Der erstgenannte Begriff kann, muss aber nicht mit dem zweitgenannten in Verbindung stehen, sollte daher auch nicht unreflektiert gleichgesetzt werden.

Das Schuldverhältnis erfüllt mehrere *Funktionen*: Zunächst erfolgt eine Steuerung des Verhaltens des Schuldners; aus dem Schuldverhältnis ergibt sich für ihn, was er zu tun hat (MüKo-BGB/Ernst 2019, Einl. SchuldR Rn. 9). Weiter führt die Leistung des Schuldners zur Erfüllung das Schuldverhältnis; hieraus ergibt sich die *causa*, der Rechtsgrund zum Behaltendürfen des Geleisteten (MüKo-BGB/Ernst 2019, Einl. SchuldR Rn. 9).

Die dritte Funktion wird mit dem Begriff der *Haftung* beschrieben. Haftung bedeutet privatrechtlich, dass eine Verpflichtung aus dem Schuldverhältnis nach Umsetzung in einen vollstreckungsfähigen Titel auf Kosten des gesamten Vermögens des Schuldners vollstreckt werden kann (MüKo-BGB/Ernst 2019, Einl. SchuldR Rn. 9, 31). Zulässigkeit, Umfang und Grenzen der Haftung finden ihre Regelung im Vollstreckungsrecht (bspw. ZPO, InsO).

- Eine Haftung für Verbindlichkeiten kommt zunächst in Betracht, wenn es zu einer sogenannten Leistungsstörung kommt: Der Schuldner erbringt keine oder eine zu geringe Leistung bzw. er erbringt eine „schlechte" Leistung. Dann tritt neben die Primärleistungspflicht aus dem Schuldverhältnis eine Sekundärleistungspflicht, beispielsweise der Schadenersatzanspruch wegen Nicht- oder Schlechterfüllung, § 280 BGB, oder das Rücktrittsrecht, § 323 BGB (Grüneberg/Grüneberg 2022, Vor §§ 275 ff. BGB Rn. 3; MüKo-BGB/Bachmann 2019, § 241 BGB Rn. 26).

- Daneben können auch schon bei der Begründung von Schuldverhältnissen Hindernisse für das Schuldverhältnis entstehen, bspw. der Mangel der Geschäftsfähigkeit, §§ 104 ff. BGB, oder im Rahmen einer Stellvertretung, §§ 164 ff. BGB, der Verstoß gegen ein Verbotsgesetz, § 134 BGB, oder die Sittenwidrigkeit, § 138 BGB. Auch diese führen zu Ansprüchen und damit zur Frage der Haftung.

2. Ursache von Ver- und Überschuldung in Deutschland

2.1 Begriffe

Ganz zentral für das Arbeitsfeld der Sozialen Schuldnerberatung sind auch die Begriffe der Ver- und Überschuldung sowie – aus der rechtlichen Perspektive – der der Zahlungsunfähigkeit.

2.1.1 Verschuldung

Von *Verschuldung* lässt sich sprechen, wenn ein Schuldner einem oder mehreren Gläubigern gegenüber Verbindlichkeiten hat, die bislang nicht erfüllt wurden (vgl. Schröder 2016, S. 52, der zu Recht betont, dass es auf das Bestehen, nicht auf das Eingehen einer Verbindlichkeit ankommt). Eine Legaldefinition findet sich nicht. Ohnehin ist die beschriebene Situation grundsätzlich auch nicht als problematisch anzusehen. Beispielsweise bewirkt die Stundung einer bereits entstandenen Forderung, dass deren Fälligkeit bei bestehenbleibender Erfüllbarkeit hinausgeschoben wird (vgl. BGH 25.3.1998 – VIII ZR 298/97, NJW 1998, 2060, 2061): Der Schuldner kann seine Leistung schon erbringen, muss dies derzeit aber noch nicht. Die Stundung gewährt dem Schuldner eine Einrede (vgl. Gernhuber 1983, § 3 S. 75 f.), eine auf Leistung gerichtete Klage würde als „derzeit unbegründet" abgewiesen (vgl. Hau/Lorenz 2022, § 271 BGB Rn. 15). Noch deutlicher wird die bloße Verschuldung als ledigliche Begründung von Verbindlichkeiten mit Blick auf Forderungen aus Gelddarlehen (§ 488 BGB). Landläufig formuliert ist ein Verbraucherdarlehensnehmer bei „seiner" darlehensgebenden Bank verschuldet. Solange jedoch Zinsen und Tilgung (§ 488 Abs. 1 S. 2 BGB) bei einem Immobiliendarlehen (§ 491 Abs. 3 BGB) oder Verbraucherdarlehen (§ 491 Abs. 2 BGB) vereinbarungsgemäß geleistet werden, hat diese Verschuldung keine Folgen. An diesem Beispiel wird deutlich, dass diese Form der Verschuldung volkswirtschaftlich sogar erwünscht ist, ermöglicht sie doch Konsum (vgl. Knobloch/Reifner 2012, S. 8).

2.1.2 Überschuldung

Problematisch wird es, wenn aus der Verschuldung eine *Überschuldung* entsteht. Insoweit bestehen je nach Fachgebiet unterschiedliche Verständnisse.

Exkurs: Legaldefinition Überschuldung

Mit der Regelung des § 19 Abs. 2 S. 1 hält die InsO eine Legaldefinition des Begriffs vor: „Überschuldung liegt vor, wenn das Vermögen des Schuldners die bestehenden Verbindlichkeiten nicht mehr deckt, es sei denn, die Fortführung des Unternehmens ist nach den Umständen überwiegend wahrscheinlich." Schon nach dem Wortlaut bezieht sich der Eröffnungsgrund (§ 16 InsO) der Überschuldung nicht auf natürliche, sondern nur auf juristische Personen, was sich dann mit Blick auf § 19 Abs. 1 S. 1 InsO bestätigt. Diese Definition ist also für das Arbeitsfeld der Sozialen Schuldnerberatung nicht von Bedeutung.

Auch im Zusammenhang mit natürlichen Personen und Privathaushalten ist (gleichwohl) von Überschuldung die Rede, wenn es darum geht, dass eine bloße Verschuldung umgeschlagen ist in eine prekäre Lebenslage.

- Überschuldung eines Privathaushaltes liegt nach der Definition der Bundesregierung vor, wenn „Personen […] ihre Zahlungsverpflichtungen dauerhaft nicht erfüllen können" (Bundesregierung 2021, S. 86; ähnlich Bundesregierung 2017, S. 486).

- Groth und Schulz-Rackoll erläuterten im Teil 1 des Praxishandbuchs Schuldnerberatung seit 2008 ausführlicher: „Überschuldung liegt bei einem Privathaushalt dann vor, wenn dauerhaft bzw. auf unabsehbare Zeit, nach Abzug der fixen Lebenshaltungskosten (Beträge für Dauerschuldverhältnisse wie Miete, Energie, Versicherung, Telekommunikation), zzgl. Ernährung und sonstigem notwendigen Lebensbedarf (Geld zum Leben), der verbleibende Rest des gesamten Haushaltseinkommens nicht ausreicht, um die laufenden Raten für eingegangene Verbindlichkeiten zu decken und somit Zahlungsunfähigkeit eintritt." (Peters in Groth et al. 2021, PHSB T. 1 S. 9). Peters (ebd., S. 8) differenziert noch zwischen

- subjektiver und objektiver Überschuldung,
- relativer und absoluter Überschuldung.

Absolute Überschuldung liegt hiernach im Zusammenhang mit dem Bestehen der Insolvenzgründe der Verbraucherinsolvenz vor (vgl. Peters, ebd. S. 9; destatis 2021a, S. 3).

▪ Weiter gehen Definitionen älteren Datums, so von Korczak und Pfefferkorn (1992, S. XXI; vgl. auch Schröder 2016, S. 54; Lechner/Backert 2008, S. 41). Danach ist Überschuldung „die Nichterfüllung von Zahlungsverpflichtungen, die zu einer ökonomischen und psychosozialen Destabilisierung von Schuldnern führt. Überschuldung bedeutet daher nicht allein, dass nach Abzug der fixen Lebenshaltungskosten der verbleibende Rest des monatlichen Einkommens für zu zahlende Raten nicht mehr ausreicht, sondern birgt massive soziale und psychische Konsequenzen in sich".

Exkurs: Überschuldungsstatistik

Zur Darstellung und Bewertung der Situation überschuldeter privater Personen wird seit dem Jahr 2006 eine Bundesstatistik durchgeführt, die seit 2012 auf der Grundlage des Gesetzes über die Statistik der Überschuldung privater Personen (ÜSchuldStatG) erfolgt (BGBl. 2011 I 3083). Eine Definition des Begriffs „Überschuldung" findet sich weder im ÜSchuldStatG vom 22.12.2011 (BGBl. I S. 3083) noch den Gesetzesmaterialien (BT-Drs. 17/7418 und 17/7698). Damit bleibt es bei dem vorstehend dargestellten Meinungsspektrum.

Aufgrund des diesem Lehrbuch zugrundgelegten, sozialarbeiterischen Verständnisses von Schuldnerberatung ist dem umfassenden Verständnis zu folgen. Überschuldung hat nach allgemeinem Verständnis eine prozesshaften Charakter (vgl. Schröder 2016, S. 137 ff.; Knobloch/Reifner 2012, S. 11; Peters in Groth et al. 2021, PHSB T. 1 S. 10). Erst eine Vielzahl von internen und externen Faktoren, zu denen auch Bewältigungshandeln des Schuldners gehört, führen am Ende zu einer Situation der Überschuldung im vorgenannten Sinne.

2.1.3 Zahlungsunfähigkeit

Rechtlich maßgeblich ist bei natürlichen Personen der Begriff der *Zahlungsunfähigkeit* bzw. der drohenden Zahlungsunfähigkeit, der in den §§ 17, 18 InsO als Eröffnungsgrund (§ 16 InsO) für ein Gesamtvollstreckungsverfahren nach der InsO angelegt ist. Danach ist ein Schuldner zahlungsfähig, wenn er nicht in der Lage ist, die fälligen Zahlungspflichten zu erfüllen (§ 17 Abs. 2 S. 1 InsO). Regelmäßig liegt diese vor, wenn der Schuldner seine Zahlungen eingestellt hat (§ 17 Abs. 2 S. 2 InsO). Die Zahlungsunfähigkeit droht, wenn der Schuldner voraussichtlich nicht in der Lage sein wird, seine künftig fällig werdenden Forderungen zum Zeitpunkt des Eintritts der Fälligkeit zu erfüllen (§ 18 Abs. 2 InsO); sie ist nur beim Eigenantrag des Schuldners auf Eröffnung eines Insolvenzverfahrens Eröffnungsgrund (vgl. näher Henning/Waltenberger 2022, §§ 17, 18 InsO). In der Praxis stellt das Vorliegen eines Eröffnungsgrundes in den Verbraucherinsolvenzverfahren nach den §§ 304 ff. InsO so gut wie nie ein Problem dar, weil Ratsuchende in der Schuldnerberatung lange versucht haben, das Problem alleine zu lösen, insbesondere zahlreiche Ratenzahlungsvereinbarungen abgeschlossen haben.

2.2 Amtliche Überschuldungs- und Insolvenzstatistik

Nun soll ein Blick auf die Erkenntnisse amtlicher Statistiken

- zur Überschuldung und
- zu eröffneten Insolvenzverfahren

geworfen werden.

2.2.1 Überschuldungsstatistik

Die Erkenntnisse der Überschuldungsstatistik sollen dazu beitragen, Lösungsvorschläge zu entwickeln, wie Überschuldungssituationen zu verhindern sind oder wie sich Wege aus einer schwierigen finanziellen Situation finden lassen (BT-Drs. 17/7418, S. 1; destatis 2021a, S. 3).

Exkurs: Gesamtüberblick über Überschuldung in Deutschland

Einen Gesamtüberblick über das soziale Problem Überschuldung bietet die Statistik nicht (destatis 2021a, S. 3). Einerseits nähmen viele Personen die Dienste von Schuldnerberatungsstellen nicht in Anspruch, obwohl sie überschuldet seien. Andererseits müssten nicht alle Beratungsfälle zwangsläufig überschuldet sein. Außerdem gebe es neben den in der Überschuldungsstatistik erfassten Schuldnerberatungsstellen auch andere Einrichtungen oder Dienstleister, die Beratungen entsprechend der Schuldnerberatung durchführten. Die insoweit kursierenden Gesamtzahlen werden daher im Wege der Schätzung gewonnen, was ihre Belastbarkeit erheblich einschränkt (vgl. Peters in Groth et al. 2021, PHSB T. 1 S. 11; Schröder 2016, S. 57 ff.; Knobloch/Reifner 2010 S. 42 ff.).

Nach § 2 des ÜSchuldStatG ist das Statistische Bundesamt für die Erhebung und Aufbereitung der Daten zuständig. Erhoben werden die Daten auf freiwilliger Basis bei Schuldner- und Insolvenzberatungsstellen im gesamten Bundesgebiet (§ 3 ÜSchuldStatG). Die Ergebnisse zu den Erhebungsmerkmalen nach § 5 ÜSchuldStatG werden jährlich publiziert (§ 4 ÜSchuldStatG). Seit 2014 wird die Schwere einer Überschuldungssituation mit der Überschulungsintensität dargestellt (vgl. destatis 2021a, Glossar; Jankowiak 2016, S. 32). Hierbei werden das durchschnittliche monatliche Einkommen und die durchschnittlichen Schulden dergestalt miteinander in Beziehung gesetzt, dass davon ausgegangen wird, dass eine Person ihr gesamtes Einkommen für den Schuldendienst aufwendet. Die Überschuldungsintensität gibt dann die Zahl der Monate an, die es dauern würde, um komplett schuldenfrei zu werden.

Der Überschuldungstatistik des Jahres 2020 liegen Daten von 593 der 1.450 Schuldner- und Insolvenzberatungsstellen bundesweit sowie 143.000 Ratsuchenden zugrunde. Die Beteiligung der Schuldnerberatungsstellen fällt regional sehr

unterschiedlich aus (vgl. destatis 2021a, S. 3). Um die fehlende Teilnahme auszugleichen und die Repräsentativität der Statistik zu verbessern, werden diese Ergebnisse ebenfalls seit 2014 hochgerechnet (vgl. Jankowiak 2016, S. 16).

2.2.1.1 Ergebnisse der Überschuldungsstatistik 2020

Für 2020 ergibt sich folgende Ergebnisse (vgl. destatis 2021a):

- Die durchschnittliche Verschuldung lag bei 29.230,00 EUR, differiert aber erheblich zwischen Alter, Geschlecht, Staatsangehörigkeit, Familienstand, Haushaltstyp und Haushaltsgröße.
  Die Überschuldungsintensität liegt durchschnittlich bei 26, differiert zwischen
  10 und 48.

- Im Fall der Schulden aus gesamtschuldnerischer Haftung (Anteil: 4 %, zum
  Begriff vgl. ebd., Glossar; → S. 41 → S. 204) beträgt die durchschnittliche
  Verschuldung 55.720,00 EUR.
  Die Überschuldungsintensität liegt in diesem Fall bei 43.

Ausgehend von der Zahl der beratenen Personen

- sind insgesamt 35,3 % abhängig beschäftigt, 43,4 % arbeitslos und 20,3 %
  anderweitig nicht erwerbstätig (Rentner und Pensionäre, Hausfrauen/-männer,
  Schüler und Studenten, nicht erwerbsfähige(r) Sozialhilfeempfänger/-innen),

- haben 52,1 % eine Berufsausbildung bzw. ein Studium absolviert, 2,6 % befinden sich noch in diesem Stadium. 42,3 % sind (noch) ohne Berufsausbildung.

- haben 12,0 % nur einen Gläubiger. Dagegen weisen 20,1 % der beratenen
  Personen 2–4 Gläubiger vor, 24,6 % haben 5–9 , 25,9 % verfügen über 10
  bis 19 und 17,4 % haben 20 und mehr Gläubiger.

- haben 38,7 % unter 10.000,00 EUR, 28,7 % zwischen 10.000,00 EUR
  und 25.000,00 EUR und 32,6 % über 25.000,00 EUR Schulden.
  Wiederum ergeben sich erhebliche Unterschiede hinsichtlich Alter, Geschlecht,
  Staatsangehörigkeit, Familienstand, Haushaltstyp und Haushaltsgröße.

Zuletzt gibt die Überschuldungsstatistik einen Überblick über die Hauptauslöser
der Überschuldung (kritisch zum Begriff des Auslösers Zier et al. 2015, S. 220).
Diese werden nach der gesetzgeberischen Annahme von den Beratungsstellen, hier
den Beraterinnen und Beratern (vgl. Geisler 2020, S. 55), aus den „oftmals subjektiven Ausführungen der beratenen Person" abgeleitet (vgl. BT-Drs. 17/7418,
S. 10). Gleichwohl sei das Erhebungsmerkmal für die Analyse der Situation der
Ratsuchenden von großer Bedeutung. Obwohl meistens mehrere Faktoren ursäch-
lich für die Überschuldung sind, ist für die Statistik aber immer nur ein Haupt-
grund maßgeblich (vgl. Angele 2007, S. 953; dies wurde vom Gesetzgeber nicht
gesehen). Diese Angaben müssen folglich unpräzise und z.T. sinnentstellend wirken (vgl. Schröder 2016, S. 75). Die Hauptauslöser 2020 waren (destatis 2021a,
S. 8 f.):

- Arbeitslosigkeit (19,7 %),
- Erkrankung, Sucht, Unfall (16,5 %),

- Trennung, Scheidung, Tod des Partners/der Partnerin (12,0 %),
- unwirtschaftliche Haushaltsführung (14,5 %) und
- gescheiterte Selbstständigkeit (8,2 %).

Im Vergleich dazu sah die Verteilung im Jahr 2010 (destatis 2021f) noch wie folgt aus:

- Arbeitslosigkeit (28,0 %),
- Trennung, Scheidung, Tod des Partners / der Partnerin (14,1 %),
- Erkrankung, Sucht, Unfall (11,6 %),
- unwirtschaftliche Haushaltsführung (10,0 %) und
- gescheiterte Selbstständigkeit (8,4 %).

2.2.1.2 Überschuldungsstatistik und Schuldnerberatung

Im Verlauf ergeben sich interessante Einblicke aus dem Blickwinkel einer Schuldnerberatung, die sich aus der Sozialen Arbeit heraus begründet. Drei fachlich motivierte Einblicke sollen nun angeschnitten werden:

1. Der auslösende Grund der Arbeitslosigkeit erlebte einen starken Rückgang über die letzten Jahre, stellt aber immer noch den vorrangigen Grund dar (vgl. auch Schröder 2016, S. 77 ff.; Knobloch/Reifner 2010 S. 18 f.). Mit Blick auf die Statistik 2020 fällt auf, dass mit der steigenden Zahl der Haushaltsmitglieder der Ratsuchende der Anteil der Arbeitslosigkeit aus Hauptauslöser von 19,1 % auf 22,3 % zunimmt. Gleiches lässt sich erkennen bei alleinerziehenden Männern und bei Paaren mit der steigenden Anzahl an Kindern (bis auf 21,7 % bzw. 23,5 %). Auffällig ist zuletzt, dass vor allem die Altersstufen „25 bis 35 Jahre" sowie „35 bis 45 Jahre" bei den Ratsuchenden stark vertreten sind (22,1 % bzw. 21,2 %). Arbeitslosigkeit und Schulden stehen über die kommunale Arbeitseingliederungsleistung nach § 16a SGB II in einer besonderen Verbindung. Dies lässt die Frage aufkommen, welche Aufgaben und welches Ziel Schuldnerberatung hier haben soll (→ S. 247 ff.).

2. In der Sozialen Arbeit stehen Fragen der Diversität, also von Unterschieden, Identitäten und Zugehörigkeiten, beispielsweise „als Geschlechterordnung, als ethnische oder kulturelle Ordnung oder als Ordnung der Generationen" (Mecheril/Plößer 2018, S. 283), mithin die Frage der sozialen Ungleichheit und Diskriminierung im Fokus (vgl. Nestmann/Sickendiek 2018, S. 115 ff.; Mecheril/Plößer 2018, S. 283 ff.; Maurer/May 2018, S. 476 ff.). Eine sozialarbeiterisch verstandene Schuldnerberatung kommt nicht umhin, diese unterschiedlichen Identitäten und Zugehörigkeiten zu respektieren und anzuerkennen sowie die Wirkmächtigkeit von Differenzen hervorzuheben (vgl. Ansen 2018, S. 15).

Auch wenn bspw. Schulden zunächst neutral mit Blick auf die Frage der Geschlechtergerechtigkeit (→ S. 18; → S. 47 f.) sind, sind die geschlechtsspezifischen Auswirkungen von Schulden und Überschuldung sehr wohl von Beraterinnen und Beratern zur Kenntnis zu nehmen und in der Beratung zu berücksichtigen (vgl. Lechner/Backert 2008, S. 42 ff.; Münster/Letzel, S. 83; anschaulich dazu:

Preuße 2019, S. 58; Rosendörfer 2019, S. 82 ff.; Knobloch/Reifner 2010, S. 21). Dieser Blick soll mit statistischen Belegen zu den Überschuldungsgründen, der beruflichen Situation, den Schuldenarten und Forderungshöhen (vgl. Lechner/Backert, S. 43 f.) des Haushaltstyps „Alleinerziehende Frauen mit ein, zwei, drei und mehr Kindern" untermauert werden (vgl. auch Peters 2020, S. 73 ff.; Ansen 2018, S. 17 f.; Schröder 2016, S. 66 ff.):

■ So ist der Hauptauslöser der Überschuldung dieses Haushaltstyps (vgl. destatis 2021a, S. 8) in der Mehrheit durchweg „Trennung, Scheidung, Tod des Partners / der Partnerin". Die nachfolgenden Schlaglichter dokumentieren die ökonomischen Auswirkungen des Scheiterns einer Paarbeziehung mit Kindern (vgl. hier auch Schröder 2016, S. 79 ff.). Es folgen „Arbeitslosigkeit", „unwirtschaftliche Haushaltsführung" und „längerfristiges Niedrigeinkommen" auf den weiteren Plätzen (vgl. instruktiv Lechner/Backert 2008, S. 45 ff.).

■ Auffällig ist der Zusammenhang zwischen dem Hauptauslöser „Trennung, Scheidung, Tod des Partners/der Partnerin" und den erheblichen Forderungshöhen (vgl. destatis 2021a, S. 13), die sich in ihren Wirkungen gewichtig von anderen Hauptauslösern wie Arbeitslosigkeit und Erkrankung unterscheiden. In diese Richtung deuten auch die Hauptauslöser „Zahlungsverpflichtung aus Bürgschaft, Übernahme oder Mithaftung" und „unzureichende Kredit- oder Bürgschaftsberatung" sowie die „Forderungen aus gesamtschuldnerischer Haftung" (vgl. schon Lechner/Backert 2008, S. 45, → S. 204). Korczak hat die Thematik „Schulden für andere" als „frauenspezifisches Schuldenphänomen" benannt (2006, S. 65). Anders stellt sich dies freilich bei den Hauptauslösegründen „gescheiterte Selbstständigkeit" und „gescheiterte Immobilienfinanzierung" dar, die aber naturgemäß mit erheblichen Verbindlichkeiten verbunden sind.

■ Forderungen aus gesamtschuldnerischer Haftung bestehen hauptsächlich bei den Familienständen „verheiratet, eingetragene Lebenspartnerschaft", abgeschwächt auch bei „verheiratet, getrennt lebend" (vgl. destatis 2021a, S. 8).

■ Im Rahmen der Berufsausbildung (vgl. ebd., S. 6) fällt auf, dass alleinerziehende Frauen mit Kindern eher ohne Ausbildung/Studium sind als mit.

■ Von den beratenen Frauen sind je nach Kinderzahl 21,6 % bis 32,6 % abhängig erwerbstätig, aber 55,3 % bis 64,4 % arbeitslos (vgl. ebd., S. 6).

■ Das monatliche Nettoeinkommen (vgl. ebd., S. 15) differiert: Alleinerziehende mit einem Kind haben mehrheitlich (36,7 %) zwischen 900,00 EUR und 1.300,00 EUR. Alleinerziehende mit zwei oder drei Kinder habe mehrheitlich (31,1 % und 25,7 %) ein Einkommen zwischen 1.500,00 EUR und 2.000,00 EUR. Das Einkommen des gesamten Haushaltes verändert sich erheblich erst ab dem Haushaltstyp „Alleinerziehende mit drei und mehr Kindern" (dann mehrheitlich zwischen 2.000,00 EUR und 2.600,00 EUR).

■ Die Höhe der Forderungen (vgl. ebd., S. 10) liegt größtenteils (zwischen 41,9 % und 46,9 %) bei unter 10.000,00 EUR, mehrheitlich aber über diesem Betrag. Die durchschnittlichen Forderungshöhen (vgl. ebd., S. 5) liegen je nach Kinderzahl bei 19.344,00 EUR (Überschuldungsintensität 17), 22.806,00 EUR (Überschuldungsintensität 17) bzw. 21.703,00 EUR (Überschuldungsintensität 14).

■ Hauptgläubiger (vgl. destatis 2021a, S. 12) von alleinerziehenden Frauen sind sonstige öffentliche Gläubiger (60,7 % bis 66,0 %), Telekommunikationsanbieter (54,8 % bis 61,4 %), Gewerbetreibende (40,7 % bis 45,9 %), Versandhäuser (36,8 % bis 42,3 %), Versicherungen (31,1 % bis 37,9 %) und Energieunternehmen (29,7 % bis 35,1 %) vertreten, worunter erstgenannte die höchsten Forderungen (durchschnittlich über alle beratenen Personen 2.021,00 EUR bis 2.545,00 EUR, vgl. ebd., S. 13) auf sich vereinen. Forderungen von Kreditinstituten aus Ratenkredit sind zwar betragsmäßig höher (durchschnittlich über alle beratenen Personen 4.298,00 EUR bis 4.928,00 EUR, vgl. ebd,, S. 13), kommen aber weniger häufig vor (21,9 % bis 27,9 %, vgl. ebd., S. 12).

3. Bemerkenswert aus der Sicht der Schuldnerberatung ist zuletzt der stetig ansteigende Anteil des Hauptauslösers „Unwirtschaftliche Haushaltsführung". Hierunter ist nach den Erläuterungen des Statistischen Bundesamtes zu verstehen (destatis 2021a, Glossar):

> Unter unwirtschaftlicher Haushaltsführung versteht man einen wiederholt übermäßigen, überflüssigen Konsum, der über die eigenen wirtschaftlichen Verhältnisse hinausgeht sowie auch eine mögliche fehlende finanzielle Allgemeinbildung. Eine unwirtschaftliche Haushaltsführung kann zudem durch das Abschließen unnötiger Verträge, Versicherungen usw. entstehen. Das Nichterkennen bzw. das Nichtbedenken von zu erbringenden Leistungen (Begleichen von Rechnungen zu bestimmten Fristen u.Ä.) spielt hierbei eine wichtige Rolle. So werden z.B. für jährlich zu zahlende Rechnungen keine Rücklagen gebildet. Die Ausgaben stehen in einem Ungleichgewicht zu den Einnahmen. Der Auslöser der finanziellen Probleme liegt somit auf der Ausgabenseite der beratenen Person.

Während die weiteren Hauptauslöser eher neutral zu verstehen sind, gelingt dies bei der unwirtschaftlichen Haushaltsführung nicht. Es ist klar, wer für die Überschuldung verantwortlich sein soll – der Schuldner. An diesem Beispiel wird deutlich, dass nicht nur die Benennung eines Hauptauslösers auf die falsche Fährte führt, sondern auch, dass die Hauptauslöser – bildlich gesprochen – nicht auf einer Stufe stehen. Dieser Frage soll gleich noch nachgegangen werden (→ S. 48 ff.).

2.2.2 Insolvenzstatistik

Das Statistische Bundesamt verantwortet auch die Statistik über die Insolvenzverfahren (*Insolvenzstatistik*). Diese werden nach dem Gesetz über die Insolvenz- und Restrukturierungsstatistik (InsStatG) vom 7. Dezember 2011 (BGBl. I S. 2582, 2589), zul. geänd. durch Art. 37 des Gesetzes vom 10. August 2021 (BGBl. I S. 3436) erhoben. Deren Daten werden als Vollerhebung mit Auskunftspflicht der Amtsgerichte und Insolvenzverwalter/Treuhänder in Deutschland bezogen (§ 4 Abs. 1 InsStatG). Sie enthält beispielsweise Daten über die Antragstellung und Eröffnung eines Insolvenzverfahrens, die Annahme eines Schuldenbereinigungsplanes, die Aufhebung eines Insolvenzverfahrens und die Restschuldbefreiung (§ 2 InsStatG).

Die Bedeutung der Insolvenzstatistik für die Schuldnerberatung ergibt sich zunächst aus ihrer Tätigkeit im Vorfeld eines Insolvenzverfahrens (→ nachstehend 2.2.2.1). Schuldnerberatung als geeignete Stelle i.S.d. § 305 InsO ist insoweit maßgeblich an der Vorbereitung beteiligt, ihre Tätigkeit wird als wirksam angesehen (→ S. 255 f.). Mit Blick auf die Schuldnerberatung sind die Zahlen der beendeten Insolvenzverfahren und erteilten Restschuldbefreiungen von Bedeutung (→ nachstehend 2.2.2.2).

2.2.2.1 Ergebnisse der Insolvenzstatistik 2021

Die Ergebnisse für das Jahr 2020 sehen wie folgt aus: Die Anzahl der eröffneten Insolvenzverfahren sinkt bundesweit weiter ab. Gab es im Jahre 1999 nur 12.255 Eröffnungen, lag der (vorläufige) Höhepunkt im Jahre 2010 bei 153.549 Verfahren; im Jahr 2020 wurden nun 65.795 Verfahren eröffnet (vgl. destatis 2021b). Alleine 40.502 Verfahren (vgl. destatis 2021c) waren sogenannte Verbraucherinsolvenzverfahren (§ 304 Abs. 1 S. 1 InsO), dazu kommen noch 4.579 Verfahren (vgl. destatis 2021d) ehemals Selbständiger im vereinfachten Verfahren (§ 304 Abs. 1 S. 2 InsO). Restschuldbefreiung können alle natürlichen Personen erlangen (§§ 1, 286 InsO). Mangels Masse wurde die Eröffnung in 178 Verfahren (vgl. destatis 2021c) nach § 304 Abs. 1 S. 1 InsO abgelehnt, was vor dem Hintergrund der möglichen Stundung der Verfahrenskosten nach § 4a InsO verwundert. Zum Vergleich: Im Bereich der Unternehmensinsolvenzen wurden 15.841 Verfahren eröffnet und 4.778 mangels Masse nicht eröffnet (vgl. destatis 2021e). Zudem wurden 1.073 Verfahren durch die Annahme eines sogenannten Schuldenbereinigungsplanes (§§ 308, 309 InsO) beendet (vgl. destatis 2021c). Insgesamt ergibt sich daher eine Zahl von 41.753 Verbraucherinsolvenzverfahren.

2.2.2.2 Ergebnisse der Insolvenzstatistik 2020

Verbraucherinsolvenzverfahren werden nach Verwertung und Verteilung der Insolvenzmasse (§§ 187, 196 InsO) zu 7 bis 9 % noch im Eröffnungsjahr aufgehoben (§ 200 InsO), zu etwa der Hälfte im Jahr nach der Eröffnung, im Folgejahr kommen noch etwa ein Fünftel bis ein Viertel der Verfahren hinzu (vgl. destatis 2020, S. 30). Die Beendigung der restlichen Verfahren streckt sich dann über neun und mehr Jahre; bspw. sind 0,2 % der in 2009 eröffneten Verfahren 2018 noch nicht beendet gewesen, 0,3 % der in 2010 eröffneten Verfahren und 0,7 % der in 2011 eröffneten Verfahren. Dies liegt meist in noch nicht verwerteten Vermögensgegenständen begründet.

Hinsichtlich der Restschuldbefreiungen lagen 2020 (vgl. destatis 2020, S. 34) die Ergebnisse der 101.074 Verbraucherinsolvenzverfahren vor, die 2011 eröffnet worden waren; 95.411 Verfahren endeten mit einer Entscheidung über die Restschuldbefreiung. Insoweit wurde

- in 87.607 Verfahren Restschuldbefreiung erteilt,
- in 5.186 Verfahren die Restschuldbefreiung versagt,
- in 51 Verfahren der Antrag auf Restschuldbefreiung zurückgenommen,

- in 2.559 Verfahren ist der Schuldner vor Erteilung der Restschuldbefreiung verstorben und
- in 8 Verfahren kam es zum Widerruf der bereits erteilten Restschuldbefreiung.

Die meisten Versagungen erfolgten nach § 298 InsO, weil die Mindestvergütung der Treuhänder nicht gezahlt wurde (4.253 Verfahren, (vgl. destatis 2020, S. 34). Hier liegt die Initiative der Versagung beim Treuhänder der Wohlverhaltensperiode, meist in Kombination mit der Aufhebung der Kostenstundung nach § 4c InsO (vgl. Henning/Homann 2022, § 4c InsO Rn. 28). Auf Gläubigeranträge gehen damit lediglich 933 Versagungen zurück. In 521 Verfahren erfolgte die Versagung wegen Verletzung der Mitwirkungspflichten und in 368 Fällen wegen Verstößen gegen die Obliegenheiten. Die restlichen Versagungstatbestände spielen keine wesentliche Rolle.

Die Höhe der angemeldeten Forderungen betrug etwa 3,931 Mio. EUR, die Höhe des Ausfalls 3,784 Mio. EUR. Regelmäßig können nur maximal 2,5 % der Forderungen der Gläubiger, die ihre Forderungen im Insolvenzverfahren angemeldet hatten, in den Verfahren befriedigt werden.

2.2.3 Weitere nicht amtliche Statistiken

Neben diesen offiziellen Statistiken gibt es eine Reihe von teilweise jährlich erscheinenden empirischen Untersuchungen, auf die hier jedoch nicht weiter eingegangen werden soll:

- Institut für Finanzdienstleistungen (iff), Hamburg: iff-Überschuldungsreport
- SCHUFA Holding AG, Wiesbaden: SCHUFA Kredit-Kompass
- Verband der Vereine Creditreform e.V., Neuss: Schuldneratlas Deutschland

Ob diese Untersuchungen aussagekräftiger als die vorgenannten amtlichen Statistiken sind oder nicht, ist streitig. Gegen den Schuldneratlas wird dessen nur beschränkt vorhandenes Zahlenmaterial (Inkassofälle der Creditreform sowie von den Gläubigern gemeldeten Negativmerkmale) als Grundlage vorgebracht, welches keine Rückschlüsse auf die tatsächliche Lage zulasse (vgl. Korczak 2013, S. 129; Peters 2019, S. 21; Knobloch/Reifner 2010, S. 43). Auch die Intransparenz der Datengrundlagen als methodischer Mangel wird kritisiert (vgl. Korczak 2013, S. 129). Gleichwohl finden die Erkenntnisse weite Verbreitung (vgl. Bundesregierung 2021, S. 87, 494), wo eine gewisse Zurückhaltung angebracht wäre (vgl. Schröder 2016, S. 58 f.).

Exkurs: Wirtschaftsauskunfteien

In Deutschland existieren u.a. derzeit vier große Auskunfteien:

- die CRIF GmbH, München,
- die Creditreform Boniversum GmbH, Neuss (Creditreform Gruppe),
- die Paigo GmbH, Verl (Arvato Financial Solutions, Finanzdienstleistungssparte der Arvato Bertelsmann) und
- die SCHUFA Holding AG, Wiesbaden.

Diese sammeln wirtschaftsrelevante Daten über natürliche Personen und Unternehmen und geben diese an Auftraggeber weiter. Solche Daten sind beispielsweise Namen, Anschriften, Berufstätigkeiten, Bankverbindungen, Immobilieneigentum etc. Von besonderer Bedeutung sind Daten zur Bonität, also der Zahlungsfähigkeit einer Person (Weber/Groh 2021, Bonität). Hierunter fällt das bisherige Zahlungsverhalten dieser Person, zudem sogenannte Negativmerkmale wie beispielsweise eingetretener Zahlungsverzug, abgegebene Vermögensauskünfte oder beantragte oder abgeschlossene Verbraucherinsolvenzverfahren (vgl. Knobloch/ Reifner 2010, S. 43).

3. Problembildung in der Person und im System: individuelle und gesellschaftliche Ursachen der Überschuldung

Nachdem die rechtliche Ausgangssituation, die zentralen Begriffe der Ver- und Überschuldung sowie der Zahlungsunfähigkeit, sowie die statistisch relevanten Auslösegründe für eine Überschuldung bis hin zu Insolvenz betrachtet wurden, schließt sich nun ein Blick auf die individuellen und gesellschaftlichen Ursachen von Überschuldung an. Die Überschuldungsforschung ist zwar ausdifferenziert, aber auch fragmentarisch geblieben (vgl. Korczak 2013, S. 128), was auch für die beiden nachstehend bearbeiteten Ursachenfragen gelten muss. Die Frage der Problembildung bedingt dabei zunächst einen Zugang zur Klientel der Schuldnerberatung aus der Sicht der Sozialen Arbeit. Hiernach erfolgt ein Blick auf das soziale Problem „Überschuldung".

3.1 Sozialarbeiterische Bezeichnungen für den Schuldner

Wir verwenden in diesem Buch neben dem rechtlichen Begriff des Schuldners (→ S. 34 f.) den Begriff des Ratsuchenden, der einen Schuldner bezeichnet, welcher eine Schuldnerberatung aufsucht und um Hilfe, Rat und Unterstützung bei der Überschuldungsproblematik bittet, sodann an dieser aktiv mitwirkt.

Wir gebrauchen also nicht den üblicherweise verwendeten Begriff des *Klienten*. Dieser ist mit paternalistischen Konnotationen verbunden (vgl. Bitzan/Bolay 2018, S. 42), was im Besonderen bei der stark vom Expertenwissen geprägten Schuldnerberatung gelten muss (vgl. Ebli 2020, S. 12; anschaulich zu Fehlentwicklung der Praxis Buschkamp 2019, S. 158). Der Begriff des Klienten ist kennzeichnend für eher asymmetrische Beziehungen, insbesondere im Rahmen eines öffentlich-rechtlichen Schutz- oder Kontrollauftrages oder sonstigen Zwangskontextes (vgl. Effinger 2017, „Adressat"). Einem (derzeit wohl herrschenden) sozialarbeiterischen Verständnis eher entsprechen die Begriffe des *Ratsuchenden* oder *Adressaten*.

Letztgenannter Begriff wird als Sammel- oder Oberbegriff für alle jene Menschen verwendet, an die sich die Angebote Sozialer Arbeit richten (vgl. Effinger 2017, „Adressat"). Kennzeichnend ist idealtypisch eine partnerschaftliche, symmetrische Beziehung zwischen den Empfängern von Leistungen und Angeboten Sozialer Arbeit und der Fachkraft (vgl. Bitzan/Bolay 2018, S. 42, 47), die auf einer ohne Zwang begründeten Vereinbarung beruhen. Mit dieser dialogischen Sichtweise kommen wir zu einem Perspektivenwechsel: Statt der Fokussierung und Reduktion auf ein Problem, rücken das prinzipiell handlungsfähige Individuum und seine

Unterstützungsbedarfe in den Vordergrund (vgl. Bitzan/Bolay 2018, S. 42, 44). In dieser Beziehung stehen die Rekonstruktion der Perspektive der Adressaten und ihrer Lebenssituation inklusive ihrer Handlungsmöglichkeiten und -beschränkungen im Alltag sowie die Analyse der sie umgebenden sozialen und institutionellen Umwelt im Vordergrund (vgl. ebd., S. 43, 44). Ziel sei es, anknüpfend an die Lebenssituation und die Verarbeitungsstrategien des Adressaten, subjektive Anschlussmöglichkeiten an sozialpädagogische Angebote einzurichten, sie biografisch nutzbar zu machen, die Handlungsfähigkeit zu erweitern und den Grad der Selbstbestimmung zu erhöhen (vgl. ebd., S. 44). Dabei gelte es zu verhindern, dass der Adressatenverständnis im Sinne der Institution funktionalisiert werde, gleichsam, dass dessen Selbstverständnis aus dem ursprünglichen Zusammenhang gelöst werde. Adressatenorientierung bedingt eine hermeneutisch-reflexive Arbeitshaltung, d. h., sie muss erklären und sich stets auf sich selbst rückbeziehen. Dies bedingt eine fachlich notwendige Haltung der Professionellen, wie bspw. deren stete Selbstreflexion, die sich auf Abkürzungen und Routinen auf die institutionellen, professionellen und lebenspraktischen Ebenen bezieht, als auch auf institutionellen Rahmenbedingungen, die beispielsweise eine solche Reflexion ermöglicht (vgl. ebd., S. 47). Damit ist der Rahmen für eine adressatenorientierte Schuldnerberatung gesetzt.

Dies ist auch im Rahmen eines Beratungsangebots der Sozialen Arbeit umzusetzen. Der Ratsuchende ist sodann eine Person, die eine Beratung in Anspruch nimmt (vgl. Nestmann/Sickendiek 2018, 110). Der Berater unterstützt dabei, Wahlmöglichkeiten abzuwägen, Entscheidungen zwischen Alternativen zu fällen, Optionen bewusst offenzuhalten. Damit gelten die für den Oberbegriff des Adressaten benannten Kennzeichen auch für den Ratsuchenden. Der Rahmen einer solchen Beratung ist geplant, reflektiert, evaluiert, verläuft in einem ethisch korrekten Rahmen, in definierten beruflichen Rollen und in einer definierten Beratungsbeziehung (vgl. Nestmann/Sickendiek 2018, 110). Die Beratung muss theoretisch fundiert, d. h. konzeptionell begründet sein. Sie kann beispielsweise lebensweltlich oder systemisch orientiert sein (→ S. 58 ff.). Beratungsstandards definieren dann konkrete Grundsätze, nach denen die Beratung abläuft (→ S. 53 ff.).

3.2 Problembildung in der Person des Ratsuchenden und in der Gesellschaft

3.2.1 Ausgangspunkt

Die Ausführungen unter 2.2 haben einen Überblick auf Verschuldung und Überschuldung gegeben, dazu die Auslösegründe benannt und problematisiert. Die vorstehenden Bemerkungen zum Adressaten- und Ratsuchendenbegriff der Sozialen Arbeit haben verdeutlicht, dass Soziale Arbeit den Menschen in den Vordergrund stellt, nicht nur das Sachproblem. Gleichwohl wird man Überschuldung als soziales Problem, mithin Soziale Arbeit als zuständige Institution zur Bearbeitung dieses sozialen Problems ansehen müssen (→ S. 50 ff.).

3.2.2 Soziale Probleme und Soziale Arbeit

Den Begriff des sozialen Problems zu definieren erweist sich als schwierig (vgl. Groenemeyer 2018, S. 1496 ff.; ders. 2017, „Soziale Probleme"), es zu beschreiben gelingt etwas einfacher. Unter soziale Probleme fallen zunächst „alle sichtbaren und evidenten Störungen der sozialen Ordnung oder Schaden und Leiden verursachende Verhaltensweisen und Lebensbedingungen" (Groenemeyer 2018, S. 1493). Im Gegensatz zu privaten oder individuellen Problemen müssen sie aber auch „kollektiv interpretiert" (ebd., S. 1492, 1496) werden. Es gilt, die kollektive Verantwortung zu thematisieren, also zu veröffentlichen, und eine gesellschaftliche sowie politische Veränderung anzumahnen. Die Grenzen der genannten Ebenen sind dabei fließend. Soziale Probleme sind, gerade wenn sie dauerhaft angelegt sind, öffentlich zu skandalisieren, um entsprechende Folgerungen in Gesellschaft und Politik zu erreichen (vgl. ebd., S. 1493). Grundlage der Problematisierung sind allgemein für verbindlich erachtete, gesellschaftliche Wertvorstellungen, die Problematisierung erfolgt dann konflikthaft (vgl. ebd., S. 1493). Regelmäßig besteht in einer Gesellschaft Einvernehmen über ein soziales Problem, es zeigen sich Institutionen, die für die Bearbeitung sozialer Probleme kompetent sind. Erst wenn um die „richtige" Problemlösung und die dafür nötigen Ressourcen gestritten wird, wird dieser Konsens durchbrochen (vgl. ebd., S. 1494). Soziale Arbeit ist dann für ein soziales Problem zuständig, wenn „zumindest auch soziale Umstände der Lebensweise oder der Biografie, die zu Sozialisationsdefiziten oder zu fehlenden Ressourcen geführt haben, als Ursache des Problems gedeutet werden" können (ebd., S. 1493). Mit der Etablierung wird eine „offizielle Adresse" für Betroffene und ein „Rahmen für Erwartungen und Interpretation von Betroffenheit" geschaffen (ebd., S. 1504). Gleichzeitig entsteht ein „abgesicherter Sinn- und Interpretationsrahmen für möglicherweise bereits vorher eher diffus als problematisch wahrgenommene Zustände und Verhaltensweisen" (ebd., S. 1504). Organisationen und Institutionen der Problembearbeitung kategorisieren soziale Probleme, und etablieren Anwendungsmöglichkeiten auf konkrete Personen und Situationen durch professionelles Personal (vgl. ebd., S. 1504). Über dessen konkrete Bearbeitung „im Alltag von Institutionen der Problembearbeitung werden also abstrakte Kategorien sozialer Probleme zu konkreten Betroffenheiten und aus Individuen Fälle und Klienten und Klientinnen gemacht" (ebd., S. 1505). Die konkrete Beratungsarbeit setzt spezifische Orientierung, Wissen und Techniken voraus, bedeutet Kommunikation, Interaktion, Aushandlung, Anamnese, Diagnose, Typisierung, Intervention und führt zur Anwendung von Routinen und Techniken und eines für die Institution typischen, legitimierten Wissens (vgl. ebd., S. 1505). An dieser Stelle kann an die Ausführungen zur Person des Ratsuchenden (→ S. 45 f.) sowie zur Methodik der multiperspektivischen Fallarbeit angeknüpft werden.

3.2.3 Überschuldung als soziales Problem

Gerade aufgrund des Bezugs zum Thema Armut, welche ein soziales Problem darstellt, aus dem heraus sich Soziale Arbeit auch entwickelt hat (vgl. Dittmann/Oehler 2018, S. 331), wird man Gleiches auch für Überschuldung annehmen können (vgl. Ansen 2018, S. 15, 19; Buschkamp 2019, S. 150 f.). Sie ist verbunden mit „alltäglichen Entbehrungen, schlechten Wohnverhältnissen, Ausgrenzung, Stigmatisierung, gesundheitlichen Einschränkungen und dem Verlust von attraktiven Lebensperspektiven" (Ansen 2018, S. 15; vgl. Mattes 2020, S. 28 f.). Es bestehen komplexe Wechselwirkungen zwischen sozioökonomisch prekären Lebensverhältnissen, institutionellen und gesetzlichen Rahmenbedingungen, belastenden Lebensereignissen und subjektiven Reaktionen, sowohl hin zu einer Überschuldung, als auch auf dem Weg heraus (vgl. Schwarze 2011, S. 79). Folgen einer Überschuldung sind regelmäßig u.a. die Gefährdung der Existenzgrundlagen, soziale Auswirkungen in Familien, seelische und gesundheitliche Belastungen, insbesondere Stress und soziale Erschöpfung, der Weg in eine Verlustspirale (vgl. Ansen 2018, S. 19). Schuldnerberatung als Arbeitsfeld der Sozialen Arbeit hat die Aufgabe, mit den Ratsuchenden Wege zu finden, die diese Spiralwirkung aufhalten können, neue Ressourcen zu gewinnen oder alte zu reaktivieren, dabei Einschätzungen und Bewertungen der eigenen Lebenssituation der Ratsuchenden zu ermöglichen, dabei Autonomie und Integrität zu wahren und zu fördern (vgl. ebd., S. 19; Mattes 2020, S. 28; Herzog 2020, S. 48; Mattes/Lang 2015, S. 73 f.). Sie hat beispielsweise die sozioökonomische Existenz der Ratsuchenden und ihrer Familien zu sichern, deren machtbedingte Unterlegenheit offenzulegen und Stigmatisierungen entgegenzuwirken sowie sich die Scham der Ratsuchenden bewusst zu machen (vgl. Ansen 2018, S. 19 f.; Mattes et al. 2021, S. 8; Mattes 2020, S. 29; Mattes/ Lang 2015, S. 76).

Der Weg zur Zuständigkeit Sozialer Arbeit wird im Anschluss an dieses Unterkapitel (→ 4.) kurz nachgezeichnet, hier wird insbesondere auch der dargelegte Kampf um Zuständigkeit und Ressourcen sichtbar. Die Grundsätze Sozialer Schuldnerberatung folgen sodann (→ 5.). Die methodische Fallbearbeitung (→ 6.) schließt dieses Kapitel dann ab. Zuvor soll aber noch ein Blick auf die individuelle gesellschaftliche Problembildung der Überschuldung geworfen werden.

3.2.4 Problembildung in der Person und in der Gesellschaft

Es leuchtet auf den ersten Blick ein, dass ein soziales Problem wie die Überschuldung natürlicher Personen, welches eine Reihe von Folgewirkungen hat, regelmäßig auch nicht nur durch einen Faktor ausgelöst wird. Dies war oben (→ S. 39 ff.) im Rahmen des Hauptauslösers einer Überschuldung schon Gegenstand der Ausführungen.

Besonders plastisch wird dies beim Überschuldungsgrund der unwirtschaftlichen Haushaltsführung, der – durch den vorrangigen Bezug zu den Ausgaben – eine mehr als deutliche Zuschreibung hinsichtlich einer alleinigen Verantwortlichkeit des Schuldners betreibt. Es mag gut sein, dass Gründe in der Person des Schuldners Anteil haben an seiner Situation. Hierbei kommen Faktoren wie seine Ressourcen und Kompetenzen, seine Routinen und Wahrnehmungen, seine sozioökonomischen Faktoren, seine Bedürfnisse, seine Einstellungen und Wertvorstellungen oder seine Sozialisation und Biografie in Betracht (vgl. Schröder 2016, S. 140 ff.). Selbst aber das Recht ist an dieser Stelle mit einer einseitigen Zuweisung zurückhaltend, setzt die Hürden hoch an.

Exkurs: Unwirtschaftliche Haushaltsführung in der Insolvenzordnung

Die unwirtschaftliche Haushaltsführung, die begrifflich schon wenig griffig und in ihrer Bedeutung eher nebulös ist, konnte in der Rechtsprechung zu den Tatbeständen des § 290 Abs. 1 Nr. 4 InsO zur Versagung der Restschuldbefreiung bislang keine große Rolle spielen (vgl. Homann 2015, S. 148 ff.). Die entschiedenen Fälle

- zur Begründung unangemessener Verbindlichkeiten,
- zur Verschwendung von Vermögen und
- zur aussichtslosen Verzögerung eines Insolvenzverfahrens

sind allesamt besondere Konstellationen, die keinesfalls alltäglich sind. Mehr als eine Typisierung lässt sich insoweit nicht gewinnen. Voraussetzung für eine Versagung der Restschuldbefreiung ist zudem ein Verschulden, d.h. ein vorwerfbares Verhalten (vgl. Henning/Pape 2022, § 290 InsO Rn. 68 ff.). Nach der Insolvenzstatistik (vgl. destatis 2020, S. 35) gab es in den 2011 eröffneten 101.074 Verbraucherinsolvenzverfahren ganze 26 Fälle.

Eine unwirtschaftliche Haushaltsführung ist (nicht nur rechtlich) schwierig zu bestimmen, da die Abgrenzung zwischen ihr und *notwendigen* Ausgaben fließend ist (vgl. Schröder 2016, S. 82). Kern ist der Vorwurf, dass Verbindlichkeiten eingegangen wurden, die auch ohne den Zutritt weiterer Faktoren nicht zurückgezahlt werden können, zeitlicher Anknüpfungspunkt ist eben der der Eingehung (vgl. Schröder 2016, S. 82). Menschen in armutsgeprägten Haushalten müssen aber häufig Schulden aufnehmen, um den notwendigen Lebensunterhalt zu decken, beispielsweise bei unvorhergesehenen Ereignissen, dem Anstieg der Lebenshaltungskosten (vgl. Ansen 2018, S. 19) wie etwa derzeit auf dem Gas- und Strommarkt. Zu berücksichtigen sind auch die Einkommensverhältnisse, die Unsicherheiten mit sich bringen können (vgl. Zier et al. 2015, S. 226).

Vor dem Hintergrund der Mehrdimensionalität einer Überschuldung erscheint die Zuschreibung kaum möglich und nur wenig zielführend (vgl. Schröder 2016, S. 83). Insoweit ist der Fokus zu öffnen, und gesellschaftliche (vgl. Schröder 2016, S. 137 ff.) sowie strukturelle Einflüsse, wie Individualisierungsprozesse oder Ökonomisierungstendenzen in der Gesellschaft sowie der Stellenwert des Konsums und damit der Verschuldung (vgl. Schröder 2016, S. 173 ff.) sind hinzuzuziehen. Inwieweit die Bildung des sozialen Problems Überschuldung ihren Grund (auch) „im System" hat, also der Gesellschaft allgemein, dem Bankensystem, dem Konsumhandel und anderen Angeboten des Wirtschaftslebens oder auch den öffentlichen Gläubigern beispielsweise des Strafrechts oder des Sozialrechts, wird sich im Einzelfall nie ganz aufklären lassen. Losgelöst vom Einzelfall betrachtet besteht diese aber zweifellos, da beispielsweise Gläubiger keine neutralen Personen sind, sondern schlicht Eigeninteressen vertreten (vgl. Schröder 2016, S. 155 ff., 170). Auch allgemein erscheinen bisher vorhandene empirische Daten, die hier Erkenntnisse versprechen, nur eingeschränkt aussagekräftig. Schwarze (2011, S. 79) hat in Kategorien Ursachen, Auslöser und Einflüsse zusammengefasst, die den gesellschaftlichen Einfluss dokumentieren. Diese reichen

- vom Wirtschaftssystem und den Absatzstrategien im Finanz- und Kreditsystem wie beispielsweise Gewinnstreben, Werbung, Vergabepraxis bei Krediten, über
- sozioökonomische und politische Faktoren, wie etwa die Einkommenslage, Arbeitslosigkeit, Umwelteinflüsse, Altersarmut, über
- rechtliche Faktoren, wie verbraucherschützende Normen hinsichtlich der Kreditvergabe, Pfändungsschutz, Leistungsniveau von existenzsichernden Sozialleistungen, bis hin zu
- institutionellen Einflüssen des Hilfesystems, etwa die politische und finanzielle Steuerung des Sozialrechts, die Zugangsmöglichkeiten, Vernetzung und Zusammenwirken verschiedener Angebote u.a.m.

Bleibt ein letzter Blick auf die Person der Beraterin oder des Beraters. Die Angabe im Rahmen der Statistik lässt auch moralische Wertungen durchscheinen, die mit einer Mittelschicht-Ethik einhergehen (vgl. Zier et al. 2015, S. 226; Schröder 2016, S. 82). Dieser Moralisierung soll mit dem sozialarbeiterischen Zugang zum sozialen Problem Überschuldung aber gerade begegnet werden (vgl. Mattes 2020, S. 28; Groenemeyer 2018, S. 1505 f.). Statt Moralisierung sollte aber besser von einer Individualisierung sozialer Probleme gesprochen werden. Vor diesem Hintergrund und der Verortung von Schuldnerberatung in der Sozialen Arbeit mit dem dahinterstehenden Menschenbild, erscheint der anteilige Zuwachs in der Überschuldungsstatistik sehr fragwürdig. Peters (in Groth et al. 2021, Teil 1 S. 10) schließt nicht ganz zu Unrecht, dass die Angabe dieses Auslösegrundes mehr über die Beraterin oder den Berater aussagt, als über Ratsuchende.

4. Schuldnerberatung für die Sozialen Arbeit: Historie und Wandel

Die Schuldnerberatung als spezialisiertes Angebot ist ein sehr junges Arbeitsfeld innerhalb der Sozialen Arbeit. Diese Entwicklung ist vor dem Hintergrund der Beschreibung von Überschuldung als sozialem Problem folgerichtig und geradezu beispielhaft.

Exkurs: Historische Darstellungen der Schuldnerberatung

Über diese Geschichte ist viel geschrieben worden. Hier soll daher weder ein *umfassender* Überblick über die jeweiligen Erkenntnisse gegeben werden, noch soll der Prozess selbst ausführlich dargestellt werden. Welchen Umfang eine solche Darstellung annehmen kann, zeigt anschaulich der Band „Geschichte der Schuldnerhilfe in Deutschland" von Schwarze/Buschkamp/Elbers aus dem Jahr 2019. Dieser nimmt einen Umfang von 303 Seiten ein und ist äußerst lesenswert. Dazu kommen die üblichen Darstellungen in Lehrbücher u.a. sowie in Dissertationen (vgl. Ebli 2003; Homann 2009)

Die vorliegende Darstellung wirft daher nur Schlaglichter auf einige wenige Themen:

- Schuldnerberatung entwickelte sich aus der Straffälligen-, Obdachlosen- und Rehabilitationshilfe für Drogenabhängige (vgl. Schruth 2003, S. 20; Buschkamp 2019, S. 159 ff.), Bereiche, in denen Ver- und Überschuldung traditionell von großer Bedeutung sind. Diese spielt nach wie vor in der Form der sogenannten Integrierten Schuldnerberatung eine besondere Rolle (vgl. Ansen 2018, S. 25).

■ Eine besondere Rolle bei der Entwicklung des Konsumentenkredits (vgl. Peters in Groth et al. 2021, Teil 1 S. 3 ff.; Ebli 2020, S. 7) und der Arbeitslosigkeit (vgl. Buschkamp 2019, S. 152). Dies beruhte vor allem auf den eben genannten Faktoren, die zu einer Ausweitung der Ver- und Überschuldung in der Bundesrepublik geführt hatten (vgl. Groth/Mesch 2014, S. XI f.; Schruth 2003, S. 20).

■ Im Jahr 1977 wurde die erste „reine" Schuldnerberatungsstelle in Ludwigshafen als Teil der dortigen Stadtverwaltung eröffnet (vgl. Ebli 2003, S. 19). Mitte der 1980er Jahre rückte die Schuldnerberatung dann immer mehr in den Fokus (vgl. Schruth 2003, S. 19; Groth et al. 1991, S. 21). Schuldnerberatung entstand als Bewegung von unten, aus der Praxis von Praktikern entwickelt, um die aufkommenden Nöte aufzufangen (vgl. Groth et al. 1991, S. 22). Heute gibt es in Deutschland ca. 1.430 Beratungsstellen (vgl. destatis 2021a, S. 3).

■ In den 1980er Jahren kam es dann zum erwähnten und – nach den obigen Ausführungen (→ S. 47 ff.) – unerlässlichen Streit über die Frage der „Zuständigkeit" für das soziale Problem der ver- und überschuldeten Menschen (vgl. ausführlich Ebli 2003, S. 95 ff.; knapper ders. 2020, S. 7; Buschkamp 2019, S. 176 ff.). Neben der aufkommenden Schuldnerberatung reklamierten diese auch die (etablierte) Rechtsanwaltschaft und Teile des Verbraucherschutzes für sich. Beide „Konkurrenten" der Schuldnerberatung hatten mit ihrer Beanspruchung des Aufgabenfeldes aber vor allem die Schuldner im Blick, die infolge der Ver- und Überschuldung noch nicht in existenzielle soziale Schwierigkeiten gekommen waren und die weniger einer pädagogischen und psychologischen, denn einer wirtschaftlichen und rechtlichen Hilfe bedurften. Der Streit schlichtete sich teilweise mit einer gemeinsamen Erklärung des Deutschen Anwaltsvereins mit dem Deutschen Städtetag, dem Deutschen Landkreistag und dem Deutschen Städte- und Gemeindebund im Jahr 1988 (vgl. Deutscher Landkreistag et al. 1988, 49 f.; DV 1988, S. 372 ff.), in der eine Abgrenzung zur kommunalen Schuldnerberatung vorgenommen wurde. Die entsprechenden Gespräche mit der freien Wohlfahrtspflege war gescheitert (vgl. Ebli 2003, S. 113 m.w.N.; DV 1988, S. 373 f.). Auch wenn mit dieser Regelung eine Arbeitsteilung vereinbart worden war, obliegt der Schuldnerberatung bis heute die Beratung der weit überwiegenden Anzahl der Schuldner; sie ist damit zentrale Anlaufstelle (vgl. Ebli 2003, S. 114)

■ In den 1990er Jahren traten sodann erstmals die Schwierigkeiten auf, die auch heute noch charakteristisch für die Schuldnerberatung sind. Die Finanzierung war unzureichend; damit genügten die vorhandenen Kapazitäten nicht, und der Anfragedruck stieg (vgl. Korczak/Pfefferkorn 1992, S. 226 ff.; Korczak 2001, S. 196; Ebli 2003, S. 217 ff.). Die politisch erstrittene Einführung der Insolvenzordnung mit der Möglichkeit zur Restschuldbefreiung (vgl. Mattes/Lang 2015, S. 70) und der Umbau des Sozialstaates im Zuge der sogenannten Hartz-Reformen trafen dann auf eine fachlich-theoretisch unzureichend fundierte Schuldnerberatung (vgl. Ansen 2018, S. 25): Durch die gesetzlichen Regelungen kam es zwar zu einer verstärkten Anerkennung der Schuldnerberatung, die bis heute Bestand hat, sogar stetig weiter ausgebaut wurde (beispielsweise durch die

Regelungen zum P-Konto). Dies gewährt der Schuldnerberatung einen sicheren Bestand (vgl. Ebli 2020, S. 10), gerade auch einer sozialarbeiterisch fundierten. Auch war (und ist) die Einführung der gesetzlichen Entschuldungslösung vor allem aus der Sicht der Klientel der Schuldnerberatung ein Meilenstein (vgl. Korczak 2001, S. 127). In der Praxis verschob sich aber der Fokus zunehmend auf die Bearbeitung rechtlicher Probleme; der Bezug zur Sozialen Arbeit und damit eine Vertiefung der fachlichen Profilierung fand gar nicht oder ging vielfach verloren (vgl. Ebli 2020, S. 11 f.; ders. 2017, S. 165 ff.; Mattes 2020, S. 25; ders./Lang 2015, S. 70). Hiermit ging auch eine Veränderung in der Personalstruktur der Beratungsstellen einher: 2019 wiesen nur noch 47 % der Berater ein Studium der Sozialen Arbeit, Sozialpädagogik, Pädagogik, Soziologie oder Psychologie auf (vgl. Geisler 2020, S. 56; hierzu auch Ebli 2017, S. 168).

■ In jüngster Zeit ist eine gewisse Renaissance im Hinblick auf die sozialarbeiterische Fundierung von Schuldnerberatung zu erleben, die sich in den nachstehend beschriebenen Prinzipien Sozialer Schuldnerberatung der AGSBV (2018a) und den Grundsätzen guter Schuldnerberatung der BAG SB (2020), aber auch in neuem Schrifttum zeigt (vgl. Mattes/Lang 2015; Ansen 2018; Mattes/Knöpfel 2019; die Beiträge in Heft 5-6/2020 der Fachzeitschrift Sozialmagazin; Mattes/Rosenkranz/Witte 2021; Mattes 2021).

Diese Renaissance kann und muss nun zu einer wieder stärkeren Verankerung des Arbeitsfeldes Schuldnerberatung in der Sozialen Arbeit genutzt werden. Schuldnerberatung ist für die Soziale Arbeit nur dann attraktiv, wenn sie sich mit deren Weg begibt und ihren Beitrag leistet. Dabei ist die weitgehende rechtliche Verankerung mehr Segen denn Fluch, da hiermit Sicherheit für das Arbeitsfeld besteht. Es muss fortan aber gelingen, den sozialarbeiterischen Ansatz in der Schuldnerberatung besser in die gesetzliche Logik und Sprache zu übersetzen. Insoweit braucht es bei den Trägern der Schuldnerberatungsstellen Personal, welches die oben benannte praktische Konkordanz (→ S. 18) zwischen dem Recht und der Schuldnerberatung konzeptionell umsetzen können. In diesem Sinne soll im Folgenden der sozialarbeiterische Grund für Schuldnerberatung herausgearbeitet werden.

5. Grundsätze Sozialer Schuldnerberatung

5.1 Zusammenfassende Einleitung

Soziale Schuldnerberatung wird als Beratungsangebot der Sozialen Arbeit und der Verbraucherberatung verstanden, die überschuldeten Ratsuchenden Hilfestellung leistet, eine wirtschaftliche Sanierung, aber auch psychosoziale Stabilität zu erreichen (vgl. Korczak/Pfefferkorn 1992, S. 172, 191 ff.). Ziel Sozialer Schuldnerberatung ist es dabei, die mehrdimensionalen, vor allem soziale Folgeprobleme von Überschuldung zu minimieren und bestenfalls zu beseitigen. Folglich ist Soziale Schuldnerberatung Teil umfassender Lebensberatung, Beratung in anderen sozialen Angelegenheiten und letztendlich persönliche Hilfe. Der Fokus Sozialer Schuldnerberatung liegt zum einen auf den finanziellen, rechtlichen und hauswirtschaftlichen Fragestellungen, zum anderen aber vor allem auf der erforderlichen psycho-sozialen Betreuung und gegebenenfalls notwendigen pädagogisch-präventiven Hilfe (vgl. Münder 1989, S. 17). Wie bereits ausgeführt, gibt es Hilfe für überschuldete Menschen seit Mitte der 1970er Jahre. Allerdings konnten bis heute weder die Begriffe „Schuldnerberatung" bzw. „Soziale Schuldnerberatung" durch rechtliche Bestimmungen geschützt werden (vgl. AGSBV 2018a, S. 8).

5.2 Zweck der Grundsätze

Dies führt dazu, dass die genannten Begrifflichkeiten weiterhin für Angebote verwendet werden, die die Überschuldungssituation der Ratsuchenden mit ihren damit oftmals einhergehenden weiteren mehrdimensionalen Problemlagen nutzen, um eigene wirtschaftliche Vorteile zu erzielen (vgl. AGSBV 2018a, S. 8). Immer wieder wird aus der Praxis der sozialen Schuldnerberatung berichtet, dass Ratsuchenden vor einem Erstkontakt zur sozialen Schuldnerberatung in der Vergangenheit andere Beratungsangebote genutzt haben, die mit der Zusage einer und kostenpflichtigen Beratung hinsichtlich einer zeitnahen, technischen Regulierung der Schulden werben, allerdings die persönlichen und sozialen Probleme bzw. Nebenfolgen der Schuldner nicht berücksichtigen (vgl. Just 2012, S. 13).

Eine deutliche Abgrenzung zu diesen Angeboten entwickelte die Arbeitsgemeinschaft Schuldnerberatung der Verbände (AGSBV) 2018 in ihrem Konzept einer Soziale Schuldnerberatung. Das Konzept verfolgt das Ziel, zu beschreiben, was Soziale Schuldnerberatung im Kontext Sozialer Arbeit umfasst und stellt somit eine griffige und klare Abgrenzung zu den gewinnorientierten Schuldnerberatungsangeboten dar. Aus dem Verständnis von Sozialer Schuldnerberatung als Sozialer Arbeit ergeben sich somit folgende Grundsätze/Prinzipien der Schuldnerberatung (vgl. AGSBV 2018a, S. 9 f.).

Neben diesem sicherlich bedeutenden Zweck dienen Beratungstandards auch anderen Zwecken (Nestmann/Sickendiek 2018, S. 118 f.), nämlich einerseits der Behauptung gegen eine einseitig ökonomisierende Politik. Dieser Konflikt setzt sich häufig auch auf der Ebene Berater – Träger der Beratungsstelle fort. Andererseits dienen solche Beratungsstandards einer Qualitätssicherung.

5.3 Einzelne Grundsätze

Freiwilligkeit:

„Ratsuchende entscheiden freiwillig, ob sie die Angebote der Schuldnerberatung nutzen." (AGSBV 2018a, S. 9).

Das Beratungsverhältnis zwischen Ratsuchenden und Berater sollte somit ausnahmslos auf dem Grundsatz der Freiwilligkeit basieren. Überschuldete Personen, die das Angebot sozialer Schuldnerberatung in Anspruch nehmen, sollen aus der eigenen Motivation die Beratungsstelle aufsuchen können und nicht durch Dritte gezwungen werden. In der Praxis der Schuldnerberatung ist es Aufgabe des Beraters, diesen Grundsatz nicht aus dem Blick zu verlieren und von Beginn der Beratung die Hintergründe des Beratungskontaktes zu eruieren und zu verstehen. Ratsuchende suchen die Beratung aus den unterschiedlichsten Gründen und Motivationshaltungen auf. Aus Sicht des Beraters sicher wünschenswert ist der

Ratsuchende, der mit einer eigenen Änderungsmotivation hinsichtlich der aktuellen Überschuldungssituation die Beratungsstelle aufsucht. Die Praxis zeigt aber, dass viele Ratsuchende nicht primär aus eigener Motivation die Beratungsstelle aufsuchen: Exemplarisch seien folgende Beispiele genannt: Auflagen/Weisungen durch Gerichte, Leidensdruck durch Vollstreckungshandlungen der Gläubiger, akute Existenzgefährdung durch drohenden Wohnungsverlust, Vermittlung der Arbeits- und Sozialverwaltungen auf der Basis des § 11 SGB XII bzw. § 16a SGB II oder das „Schicken" durch (Ehe-)Partner, Familie oder Freunde. Eine kritische Auseinandersetzung mit der Motivationshaltung des Ratsuchenden und Überprüfung des Grundsatzes der Freiwilligkeit ist für den Berater zwingend zu beachten. Die Motivation des Ratsuchenden beeinflusst im Folgenden die Auftrags- und Mandatsklärung und damit den Erfolg der sich anschließenden Beratung. Ohne Klärung der Motivation des Ratsuchenden werden oftmals Beratungsabbrüche als mangelnde Bereitschaft zur Zusammenarbeit seitens des Ratsuchenden angesehen und der Beratungsfall beendet. Es erfolgt eine „Schuldzuweisung" gegenüber dem Ratsuchenden (vgl. Kuntz 1989, S. 38).

Autonomie:

„Ratsuchende entscheiden eigenverantwortlich über Wege und Ziele möglicher Veränderung innerhalb des Unterstützungsprozesses. Die Berater*innen achten die Autonomie der Ratsuchenden und gestalten den Beratungsprozess ergebnisoffen." (AGSBV 2018a, S. 9)

Im Rahmen des Beratungsprozesses, insbesondere in der Strategieentwicklung zur Lösung der erarbeiteten und erkannten Problemlagen, obliegt es allein dem Ratsuchenden, Entscheidungen hinsichtlich weiterer Beratung und der Umsetzung zu treffen. Der Berater legt nicht das Ziel der Beratung fest und verfolgt dieses, sondern entwickelt dieses gemeinsam mit dem Ratsuchenden. Neue Entwicklungen, Einsichten und Gegebenheiten im System des Ratsuchenden sind mit aufzunehmen und in den Beratungsprozess zu integrieren. Auf dieser Grundlage ist es die Aufgabe des Beraters, mögliche Lösungsoptionen zu erarbeiten und dem Ratsuchenden zu vermitteln. Hierbei sind unter Berücksichtigung der individuellen Lebenssituation des Ratsuchenden die Chancen und Risiken einer Umsetzung der Lösungsoptionen darzulegen. Ziel einer auf Dauer angelegten Beratung soll es folglich sein, dass der Ratsuchende eine bewusste Entscheidung treffen kann. Hierbei ist es unerheblich, ob der Berater aus seiner Sicht einen anderen, für ihn ggf. „passenderen" Lösungsansatz wählen würde. Eine persönliche Bewertung durch den Berater widerspricht der autonomen Entscheidung des Ratsuchenden.

Partizipation:

„Die Ratsuchenden werden im Beratungsprozess bei allen Schritten aktiv beteiligt." (AGSBV 2018a, S. 9)

Der Ratsuchende ist immer aktiver Teil der Beratung. Bei allen Entscheidungen und Umsetzungen von Lösungsstrategien wird der Ratsuchende aktiv beteiligt. Unterstützungshandlungen durch den Berater werden im Vorfeld gemeinsam besprochen, ohne Einwilligung des Ratsuchenden erfolgt kein Handeln im Auftrag. Das Tempo des Beratungsprozesses gibt der Ratsuchende vor.

Verschwiegenheit:

„Die Hilfeleistung erfolgt vertraulich, um die zu einem erfolgreichen Beratungsprozess erforderlichen Bedingungen von Offenheit, Transparenz und Vertrauen zu schaffen." (AGSBV 2018a, S. 9)

Der Grundsatz der Verschwiegenheit umfasst sowohl die Schweigepflicht als auch die Vertraulichkeit der Beratung. Die Schweigepflicht nach § 203 StGB, in der explizit staatlich anerkannte Sozialarbeiter oder Sozialpädagogen genannt sind (§ 203 Abs. 1 Nr. 6 StGB), schützt den Ratsuchenden vor der unbefugten Weitergabe von Geheimnissen, die im Rahmen des Beratungsprozesses ersichtlich wurden. Darüber hinaus wird der Sozialarbeiter oder Sozialpädagoge auch gegenüber Auskunftsersuchen Dritter geschützt. Bei einer Verletzung der Schweigepflicht droht eine Geldstrafe oder Freiheitsstrafe bis zu einem Jahr. Alle Daten und Informationen einer natürlichen Person, die im Rahmen der Sozialen Schuldnerberatung offenbart wurden, unterliegen unter dieser persönlichen Voraussetzung somit der Schweigepflicht. Zur Vertraulichkeit zählt die Einhaltung des gesetzlichen Datenschutzes. Eine weitere Voraussetzung zur Schaffung einer Beratungsbeziehung, die auf Vertraulichkeit basiert, ist die Gewissheit des Ratsuchenden, dass der Berater über die Inhalte der Beratung Stillschweigen bewahrt (vgl. Ansen 2018, S. 35).

Nachvollziehbarkeit:

„Das Vorgehen der Berater*innen ist für die Ratsuchenden jederzeit transparent und nachvollziehbar." (AGSBV 2018a, S. 9)

Der Berater arbeitet mit dem Ratsuchenden gemeinsam an einer Lösung der individuellen Überschuldungssituation und erläutert die Situation und die möglichen nächsten Schritte des Beratungsprozesses. Dies muss für den Ratsuchenden immer nachvollziehbar sein, sodass dieser über die nächsten Schritte entscheiden bzw. selbst aktiv werden kann.

Fachlichkeit:

„Die Beratung erfolgt auf dem Stand der aktuellen wissenschaftlichen Erkenntnisse zur Ver- und Überschuldung und zu Beratungsmethoden." (AGSBV 2018a, S. 9)

Soziale Schuldnerberatung hat sich stetig fortentwickelt. Die Einführung neuer gesetzlicher Vorschriften (z.B. Einführung der Insolvenzordnung), Umsetzung von Reformen (z.B. Pfändungsschutzkonto), veränderte Rahmenbedingungen (z.B. Einführung SGB II und SGB XII), aber auch die aktuelle Rechtsprechung setzen die Bereitschaft eines kontinuierlichen Lernens des Beraters voraus, sodass eine gute, nachhaltige und an den Ratsuchenden orientierte Beratung gewährleistet werden kann. Diesbezüglich sind vor allem aber die Anstellungsträger in der

Pflicht, die Fachlichkeit des Beraters durch geeignete Fort- und Weiterbildungs-
maßnahmen und zeitgemäßer Ausstattung zu unterstützen.

Ganzheitlichkeit:

„Die Berater*innen berücksichtigen bei der Deutung und Bearbeitung der Überschuldungssituation alle problemrelevanten Ebenen. Insbesondere sind das pädagogische, sozialräumliche, psychosoziale, ökonomische und juristische Aspekte." (AGSBV 2018a, S. 9)

Aufgabe und Ziel einer ganzheitlichen Sozialen Schuldnerberatung ist die Sicherung der materiellen und psychischen Existenz des Ratsuchenden. Gemeinsam
mit dem Ratsuchenden soll eine realistische und von diesem in seiner aktuellen
Lebenssituation umsetzbare Bewältigungsperspektive erarbeitet werden. Hierbei
sind die neben der reinen materiellen Überschuldungssituation alle belastenden
Multi-Problemlagen des Ratsuchenden mit einzubeziehen. Nur unter Berücksichtigung aller Aspekte von Ursache und Wirkung der Überschuldungssituation kann
eine auf Dauer angelegte Handlungsstrategie und Umsetzungsperspektive erarbeitet werden, die auch vom Ratsuchenden mitgetragen wird. Neben den Hilfsange-
boten des Beraters sind für eine gelingende Umsetzung die vorhandenen Ressourcen und Selbsthilfepotenziale des Ratsuchenden mit einzubeziehen (vgl. Groth in
Groth et al. 2021, PHSB T. 2 S. 9).

Orientierung an den Nutzer*innen:

„Ratsuchende erhalten niedrigschwellig und nicht-diskriminierend Zugang zum
Beratungsangebot." (AGSBV 2018a, S. 9)

Die Nachfrage nach sozialer Schuldnerberatung ist höher als das vorgehaltene
Angebot. Gleichzeitig sieht sich Soziale Schuldnerberatung mit unterschiedlichen
Ansprüchen und Erwartungen des Gläubigers, des ratsuchenden Schuldners, des
Anstellungsträgers und des Beraters selbst an die Ausgestaltung der Schuldnerberatung konfrontiert (vgl. Zipf 2000, S. 281). Die auf hohem Niveau stagnierende
Nachfrage, sich aufbauende lange Wartezeiten und der auf den Beratern lastende
wirtschaftliche Erfolgsdruck, aber auch die eigenen Ansprüche, nachhaltige und
ganzheitliche Beratungsangebote zu gewährleisten, verhindern oft niedrigschwelli-
ge Zugangsmöglichkeiten. In der Praxis zeigt sich, dass konzeptionelle „Zugangs-
hürden" den Zugang zum Beratungsangebot erschweren (vgl. Ebli 2020, S. 11 f.;
Herzog 2020, S. 46). Das beispielsweise in manchen Beratungseinrichtungen prak-
tizierte verpflichtende Ausfüllen und postalische Übersenden von Anmeldebögen
vor einer Terminierung eines Erstgesprächs oder eine verpflichtende Teilnahme an
einer Gruppenveranstaltung zur Information über die Arbeitsweise der Schuldnerberatung schafft Barrieren, die dazu führen, dass Ratsuchende schon vor einem
Erstberatungstermin aufgeben und mögliche Änderungsmotivationen im Keim
erstickt werden. Entsprechende konzeptionelle Schwächen sind vom Träger der
Schuldnerberatung abzubauen und Rahmenbedingungen zu verbessern. Ebenso
soll soziale Beratung immer unabhängig und kostenlos sein und erfolgt unabhängig von kirchlicher Zugehörigkeit und Nationalität.

Hilfe zur Selbsthilfe:

„Die Ratsuchenden werden unterstützt, die vorhandenen Ressourcen und ihre Fähigkeiten zu erkennen und zu nutzen. Dadurch können sie ihr Selbstwertgefühl steigern, ihre Selbsthilfepotenziale entwickeln, Kompetenzen aufbauen und Lebensperspektiven entwickeln. Des Weiteren soll die Selbstorganisation der Betroffenen angeregt werden." (AGSBV 2018a, S. 9)

Soziale Schuldnerberatung als Aufgabe der sozialen Arbeit darf den Menschen nicht aus dem Blick verlieren (vgl. Just 2012, S. 15). In der gemeinsamen Erarbeitung der Auftragsklärung, der Sammlung von notwendigen Informationen und Planung und Durchführung der Hilfeleistungen zur Lösung der Überschuldungssituation liegt der Fokus auf den vorhandenen Ressourcen und Selbsthilfepotenzialen des Ratsuchenden. Um eine anhaltende Änderungsmotivation zu erreichen ist es sinnvoll, die vorhandenen Potenziale zu nutzen, in einem dialogischen Prozess Umsetzungsstrategien zu besprechen und auf ihre Realisierbarkeit im Vorfeld schon zu überprüfen. Eine gemeinsame Überprüfung der Ziele und deren Ergebnis erfolgt in den jeweiligen Folgeterminen.

6. Methoden der Sozialen Arbeit in der Sozialen Schuldnerberatung

6.1 Einführung über Theorien und Methoden der Sozialen Arbeit

6.1.1 Theorien und Methoden der Sozialen Arbeit

Theorien und Methoden Sozialer Arbeit sind ein weites Feld, welches hier nur ganz punktuell bespielt werden kann und soll. Da wird uns für eine methodische Anbindung als inhaltliches Gerüst in diesem Lehrbuch entschieden werden, soll vor der Darstellung ein kurzer Überblick über die Theorien- und Methodenwelt der Sozialen Arbeit gegeben werden. Die Vertiefung muss über andere Quellen erfolgen:

■ Einschlägige aktuelle Lehrbücher halten hier weitergehende Ausführungen parat (etwa May/Schäfer 2022; Lambers 2020).

■ Zudem gibt es neuartige Angebote zum Theorienangebot der Soziale Arbeit wie die Internetseite der Katholischen Hochschule Nordrhein-Westfalen unter der Adresse www.theorien-sozialer-arbeit.de/theoretiker/, auf der sich Videos zu den gängigen Theorien befinden, die von ihren jeweiligen Urheberinnen und Urhebern erklärt werden.

Theorien der Sozialen Arbeit werden von Füssenhäuser und Thiersch (2018, S. 1723) verstanden als „Verständigungen über Deutungen, die sich im Kontext gesellschaftlicher, politischer und fachlicher Konstellationen herausbilden und in ihrer Bedeutung nur in diesem Kontext erschlossen werden können." Der Begriff der Theorien der Sozialen Arbeit meint dabei wenigstens zweierlei (Füssenhäuser/Thiersch 2018, S. 1722):

■ die theoretische „Diskussion der unterschiedlichen Sachfragen einer sozialwissenschaftlich verstandenen Sozialen Arbeit", beispielsweise über Lebenslagen der Menschen, Ursachen und Erscheinungen abweichenden Verhaltens, zum Fallverstehen sowie Struktur von Trägern und Institutionen Sozialer Arbeit;

■ eine Theorie der Sozialen Arbeit, die auf Klärung des Status, Gegenstands- und Aufgabenbereiche, gesellschaftliche Funktion, Positionierung im Kontext anderer Disziplinen sowie den Anforderungen der Praxis.

Methoden der Sozialen Arbeit werden von Galuske verstanden als Thematisierung „jene[r] Aspekte im Rahmen sozialpädagogischer/sozialarbeiterischer Konzepte, die auf eine planvolle, nachvollziehbare und damit kontrollierte Gestaltung von Hilfeprozessen abzielen und die daraufhin zu überprüfen sind, inwieweit sie dem Gegenstand, den gesellschaftlichen Rahmenbedingungen, den Interventionszielen, den Erfordernissen des Arbeitsfeldes, der Institution, der Situation sowie – vorrangig – den beteiligten Personen gerecht werden" (vgl. Galuske 2018, S. 995).

6.1.2 Theorien der Sozialen Arbeit

Die Theorien Sozialer Arbeit haben bis heute eine grundlegende historische Entwicklung genommen (vgl. Füssenhäuser/Thiersch 2018, S. 1723 ff.). Auch wenn sich die Frage nach der oder den Theorien der Sozialen Arbeit mittlerweile normalisiert und konsolidiert hat (vgl. Füssenhäuser/Thiersch 2018, S. 1720), besteht noch ein Nebeneinander verschiedener Positionen (Theorienpluralismus), und ein Netz von Kommunikationen zwischen diesen Positionen (vgl. Füssenhäuser 2017 „Soziale Arbeit"; Schilling/Klus 2022, S. 128).

Soziale Arbeit ist als „Profession (Expansion des sozialen Feldes, Differenzierung von Praxis und Ausbildung)" und „Disziplin (Ausbildung an „mehreren Orten", Gründung und Etablierung einer wissenschaftlichen Vereinigung sowie von Fachorganen und Tagungen, Vielfalt der entsprechenden Publikationen)" als „lebenslaufbegleitendes Medium der Sozialintegration zunehmend in der Mitte der Gesellschaft angekommen" (Füssenhäuser/Thiersch 2018, S. 1720, 1723).

Dies äußert sich in einer zunehmenden Institutionalisierung, Verrechtlichung und gleichzeitige Ausdifferenzierung in zentralen Handlungsfeldern (vgl. ebd., S. 1720). Die ersten beiden Faktoren lassen sich parallel auch in der Schuldnerberatung nachvollziehen (→ S. 50 ff.). Kennzeichnend für die Entwicklung sind auch verstärkte Prozesse der empirisch gestützten Theoriediskussion. Auch dies lässt sich für Schuldnerberatung etwa bezüglich der Problemstellung „Überschuldung" (→ S. 39 ff.; → S. 47 ff.) oder der Frage der Wirksamkeit (→ S. 255 f.) nachvollziehen. Neuere Entwicklung in der Sozialen Arbeit wie die Ökonomisierung oder Abhängigkeit von Qualitätsstandards (vgl. Füssenhäuser/Thiersch 2018, S. 1721) wurden oben (→ S. 51 f.) ebenfalls schon für die Schuldnerberatung nachgezeichnet.

Soziale Arbeit entwickelte sich dabei von den Rändern und der Fokussierung auf soziale Probleme zu einem Regelangebot, welche das Hineinwachsen in die Gesellschaft begleitet und als Institution abfedert (vgl. Füssenhäuser/Thiersch 2018, S. 1720). Dazu thematisiert und bearbeitet Soziale Arbeit als spezifische Organisation und Profession „soziale Desintegrationsprozesse und individuumbezogene Exklusionen", die in modernen Gesellschaften zunehmend auftreten (ebd.,

S. 1720). Auch insoweit lässt sich eine Parallele zur Schuldnerberatung ziehen, die sich kommend aus sozialarbeiterischen Arbeitsfeldern der Straffälligen-, Suchtkranken- und Wohnungslosenhilfe zum beständigen, spezialisierten Bearbeiter des sozialen Problems „Überschuldung" entwickelt und verfestigt hat, die sich durch moderne Entwicklungen wie den Konsum noch verstärkt haben (→ S. 51).

Theorien der Sozialen Arbeit sind u.a. die Alltags- und Lebensweltorientierung, die Lebensbewältigungstheorie, die systemische Soziale Arbeit und die reflexive Sozialpädagogik (vgl. Füssenhäuser/Thiersch 2018, S. 1721; ausführlich bspw. Lambers 2020). Zur Vertiefung wird auf die o.g. Lehrbuchliteratur verwiesen. Für die Schuldnerberatung adaptiert wurden – soweit ersichtlich – bislang nur die Lebenswelttheorie (vgl. Ansen 2016, S. 267 ff.; Ansen 2018, S. 21; Mattes 2021, S. 67) und die Systemtheorie (vgl. Mattes 2021, S. 109 ff.).

Theoretische Fundierungen sind dienlich zur Klärung des Verhältnisses von Theorie und Praxis, beschreiben und klären die gesellschaftlichen und sozialen Rahmenbedingungen, analysieren die Organisationen und Institutionen Sozialer Arbeit und zielen auf eine Konkretisierung der professionellen Handlungsmuster der Sozialen Arbeit (vgl. Füssenhäuser 2017 „Soziale Arbeit"). Sie finden vorrangig in konzeptionellen Kontexten eine Rolle, wo sie sich dann als Raster über die Praxis legen können. Hierauf kann und soll in diesem Lehrbuch nicht weiter eingegangen werden. Insoweit hat sich ein Modell von Geißler/Hege (2001, S. 23 ff.) etabliert (vgl auch die Weiterentwicklung von Uhlendorff/Euteneuer/Sabla 2013, S. 161 ff.), welches eine Trias vorsieht:

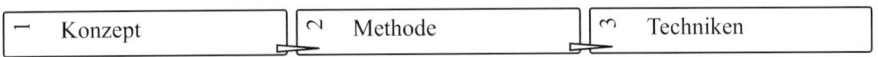

Abb. II.1: Trias Konzepte, Methoden, Techniken, Quelle: Eigene Darstellung

- Konzepte sind hiernach Handlungsmodelle, in welchem die Ziele, die Inhalte, die Methoden und die Verfahren in einen sinnhaften Zusammenhang gestellt werden.
- Methoden sind Konzepten unterzuordnen, enthalten einen vorausgedachten Plan der Vorgehensweise.
- Techniken sind wiederum Einzelelemente von Methoden, die sich durch Komplexität unterscheiden.

6.1.3 Methoden Sozialer Arbeit

Die Welt der Methoden der Sozialen Arbeit ist gerade für Studierende eine unübersichtliche Materie geblieben. Thomas Rauschen hatte als Reihenherausgeber noch 1998 im Vorwort des mittlerweile in zehn Auflagen erschienenen, einführenden Lehrbuchs von Michael Galuske zu den Methoden Sozialer Arbeit ausgeführt: „Die Methoden der Sozialen Arbeit sind in der Vergangenheit von der Wissenschaft wenig beachtet worden. Als praxisnahes Thema, als praktische Überlebensfrage in Form sozialpädagogischen Handelns hat dieses Thema offenkundig angehende Berufstätige mehr interessiert als die Bücher schreibenden Vertreterinnen und Vertreter des Fachs." Heute gibt es nun eine Vielzahl von wissenschaftlichen Werken zu diesem Thema.

Anerkannte Rahmenbedingungen methodischen Handelns sind nach Galuske (2018, S. 995 f.)

■ die Allzuständigkeit, d.h. dass alles, was im alltäglichen Leben an Problemen entstehen kann, zum Gegenstand sozialpädagogischer Intervention werden kann,

■ die Alltagsorientierung, bei der der Alltag den Rahmen und die Regeln der Fallbearbeitung vorgibt,

■ der Status des Klienten als Koproduzent, was dessen Kooperationswilligkeit und -fähigkeit voraussetzt,

■ das Spannungsfeld von Hilfe für die betroffenen Subjekte und Kontrolle gesellschaftlicher Normalitätsstandards („doppeltes Mandat").

Der Methodenwerkzeugkasten Sozialer Arbeit ist im Vergleich zu den Anfangsjahren, in denen die Trias soziale Einzelfallhilfe – sozialer Gruppenarbeit – Gemeinwesenarbeit bestimmend war (vgl. Galuske 2018, S. 997 ff.), mittlerweile gut gefüllt. Galuske kategorisiert anhand der Nähe und Distanz zum konkreten Hilfeprozess drei Gruppen von Methoden:

■ die *direkt interventionsbezogenen Konzepte und Methoden*, die direkt und unmittelbar den Hilfeprozess als einzel- und primärgruppenbezogene sowie gruppen- und sozialraumbezogene Methoden strukturieren, beispielsweise in der sozialen Einzelfallhilfe, der sozialpädagogische Beratung und Diagnose oder dem Case-Management,

■ die *indirekt interventionsbezogenen Konzepte und Methoden*, die der Reflexion des Hilfeprozesses dienen, aber nicht unmittelbar strukturierend wirken, etwa in der Supervision, im Coaching oder die Selbstevaluation,

■ die *struktur- oder organisationsbezogenen Konzepte und Methoden*, die direkt auf den Hilfeprozess einwirken, in dem sie Strukturen und institutionellen Rahmenbedingungen zielen, etwa in der Organisationsentwicklung, dem Qualitätsmanagement oder der Sozialplanung.

Entscheidend sind für ihn zwei wesentliche Prägungen (vgl. Galuske 2018, S. 1000; ders. 2013, S. 146 ff.; ebenso Füssenhäuser 2017 „Soziale Arbeit"): Zum einen dient die Lebensweltorientierung als fachlicher Impuls der Methodenentwicklung, zum anderen führt die dem entgegenlaufende Tendenz der Ökonomisierung Sozialer Arbeit zu einer Verengung der Zielvorstellung, weil sie nicht die Förderung zu einem gelingenderen Alltag zum Inhalt hat, sondern die Arbeitsfähigkeit der Adressaten in den Mittelpunkt stellt (vgl. Galuske 2018, S. 1000). Insoweit würde die Rückkehr der fürsorglichen Belagerung zum methodischen Prinzip erhoben. Die Ökonomisierung veranschaulicht er dann u.a. an der Qualitätssicherung und der Wirkungsorientierung. Dabei setze die Qualitätsicherung (vgl. ebd., S. 1001 f.) auf Vergleichbarkeit der Leistungen der Anbieter sozialer Dienstleistungen, die Transparenz und erfassbare Gestaltung der Leistungserbringung, die Qualitätssicherung und -entwicklung durch Qualitätsmanagement, insgesamt die „Inszenierung eines Wettbewerbs" (Galuske 2018, S. 1002). Die Problematik der Bestimmung der Qualität sozialer Dienstleistungen liege hier in der Lösung aus „fachlichen Legitimationszusammenhängen" und dem „Diktat eines technizistisch verkürzten Effizienz- und Effektivitätsdenkens" (ebd., S. 1002). Der Diskurs um die Wirkungsorientierung steht im Zusammenhang mit der Qualitätsdebatte. Nach Galuske rückt das Ergebnis sozialpädagogischer Angebote in den Mittelpunkt. Deren empirisch-statistische Erfolgswahrscheinlichkeit soll im Sinne medizinischer Wirkungsnachweisen einen Rückschluss auf einzelne pädagogische Settings ermöglichen, um Standardisierung zu betreiben. Hier vollende sich die „managerielle Steuerungsphantasie" zu Lasten des Individlualisierungsgrundsatzes (ebd., S. 1002)!

6.2 Methode der multiperspektivischen Fallarbeit

6.2.1 Begriff und theoretische Anbindung

Die multiperspektivische Fallarbeit ist eine Methode der fallbezogenen Arbeit, der sogenannten Kasuistik (vgl. Müller/Hochuli Freund 2017, S. 12). Hiernach heißt Fallarbeit, praktische Probleme lösen zu wollen (vgl. ebd., S. 35). Im Methodenkanon wird sie als „neue Methode" bezeichnet (vgl. Schilling/Klus 2022, S. 183).

Exkurs: Lehrbuchdidaktik

Das vorliegende Lehrbuch zur Arbeit der Schuldnerberatung enthält thematische Einführungen und Vertiefungen zu inhaltlichen und methodischen Themen. Didaktisch beginnt jedes Kapitel mit einer Zusammenfassung. Dazu erfolgen verteilt über alle Kapitel Fallbearbeitungen, es gibt thematische Exkurse, teilweise werden zum Ende der Kapitel Verständnisfragen aufgeworfen, immer Lesehinweise gegeben. Das Lehrbuch von Müller zur Methode der multiperspektivischen Fallarbeit arbeitet ebenfalls mit thematischen Erörterungen, daneben mit kurzen Fällen sowie mit Arbeitsfragen. Besonders hervorgehoben werden sollen hier die Arbeitsregeln, die wesentliche Ergebnisse der Erörterungen griffig zusammenfassen. Auf deren wortgetreue Wiedergabe wird in diesem Kapitel verzichtet.

Die sozialpädagogische Fallarbeit hat sich über die Jahre in vielerlei Richtungen bewegt; mit der multiperspektivischen Fallarbeit wird ein „gemeinsame[r] Sockel sozialpädagogischer Handlungskompetenz" (Müller/Hochuli Freund 2017, S. 13, 19 ff.) heraus, der auch in der Lehre vermittelbar ist. Ausgangspunkt ist die Überlegung, dass es bei einer Methode nicht um technologische Theorienanwendung geht, sondern einen selbstreflexiven Diskurs anhand eines Falles, durch welchen das fallspezifisch notwendige Wissen entdeckt, generiert und überprüfbar gemacht wird, zudem um das Verstehen des Falles i.S.d. Hermeneutik (vgl. ebd., S. 17, 34). Schon für das Verstehen des Falles ist je nach Fallgestaltung ein erhebliches Fachwissen notwendig (vgl. ebd., S. 45).

Voraussetzung für eine sozialpädagogische Fallarbeit ist dreierlei (vgl. Müller/ Hochuli Freund 2017, S. 39):

1. Es gibt einen kasuistischen Raum, in dem der Fall eingebracht wird (beispielsweise Lehrveranstaltung, Teambesprechung, Supervision oder nur die individuelle Auseinandersetzung mit eigenem Wissensbestand).
2. Der Fall muss als Fall konstituiert werden, in dem eine Fallgeschichte (sogenannter Fall erster Ordnung) einer Fallberatung zugänglich gemacht wird.
3. Die Fallgeschichte ist auf den Prüfstand zu stellen, neu zu interpretieren und in eine Form zu bringen, die Handlungsschritte ermöglicht (sogenannter Fall zweiter Ordnung).

Exkurs: Fall Rita und Fall Katharina

Die beiden in Kap. 1 vorgestellten Fälle sind zur „Entdeckung" im vorgenannten Sinne natürlich nur bedingt geeignet, da sie inhaltlich aufbereitet und weitgehend objektiviert wurden. Insoweit unterscheiden wir uns in der Herangehensweise von Müller, der mit Fallgeschichten seiner Studierenden arbeitete, und natürlich auch von der Praxis. Bei Letzteren handelt es sich regelmäßig um „Bruchstücke und Einzelsituationen aus größeren Zusammenhängen oder auch um hochkomplexe und wenig erschlossene Problemanzeigen" (Müller/Hochuli Freund 2017, S. 17, 28 ff.), die noch zugänglich gemacht werden müssen. Die Anwendung der multiperspektivische Fallarbeit in den Fällen dient uns beispielgebend, ohne dass wir für uns in Anspruch nehmen, die einzig wahre Lösung gefunden zu haben. Fallgeschichten der Praxis bedürfen dagegen einer Entdeckung und Generierung von Wissen über den Fall: Sie werden „durch Herantragen von Verallgemeinerungen auf Ihre methodischen Implikationen hin befragt" (ebd., S. 23). Erst durch das Herantragen von Interpretationsperspektiven werden sie zum sozialarbeiterischen oder sozialpädagogischen Fall, je nach Perspektive auch zum unterschiedlichen Fall. Diese Konstruktion ist ein sehr subjektiver Vorgang.

Der sozialpädagogische Fall ist das „Zentrum professioneller Intervention, der Kern dessen, von dem aus und auf den hin sozialpädagogisches Denken und Handeln zu organisieren ist" (Galuske 2013, S. 191). Neben der Beziehungsarbeit zwischen Adressaten und Sozialpädagogen (als sozialpädagogische Tradition der Einzelhilfe) berücksichtigt die multiperspektivische Fallarbeit auch die komplexen Handlungsbedingungen Sozialer Arbeit und die spezifischen institutionellen Rahmenbedingungen (vgl. Müller/Hochuli Freund 2017, S. 13, 23). Ziele der Fallarbeit sind:

- systematisierende Analyse und fallbezogenen Aufarbeitung der Ebenen und Dimensionen sozialpädagogischen Handelns,
- Durchschaubarkeit und Verringerung von Komplexität,
- Entwicklung eines professionellen Blicks, der die vielfältigen Einflussfaktoren auf sozialpädagogische Interventionen berücksichtigt,
- ohne sich dabei in der Vielfalt zu verlieren oder durch Reduktion die Komplexität nur scheinbar zu überwinden (vgl. Galuske 2013, S. 191; Erath 2006, S. 181).

Unter multiperspektivischer Fallarbeit versteht Müller (1993, S. 15) eine „Betrachtungsweise, wonach sozialpädagogisches Handeln bewusste Perspektivwechsel zwischen unterschiedlichen Bezugsrahmen erfordert. Multiperspektivisches Vorgehen heißt z.b., die leistungs- und verfahrensrechtlichen, die pädagogischen, die therapeutischen und die fiskalischen Bezugsrahmen eines Jugendhilfe-Falles nicht zu vermengen, aber dennoch sie als wechselseitig füreinander relevante Größe zu behandeln".

Zur Umsetzung schlägt Müller zwei Schemata zu Struktur und Prozess der Fallarbeit vor.

1. Auf der ersten Ebene (→ nachstehend 6.2.2) werden verschiedene Ansätze (vgl. Müller/Hochuli Freund 2017, S. 19 ff.) einer sozialpädagogischen Methodenlehre (Soziale Arbeit als Expertenmodell; Soziale Arbeit in der Lebenswelt und den Bewältigungsaufgaben der Adressaten vor dem Hintergrund gesellschaftlicher Problemstellungen; Soziale Arbeit als Beziehungsarbeit mit der Aufgabe der Entschlüsselung individueller Problemkonstellationen) in einer Multiperspektive verbunden (Fall von – Fall für – Fall mit): „Soziale Arbeit muss ihr Können als Fachkompetenz ausweisen, auch wenn die Art der zu bearbeitenden Sachen und der Zugang zu ihnen nur wenig standardisierbar ist; sie muss sich aufs Netzwerken verstehen und sich mit den Zuständigkeiten und Ressourcen anderer verbinden können; und sie muss zu selbstreflexiver „Beziehungsarbeit" mit Klienten fähig sein." (Müller/Hochuli Freund 2017, S. 22).

2. Auf der zweiten Ebene (→ 6.2.3) wird „neben und quer zur genannten Falltypologie" auf ein Ordnungsschema für den Prozess der Fallarbeit, ein Phasenmodell, zurückgegriffen, welches außerhalb, aber auch in der Sozialen Arbeit vielfach genutzt wird: Anamnese, Diagnose, Intervention, Evaluation (Müller/Hochuli Freund 2017, S. 23, 71).

Zur visuellen Veranschaulichung dient die von Müller erstellte Matrix:

	Fall von	Fall für	Fall mit
Anamnese			
Diagnose			
Intervention			
Evaluation			

Abb. II.2: Matrix multiperspektivische Fallarbeit, Quelle: Müller/Hochuli Freund 2017, S. 83

6.2.2 Perspektiven der Fallarbeit

Im Folgenden sollen nun die drei grundlegenden Perspektiven bzw. Dimensionen vorgestellt werden, die die „zentrale Arbeitshypothese" (Müller/Hochuli Freund 2017, S. 22) darstellen. Jede Perspektive spricht unterschiedliche Akzente eines Falles an, die allesamt beachtet werden müssen, und führt zu unterschiedlichen Lesarten des Falles (vgl. ebd., S. 28, 38). Sie setzt eine stetige Reflexion voraus, auf welcher Ebene sich die Fallbearbeitung gerade bewegt, denn eine Verwechselung der Perspektiven kann zum Scheitern des Prozesses führen (vgl. Galuske 2013, S. 193). Daneben gilt es immer auch darauf zu achten, ob die sozialarbeiterische Fallarbeit implizit von Sichtweisen und Interpretationen anderer Professionen überlagert wird (Müller/Hochuli Freund 2017, S. 30). Auch diese interdisziplinäre Arbeit hat Raum, muss aber sorgsam getrennt voneinander werden.

6.2.2.1 Fall von

Diese Perspektive betrifft das sozialpädagogische Handeln als Verwaltungshandeln, da Soziale Arbeit zumeist in bürokratische Strukturen eingebunden ist (vgl. Müller/Hochuli Freund 2017, S. 46). „Fall von" dient als fachgerechtes Herstellen einer „Wenn-dann-Beziehung" zwischen dem Fall und dem anerkannten Allgemeinen, auf welches der Fall zu beziehen ist (vgl. ebd., S. 49). Der Fall wird so zum „Beispiel für diese anerkannte Allgemeine" (Müller/Hochuli Freund 2017, S. 49). Ausgehend von der notwendigen Intervention erfolgt eine Zuordnung zu einer Fallgruppe sowie eine Klassifikation der Problematik und Hilfemaßnahme. Die Problemlage dient folglich als Indikator für die Intervention (vgl. Galuske 2013, S. 192). Hier muss Soziale Arbeit ihr Handeln bewusst etwa in den Rechtsanwendungsprozess einordnen, an dessen Ende rechtliche Entscheidungen getroffen werden; die fachliche Autonomie Sozialer Arbeit steht nicht über dem Gesetz, kann dieses aber im Sinne der eigenen Fachkunde auslegen und anwenden (vgl. Müller/Hochuli Freund 2017, S. 54, 87 ff.). Ebenfalls erfolgt hier eine Übersetzung der Situation in die Sprache des jeweiligen Handlungssystems, eine Reformulierung in dessen Kategorien (vgl. ebd., S. 52, 87). Mit der Perspektive „Fall von" verdeutlicht sich auch, dass Soziale Arbeit ein Instrument staatlicher Daseinsvorsorge ist, Interventionen beispielsweise vor dem Hintergrund sozialstaatlicher Sicherungssysteme stehen (vgl. ebd., S. 52).

6.2.2.2 Fall für

Diese Perspektive berücksichtigt, dass Soziale Arbeit selbst vor dem Hintergrund der Ganzheitlichkeit und der Allzuständigkeit regelmäßig nicht alleine für einen Fall zuständig ist, sondern andere fremde Zuständigkeiten und Kompetenzen berührt (vgl. Müller/Hochuli Freund 2017, S. 47). Dies bedingt ein ausgeprägtes Verweisungswissen, hinsichtlich

- der Gründe, die Adressaten zugleich zum „Fall für" andere Instanzen macht,
- der Bedingungen, unter denen es darauf ankommt, an diese Instanzen zu verweisen sowie
- der Folgen für die Adressaten, den Umgang mit diesen und die eigene Arbeit (vgl. ebd., S. 47, 58).

Eine professionelle Handhabung der Perspektive hilft auch dabei, dass Soziale Arbeit sich Kompetenzen anmaßt, die sie nicht hat (vgl. ebd., S. 55), wodurch es zu Fehlern in der Arbeit kommen kann (Erath 2006, S. 182).

6.2.2.3 Fall mit

Diese Perspektive bedeutet dann die eigentliche pädagogische Arbeit mit den Adressaten Sozialer Arbeit, es handelt sich um die Schlüsseldimension (vgl. Müller/Hochuli Freund 2017, S. 47, 91). Hier erfolgt die Bestimmung, was Grundlage und was Gegenstand der gemeinsamen Arbeit sein soll (vgl. ebd., S. 48). Sie beinhaltet daneben die Art und Weise der Zusammenarbeit, für die es ebenfalls ein anerkanntes Allgemeines in Form von spezifischen (rechtlichen, ethischen, fachlichen) oder den allgemein anerkannten Regeln des menschlichen Umgangs gibt (vgl. ebd., S. 61). Dies muss „in jedem Einzelfall und in jedem Moment neu entdeckt und ausgehandelt werden" (Müller/Hochuli Freund 2017, S. 62). Das „allgemein Anerkannte" formuliert Müller (ebd., S. 68) dann in einer Frage: „Wie entstehen in professionellen Beziehungen mit Menschen in Schwierigkeiten Räume des Möglichen?" Hier bekommen Gefühle und deren Verarbeitung eine überragende Rolle zugesprochen (vgl. ebd., S. 92).

„Fall mit" bedeutet eine Abhängigkeit vom Adressaten, was gewollt und Ausdruck fachlichen Könnens ist (vgl. Erath 2006, S. 182). Gefragt ist produktives Zusammenwirken zweier Subjekte im Sinne eines Arbeitsbündnisses auf dem Weg zu einer guten Entscheidung, nicht die Suche nach dem kleinsten gemeinsamen Nenner (vgl. Müller/Hochuli Freund 2017, S. 66, 92). Die Fachkraft macht dabei nur Versuche, Angebote, Gesten. Diese Perspektive ist, da sie kein überprüfbares Produkt herstellt, prinzipiell mit der Bewältigung von Ungewissheit" verbunden (vgl. ebd., S. 62, 66). Dies bedingt eine sehr persönliche Herausforderung, da es eben nicht nur auf das fachliche Können ankommt, sondern auf die eigene Person, die eigene moralische Integrität, den eigenen Selbstrespekt, den eigenen Gefühlshaushalt, die Möglichkeiten zur Selbstreflexion (vgl. ebd., S. 62, 67).

6.2.2.4 Beispiel

Eine vereinfachte Veranschaulichung eines Falles im Sinne der Multiperspektive betrifft einen jüngst zu einer Geldstrafe verurteilten Ratsuchenden, bei dem die Ersatzfreiheitsstrafe „droht". Deren Vollstreckung würde mutmaßlich zum Verlust des Arbeitsplatzes führen. Der Ratsuchende ist alleinerziehend, fürchtet zudem die gesellschaftliche Ächtung als Straftäter. Sie überlegen gemeinsam, sich an die Staatsanwaltschaft zu wenden, um diese Gründe vorzutragen. Die Darstellung könnte wie folgt aussehen:

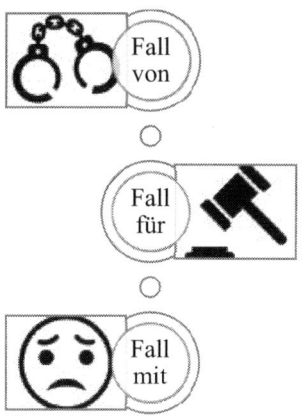

Abb. II.3: Multiperspektive im Fall von Straffälligkeit, Quelle: eigene Darstellung

6.2.3 Phasen und Elemente der Fallarbeit

Der Hilfeprozess wird dann über einen klassischen Prozess strukturiert und beschrieben, mit dem Ablauf solle aber keinem schematischen Denken Vorschub geleistet werden (vgl. Müller/Hochuli Freund 2017, S. 83).

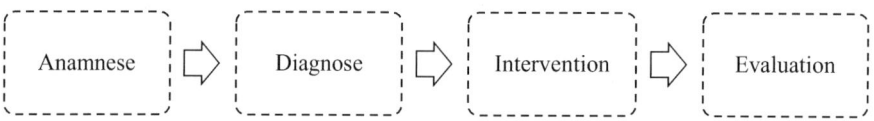

Abb. II.4: Prozess der Fallarbeit, Quelle: eigene Darstellung

Anamnese und Diagnose lassen sich vielfach schwer voneinander trennen, gehen regelmäßig nahtlos ineinander über und wiederholen sich stetig mit jeder Erweiterung der Fallgeschichte (Müller/Hochuli Freund 2017, S. 75, 125); zudem können Sie auch schon als Interventionen angesehen werden (vgl. ebd., S. 96, 125). Im Kern handelt sich also nicht um einen linearen, sondern um einen zirkulären Prozess (vgl. ebd., S. 76). In der Darstellung wird aber aus didaktischen Gründen eine Trennung vollzogen. Zur Reduzierung von Komplexität und im Sinne einer praktischen Handhabbarkeit werden in die Erörterungen jeweils dann Arbeitsregeln formuliert, die konkrete Anweisungen enthalten.

Exkurs: Wissenschaftliches Arbeiten

Oben wurden schon die Definitionen von Überschuldung aus sozialwissenschaftlicher und juristischer Sicht dargestellt. Dabei wurde auf wissenschaftliche Quellen verwiesen. Diese Selbstverständlichkeit (vgl. Bieker 2019, S. 83) sollte eigentlich keiner Erwähnung bedürfen. Gleichwohl kommt es in studentischen Arbeiten immer wieder vor, dass Verweise auf ein berühmtes Onlinelexikon verwiesen wird, was – mit wenigen Ausnahmen – unzulässig ist (vgl. Bieker 2019, S. 87).

Gleiches gilt auch für Lexika oder Wörterbücher. Diese dienen lediglich als Orientierungshilfe, reichen aber begrifflich nicht aus. Dies soll nachfolgend mittels Gegenüberstellung demonstriert werden.

6.2.3.1 Sozialpädagogische Anamnese: Aufmerksamer Umgang mit Nichtwissen

Das Wort *Anamnese* kommt aus dem Griechischen, bedeutet laut Duden (o.J.) und Brockhaus (o.J.) „Erinnerung". Der Duden (o.J.) versteht darunter die (medizinische) Bedeutung der Aufnahme der Krankheitsgeschichte eines Patienten. Der Brockhaus (o.J.) fasst darunter das Erfragen der früheren und aktuellen Lebensumstände eines Patienten (biografische, soziale und familiäre Anamnese) oder der Vorgeschichte einer Krankheit durch den Arzt oder Psychotherapeuten. Die Angaben können vom Kranken selbst (Eigenanamnese) oder den Angehörigen (Fremdanamnese) stammen.

Die sozialpädagogische Anamnese ist nach Müller zu definieren als „die Summe aller Tätigkeiten, die verhindern, einen Fall nach Schema F zu behandeln". Sie stellt den Einstieg in die Fallarbeit dar, aber nicht nur (vgl. Müller/Hochuli Freund 2017, S. 121). In der Anamnese lernt die Fachkraft also den unbekannten Adressaten, seinen Fall und den eigenen Zugang kennen. Die Anamnese hängt von dem Gegenstandsbereich und der Betrachtungsweise des Falles ab (vgl. ebd., S. 76). In der Sozialen Arbeit ist nach Müller daneben der Erinnerungscharakter zu betonen, genauer der Nicht-Nicht-Erinnerung (vgl. ebd., S. 78): Im Fokus der Anamnese muss auch dasjenige stehen, an was der Adressat sich nicht erinnert, mitsamt der Gründe, deretwegen er sich nicht erinnert. Dies gilt umso mehr in langwierigen Fällen (vgl. ebd., S. 121).

Anamnese hat im Rahmen der multiperspektivischen Fallarbeit eine doppelte Funktion (vgl. ebd., S. 77): Zum einen dient sie der breiten Informationsbeschaffung und -auswahl hinsichtlich des Gegenstandes des Falles. Herauszufinden ist, was man weiß und was nicht, wie es dazu kam, wieso die Fachkraft eingeschaltet wurde usw. (vgl. ebd., S. 113, 119). Damit kommt der Kommunikation – wie im gesamten Hilfeprozess – herausragende Bedeutung zu (vgl. ebd., S. 96).

Für die drei Perspektiven bedeutet Anamnese unterschiedliches (Müller/Hochuli Freund 2017, S. 78):

- Im Rahmen des „Fall von" wird der Gegenstand auf Übereinstimmung mit bekannten Begriffen, ein anerkanntes Allgemeines geprüft.
- Im Rahmen des „Fall für" ist nach den Kriterien für die Entscheidung zur Einbeziehung anderer Stellen zu suchen, mithin Verweisungswissen anzuwenden.
- Im Rahmen des „Fall mit" geht es um die Deutung des Gegenübers, seiner Situation, und um bessere Deutungen, einem gemeinsamen Fallverstehen.

Anamnese ist damit nie vollständig abgeschlossen (vgl. ebd., S. 121). Die Haltung der Fachkräfte muss die gesteigerte Ungewissheit verkraften, umsichtig wahrnehmen und Achtsamkeit kultivieren, worin sich Fachlichkeit ausdrückt (vgl. ebd., S. 108, 111). Folglich ist darauf zu achten, dass nicht durch vorschnelle Einordnung Möglichkeiten der weiteren, nötigen Informationsgewinnung abgeschnitten werden (vgl. Müller/Hochuli Freund 2017, S. 113 ff.). Gefragt ist weder eine aktivistische noch eine ängstliche, abwartende Haltung (vgl. ebd., S. 107). Die eine verzichtet auf Anamnese, die andere fordert zu viel davon.

Zum anderen grenzt sie den Relevanzbereich der Fallbearbeitung ein. Die Anamnese dient dabei der Rekonstruktion der Fallgeschichte vor dem Hintergrund dieser Relevanzbereiche. Damit lassen sich Selektionsprozesse nicht verhindern, es gilt aber darauf zu achten, dass die Informationsbeschaffung nicht beschnitten wird, sondern für vergessene Zusammenhänge geöffnet bleibt (vgl. ebd., S. 77). Zu verhindern ist, dass vermuteten zusammenhängen nachgespürt und wirkliche Probleme verborgen bleiben (vgl. ebd., S. 108).

Müller bezieht sich auf Meinhold mit ihrer griffigen Formel: „So viel wie möglich sehen – so wenig wie möglich verstehen." Es ginge darum, „das Paradox zu bewältigen, dass gerade das Immer-Schon-Verstanden-Haben wirkliches Verstehen blockieren kann, unfähig machen zu ‚sehen' ". (Müller/Hochuli Freund 2017, S. 112). Die Interpretation erfolgt also erst im Rahmen der Diagnose (vgl. ebd., S. 111).

6.2.3.2 Sozialpädagogische Diagnose: Wer hat welches Problem?

Das Wort *Diagnose* entstammt ebenfalls dem Griechischen, bedeutet nach dem Brockhaus (o.J.) „unterscheidende Beurteilung" oder „Erkenntnis". Diagnose wird laut Duden (o.J.) in der Medizin und der Meteorologie verwandt. Die medizinische Bedeutung umfasst hier die Feststellung oder Bestimmung einer Krankheit durch einen Arzt. Die meteorologische Bedeutung stellt auf die zusammenfassende Beurteilung aller Wetterbeobachtungen ab, aus denen sich eine Wettervorhersage ergibt. Der Brockhaus (o.J.) hält eine allgemeine, eine medizinische, biologische und eine psychologische Definition parat. Die allgemeine Bedeutung umfasst das Feststellen, Prüfen und Klassifizieren von Merkmalen mit dem Ziel der Einordnung zur Gewinnung eines Gesamtbildes.

Die sozialpädagogische Diagnose (vgl. allgemein Heiner 2018, S. 242) hat die Frage zu stellen, was in einer Fallsituation das Problem ist *und* wer welches Problem hat. Unzureichend ist das alleinige Stellen der ersten Frage. Denn damit würde unterstellt, wer das Problem hat: der Adressat (vgl. Müller/Hochuli Freund 2017, S. 126). Mit dieser Doppelfrage erfolgt zum einen eine Aufteilung des Gesamtproblems und der Lösungsschritte. Zum anderen wird deutlich, dass es um subjektive Einschätzungen geht. Soziale Diagnose, die sich nur auf Klientenprobleme bezieht, „greift zu kurz, weil es hier nur selten um objektive feststellbare Befunde geht" (vgl. ebd., S. 127). Sozialpädagogische Diagnose sei dann besonders gefragt, wenn es um Schwierigkeiten zwischen Personen gehe, die unterschiedlich definieren würden, wer oder was das Problem sei. Probleme in der Sozialen Arbeit könnten deshalb meist nur relational gelöst werden, also „in dem Maße, wie die Relationen der Beteiligten untereinander, einschließlich der Helfer selbst, klarer werden" (vgl. ebd. S. 138).

In der sozialpädagogischen Diagnose geht es allgemein also um das Schaffen eines Durchblicks in komplexen und nur begrenzt überschaubaren Fallkonstellationen zur Entdeckung der folgenden Bearbeitungsschritte (Müller/Hochuli Freund 2017, S. 79). Es geht um das Auseinanderlegen, Sortieren, Gewichten von Aspekten, um ein Durchdringen, Erhellen, Erklären und Aufhellen des Sachverhalts mit dem Ziel, die Frage nach dem „Was tun?" zu beantworten (vgl. ebd., S. 74). Der Blick richtet sich auf die Person in ihrer gesamten Lebenssituation und -geschichte, in ihren sozialen Beziehungen und ihren Möglichkeiten gesellschaftlicher Teilhabe.

Es werden Fragen nach dem vorliegenden Problem, nach dessen Herkunft, nach den beteiligten Personen und deren Problemsicht, nach der Zuständigkeit und Notwendigkeit der Einbindung weiterer Beteiligten, nach den Handlungsmöglichkeiten und deren Wirkungen und Nebenwirkungen, deren Dringlichkeit, nach dem Auftrag und den Ressourcen der Beteiligten usw. gestellt. Selbstreflexiv ist auch die Frage nach eigenen Problemen mit der Fallgeschichte zu klären. Sozialpädagogische Diagnose findet immer in Beziehungen statt (vgl. ebd., S. 133, 140 f).

Für die drei Perspektiven bedeutet sozialpädagogische Diagnose Folgendes:

- In der Perspektive des „Fall von" hat Diagnose die Funktion, die Fallgeschichte „auf die Folie eines Bekannten bzw. Allgemeinen zu legen und zu prüfen, ob sie dazu passt", also Klassifikation zu betreiben, mit Hintergrundwissen einzuordnen, zu deuten und zu verstehen (Müller/Hochuli Freund 2017, S. 78). Im Zentrum steht die Frage, um was es geht. Dieser Versuch des Verstehens gelingt im Austausch mit den Adressaten, aber auch im sozialarbeiterischen Team. Fundamental wichtig ist die Klärung des sozialarbeiterischen Mandats, welches in *grundlegende* und *nachgeordnete* Mandate zu unterscheiden ist (vgl. ebd., S. 134 ff.): Grundlegende Auftraggeber sind die Adressaten, deren Anliegen und Sichtweisen, daneben der Organisationsauftrag, gesetzliche oder bürokratische Regelungen, schließlich die eigene Fachlichkeit, die am Ende Entscheidungen verantworten muss (vgl. Müller/Hochuli Freund 2017, S. 136 f.). Die Ausbalancierung macht fachliche Kompetenz aus (vgl. ebd., S. 139). Nachgeordnete Mandate, wie etwa Erwartungen Dritter, mögen für sich betrachtet richtig und wichtig sein, haben aber nur begrenzte Bedeutung für die Fallarbeit, liegen daher im Entscheidungsspielraum der eigenen Fachlichkeit (vgl. ebd., S. 138).

- In der Perspektive „Fall für" geht es dann um die Klärung von Zuständigkeiten (vgl. Müller/Hochuli Freund 2017, S. 143), das Erkennen der Grenzen des eigenen Expertentums und um das Verweisungswissen, beispielsweise wer zuständig oder nur einzubinden ist (vgl. ebd., S. 144). Die Diagnose erfüllt hier die Funktion einer Indikation (vgl. ebd., S. 138). Soweit Dritte zuständig sind, geht es aber nicht um ein konkurrierendes Expertenurteil, sondern lediglich darum, ob diese Dritten ihre Maßnahmen vernünftig begründen und ob in der sozialpädagogischen Diagnose Bedingungen oder Folgen ermittelt wurden, die gegen Maßnahmen dieser Dritten sprechen (vgl. ebd., S. 144 f.). Mithin ist zu unterscheiden zwischen von Helfern abhängige und durch Handeln anderer zu erreichende Ziele. Insoweit bedeutet soziale Diagnose kommunikatives Handeln mit Dritten, Erkundigung, Zuhören, Stellung beziehen, Selbstreflexion. Maßgeblich ist für den Selbstrespekt der Fachkräfte und die Qualität Sozialer

Arbeit aber nicht, was Dritte tun, sondern was Soziale Arbeit selbst tun kann (vgl Müller/Hochuli Freund 2017, S. 138).

■ In der Perspektive „Fall mit" bedeutet Diagnose „Deutung", ein Versuch zu verstehen. Aufgabe ist die Zielbestimmung, das gemeinsame Fallverstehen oder dem Adressaten zu einer neuen, besseren Deutung seiner Situation zu verhelfen. In dieser Perspektive gilt es auch die Frage zu klären, wer das Problem hat, dabei aber nicht stehen zu bleiben, sondern nach Lösungswegen in dieser Situation zu suchen (vgl. Müller/Hochuli Freund 2017, S. 129).

6.2.3.3 Sozialpädagogische Intervention: Was tun?

Das Wort *Intervention* entstammt laut Brockhaus (o.J.) dem Lateinischen. Nach dem Duden (o.J.) wird es bildungssprachlich, überwiegend aber politisch genutzt. Der Brockhaus (o.J.) unterscheidet eine allgemeine, eine rechtliche und wirtschaftliche Begriffsbestimmung. Das allgemeine Verständnis stellt auf das vermittelnde Eingreifen oder die Einmischung ab.

Die sozialpädagogische Intervention versteht Müller als Einmischungen in Lebenszusammenhänge, Deutungsmuster und Problemlösungsstrategien, Vermittlung zwischen unterschiedlichen Problemdefinitionen, mithin ein Dazwischentreten zwischen eine Person und ihr Problem (vgl. Müller/Hochuli Freund 2017, S. 75). Sie setzt Anamnese und Diagnose und ggf. auch Evaluation voraus, beginnt jedenfalls nicht erst mit dem Abschluss der ersten beiden Phasen, sondern läuft vielfach parallel. Anamnese und Diagnose können selbst schon Intervention bedeuten. Interventionen folgen und begleiten Anamnese und Diagnose, können aber nicht vorangehen, da sie ansonsten „blind" geschehen würden (Müller/Hochuli Freund 2017, S. 149). Gleichwohl ist es sinnvoll, sie als eigenständigen Handlungsschritt herauszuarbeiten, um Ziele festzulegen und überprüfen zu können.

Interventionen sind nach Müller (vgl. Müller/Hochuli Freund 2017, S. 150 ff.) der Eingriff, das Angebot und gemeinsames Handeln. Diese sind nur idealtypisch zu trennen (vgl. ebd., S. 150).

■ *Eingriff* ist eine Ausübung von Macht durch Zwang, nicht allein durch die Fachkraft, sondern auch und im Besonderen durch Dritte (vgl. ebd., S. 150). Der Eingriff muss unvermeidlich und notwendig sein, beispielsweise zur Abwehr drohender Gefahren, Verteidigung von Rechten oder Erhaltung von Schonräumen (vgl. ebd., S. 156). Er bedarf daher nicht der Zustimmung des Adressaten. Er steht folglich unter besonderen Voraussetzungen: Vorhandene Potenziale selbstverantwortlichen Handelns dürfen etwa durch Gewalt, Erniedrigungen, Bevormundung, durch Überversorgung o.Ä. nicht zerstört werden (vgl. ebd., S. 153). Sie sind nur zulässig, wenn sie mit Versuchen verknüpft sind, Eingriffe langfristig in gemeinsames Handeln zu transformieren (vgl. ebd., S. 153).

■ *Angebote* verzichten auf Zwang und Machtausübung, sie sind Vorschläge, es verbleibt ein Entscheidungsspielraum, das Angebot anzunehmen oder es abzulehnen (vgl. Müller/Hochuli Freund 2017, S. 150). Insoweit wird der Erkenntnis Rechnung getragen, dass Lösungen, die zu direkt angestrebt werden, blockiert werden könnten (vgl Müller/Hochuli Freund 2017, S. 157). Voraussetzung für ein Angebot ist eine entsprechende Information. Bei den Angeboten muss zwischen Rahmenangeboten und spezifischen Angebote unterschieden werden (vgl. ebd., S. 159). Angebote müssen durch Qualität und Attraktivität überzeugen. Inhaltlich können sie sich auf die Änderung von Situationen oder von Personen beziehen, daneben ist zwischen materiellen Ressourcen und immateriellen Dienstleistungen zu differenzieren (vgl. ebd., S. 159 ff. mit einer darstellenden Matrix). Auch Angebote müssen „den Keim, das Potential der Verwandlung" in gemeinsames Handeln in sich tragen (Müller/Hochuli Freund 2017, S. 152). Sie dienen als Gelegenheiten für weitere Interventionen (vgl. ebd., S. 158).

■ *Gemeinsames Handeln* hat mit Angeboten die Freiwilligkeit gemein, mit dem Eingriff die Unmittelbarkeit (vgl. Müller/Hochuli Freund 2017, S. 151). Beim gemeinsamen Handeln wird Intervention zur beiderseitigen Angelegenheit, zur Koproduktion, zur Intervention als „Fall mit"; sie muss stets Ziel der Tätigkeit Sozialer Arbeit sein (vgl. ebd., S. 163). Die Schwierigkeit liegt dann darin zu definieren, worin ein spezifisch hilfreiches Angebot besteht, auf welches der Adressat Sozialer Arbeit in seiner Situation eingehen kann. Dies bedingt Verhandlung über das Angebot sowie die Herstellung der entsprechenden Voraussetzungen, um es annehmbar und folglich wirksam zu machen (vgl. ebd., S. 164). Das Angebot muss also die Haltungen, Wünsche und Bedürfnisse des Adressaten berücksichtigen, um aktive Kooperation entstehen zu lassen. Vorschläge hierzu sollen unverzerrt wahrgenommen und ohne Diskriminierung akzeptiert werden, um Raum für gemeinsames Handeln zu schaffen (vgl. ebd., S. 165). Bei der Klärung der Bedingungen gemeinsamen Handelns sollten Unklarheiten und Uneinigkeiten eingegrenzt und Ebenen des zu Klärenden unterschieden werden (vgl. Müller/Hochuli Freund 2017, S. 167).

Für die drei Perspektiven bedeutet Intervention Folgendes:

■ Der Fokus auf der Ebene Intervention liegt auf der Perspektive „Fall mit". Der Weg führt über ein fair ausgehandeltes Arbeitsbündnis, in dem den Adressaten selbst Handlungsmöglichkeiten eröffnet werden. (Müller/Hochuli Freund 2017, S. 100 f.).

■ Die beiden anderen Perspektiven „Fall von" und „Fall für" gehen dann in den jeweiligen Interventionsformen schon auf. So kann eine bestimmte Eingriffsform einen „Fall für", eine bestimmte Zuständigkeit sein. Daneben wird der Bedarf nach einer Intervention regelmäßig aus der Perspektive „Fall von" entstehen (vgl. Müller/Hochuli Freund 2017, S. 100 f.).

6.2.3.4 Sozialpädagogische Evaluation: Was hat`s gebracht?

Das Wort *Evaluation* entstammt laut Brockhaus (o.J.) dem Lateinischen. Nach dem Duden (o.J.) wird es bildungssprachlich gebraucht, er versteht darunter die sach- und fachgerechte Bewertung. Laut Brockhaus (o.J.) besteht neben der bildungssprachlichen auch eine sozialwissenschaftliche Bedeutung. Die bildungssprachliche entspricht dem des Dudens. Die sozialwissenschaftliche Bedeutung bezieht sich auf die Analyse und Bewertung eines Sachverhalts. Als Begleitforschung einer Innovation sei Evaluation Effizienz- und Erfolgskontrolle zum Zweck der Überprüfung der Eignung eines in Erprobung befindlichen Modells. Evaluation werde auch auf die Planung angewendet, zum Zweck der Beurteilung der Stringenz der Zielvorstellungen und der zu deren Verwirklichung beabsichtigten Maßnahmen. Bei der Analyse eines gegebenen Faktums sei Evaluation die Einschätzung der Wirkungsweise, Wirksamkeit und Wirkungszusammenhänge.

„Kasuistik ist „rekonstruktive Sozialpädagogik" (Jakob/v.Wensierski 1997) und als solche Evaluation." (Müller/Hochuli Freund 2017, S. 171). In Müllers Lehrbuch zur multiperspektivischen Fallarbeit geht es also darum, die „Praxis Sozialer Arbeit [...] überprüfbar, der Selbstkontrolle zugänglich, also evaluierbar zu machen" (Müller/Hochuli Freund 2017, S. 171). Er bringt es mit den nachfolgenden Ableitungen auf den Punkt: Was man sagen und als Fall aufschreiben könne, darüber könne man auch reden. Worüber man reden könne, das könne man auch überprüfen. Und was man überprüfen könne, das könne man auch ändern. Er beschreibt hier eine Evaluation im weiten Verständnis als „alles Nachdenken über Fälle und alles Bereitstellen von Reflexionsmöglichkeiten im kasuistischen Raum" (Müller/Hochuli Freund 2017, S. 171, → S. 224 ff.).

Müller beklagt mit Blick auf die Evaluation ein zu enges Verständnis (i.S.e. Messung von Nutzeffekten bestimmter Mittel für bestimmte Zwecke durch Überprüfung von außen) und falsche Schlussfolgerungen in dem Sinne, dass Evaluation kein Bestandteil professioneller Sozialer Arbeit sei (vgl. ebd., S. 80, 186). Die sozialpädagogische Evaluation sei mehr als eine technische Prüfung der Wirksamkeit der eingesetzten Mittel oder der Auswertung am Ende einer professionellen Fallbearbeitung (vgl. Müller/Hochuli Freund 2017, S. 81, 102; ebenso Groenemeyer/Schmidt 2018, S. 362 f.). Er hält eine wiederkehrende Evaluation des Falls selbst und der Ziele seiner Bearbeitung für notwendig. Anamnese, Diagnose und Intervention stünden regelmäßig zur Revision an; dabei seien die Perspektiven derer, die für die Interventionsdurchführung verantwortlich gewesen seien, und die des Adressaten einzubinden (vgl. Müller/Hochuli Freund 2017, S. 102). Sie beinhalte eine retrospektive Kontrolle der eigenen Entscheidungen auf ihre Angemessenheit und Effektivität hin (vgl. ebd., S. 80).

Im engeren Sinne (vgl. Müller/Hochuli Freund 2017, S. 172) bedeutet Evaluation nach Müller,

- wenn die Praxis spezielle Instrumente bewusst zur Selbstkontrolle nutzt,
- wenn ausdrücklich Kriterien genannt und benutzt werden, um Ausschnitte praktischer Arbeit zu überprüfen.

Fallarbeit setze eine Distanz vom unmittelbaren Handeln in der Praxis voraus, meine als Element der Kasuistik Selbstevaluation, und sei Teil der Handlungsverantwortung (vgl. Müller/Hochuli Freund 2017, S. 172). Evaluation in diesem Sinne könne aber auch als Auswertung von außen stattfinden (vgl. ebd., S. 80).

Zur Selbstevaluation ist die Nutzung *spezieller Instrumente* der Selbstkontrolle erforderlich, wie beispielsweise Berichte, Arbeitstagebücher, Dokumentationen, Teamprotokolle Entwicklungsberichte, Fallberichte für die Praxisberatung (vgl.

Müller/Hochuli Freund 2017, S. 172 ff.). Inhalt der Berichte soll eine präzise, wertungsfreie Beschreibung mit Knackpunkten, Standpunkten und Empfindungen, nicht aber (Selbst-)Kritik sein (vgl. Müller/Hochuli Freund 2017, S. 173 ff.). Dies beinhalte auch ein genaues und ehrliches Zugänglichmachen von empfindlichen Punkten. Gespräche im Arbeitsteam, regelmäßige Dienstbesprechungen oder auf unregelmäßigen Klausurtagungen, mit Mentoren, in einer Supervisionsgruppe oder bei institutionalisierten Fallkonferenzen, zuletzt in Theorie-Praxis-Seminaren, werden gleichfalls als nützlich angesehen, sie seien sogar der eigentliche Ort (vgl. ebd., S. 175). Hier fände auch die Erweiterung durch andere Sichtweisen im Sinne der multiperspektivischen Fallarbeit statt (vgl. ebd., S. 176). Selbstevaluation benötigt geeignete Rahmenbedingungen, Vertraulichkeit, Regelmäßigkeit, ein entsprechendes Klima, räumliche und persönliche Distanz vom Alltagsgeschäft, sie muss freiwillig erfolgen, darf nicht missbraucht werden (vgl. ebd., S. 175 f.).

Selbstevaluation findet darüber hinaus auch mittels technischer Arbeitsmittel statt (vgl. ebd., S. 177 f.), wie Dokumentation (etwa Sitzungsprotokolle, Fragebögen, Interviewleitfäden, Checklisten, Jahresstatistiken) und mittels Praxisforschung (vgl. ebd., S. 178).

Die Instrumente der Qualitätsentwicklung und -sicherung gehören hier ebenfalls dazu. Sie betreffen jedoch die Fallarbeit nicht direkt, sondern die institutionellen und organisatorischen Rahmenbedingungen (vgl. Müller/Hochuli Freund 2017, S. 179). Müller verweist darauf, dass der Qualitätsbegriff der Sozialen Arbeit „aufgrund höherer Komplexität und subjektiver Elemente" (Müller/Hochuli Freund 2017, S. 179), worunter er den Adressaten als Koproduzenten einer eigenen Leistung versteht, sich unterscheidet und abhebt von einem Begriff der Qualitätssicherung des industriellen oder produktiven Bereichs (vgl. ebd. S. 179). Bei einem Qualitätssicherungssystem der Sozialen Arbeit müssten die Adressaten immer einbezogen werden.

Zur Überprüfung praktischer Arbeit müssen *Kriterien* ausdrücklich benannt und angewendet werden. Diese beziehen sich je nach Betrachtungsperspektive beispielsweise auf die Wirksamkeit (Fall von), eine Realitätsprüfung hinsichtlich der eigenen Möglichkeiten und Verantwortlichkeiten (Fall für) sowie ethische Maßstäbe für den Umgang mit Adressaten (Fall mit). Dabei müssen die Arbeitsprozesse mit Koproduzenten Berücksichtigung finden, die sich aber regelmäßig nur schwer abbilden und in die vorgegebenen Ebenen Ergebnisqualität, Strukturqualität und Prozessqualität einstufen lassen (vgl. Müller/Hochuli Freund 2017, S. 76, 180 ff.). Insoweit braucht es einen Qualitätsdialog mit allen beteiligten Instanzen (vgl. ebd., S. 185 f.). Fremdevaluation durch höhere Instanzen, die Adressaten, die Öffentlichkeit oder sozialwissenschaftliche Forschung kann als Korrektiv der Selbstevaluation dienen und diese ggf. ergänzen (vgl. ebd., S. 76, 186 ff.).

6.2.4 Bewertung der Methode

In der Literatur finden sich einige Darstellungen und Bewertungen des Lehrbuchs zur multiperspektivischen Fallarbeit von Müller/Hochuli Freund, welches in der aktuellen Auflage von 2017 nach dem Tod Müllers von Hochuli

Freund fortgeführt und einiges „behutsam fortentwickelt" wurde (Müller/Hochuli Freund 2017, S. 8). Die nachfolgenden Bewertungen beziehen sich dabei nicht auf die aktuelle Auflage des Lehrbuchs.

Nach Galuske stellt die multiperspektivische Fallarbeit den „bislang gelungensten Versuch dar, […] ein flexibel nutzbares und selbstreflexives Arbeitskonzept zu entwickeln, das sich weder an der Komplexität sozialpädagogischer Handlungssituationen bricht, noch daran scheitert, auch in neuartigen Problemsituationen, potenziell unkonventionelle Handlungsstrategien zu generieren" (2013, S. 198). Es gelinge das anspruchsvolle Unternehmen, die „Komplexität sozialpädagogischer Handlungssituationen vor dem Hintergrund der Theoriendebatte zu strukturieren und mittels Arbeitsregeln einen Problemhorizont zu eröffnen, der es PraktikerInnen erlaubt, sozialpädagogische Fallarbeit zugleich theoretisch gehaltvoll und der Komplexität angemessen anzugehen und sie trotz allem pragmatisch handhabbar zu machen." (ebd., S. 198) Es handele sich um ein flexibles Instrument, der Analyse von Handlungs- und Problemsituationen, welches unter Verzicht auf sonst oftmals erfolgende Verkürzungen und Setzungen in den meisten Arbeitsfeldern Sozialer Arbeit einsetzbar sei (vgl. ebd., S. 198). Damit sei die multiperspektivische Fallarbeit vorrangig ein Reflexionsinstrument auf einer Metaebene, biete dafür keine Palette an methodischen Handlungsmöglichkeiten.

Nach Erath hält die multiperspektivische Fallarbeit für Praktiker methodische Hinweise und Fragestellungen bereit, die eine konkrete Reflexion und Handlungsplanung ermöglichen (2006, S. 184). Unklar sei das Konzept, wo es um Intervention und Evaluation ginge. Die Arbeitsregeln trage der eigenen Forderung nach einer Handhabbarmachung sozialpädagogischen Denkens und Handelns nicht Rechnung. Auch bezüglich der Evaluation schienen die Arbeitsregeln „unkonkret und bisweilen abgehoben". Erath trägt jedoch der Selbsteinschätzung Müllers, „keine genaue Karte des Geländes und keine Lösungsmodelle für die schwierigsten Passagen des Weges zu liefern zu können" (Müller/Hochuli Freund 2017, S. 204), Rechnung (2006, S. 185).

6.3 Anwendbarkeit auf die Schuldnerberatung

Wir halten das Konstrukt der multiperspektivischen Fallarbeit und die dahinterstehenden Überlegungen für das Arbeitsfeld Schuldnerberatung in der Sozialen Arbeit für gut anschlussfähig. Einige wenige Argumente seien erörtert:

■ Die multiperspektivische Fallarbeit könnte ganz grundsätzlich zur weiteren gedanklichen Strukturierung des komplexen Beratungsprozesses in einer Schuldnerberatung (vgl. allgemein Groth 2014, S. 25 f.) beitragen, ohne einengend zu wirken. Sie ergänzt jedenfalls vorhandene methodische Ansätze (AGSBV 2018a, S. 10 f.) und rahmt sie zugleich.

■ Die Phasierung der Beratung entspricht weitgehend der nach unseren Beobachtungen und Erfahrungen gelebten Praxis, zudem dem Konzept einer Sozialen Schuldnerberatung (AGSBV 2018a, S. 10).

- Die Zirkulation des Beratungsprozesses entspricht zudem dem Verständnis des Konzepts (AGSBV 2018a, S. 10), veranschaulicht sie konkret. Die insoweit erforderliche Haltung der Berater findet hier ebenso Anklang.
- Die einzelnen Grundsätze Sozialer Schuldnerberatung lassen sich ebenfalls zuordnen (AGSBV 2018a, S. 9 f.).
- Das in der Methode vorgesehene Arbeitsbündnis entspricht dem Beratungskontrakt des Konzepts Sozialer Schuldnerberatung (AGSBV 2018a, S. 12).
- Die drei Perspektiven („Fall von, Fall für, Fall mit") helfen in der meist komplexen Schuldnerberatung zur Unterscheidung und Sichtbarmachung der teilweise divergierenden Anforderungen.
- Deren Übertragung in das Konzept Sozialer Schuldnerberatung der AGSBV könnten die dortigen Ausführungen zu den Grundsätzen, dem Beratungsprozess und Methoden sowie Leistungen einer Sozialen Schuldnerberatung zu einer stärkeren Fundierung der Schuldnerberatung als Arbeitsfeld der Sozialen Arbeit führen (vgl. allgemein Groth 2014, S. 23).
- Im Zentrum eines Schuldnerberatungsprozesse steht der Ratsuchende/Adressat. Die Einnahme der Perspektive „Fall mit" kann über den gesamten Beratungsverlauf immer wieder in Erinnerung rufen, für wen eine Existenzsicherungsmaßnahme, eine psychosoziale Stabilisierung oder auch ein Entschuldungsversuch durchgeführt wird, und was dies im jeweiligen Arbeitsschritt bedeutet. Mit der Einnahme dieser Perspektive wird das Arbeitsbündnis mit dem Ratsuchenden und dessen Mandat auf sichere Grundlage gestellt.
- Mit der Einnahme dieser Perspektive und der damit verbundenen Haltung ließe sich zudem das Problem der einseitigen Zuweisung der Schuld an den Schulden verkleinern. In einer sozialarbeiterisch fundierten Schuldnerberatung müsste die Angabe einer unwirtschaftlichen Haushaltsführung als Hauptauslöser einer Überschuldung für die Überschuldungsstatistik mit Ausnahme weniger Einzelfälle unangemessen sein.
- Die Perspektiven „Fall von" und „Fall für" verdeutlichen, dass die sachliche Ebene von der persönlichen Ebene zu trennen ist. Eine Schuldnerberatung ist mehr als die Bearbeitung der Perspektive „Fall von" (vgl. beispielhaft für eine methodische Beschränkung Mesch 2014, S. 48).
- Schuldnerberatung ist auch mehr als die Anwendung rechtlicher Werkzeuge. Zwar wird man rechtliches Wissen und Können für die Schuldnerberatung jedenfalls teilweise als eigenes Expertenwissen anzusehen haben. Anhaltspunkt liefern hier sicherlich die rechtlichen Aufgabenstellungen. Dies ändert aber nichts an der Zuständigkeit der Juristen für andere Fragen und Probleme. Gerade hier aber zeigt sich eine verrechtlichte Praxis, die vorschnell Lösungen sucht, aus dem Blick der multiperspektivischen Fallarbeit heraus Kunstfehler produziert und dem Verständnis eines sozialarbeiterischen Arbeitsfeldes nicht entsprechen kann.
- Im Rahmen der Sozialpädagogischen Evaluation gibt es demgegenüber herausragende Beispiele für kunstgerechtes Handeln, wie das Veranstaltungsformat „Praxisforen" (vgl. Zimmermann/Zipf 2014) oder die Einrichtung von Fachbe-

ratungszentren mit entsprechenden Aufgabenstellungen (vgl. Buhmann-Küllig/Rohlf 2014)

■ Last but not least gibt die multiperspektivische Fallarbeit noch klare Hinweise, in welche Richtungen empirische Forschung sinnvoll ist und wo nicht. Vergangene und künftige Wirksamkeitsstudien müssen sich daran messen lassen.

Diskussionsfragen

■ Worin unterscheiden sich die methodische Arbeit des Rechts und der multiperspektivischen Fallarbeit?

■ Wieso ist die Angabe einer unwirtschaftlichen Haushaltsführung, insbesondere aus dem Blickwinkel der multiperspektivischen Fallarbeit problematisch?

■ Welche Grundsätze Sozialer Schuldnerberatung finden sich in der multiperspektivischen Fallarbeit wieder?

■ Warum ist Schuldnerberatung ein Arbeitsfeld der Sozialen Arbeit?

Literatur zur Einführung

Buschkamp, Heinrich Wilhelm (2019): Die ersten 25 Jahre (1975–2000) – Anregungen zu einer Geschichte der Schuldnerberatung. In: Schwarze, Uwe/Buschkamp, Heinrich Wilhelm/Elbers, Alexander: Geschichte der Schuldnerhilfe in Deutschland. Weinheim Basel: Beltz Juventa, S. 148-219
Instruktive Geschichtsdarstellung der Schuldnerberatung aus der Sicht eines Aktiven

Füssenhäuser, Cornelia/Thiersch, Hans (2018): Theorie und Theoriengeschichte Sozialer Arbeit. In: Otto, Hans-Uwe/Thiersch, Hans/Treptow, Rainer/Ziegler, Horst (Hg.): Handbuch Soziale Arbeit. Grundlagen der Sozialarbeit und Sozialpädagogik. 6. Auflage. München: Ernst Reinhardt, S. 1720-1733
Einführender Beitrag, der einen guten Überblick über die Historie, Ausprägungen und Hintergründe der Theorien Sozialer Arbeit bietet

Galuske, Michael (2018): Methoden der Sozialen Arbeit. In: Otto, Hans-Uwe/Thiersch, Hans/Treptow, Rainer/Ziegler, Horst (Hg.): Handbuch Soziale Arbeit. Grundlagen der Sozialarbeit und Sozialpädagogik. 6. Auflage. München: Ernst Reinhardt, S. 993-1007
Einführender Beitrag, der einen guten Überblick über die Historie, Ausprägungen und Hintergründe der Methoden Sozialer Arbeit bietet

Mattes, Christoph/Lang, Michael (2015): Professionalität und Entfremdung in der Schuldnerberatung – ein Beitrag zur Präzisierung des beruflichen Handelns der Sozialen Arbeit bei Verschuldung. In: BAG-SB Informationen, Jahrgang 2015, H. 2, S. 70-77
Fachzeitschriftenbeitrag zum Bezug der Schuldnerberatung zur Sozialen Arbeit

Weiterführende Literatur

Ansen, Harald (2018): Soziale Schuldnerberatung. Prävention und Intervention. Stuttgart: Kohlhammer
Einführendes Lehrbuch zur Schuldnerberatung in der Sozialen Arbeit

Ebli, Hans (2020): Überschuldung und Schuldnerberatung. In: Sozialmagazin, Jahrgang 2020, H. 5-6, S. 6-12
Fachzeitschriftenbeitrag zum Bezug der Schuldnerberatung zur Sozialen Arbeit mit kritischer Würdigung

Erath, Peter (2006): Sozialarbeitswissenschaft. Eine Einführung. Stuttgart: Kohlhammer
Einführendes Lehrbuch zur Sozialen Arbeit mit einem Abschnitt zur multiperspektivischen Fallarbeit

Galuske, Michael (2013): Methoden der Sozialen Arbeit. Eine Einführung. 10. Auflage. Weinheim und München: Beltz Juventa

Standardlehrbuch zu den Methoden Sozialer Arbeit mit einem Abschnitt zur multiperspektivischen Fallarbeit

Herzog, Kerstin (2020): Zur (Nicht-)Nutzung von Schuldnerberatung. In: Sozialmagazin, Jahrgang 2020, H. 5-6, S. 44-49

Fachzeitschriftenbeitrag mit besonderem Blick auf die Klientel der Schuldnerberatung, auch zur Nicht-Nutzung

Korczak, Dieter (2013): Überschuldungsforschung im Nebel. In: BAG-SB Informationen, Jahrgang 2013, H. 2, S. 128-132

Fachzeitschriftenbeitrag zur Überschuldungsforschung

Mattes, Christoph (2020): Professionalisierung und Professionalität der Schuldnerberatung. In: Sozialmagazin, Jahrgang 2020, H. 5-6, S. 23-29

Fachzeitschriftenbeitrag zum Bezug der Schuldnerberatung zur Sozialen Arbeit

Müller, Burkhard/Hochuli Freund, Ursula (2017): Sozialpädagogisches Können. Ein Lehrbuch zur multiperspektivischen Fallarbeit. 8. Auflage. Freiburg im Breisgau: Lambertus

Einführendes Lehrbuch zur multiperspektivischen Fallarbeit als Methode der Sozialpädagogik

Kapitel 3: Phasen in der Beratung: Eingangsphase/Anamnese und Krisenintervention

Zusammenfassung

Dieses Kapitel beschäftigt sich mit dem Beginn einer Schuldnerberatung. In der Eingangsphase erfolgt eine Anamnese, d.h. die Eingrenzung auf den Gegenstand der Beratung und das Kennenlernen des Ratsuchenden. An dieser Stelle ergibt sich eine erste Sicht auf die dem Beratungswunsch zugrundeliegenden Hintergründe. In vielen Fällen startet die Beratung mit Akutmaßnahmen im Bereich der stark rechtlich fundierten, existenzsichernden Krisenintervention, endet sodann wieder oder wird als „reguläre" Schuldnerberatung fortgesetzt. In dieser Situation lässt sich wiederum erkennen, warum Schuldnerberatung nicht nur aufgrund der psychosozialen Inhalte ein Arbeitsfeld der Sozialen Arbeit sein muss. Auch in Bezug auf den Einsatz rechtlicher Vorschriften geht es nicht um eine bloße Rechtsanwendung im Einzelfall, sondern diese dienen als Basis sozialarbeiterischer Interventionen, müssen entsprechend „eingekleidet werden". Wichtiger Teil der Eingangsphase ist die hauswirtschaftliche Beratung.

1. Einstieg in die Beratung

„Schuldnerberatung ist soziale Beratung." (Groth 1991, S. 15) Sie richtet sich an Menschen, die sich in persönlichen und sozialen Notlagen befinden und in der Regel mit der Bewältigung ihres Alltags überfordert sind. Soziale Schuldnerberatung versteht sich folglich als ein Beratungsangebot in der Sozialen Arbeit (→ S. 50 ff.). Diese ermöglicht überschuldeten Ratsuchenden eine Hilfestellung, sodass perspektivisch eine wirtschaftliche Sanierung und psychosoziale Stabilität erreicht werden kann (vgl. Korczak/Pfefferkorn 1992, S. 172, 191 ff.). Der Einstieg in eine Beratung muss dieser Aufgabenstellung entsprechen.

1.1 Zugang zur Beratung

Mit der ersten Kontaktaufnahme zur Schuldnerberatung beginnt die soziale Beratung, der von Beginn an durch den Schuldnerberater eine Struktur zu geben ist. Über die Inhalte der Beratung und den Weg, den diese nehmen wird, entscheidet letztlich aber der Ratsuchende (vgl. Mattes/Lang 2015, S. 73).

Der erste Kontakt erfolgt regelmäßig im Rahmen einer telefonischen oder – soweit das Konzept der jeweiligen Schuldnerberatung dies vorsieht – persönlichen Terminanfrage. Im Rahmen der sich verändernden Kommunikationsformen geschieht dies auch zunehmend per E-Mail, wofür die entsprechenden Voraussetzungen vorzuhalten sind. In den Anfragen spiegelt sich regelmäßig die persönliche und finanzielle Belastung und Überforderung und die daraus resultierenden Krisen und Ängste der überschuldeten Menschen schon wider. Anlass zur Kontaktaufnahme sind akute Krisen, wie zum Beispiel die Ladung zur Abgabe der Vermögensauskunft und der damit für viele Ratsuchende vermeintlich verbundene Haftbefehl, die Sperrung des Kontos aufgrund von Pfändungsmaßnahmen der Gläubiger oder weitere existenzgefährdende Lebenssituationen durch fristlose Kündigung des angemieteten Wohnraums oder Sperrung der Energieversorgung.

Da Schuldnerberatungsstellen aus Kapazitätsgründen in seltenen Fällen zeitnahe Gesprächstermine anbieten können, dienen vermehrt regelmäßig angebotene „Offene Sprechstunden" zur ersten Bewältigung der akuten Krisen (vgl. Herten/Monshausen 2012, S. 23). Die im Rahmen dieser offenen Sprechstunden vorgehaltenen Zeitkontingente unterscheiden sich in ihrer Länge aber deutlich von den eigentlichen Erstgesprächen der Schuldnerberatungsstellen. Folglich stellt zwar auch der Erstkontakt in der offenen Sprechstunde einen Einstieg in die Beratung dar. Er dient neben der Bearbeitung des akuten Anliegens auch als Beginn des Unterstützungsprozesses durch die Schuldnerberatung, um auf Grundlage der erhobenen Informationen je nach Auftrag und Einschätzung der Situation eine weitere Zusammenarbeit zu vereinbaren. Jedoch orientiert sich die Beratungszeit der offenen Sprechstunde ganz vorrangig am Anliegen und Auftrag des Ratsuchenden. Soweit die Zeit dies zulässt, können aber auch schon im Rahmen der offenen Sprechstunde die ersten weitergehenden Erwartungen der Ratsuchenden mit den Handlungsmöglichkeiten der Sozialen Schuldnerberatung unter Berücksichtigung ihres professionellen, institutionellen und gesetzlichen Hintergrundes erarbeitet werden. Inwieweit eine einmalige Information oder eine punktuelle Unterstützungsleistung ausreichend sein kann, kann auch im ersten (Kurz-)Kontakt deutlich werden. Ebenso kann in diesem Kontakt ein Verweis an andere Dienste oder Einrichtungen, die zuständig sind, erfolgen (vgl. Ansen 2018, S. 100). So kann beispielsweise als Intervention eine Weiterverweisung an die eigentlich regional zuständige Schuldnerberatungsstelle erfolgen oder das Erstellen einer Bescheinigung nach § 903 ZPO über die gemäß § 902 ZPO im jeweiligen Kalendermonat nicht erfassten Beträge auf einem Pfändungsschutzkonto ausreichen.

Exkurs: Zuständigkeit und Verweisung

Da die Beratungsdienste in der Regel aufgrund gesetzlicher Vorgaben ($\rightarrow$ S. 238 ff.) nur für bestimmte Personengruppen eines nach Postleitzahlen oder Bezirken zugeordneten Bereichs zuständig sind und entsprechend finanziert werden, ist durch die Schuldnerberatung im ersten Kontakt abzuklären, ob eine Zuständigkeit vorliegt. Dies erfolgt nicht nur im Sinne der eigenen Auftrags- und Mandatsklärung, sondern auch, um den Ratsuchenden passgenaue Lösungen anbieten zu können, ist die Klärung der Zuständigkeit vor beziehungsweise spätestens im ersten Beratungstermin von hoher Bedeutung. Geht man davon aus, dass Ratsuchende seit Jahren in der „Schuldenfalle" leben und nunmehr endlich den Mut gefasst haben, die Schuldnerberatung aufzusuchen, so kann ein verspätetes Abklären der eigenen Zuständigkeit und Verweisen an eine andere Stelle dazu führen, dass die bisherige Motivation wieder erlischt und eine erneute Kontaktaufnahme zur zuständigen Beratungsstelle nicht vollzogen wird.

Sollte im Rahmen des ersten Kurzkontakts eine Bereitschaft des Ratsuchenden zur weiteren Bearbeitung seiner Überschuldungssituation bestehen, so wird der weitere Beratungsprozess in der Regel mit terminierten Beratungsgesprächen begonnen bzw. fortgesetzt. Zu beachten ist aber, dass zwischen Beratungen im Rahmen der offenen Sprechstunde und den eigentlichen Erstgesprächen in vielen Schuldnerberatungsstellen aus oben genannten Kapazitätsgründen eine Wartezeit von einigen Wochen bis zu mehreren Monaten liegen kann. Zwar können die Ratsuchenden in dieser Zeit zur Überbrückung oftmals auch weiterhin das Beratungsangebot der offenen Sprechstunden nutzen, allerdings verzögert sich die eigentliche gemeinsame Bearbeitung der Überschuldungssituation. Dies führt immer wieder zu Abbrüchen, bevor die auf Dauer angelegte Beratung überhaupt begonnen hat.

Darüber hinaus erwarten manche Beratungsstellen, das Ratsuchende vor Beginn der Beratung Vorarbeiten leisten. Dazu gehören unter anderem das Sortieren von Gläubigerunterlagen oder das Erstellen von Haushaltsplänen (vgl. Herten/Monshausen 2012, S. 24). Derartige Bedingungen zur Übernahme in die Beratung beschleunigen ggf. ebenfalls einen vorzeitigen Abbruch der Beratung beziehungsweise das Nicht-Erscheinen zum terminierten Erstgespräch, und widersprechen dem Grundsatz sozialer Schuldnerberatung, das Ratsuchende einen niedrigschwelligen und nicht diskriminierenden Zugang zum (weiteren) Beratungsangebot erhalten sollen (vgl. AGSBV 2018a, S. 10). Mit einer sozialarbeiterisch fundierten Schuldnerberatung sind solche Vorgehensweisen ohnehin nicht in Einklang zu bringen.

1.2 Beratungsprozess: Anamnese und Einstieg in der Diagnose

Ausgehend von den Schritten der Fallarbeit nach Burkhard Müller, die sich, wie oben (→ S. 61 ff.) beschrieben, in die vier Phasen *Anamnese, Diagnose, Intervention* und *Evaluation* untergliedern, folgt der idealtypische Beratungsprozess der Chronologie methodischen Handelns. Es gilt aber immer zu beachten, dass nur selten die Phasen in dieser Reihenfolge im Beratungsalltag der Sozialen Schuldnerberatung durchschritten werden. Je nach Auftrag und Anliegen des Ratsuchenden und dem daraus resultierenden Beratungsverlauf können neue Sachverhalte auftreten oder eingeleitete Interventionen und Maßnahmen nicht umgesetzt werden, beziehungsweise nicht den erwarteten Erfolg bringen. Auch führen übersehene oder der Schuldnerberatung bis dato unbekannte Inhalte und neu erkannte Zusammenhänge im System des Ratsuchenden dazu, dass eine Rückkehr in frühere Phasen notwendig wird (vgl. AGSBV 2018a, S. 10). Dieser zirkuläre Prozess und die daraus entstehende Bereitschaft zirkulären Handelns aller an der Beratung beteiligten Personen ist „mitentscheidend für eine gelingende Soziale Schuldnerberatung, die darauf angewiesen ist, dass Ratsuchende für die Zusammenarbeit gewonnen werden" (AGSBV 2018a, S. 10) und eine nachhaltige und dauerhafte Entschuldungsstrategie erarbeitet und erreicht werden kann.

1.2.1 Anamnese

Mit dem Erstkontakt und der sich anschließenden ersten Beratung beginnt die Phase der Anamnese. Wie ausgeführt liegt in den Kurzberatungsterminen der offenen Sprechstunden der Fokus regelmäßig auf der Erfassung der akuten Krisensituation und der daraus resultierenden Intervention. Die Anamnese, die hier gegebenenfalls etwas enger auszulegen ist, dient folglich dazu, „[...] den Gegenstandsbereich der Fallarbeit abzugrenzen [...]" (Müller/Hochuli Freund 2017, S. 77).

Im eigentlichen Erstgespräch erfolgt eine, soweit möglich, umfassende Anamnese des Sachverhalts und der persönlichen und finanziellen Situation des Ratsuchenden und seines familiären Umfelds. Dabei gilt es zu beachten, dass je nach konzeptionell vorgegebenem zeitlichen Rahmen des Erstberatungsgesprächs (in der Regel 60 bis 90 Minuten) unter Umständen nicht alle Themenbereiche, die für eine umfängliche Anamnese notwendig sind, in einem Beratungstermin erarbeitet werden können. Es ist folglich davon auszugehen, dass sich die Inhalte der ersten Anamnese auf zwei bis drei Gespräche verteilen. Dabei ist aber zu beachten, dass den Ratsuchenden auch die Arbeitsweise der Schuldnerberatung transparent erläutert wird. Nur so können Erwartungshaltungen der Ratsuchenden mit den tatsächlichen Möglichkeiten schuldnerberaterischer Tätigkeit abgeglichen und eine gemeinsame Auftragsklärung erreicht werden. Fundament einer erfolgreichen Anamnese und einem gelingenden Beratungsprozess ist hierbei immer eine Beratungsbeziehung zwischen Ratsuchenden und Schuldnerberatung, die angelehnt an die Grundsätze der Sozialen Schuldnerberatung durchgeführt wird und auf Offenheit, Verlässlichkeit und Ehrlichkeit beruht.

Hierzu zählen u. a.:

- der Umgang mit persönlichen Informationen unter Beachtung und Einhaltung der datenschutzrechtlichen Vorschriften und der Vorlage einer schriftlichen Einwilligung zur Speicherung der erhobenen Daten gemäß den Regeln des einschlägigen Datenschutzrechts, insbesondere der Datenschutzgrundverordnung (DSGVO),
- die Erörterung der gemeinsamen Zusammenarbeit im Innenverhältnis zwischen dem Ratsuchenden und dem Berater, insbesondere die Möglichkeiten der Mitarbeit im eigenen Beratungsprozess,
- die Erteilung einer Vollmacht (Mustervollmacht → S. 258) für die Kommunikation mit Dritten (bei Bedarf) und die Ausgestaltung des Kontakts zu den Gläubigern (zum Beispiel schriftlicher Kontakt in Vertretung mit Vollmacht),
- die zeitlichen Rahmenbedingungen, insbesondere hinsichtlich der Dauer, zeitlicher Terminabstände (zum Beispiel alle vier bis sechs Wochen), die Eigenverantwortung zur Wahrnehmung der vereinbarten Termine und die gegenseitige Erreichbarkeit sowie
- die Rolle der Schuldnerberatung und des Ratsuchenden, insbesondere seine Autonomie, über Wege und Ziele der Beratung und Interventionen zu entscheiden, die auf Basis einer offenen, nachvollziehbaren und transparenten Beratung erläutert wurden (vgl. Herten/Monshausen 2012, S. 25).

Betrachtet man in der Phase der Anamnese nun die drei Schritte der Fallarbeit (Anlass des Kontakts, Situationsbeschreibung und Auftrags-/Mandatsklärung), lassen sich folgende Grundelemente des Erstgesprächs, wie nachfolgend dargestellt wird, zuordnen, wobei die Elemente des Erstgesprächs hierbei nur als Rahmen zu verstehen sind, die dynamisch ineinander übergehen und keinen starren Ablauf abbilden (vgl. Herten/Monshausen 2012, S. 24 ff.). Der besseren Darstellung wegen erfolgt gleichwohl eine Aufteilung:

1. Hinsichtlich des Anlasses für einen Erstkontakt ist das Grundelement des Beratungsanliegens der Ratsuchenden zu benennen. Im Erstberatungsgespräch bietet das vom Ratsuchenden geschilderte Problem/Anliegen den Ausgangspunkt für die

weitere Beratung, ein erster Auftrag wird seitens des Ratsuchenden benannt. Ein eindeutig formuliertes und abschließendes Anliegen mit einem für den Berater umsetzbaren Auftrag ist wünschenswert, entspricht aber nur selten der gängigen Beratungspraxis (vgl. Ansen 2018, S. 102). Beispiele für einen klaren Auftrag sind das Ausstellen der Bescheinigung zur Erhöhung des Freibetrags auf dem Pfändungsschutzkonto oder aber der Umgang mit Drohbriefen und Mahnungen von Gläubigern. Klar formulierten Aufträgen kann mit Unterstützung des Beraters oft zeitnah eine passgenaue Interventionsmöglichkeit entgegengesetzt werden.

Die Mehrheit der Ratsuchenden sucht allerdings die Schuldnerberatung in einer viel umfassenderen Krisen- und Überforderungssituation auf, in der sie glauben, keine eigenen Bewältigungs- und Lösungsstrategien zur Verfügung zu haben (vgl. Herten/Monshausen 2012, S. 27). Der Auslöser, die Schuldnerberatung aufzusuchen, ist zwar oftmals ein konkreter Anlass, beispielsweise das Schreiben des Gerichtsvollziehers mit Ladung zur Abgabe der Vermögensauskunft. Allerdings wird im Rahmen der Informationssammlung und Situationsbeschreibung für den Berater weiterer Handlungsbedarf sichtbar, der den Ratsuchenden im Verlauf des Beratungstermins behutsam reflektiert werden sollte. Grundsätzlich muss aber immer ausdrücklich nach den Erwartungen und Zielen des Ratsuchenden gefragt werden.

Diese Beratungsanliegen können sowohl als verdeckte oder heimliche als auch als ambivalente Aufträge vorliegen (vgl. Ansen 2018, S. 102). Verdeckte oder heimliche Beratungsanliegen können zum Beispiel eine Auflage im Rahmen einer strafrechtlichen Verurteilung (bei Strafaussetzung zur Bewährung oder bei Einstellung des Verfahrens) zur Wahrnehmung einer bestimmten Anzahl von Schuldnerberatungsterminen sein mit dem Ziel der Klärung der finanziellen Situation. Auf dieser Grundlage kann davon ausgegangen werden, dass der Ratsuchende regelmäßig nicht an einem ernsthaften Beratungsprozess interessiert ist, sondern nur seine Verpflichtung erfüllen möchte. Diesbezüglich gilt es darüber hinaus zu erkennen, inwieweit die Ratsuchenden freiwillig die Beratungsstelle aufsuchen oder durch Dritte, zum Beispiel das Jobcenter im Rahmen einer Eingliederungsvereinbarung, an die Schuldnerberatung verwiesen worden sind. Zur Einschätzung, inwieweit das Beratungsanliegen durch Dritte Unterstützung erfährt, kann zusätzlich erfragt werden, ob und, wenn ja, welche Angebote der Sozialen Arbeit genutzt werden, beispielsweise die Familienhilfe.

In ambivalenten Beratungsanliegen ist auch der Auftrag unklar: „Ratsuchende haben zwar ein Anliegen, wollen die dafür erforderlichen Schritte aber einstweilen nicht gehen; beispielsweise wollen sie ihre finanziellen Probleme regeln, sind aber nicht bereit, ein Haushaltbuch mit sämtlichen Einnahmen und Ausgaben zu führen" (so richtig Ansen 2018, S. 102) und hinsichtlich einer nachhaltigen Haushaltskonsolidierung mitzuwirken.

2. Neben der Klärung des Beratungsanliegens sollte in der Anamnesephase versucht werden, im Beratungsgespräch Informationen vom Ratsuchenden zu erhalten, die es dem Berater ermöglichen, die aktuelle Situation zu analysieren. Hierbei ist der Fokus nicht nur auf die aktuelle Situation, sondern auch auf die bisherige

Schuldengeschichte und die bisherigen Vorerfahrungen im Umgang mit der Überschuldung zu richten.

Diese Situationsbeschreibung ermöglicht dem Berater in dieser frühen Phase eine
erste Erarbeitung der aus fachlicher Sicht notwendigen kurz-, mittel und langfristigen Handlungsbedarfe, die mit dem Ratsuchenden gemeinsam zu besprechen sind.
Hierzu zählen:

- die Erarbeitung eines ersten Überblicks hinsichtlich der aktuellen Einnahmen-
  und Ausgabensituation und des Umgangs mit Geld (→ S. 138 ff.),

- ein erster Überblick über die Zahlungsverpflichtungen und Gesamtverbindlichkeiten (→ S. 147 ff.),

- die Entstehungshintergründe der Verschuldung (→ S. 39 ff. → S. 48 ff.),

- die Überprüfung, inwieweit eine Existenzgefährdung vorliegt, die kurzfristig
  angegangen werden muss (Miete, Strom, Geldbuße und Geldstrafe; → S. 93 ff.),

- die Erfassung der psychosozialen Lebenssituation (→ 100 ff.).

Hilfreich können standardisierte Anmelde- und Fragebögen sein, die von vielen
Schuldnerberatungen eingesetzt werden. Ähnlich den Anamnesebögen in der Medizin kann der Ratsuchende in diesen Angaben zur aktuellen (hier: finanziellen
und persönlichen) Situation machen. Es wird unter anderem die familiäre Situation erfasst, eine Einkommens- und Ausgabenübersicht erstellt und eine erste Übersicht bekannter Gläubiger und deren Forderungen erfragt. Berücksichtigt man,
dass Ratsuchende in Überforderungs- und Krisensituationen die Beratungsstellen
aufsuchen, so sollte das Ausfüllen derartiger Fragebögen keine Zugangsvorausset-
zung zur Schuldnerberatung darstellen, sondern von diesem ausgefüllt werden
müssen, soweit es dem Ratsuchenden möglich ist. Dies ist im Sinne eines niedrigschwelligen Zugangs klar (!) zu kommunizieren.

Im Rahmen des Erstberatungsgesprächs können dann bis dahin erfasste Informationen als weiteres strukturierendes Element genutzt werden. Gemeinsam mit den
Ratsuchenden wird die Situation vertieft und weitere Informationen im Dialog
erarbeitet. Dies dient nicht nur der reinen Informationsgewinnung, sondern stärkt
gleichzeitig die Beratungsbeziehung. Dem Ratsuchenden wird hier Raum zur Erläuterung seiner Situation und der damit verbundenen Sorgen gegeben, gleichzeitig können zeitnah Ängste genommen und eine Orientierung für die weiteren
Gespräche ausgearbeitet werden. Anhand der bisher erarbeiteten Informationen
kann zum Abschluss der ersten Anamnesephase die aktuelle Situation des Ratsuchenden hinsichtlich seiner persönlichen und finanziellen Situation beschrieben
werden. Erste kurz-, mittel- und langfristige Handlungsbedarfe werden benannt,
und das Beratungsanliegen, das den Ratsuchenden veranlasst hat, die Schuldnerberatung aufzusuchen, ist formuliert.

3. Im letzten Schritt der Anamnesephase erfolgt dann die abschließende Auftrags-
und Mandatsklärung und die Vereinbarung über die weitere Zusammenarbeit.
Grundsätzlich zu klären ist von beiden Seiten, ob weiterhin an der vorhandenen
Situation des Ratsuchenden gearbeitet werden soll. Dazu gehört auch die Klärung,
wie die weitere Unterstützung durch den Berater aussieht und welche Verpflich-

tungen der Ratsuchende eingeht (vgl. Herten/Monshausen 2012, S. 30). Orientiert an den Selbsthilfepotenzialen und Ressourcen des Ratsuchenden, ist dies im weiteren Verlauf des gemeinsamen Beratungsweges immer wieder zu überprüfen und gegebenenfalls nachzusteuern. Darüber hinaus ist zu klären, inwieweit nur hinsichtlich des Umgangs mit den Schulden Beratung angeboten werden soll oder „[…] ob auch andere Begebenheiten im Leben der Ratsuchenden Probleme bereiten, die abgeklärt werden sollen, gegebenenfalls in einem anderen Hilfeangebot" (AGSBV 2018a, S. 9).

Hinsichtlich der weiteren Vereinbarung der Zusammenarbeit in der Schuldnerberatung wird nun ein konkretes Beratungsangebot unterbreitet; dieses basiert auf den bis dahin vorliegenden und ggf. gemeinsam erarbeiteten Informationen. Es umfasst neben den kurzfristigen Handlungsbedarfen (beispielsweise Stabilisierung der Lebenssituation des Ratsuchenden und damit einhergehende notwendige existenzsichernde Interventionen) auch eine ungefähre Einschätzung der mittel- und langfristigen Handlungsbedarfe (beispielsweise kurzfristig: Sicherung des Kontos durch Umwandlung in ein Pfändungsschutzkonto; mittelfristig: Umgang mit Geld; langfristig: Erarbeiten und Umsetzen einer Entschuldungsstrategie). Nimmt der Ratsuchende das Beratungsangebot an, wird eine grundsätzliche Vereinbarung über die weitere gemeinsame Zusammenarbeit getroffen. Hierbei ist auch wie im gesamten Beratungsprozess auf offene Fragen oder bestehende Unklarheiten des Ratsuchenden einzugehen und gegebenenfalls aktiv zu erfragen.

1.2.2 Verknüpfung mit Diagnose

Die getroffene Vereinbarung über die Fortsetzung der Beratung wird in der sich anschließenden Phase (Diagnose) vertieft, die einzelnen Problemlagen intensiver analysiert und mit entsprechenden Informationen gefüllt, sodass dann für die jeweiligen Handlungsfelder Ziele erarbeitet werden können. Zu berücksichtigen ist dabei, dass neue Entwicklungen und Informationen in jeder Phase des Beratungsprozesses dazu führen können, dass der Sachverhalt neu analysiert und bewertet werden muss. Dies kann dazu führen, dass im Rahmen der zirkulären Beratung wieder eine erneute Anamnese oder Diagnose notwendig wird, um dem Fall entsprechend passgenaue Interventionen anbieten zu können.

Durch die ganzheitliche Erfassung und Beschreibung der Situation im Rahmen der Erstgespräche werden auch vorhandene Problemlagen außerhalb der Überschuldung erkannt, die einem nachhaltigen Erfolg der Schuldnerberatung negativ entgegenstehen können. Diese finden sich ebenfalls in der weiteren Auftrags- und Mandatsklärung wieder.

1.2.3 Perspektiven „Fall von", „Fall für" und „Fall mit"

Unter Berücksichtigung der drei Falldimensionen der multiperspektivischen Fallarbeit und der damit einhergehenden Bedingungen können diese Problemlagen entsprechend den Perspektiven „Fall von", „Fall für" und „Fall mit" zugeordnet werden (→ S. 63 ff.). Dies ist zum einen für den Berater hilfreich, um in den oftmals sehr komplexen Fallkonstellationen einen Überblick zu behalten, zum anderen können diese möglicherweise hemmenden Faktoren gemeinsam mit dem Ratsuchenden transparent und nachvollziehbar thematisiert werden. Die Kategorisierung der drei Dimensionen ermöglicht es dem Berater im Rahmen seiner eigenen Reflexion zu klären, ob die erkannte Problematik Gegenstand der eigenen schuldnerberaterischen Tätigkeit ist („Fall von") oder inwieweit anderes Expertenwissen zur Lösung mit hinzugezogen werden sollte („Fall für"). Unter der Bedingung, dass der Ratsuchende bereit ist, an der Problemlage ebenfalls mitzuwirken – „Fall mit" setzt das aktive Wollen des Ratsuchenden voraus –, kann hier eine Vermittlung unterstützender Hilfeangebote initiiert werden.

Darüber hinaus muss für den Fortgang der weiteren Schuldnerberatung eingeschätzt werden, welche Problemlage vorrangig zu bearbeiten ist. Beispielsweise stellt die jeden Monat neu entstehende Verbindlichkeit aus einer nicht an die tatsächliche Leistungsfähigkeit angepassten Unterhaltsverpflichtung eine vorrangig zu bearbeitende Problemlage dar. Der Fall von Unterhaltsproblematik ist an einen entsprechenden Rechtsanwalt („Fall für") zur Prüfung einer Anpassung und Abänderung des Unterhaltstitels zu verweisen. Eine dauerhafte Neuverschuldung des Ratsuchenden aus Unterhaltsforderungen steht einer nachhaltigen Entschuldung im Weg. Im Sinne der Dimension „Fall mit" sind mit dem Ratsuchenden in der Schuldnerberatung die Motivation zum Aufsuchen des Rechtsanwalts, die zu erwartende zeitliche Dimension bis zu einer Klärung, aber auch die weiterhin flankierenden Maßnahmen der Schuldnerberatung zu thematisieren.

1.3 Anwendung auf die Fälle Rita und Katharina

Die oben (→ S. 22 ff.) dargestellten Fälle werden im weiteren Verlauf dieses Lehrbuchs immer wieder zur Veranschaulichung der dargestellten Inhalte herangezogen. Die nachstehenden Ausführungen beziehen sich auf den Einstieg in die Beratung.

1.3.1 Fall Rita

Im Rahmen einer Anamnese und ersten Diagnose der Fallkonstellation von Rita können folgende Problemlagen herausgearbeitet werden, aus denen sich einzelne Handlungsbedarfe ergeben (können). Die einzelnen Problemlagen sind tabellarisch nach der Dimension „Fall von" und „Fall für" aufgeschlüsselt. Für die Dimension „Fall für" wurde bewusst keine Wertung und / oder Priorisierung vorgenommen, sondern die alphabetische Sortierung gewählt. Insbesondere in einer ersten Analyse der erkannten Problemstellungen bietet sich hier eine offene Herangehensweise an, die die aktuelle Situation beschreibt und nicht seitens des Beratenden bewertet. Unter Berücksichtigung des Auftrags von Rita können in der Folge die herausgearbeiteten Problemlagen gemeinsam thematisiert und priorisiert werden. Inwieweit dann auf diese im Fortgang der Beratung eingegangen werden sollte, kann nur in einem dialogischen Prozess entwickelt werden und liegt letztendlich in der Entscheidungshoheit des Ratsuchenden, hier Rita. Zu beachten ist, dass in der vorliegenden Fallkonstellation nicht nur Problemlagen Ritas benannt werden, sondern auch solche, die zwar auf den ersten Blick den Lebensgefährten Robert betreffen, aber unstrittig die Lebenssituation der ratsuchenden Rita nachdrücklich beeinflussen.

Tab. III.1: Fall Rita: Multiperspektive, Quelle: eigene Darstellung

Dimension „Fall von"	Dimension „Fall für"
Arbeitslosigkeit Robert	**Arbeitsamt** – Vermittlung in Arbeit, Prüfung Anspruch auf Arbeitslosengeld.
	Jobcenter – Vermittlung in Arbeit, Prüfung: Anspruch auf Arbeitslosengeld II.
	Krankenkasse – Klärung des Versicherungsstatus.
	Schuldnerberatung – Klärung des Versicherungsstatus, Unterstützung hinsichtlich der Verhinderung bzw. Aufheben des Leistungsruhen bei Beitragsschulden. Motivationsarbeit zum Thema Erwerbsperspektive erarbeiten.
Barunterhaltsverpflichtung für Sohn Rolf	**Rita, Kindsvater** – Einigung über Zahlung des Unterhalts.
	Jugendamt im Rahmen der Beistandschaft für Rolf – Ziel: Neufestsetzung des Barunterhalts / Anpassung bzw. Abänderung der Unterhaltsurkunde (falls vorhanden).
	Rechtsanwalt – zur Unterstützung und Klärung, ggf. im Rahmen einer gerichtlichen Anpassung des Unterhaltstitels.
	Schuldnerberatung – Klärung von Unterhaltsschulden und Einordnung der laufenden Unterhaltsverpflichtung in eine Konsolidierung des Haushalts und Verhinderung einer Neuverschuldung. Unterstützung in der Kommunikation mit dem Jugendamt.
befristetes Arbeitsverhältnis Rita	**Arbeitgeber** und Rita als Arbeitnehmerin – Vertragsverhandlung zur Entfristung.
Betreuung Ronja – gesetzlicher Anspruch auf Betreuung	**Rita und Robert als Eltern** – Förderung der kindlichen Entwicklung und Entlastung der häuslichen Situation.
	Kindergarten / Jugendamt als Kostenträger –Zuweisung von Betreuungsplätzen.
ehemalige Selbstständigkeit Robert	**Schuldnerberatung** – Klärung des Beratungsbedarfs, wenn das Gewerbe nicht schuldenfrei beendet werden konnte.

Dimension „Fall von"	Dimension „Fall für"
Guthabenkonto	**Schuldnerberatung** – Beratung, Vermittlung von Wissen und Unterstützung zur Sicherung des Kontos und Zugang zu den Einnahmen; Bescheinigung über Erhöhungsbetrag nach § 903 Abs. 1 ZPO. **kontoführende Bank** – Einrichtung / Umwandlung eines Pfändungsschutzkontos.
Konsolidierung des Haushalts	**Schuldnerberatung** mit Rita, Robert – Führen eines Haushaltsbuches / Erarbeitung eines Haushaltsplans unter Berücksichtigung aller Einnahmen und Ausgaben zur Sicherstellung der Existenz. Abklärung Erhöhung der Einnahmen z.B. durch Wohngeld (**Sozialamt; kommunale Wohngeldstelle**); Kinderzuschlag (**Familienkasse**), Leistungen nach dem SGB II (**Jobcenter**).
Mietschulden	**Schuldnerberatung** als Koordination, Unterstützung und Begleitung. **Vermieter** – Kommunikation zur Rückführung der Mietschulden. **Jobcenter / Sozialamt** – Prüfung Übernahme gem. SGB II oder SGB XII.
psychische Erkrankung Rita	**Psychologische Beratung** zur Wiederaufnahme der Therapie zur nachhaltigen Stabilisierung der psychosozialen Situation Ritas. **Krankenkasse** (Kostenzusage therapeutische Behandlung).
Überschuldung	**Schuldnerberatung** – Erarbeitung eines Gesamtüberblicks auch unter Beachtung der Überschuldungsursachen, gemeinsame Bewertung der aktuellen Überschuldungssituation und Umgang mit dieser, Entwicklung und Umsetzung einer Entschuldungsstrategie, Vermittlung und Stärkung der Schuldnerrechte.
Umgang Rolf – Mutter-Kind-Beziehung	**Rita, Sohn Rolf und Kindsvater** – Einigung zum regelmäßigen Umgang. **Jugendamt und ggf. Erziehungsberatungsstelle** – Mediation.
(Vollstreckungs-)Druck der Gläubiger	**Schuldnerberatung** – Stärkung Ritas im Umgang mit den Gläubigern unter Beachtung der Schuldner- und Gläubigerrechte.

Auch in der Dimension „Fall mit" können Erkenntnisse aus der vorliegenden Fallkonstellation herausgearbeitet werden. Wie oben ausgeführt, umfasst diese Dimension die Aspekte der gemeinsamen Zusammenarbeit zwischen Beratendem und Rita, Möglichkeiten der Motivation, Ressourcenstärkung, aber auch die Beachtung von Hinderungsgründen, die gegebenenfalls in Verhalten, Befürchtungen und / oder Ängsten Ritas begründet sein können.

Rita wird als treibende Kraft in der Familie mit Robert und Ronja erlebt. Ihr Lebensgefährte Robert wird von ihr als Tagträumer beschrieben. Die Last einer funktionierenden Familie trägt Rita. Trotz Ihrer psychischen Erkrankung versucht diese mit ihrer Erwerbstätigkeit den Haushalt zu meistern, die finanzielle Situation in den Griff zu bekommen und Lösungen zu finden. Aus eigenem Antrieb sucht Rita die Schuldnerberatung auf und formuliert die Bitte um Hilfe und Unterstützung. Trotz eines teilweise fehlenden Überblicks beschreibt Rita die aktuelle Lebenssituation umfassend und klar, sodass die Schuldnerberatung die oben ausgeführten Problemlagen erarbeiten kann. Rita zeigt eine Veränderungsmotivation. Aufgabe von Schuldnerberatung ist folglich neben der existenzsichernden Krisenintervention (Miete etc.) die Stärkung der vorhandenen Motivation und Erarbeitung von funktionierenden Lösungsansätzen, die die familiäre und psychosoziale Situation von Rita berücksichtigen. Zu thematisieren wäre, ob Robert ebenfalls ein Teil der Beratung werden kann (unabhängig der möglicherweise eigene Überschuldungssituation von Robert). Erfährt Rita innerfamiliäre Unterstützung in der Bewältigung von Problemlagen, kann sie perspektivisch auch Verantwortung abgeben – eine Entlastung der psychosozialen Situation wäre denkbar.

Inwieweit daneben Schuldnerberatung in der Kommunikation mit Dritten unmittelbar unterstützen kann und / oder auch an Dritte direkt vermitteln sollte, ist ebenfalls unter dem Aspekt einer Entlastung im Einzelnen mit Rita zu thematisieren. Des Weiteren sind die Aspekte der Hilfe zur Selbsthilfe („Was kann Rita im Lebensalltag in der Zwischenzeit eigenständig angehen?") und der zeitlichen Autonomie des Beratungsprozesses zu berücksichtigen. Wird in der Dimension „Fall mit" nicht die zeitliche Ebene beachtet (Schuldnerberatung gibt die Geschwindigkeit des weiteren Beratungsverlaufs vor), ist davon auszugehen, dass Rita in Phasen psychischer Überlastung nicht nur an Ihrem Veränderungswillen zweifelt, sondern möglicherweise auch die Beratung abbricht.

1.3.2 Fall Katharina

Ebenso wie im Fall Rita bietet es sich auch in der Fallkonstellation Katharinas in der Phase der Anamnese und ersten Diagnose an, die erkannten (möglicherweise vorhandenen) Problemlagen in die Dimensionen „Fall von", „Fall für" und „Fall mit" zu untergliedern.

Tab. III.2: Fall Katharina: Multiperspektive, Quelle: eigene Darstellung

Dimension „Fall von"	Dimension „Fall für"
(gefährdetes) Anstellungsverhältnis	**Schuldnerberatung** – Entwicklung einer Entschuldungsstrategie zur perspektivischen Sicherung des Arbeitsplatzes; Unterstützung in Kommunikation zwischen Rita und dem **Arbeitgeber** (Transparenz schaffen).
Konsolidierung des Haushalts	**Schuldnerberatung** – Erarbeitung eines Budgetplanes (Auskommen mit dem Einkommen) – Analyse und Bearbeitung des Ausgabeverhaltens.
Konto	**Schuldnerberatung** – Beratung, Vermittlung von Wissen und Unterstützung zur Sicherung des Kontos und Zugang zu den Einnahmen; Einrichtung eines Basiskontos und Pfändungsschutzkontos, ggf. Antrag auf individuelle Freigabe durch das Vollstreckungsgericht bei Pfändung gem. § 906 Abs. 2 ZPO; Auf- und Verrechnungsschutz des Kontos im Soll beachten. **Kontoführende Bank** – Einrichtung eines Pfändungsschutzkontos. **Vollstreckungsgericht** – Beschluss zu § 906 Abs. 2 ZPO.
Lebensentwurf/Lebensplanung/Haltung	**Schuldnerberatung/Katharina** – siehe „Fall mit" **ggf. psychosoziale Beratungsstelle/Psychologe** – Therapie.
Überschuldung	**Schuldnerberatung** – Erarbeitung eines Gesamtüberblicks auch unter Beachtung der Überschuldungsursachen, gemeinsame Bewertung der aktuellen Überschuldungssituation und Umgang mit dieser, Entwicklung und Umsetzung einer Entschuldungsstrategie, Vermittlung und Stärkung der Schuldnerrechte.
Vermögensauskunft/Ladung zum Haftantritt	**Schuldnerberatung** – Beratung und Vermittlung von Wissen im Umgang mit der Vermögensauskunft. **Gerichtsvollzieher** – Durchsetzung der Abgabe der Vermögensauskunft. **Katharina** – Wahrnehmung des Termins.
(Vollstreckungs-)Druck der Gläubiger	**Schuldnerberatung** – Stärkung Katharinas im Umgang mit den Gläubigern unter Beachtung der Schuldner- und Gläubigerrechte. **Katharina** – zukünftiger Umgang mit (Zwangs-)Vollstreckungsmaßnahmen.

In einem ersten Eindruck wirkt der Fall Katharina aus schuldnerberaterischer Sicht als gut und effektiv lösbar. Katharina bringt eine überschaubare Anzahl an Gläubigern mit, ein hohes pfändbares Einkommen und ein durchaus sicheres Anstellungsverhältnis. Die Sicherung der Existenz (Zugang zum Konto, Sicherung des Einkommens) ist zeitnah realisierbar. Ebenso erscheint die erfolgreiche Umsetzung einer nachhaltigen Entschuldungsstrategie – zumindest auf einer technischen Ebene – als ein realistisches Beratungsziel. Umso mehr ist aber auch hier die Dimension des „Fall mit" zu berücksichtigen, die bei Nichtbeachtung durch ihre Wechselwirkung den vermeintlich einfachen Beratungsfall in einer erfolgreichen Fortentwicklung einschränken kann. So sind im Rahmen der Beratung neben der gemeinsamen zukünftigen Zusammenarbeit und Strategieentwicklung, insbesondere auch die Eigen- bzw. Veränderungsmotivation (Zugang zur Beratung auf Druck des Arbeitgebers) zum Thema Schulden, Umgang mit Geld und letztendlich der eigenen Haltung / dem eigenen Anspruch Katharinas zu thematisieren. Ohne bewusst in der Schuldnerberatung einen Fokus auf die genannten Aspekte der Dimension „Fall mit" zu lenken, wäre hier Schuldnerberatung lediglich ein Erfüllungsgehilfe für Katharinas Auftrag. Diese formuliert ihre Erwartungshaltung und ihren Auftrag an die Schuldnerberatung. Auch wenn dieser erfolgreich ausführt werden kann, ist davon auszugehen, dass Katharina ihre bisherige Lebensgestaltung nicht verändert und die Überschuldungsproblematik auf lange Sicht erneut auftritt.

2. Klärung der individuellen Überschuldungssituation

Ursachen und Folgen der Überschuldungssituation sind nicht nur gesellschaftlich zu betrachten, sondern auch hinsichtlich der Entstehung und Auswirkungen auf den individuell zu bearbeitenden Fall zu klären bzw. einzuordnen. Spätestens in der Diagnosephase des Beratungsprozesses, in der eine ausführliche Situations- und Problemanalyse des Falls erfolgt, sind die Hintergründe der Überschuldung in den Beratungsgesprächen festzustellen. Da Schuldnerberatung den Ratsuchenden mit seinem verbundenen System in den Blick nimmt, ist die Feststellung der Überschuldungsgründe ein zentraler Aspekt der anfänglichen Beratung, ohne dass hier eine Schuldzuschreibung erfolgen darf!

Die Feststellung der Überschuldungsursachen ermöglicht nicht nur

- die Entwicklung von Strategien für den Umgang mit der Situation,
- die Umsetzung notwendiger (kurzfristiger) Interventionen oder einer Entschuldungsvariante,

sondern insbesondere auch eine fundierte Einschätzung,

- wie der Schuldner bisher mit der Situation umgegangen ist,
- inwieweit sein Umfeld ihn gegebenenfalls unterstützt bzw. ihm geschadet oder einer Entschuldung entgegengewirkt hat und vor allem,
- inwieweit Ressourcen und Handlungskompetenzen für die zukünftig zu entwickelnden Bewältigungsmuster erarbeitet werden können.

Allein auf Basis der vorliegenden Informationen, welche Verbindlichkeiten gegen den Schuldner geltend gemacht werden, wie Unterlagen sortiert sind oder in welcher finanziellen Lage der Schuldner sich hinsichtlich seines aktuellen Einkommens oder der zu tätigenden Ausgaben/Fixkosten befindet, kann keine verbindliche Einschätzung der Überschuldungsursachen erfolgen; dies lässt lediglich einen ersten Erklärungsversuch zu. In der Beratungspraxis zeigt sich, dass sich in den allermeisten Fällen die Frage nach den Überschuldungsgründen nicht monokausal erklären lassen, sondern mehrere Faktoren dazu geführt haben, dass eine Person zahlungsunfähig oder ein Haushalt zahlungsunfähig wurde (vgl. Mantseris 2012, S. 19; → S. 48 ff.). Erst die Einzelfallbetrachtung, die mit einer umfänglichen und problembezogenen Informationssammlung einhergeht, kann zu einer dezidierten Erarbeitung der Ursache(n) führen. Hierbei werden regelmäßig Überschuldungsanlässe strukturellen Ursachen und persönlichen Auslösern zugeordnet (vgl. Ansen 2018, S. 17). Als Ursachen gelten mittelbar langfristige Faktoren, wie zum Beispiel (Langzeit-)Arbeitslosigkeit oder Armut, die mit einer deutlichen Einschränkung vorhandener finanzieller Mittel einhergeht. Auslöser basieren dagegen auf Ereignissen im Leben des Schuldners, die sich unmittelbar auf das verfügbare Einkommen auswirken und schlussendlich zur Überschuldung führen (vgl. Ansen 2018, S. 16). „Da abhängig von der jeweiligen Person eine Zuordnung sehr schwierig ist und letztendlich auch immer den Standpunkt des Zuweisenden wiedergibt" (Brühl/Zipf 2000, S. 263), kann eine Trennung nach Ursachen und Auslösern als problematisch betrachtet werden und ist auch selten trennscharf möglich.

Um sich der Feststellung von Überschuldungsanlässen im jeweils vorliegenden Einzelfall zu nähern, ist die Wechselwirkung zwischen Ursachen und Auslösern zu berücksichtigen und die sich daraus für den Schuldner resultierenden, massiven Belastungen, die zu einer sozialen Erschöpfung führen oder die Anfälligkeit für weitere Probleme vergrößern können (vgl. Lutz 2014, S. 87 f.). Darüber hinaus ist der dynamische Kontext von Lebensverläufen, Lebenslagen und den gegebenen Ressourcen zur Lebensbewältigung als Grundlage zu berücksichtigen (vgl. AGS-BV 2018a, S. 5). Insbesondere die Wirkung auf den psychosozialen Bereich des Schuldners ist nicht zu unterschätzen. Unbearbeitet können diese einer Entschuldung und einem dauerhaften Leben ohne erneute Überschuldung entgegenstehen. Die Entstehung von Überschuldung ist folglich das Ergebnis eines langfristigen Prozesses (vgl. Ansen 2018, S. 16), in dem die vorhandenen strukturellen Faktoren mit den jeweiligen individuellen, in der Person des Schuldners liegenden Faktoren zusammentreffen (vgl. Ansen 2018, S. 16; Mantseris 2012, S 16 f.).

Eine beispielsweise eingetretene und über Monate anhaltende Kurzarbeit als Ursache für Überschuldung zu definieren, wäre aus fachlicher Sicht nicht ausreichend, und kann für sich allein keine fundierte Grundlage darstellen, auf der eine nachhaltig gelingende Entschuldungsstrategie basiert. Zwar führt dies zu einem spürbaren Einkommensverlust; gleichzeitig ist aber in der Analyse der Überschuldungssituation auch der Umgang des Schuldners mit dieser finanziellen Veränderung zu berücksichtigen. Das individuelle Kauf- und Konsumverhalten des Schuldners und dessen individuelles Wissen (beispielsweise Finanzkompetenz) sind Aspekte, die eine Relevanz für das Entstehen und die Dauer von Überschuldungsbiografien haben. Eine Betrachtung der individuellen Überschuldungssituation und Reflexion der sich wechselseitig beeinflussenden Motive, Ursachen, Auslöser und Folgen in seiner Gesamtheit ist notwendig, um mit dem Schuldner Handlungskompetenzen zu erarbeiten, die es ihm in zukünftigen Problemlagen ermöglichen, die Situation ohne Neuverschuldung/Überschuldung erfolgreich zu bewältigen. „Nur wenn diese ganzheitlich verstanden und bearbeitet werden, können die Hilfen nachhaltig wirksam sein" (AGSBV 2018a, S. 5).

Bedauerlicherweise zeigt sich neben der individuellen Zuschreibung (→ S. 48 f.) in der Praxis der Schuldnerberatung auch eine Beschränkung auf strukturelle Ursachen (wie zum Beispiel Arbeitslosigkeit, Krankheit, gescheiterte Selbstständigkeit oder auch Mithaftung), die dann statistisch erfasst wird. Eine intensive Analyse und Diagnose von Ursachen und Auslösern und der sich daraus ergebenden individuellen Folgen für den Schuldner scheitert oftmals an den vorhandenen zeitlichen Ressourcen von Schuldnerberatung. Neben der stetig steigenden Nachfrage nach Schuldnerberatung fehlt es zusätzlich an der bedarfsdeckenden finanziellen Ausstattung von Beratungsstellen. Dies führt nicht nur zu langen Wartezeiten für Schuldner, sondern auch zu einem „hohen Durchsatz" von Fällen pro Berater, da der interne Bearbeitungsdruck gleichzeitig wächst oder die Finanzierung nach Fällen dies erfordert. Neben Krisenintervention steht dann die zügige Erarbeitung und Umsetzung von Entschuldungsvarianten im Vordergrund. Jedoch verbleibt keine Zeit für eine der Fallsituation angepassten umfassenden Informationssammlung, Analyse und Diagnose der individuellen Überschuldungssituation.

Fall Katharina:

Werden lediglich die Fakten in der Fallschilderung zugrunde gelegt, verfügt Katharina über ein gutes Einkommen, könnte unter der reinen Gegenüberstellung von Einnahmen und fixen Ausgaben ohne eine Existenzgefährdung und / oder Überschuldung leben. Dass Katharina in den vergangenen Jahren über ein geringeres Einkommen verfügt hat, geht ebenfalls nicht aus dem Text hervor. Als Ursachen der Überschuldung können auf Basis der statistisch zu erhebenden Merkmale für Überschuldung der Bundesstatistik für Schuldnerberatung „unwirtschaftliche Haushaltsführung" und „Trennung / Scheidung" aufgeführt werden. Eine Differenzierung zwischen Ursache und Auslöser kann hier allerdings nicht trennscharf erfolgen. Eine monokausale Zuweisung einer Ursache erscheint nicht zielführend und kann nicht Grundlage einer nachhaltigen und erfolgreichen Beratung sein. Sowohl das Merkmal der „unwirtschaftlichen Haushaltsführung" als auch das Merkmal „Trennung / Scheidung" können Ursache und / oder Auslöser sein. Allerdings wird die „Trennung / Scheidung" regelmäßig als Überschuldungsursache zugeordnet und der (schleichende) Auslöser des sich daraus ergebenden individuellen und unwirtschaftlichen Konsumverhaltens, dass in der Folge zu einer Überschuldung geführt hat. In jedem Fall erscheint die Angabe beider Gründe je für sich als Hauptauslöser willkürlich.
Die Merkmale „Trennung / Scheidung" und „unwirtschaftliche Haushaltsführung" führen zur weitergehenden Fragestellung nach dem „Warum" – kann also im Rahmen der Beratung eine mögliche Motivation für das unwirtschaftliche Konsumverhalten herausgearbeitet werden? Werden nunmehr die Merkmale in ihrer Gesamtheit betrachtet, so kann folgende Hypothese benannt werden: Katharina lebt durch ihr Konsumverhalten ein Verhaltensmuster aus, dass nicht

nur eine Selbstwertsteigerung zur Folge hat, sondern auch die Akzeptanz und Anerkennung im sozialen Umfeld mit sich bringt. Bestätigt sich die Überprüfung der Hypothese in der Beratung, ergibt sich hieraus ein Auftrag für den weitergehenden Beratungsprozess, ohne den eine dauerhafte und nachhaltige Entschuldung nicht zu erreichen ist (→ S. 100 ff.).

3. Existenzsichernde Krisenintervention

3.1 Krisenintervention und Schuldnerberatung in der Sozialen Arbeit

Kriseninterventionen gehören zum Standardrepertoire Sozialer Arbeit (vgl. Erath 2006, S. 147). Krisendefinition und maßgebliche Interventionen hängen dabei von der theoretischen Fundierung ab. Allgemein kennzeichnend sind (vgl. Erath 2006, S. 147; Neuffer 2001, S. 145):

- Krisenhafte Prozesse haben sich über längere Zeit entwickelt (chronifiziert).
- Problemlagen werden durch mehrfache Belastungen und Ausgrenzung verschärft, dies führt immer wieder zu akuten Krisen.
- Intrapsychische und interpersonelle Probleme bestehen in Kombination mit Belastungen im sozialen Umfeld sowie darüber hinaus.
- Krisen sind daher nicht nur intern und individuell pathologisch.

Ökonomische Krisen und die Sicherung der Existenz bei Ratsuchenden einer Schuldnerberatung, die sich akut zuspitzen, mit besonderen Risiken für diese Ratsuchenden verbunden sind und in der Beratung eine umgehende Intervention erfordern können als Krise im vorgenannten Sinne verstanden werden. (vgl. nur Ansen 2018, S. 78). Die Aufgabe der *existenzsichernden* Krisenintervention ist folglich eine wesentliche Aufgabe der Schuldnerberatung (vgl. ebd., S. 78 ff.). Sie hat zum Ziel, das Existenzminimum zu sichern, mithin ein menschenwürdiges Leben in der sozialen Gemeinschaft führen zu können (Maltry et al. in Groth et al. 2021, PHSB T. 3 S. 3).

Exkurs: Existenzsicherung und Wille des Ratsuchenden

Gerade im Fall der existenzsichernden Maßnahmen zeigt sich die Gefahr einer nicht sozialarbeiterisch verstandenen Schuldnerberatung. Diese wird mit Blick auf den Auftrag „die Sache in die Hand nehmen", d.h. alles umsetzen, was aus ihrer Sicht „not-wendig" (also im wahrsten Sinne des Wortes!) ist. Dabei besteht im besonderen Maße die Gefahr einer direktiven Handlungsweise (vgl. Matthes 2015, S. 75). In diesem Sinne ist eine besondere Sensibilität gefragt. Zudem ist auch nach Auftragsklärung sicherzustellen, dass der Ratsuchende jede geplante Maßnahme nachvollziehen kann, diese befürwortet und sich idealerweise an der Umsetzung beteiligt (→ S. 195 ff.).

Die existenzsichernde Krisenintervention kann Anlass zu einer Schuldnerberatung sein, kann aber auch später immer wieder angesichts neuer Ereignisse im Leben der Ratsuchenden aufkommen. Daher soll an dieser Stelle eine ausführlichere Darstellung des Vollstreckungsrechts erfolgen, auch wenn dessen Anwendung im Rahmen der existenzsichernden Krisenintervention nicht so umfangreich ausfallen wird. Existenzsichernde Krisenintervention besteht aber aus rechtlichen und psychosozialen Anteilen. Aufgrund der regelmäßig zeitlich unmittelbar folgenden Entlastung infolge einer erfolgreichen Intervention kann sie wesentlich die Motivation des Ratsuchenden beeinflussen und Vertrauen für eine gemeinsame Arbeitsbasis schaffen (vgl. Maltry et al. in Groth et al. 2021, PHSB T. 3 S. 3). Stets zu beachten sind die Grenzen einer Sozialen Schuldnerberatung: Krisenzustände, die umfangreichere Hilfen erforderlich machen, die nicht zum Aufgabenfeld der Schuldnerberatung gehören, sind an entsprechende Fachdienste zu verweisen (vgl. Ansen 2018, S. 133), was auch der Dimension „Fall für" im Rahmen der Multiperspektive entspricht.

Exkurs: Existenzsicherung in der Sozialen Arbeit

An dieser Aufgabe zeigt sich, dass klassische Schuldnerberatungsinhalte auch in vielen armutsgeprägten Arbeitsfeldern Sozialer Arbeit anfallen können, so beispielsweise im Rahmen verschiedener Sozialberatungen, in der allgemeinen Straffälligen- oder Wohnungslosenhilfe und der Drogenberatung (vgl. Ansen 2006, S. 48). Hier ist es dann regelmäßig (sofern kein eigenes spezialisiertes Beratungsangebot verfügbar ist) erforderlich, Ratsuchende an Schuldnerberatungsstellen zu verweisen. In engem Rahmen können einzelne Aufgaben auch von Fachkräften der vorgenannten Arbeitsfelder durchgeführt werden, wobei hier die rechtlichen Grenzen einer Beratung ver- und überschuldeter Menschen zu beachten sind, die sich an der konkreten Aufgabenstellung des jeweiligen Arbeits- oder Beratungsfeldes orientiert (→ S. 254 ff.).

3.2 Rechtliche Anteile

Die existenzsichernde Krisenintervention hat *immer* eine rechtliche Grundlage: Zum einen gilt es, regelmäßige Einkünfte abzusichern, ggf. Sozialleistungen zu erschließen, um eine finanzielle Lebensgrundlage zu schaffen. Zum anderen sind Zugriffe von Gläubigern auf Einkommen, Vermögen und Kontoguthaben des Schuldners zu unterbinden, soweit Sie den gesetzlichen Pfändungsschutz unterschreiten. Darüber hinausgehend haben die Sicherung der Unterkunft mitsamt der diesbezüglichen Versorgung mit Wärme und Elektrizität eine erhebliche Bedeutung. Zuletzt gilt es, die Inhaftierung des Ratsuchenden zu verhindern, welche vorrangig im Bereich des Strafrechts erfolgen kann, zudem im Bereich der Abnahme der Vermögensauskunft im zivilrechtlichen Vollstreckungsverfahren. Im Einzelnen sind folgende inhaltlichen Bereiche zu beachten:

3.2.1 Pfändungsschutz für Einkünfte und Sozialleistungsbezug

Die tatsächliche Verfügbarmachung der Einkünfte der Ratsuchenden und ihrer Angehörigen, dies sind vor allem Arbeitseinkommen und Sozialleistungen, stellt eine wichtige Säule dar. Sie hat mit Blick auf Erschließung eigener Ressourcen des Ratsuchenden eine erhebliche Bedeutung. Diese Sicherstellung kann zum einen in den bereits vorhandenen Ressourcen liegen, beispielsweise in der Geltendmachung von Unterhalts- oder Erbansprüchen des Ratsuchenden gegenüber Dritten (vgl. Maltry et al. in Groth et al. 2021, PHSB T. 3 S. 3).

In der Praxis bedeutender sind Rechtsansprüche auf Sozialleistungen gegen die Sozialleistungsträger, die bislang gar nicht oder nicht vollumfänglich umgesetzt wurden (vgl. ebd., T. 3 S. 3.; anschauliche Darstellung anhand von Lebens- und Problemlagen im Teil II des von Fasselt/Schellhorn herausgegebenen *Handbuchs Sozialrechtsberatung*):

Tab. III.3: Sozialleistungen und Leistungsträger, Quelle: eigene Darstellung

Sozialleistung	Leistungsträger	Anspruchsgrundlage
Arbeitslosengeld	Arbeitsagentur	§ 136 SGB III
Arbeitslosengeld II/ Sozialgeld	Jobcenter	§§ 19 Abs. 1 i.V.m. 7 SGB II
(Mindest-)Elterngeld	Von der jeweiligen Landesregierung bestimmte Stelle	§ 1 BEEG
Grundsicherung im Alter und bei Erwerbsminderung	Sozialhilfeträger	§§ 17, 19 Abs. 2, 41 ff. SGB XII
Hilfe zum Lebensunterhalt	Sozialhilfeträger	§§ 17, 19 Abs. 1, 27 ff. SGB XII
Kindergeld	Familienkasse	§ 62 EStG bzw. § 1 BKGG
Krankengeld	Gesetzliche Krankenversicherung	§ 44 SGB V
Rente im Alter	Deutsche Rentenversicherung	§§ 35 ff. SGB VI
Rente bei Erwerbminderung	Deutsche Rentenversicherung	§ 43 SGB VI
Unterhaltsvorschuss	Unterhaltsvorschusskasse	§ 1 UVG

Die Prüfung der jeweiligen Anspruchsvoraussetzungen kann Aufgabe der Schuldnerberatung, kann aber auch Anlass zur Verweisung an Dritte sein („Fall mit", vgl. auch Ansen 2018, S. 80): Während beispielsweise die Anträge auf Grundsicherungsleistungen, auf Kindergeld und Unterhaltsvorschuss unmittelbar existenzsichernde Wirkung haben, folglich regelmäßig ein Auftrag Sozialer Schuldnerberatung sein wird, kann ein Antrag auf Altersrente und (ergänzende) Grundsicherung im Alter bei rentennahen Ratsuchenden mittelfristig Entlastung schaffen und von anderen Fachkräften erledigt werden. Auf eine Darstellung des Grundsicherungsrecht soll an dieser Stelle verzichtet werden, da die im Studium der Sozialen Arbeit einen hervorgehobenen Platz einnimmt, Wissen also vorhanden sein sollte.

Exkurs: Existenzsicherung durch Verfahren

Vielfach bestehen die Probleme Ratsuchender auf einer formalen Ebene. Es wurde beispielsweise ein Antrag auf eine Sozialleistung gestellt, aber rechtswidrig abschlägig beschieden. Den nötigen, aber zeitlich befristeten Widerspruch (§ 84 SGG, § 70 VwGO) haben die Ratsuchenden dann nicht erhoben. In diesen Fällen gibt das Sozialverwaltungsrecht Möglichkeiten zu Interventionen, etwa mit den Anträgen auf Aufhebung von Verwaltungsakten (§§ 44 ff. SGB X), die, abgesehen von der rechtlichen Prüfung der Voraussetzungen, für die Schuldnerberatung recht unaufwendig in der Durchführung sind. Eine grundlegende Orientierung in diesem Rechtsbereich ist für Sozialarbeiterinnen und Sozialarbeiter ganz grundlegend von Bedeutung; diese wird regelmäßig schon Teil des Curriculums sein.

Neben der Sicherstellung von Einnahmen besteht die Aufgabe der existenzsichernden Krisenintervention in der Abwehr von Pfändungsmaßnahmen der Gläubiger und Sicherstellung des möglichen Schuldnerschutzes sowie – vordringlich im Sozialleistungsbezug – sonstigen Handlungen des Leistungsträgers, die sich auf die Auszahlung von Leistungen auswirken, wie die Auf- oder Verrechnung mit bestehenden Forderungen.

Exkurs: Auf- und Verrechnung

Die Aufrechnung kennzeichnet eine Gegenüberstellung zweier Forderungen, bei der jeder Teil Gläubiger und Schuldner des anderen Teils ist. Im Zivilrecht bestehen solche Konstellationen am ehesten in sogenannten Dauerschuldverhältnissen: Mietvertrag, Zahlungsdiensterahmenvertrag usw. Im Sozialleistungsrecht handelt es sich vielfach um Leistungsansprüche des Ratsuchenden, denen beispielsweise Rückforderungsansprüche des Leistungsträgers gegenüberstehen. Der Leistungsträger kann dann den *pfändbaren* Teil der gewährten Sozialleistung einbehalten, um seinen Rückforderungsanspruch hiermit zu tilgen (§ 54 Abs. 4 SGB I). Die Verrechnung ist dann als Aufrechnung im Drei-Personen-Verhältnis zu verstehen:

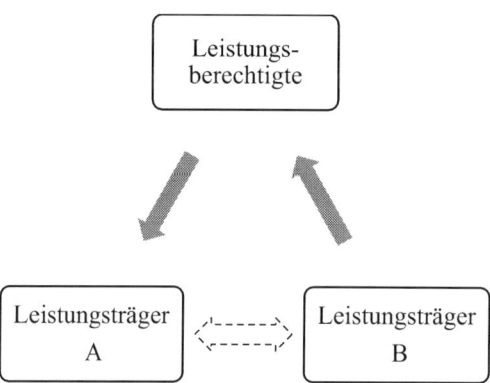

Abb. III.1: Aufrechnung im Sozialleistungsrecht, Quelle: eigene Darstellung

Leistungsträger B ermächtigt Leistungsträger A, seine Ansprüche gegen den Leistungsberechtigten mit dessen Ansprüchen gegen den A zu verrechnen. Damit wird die Forderung des Leistungsträgers B gegen den Leistungsberechtigten ganz oder teilweise getilgt.

Gläubiger, insbesondere Sozialleistungsträger, haben vielfach Kenntnis von entsprechenden Einnahmen des Ratsuchenden und lassen sich den pfändbaren Anteil auszahlen bzw. erklären die Aufrechnung. Aufgrund der verfassungsrechtlichen Einwirkungen auf das Vollstreckungsrecht ist ein hinreichender Pfändungsschutz durch den Staat zu gewährleisten (→ S. 108), der auch im Bereich von Auf- und Verrechnung gilt (§§ 51 Abs. 1, 52 SGB I).

Dieser Schutz besteht teilweise schon

▪ qua Gesetz (§§ 850a, 850c ZPO).
▪ Teilweise müssen gesonderte Anträge bei Gericht gestellt (§§ 850f, 906 ZPO),
▪ Bescheinigungen erteilt (§§ 850f Abs. 1 Nr. 1, 903 ZPO)

oder Rechtsbehelfe eingelegt werden. Diese für die Schuldnerberatung zentrale Aufgabe wird gleich noch unter → S. 111 ff. dargestellt. Im Bereich der Pfändung von Unterhaltsforderungen (§ 850d ZPO) und Forderungen aus unerlaubter Handlung (§ 850f Abs. 2 ZPO) gelten Besonderheiten (→ S. 127 ff.).

3.2.2 Zugang zum Zahlungsverkehr/Pfändungsschutz

Mit dem 2016 eingeführten Basiskonto (§§ 30 ff. ZKG) ist ein seit vielen Jahrzehnten bestehendes, und von der Schuldnerberatung stets kritisiertes, sozialpolitisches Problem hinsichtlich des Zugangs aller Menschen zum Zahlungsverkehr endlich weitgehend gelöst worden. Die Vorschrift des § 47 SGB I, die die regelhafte Auszahlung von Geldleistungen nach dem SGB vorsieht, verdeutlicht, dass auch der Gesetzgeber generell von dieser Möglichkeit des Zugangs ausgeht.

Exkurs: Sozialpolitik und Recht

Das Basiskonto als Zahlungskonto (§ 1 Abs. 17 ZAG) mit grundlegenden Zahlungsfunktionen (§ 38 Abs. 2 ZKG) ist in der Rechtspraxis derzeit hinsichtlich der Angemessenheit der Entgelte weiterhin umstritten (vgl. BGH 30.6.2020 – XI ZR 119/19, BeckRS 2020, 15613). Vielfach versuchten kontoführende Kreditinstitute in der Vergangenheit, das Basiskonto durch eine hohe Bepreisung unattraktiv zu machen. Ob diese Entscheidung, in der es um das monatliche Entgelt für das Basis einer großen deutschen Bank ging, nun Ruhe schafft, bleibt abzuwarten. Dies verdeutlicht, dass sozialpolitische Ziele zum einen vorrangig durch Gesetze erreicht werden können, zum anderen, dass nach einer erfolgreichen Gesetzesinitiative die Fortsetzung der Zielverfolgung auf der Ebene der Rechtsmethodik stattfindet (→ S. 28 ff.). Soziale Arbeit kommt also gar nicht umhin, sich mit rechtlichen Vorgaben zu beschäftigen, möchte sie ihre sozialpolitische Aufgabe erfüllen.

Das Pfändungsschutzkonto (§ 850k ZPO, sog. P-Konto) sichert sodann auf einem Konto vorhandenes Guthaben gegen Pfändungszugriffe. Auch hier steht also die Erhaltung der Funktionsfähigkeit eines Kontos im Fokus. Die Kontopfändung durch Gläubiger führt, so nicht die rechtzeitige Umwandlung des Kontos in ein P-Konto erfolgt, zum Abfluss des kompletten Guthabens, mithin zum Verlust existenzsichernder Einnahmen. Das P-Konto wird unter → S. 122 ff. vorgestellt.

3.2.3 Wohnen/Energieversorgung

Die Sicherung der Wohnung bzw. der Energieversorgung ist – über die Schuldnerberatung hinaus – ein ganz wesentliches Ziel Sozialer Arbeit (vgl. Ansen 2018, S. 78). Aus der Sicht der Schuldnerberatung handelt es sich um sogenannte Primärschulden, also Schulden mit einer hohen Bedeutung (vgl. Groth 1991, S. 52; Korczak/Pfefferkorn 1992, S. 82). Im Rahmen der Wohnungssicherung zielen die verschiedenen Interventionen auf die Abwendung einer Kündigung des Mietvertrages, die Hinderung des Erlasses eines Räumungstitels oder der Räumung selbst. Gleichzeitig wird hier immer eine Lösung gefunden werden müssen, wie mit den Mietschulden umzugehen ist (etwa Vereinbarung von Stundung oder Ratenzahlung, Bezug von Sozialleistungen und / oder Darlehen, vgl. ausführlich Maltry et al. in Groth et al. 2021, PHSB T. 4 Kap. 1; zu sozialarbeiterisch geprägten Begründung in diesen Fällen Ansen 2018, S. 79). Neben diesen rechtlichen Inhalten spielt natürlich die psychosoziale Beratung eine besonders herausragende Rolle, da der Verlust einer Wohnung erhebliche Auswirkungen auf die Psyche des Schuldners und ggf. seiner Angehörigen haben wird.

Aus dem Grundsicherungsrecht lässt sich die Gleichstellung des Verlusts der Energieversorgung mit dem Verlust der Wohnung entnehmen (beispielsweise § 22 Abs. 8 S. 1 SGB II: „Behebung einer vergleichbaren Notlage"): Ein Haushalt ohne Strom bzw. Gas ist faktisch nicht bewohnbar (vgl. Sächsisches LSG 11.7.2006 – L 3 B 193/06 AS-ER, BeckRS 2009, 63046; Hessisches LSG 17.5.2010 – L 9 AS 69/09, BeckRS 2010, 74079). Die maßgeblichen Regelungen zur Unterbrechung der Strom- und Gasversorgung bei Zahlungsverzug finden sich in den 2021 novellierten Regelungen der StromGVV und der GasGVV (jeweils § 19, vgl. Maltry et al. in Groth et al. 2021, PHSB T. 4 Kap. 2 zur alten Rechtslage, die Überarbeitung erfolgt mit der nächsten Ergänzungslieferung).

Voraussetzungen sind hiernach:	Grundlage:
▪ Nichterfüllung der Leistungspflicht trotz Mahnung,	§ 19 Abs. 2 S. 1
▪ Androhung der Unterbrechung vier Wochen vor der Unterbrechung mit (klarer und verständlicher) Angabe des Unterbrechungsgrundes sowie dem Hinweis der voraussichtlichen Kosten der Unterbrechung und der Wiederherstellung,	§ 19 Abs. 2 S. 1, Abs. 6
▪ Information in Textform zu den Möglichkeiten einer Vermeidung der Unterbrechung, beispielsweise staatliche Unterstützungsleistung der Grundsicherung oder Beratung durch anerkannte Schuldner- oder Verbraucherberatung,	§ 19 Abs. 3
▪ Angebot auf Abschluss einer Abwendungsvereinbarung mit den Pflichtinhalten „Ratenzahlung hinsichtlich der Zahlungsrückstände in einem zumutbaren Zeitraum" und „Weiterversorgung auf Vorauszahlungsbasis",	§ 19 Abs. 3 S. 3 und Abs. 5
▪ keine Darlegung des Kunden, dass hinreichende Aussicht besteht, dass er seinen Verpflichtungen nachkommt oder	§ 19 Abs. 2 S. 2
▪ keine Unverhältnismäßigkeit der Unterbrechung, insbesondere bei Gefahr für Leib und Leben; diesbezüglicher Hinweis in Textform, mit der Möglichkeit zum Vortrag solcher Gründe,	§ 19 Abs. 2 S. 2, 3 und 5

- Zahlungsverzug in Höhe der doppelten Monatsabschlags-   § 19 Abs. 2
  oder -vorauszahlung, alt. einem Sechstel des voraussichtli-   S. 6-9
  chen Jahresrechnungsbetrages oder mindestens 100,00 EUR
  und
- schriftliche Ankündigung per Brief und auch per Textform   § 19 Abs. 4
  der Unterbrechung acht Tage davor

3.2.4 Schutz vor Inhaftierung

Anders als vielfach befürchtet, besteht nur bei ganz wenigen Forderungen die Gefahr einer Inhaftierung des Schuldners wegen der Verbindlichkeit. In der Praxis ganz selten kommt die Erzwingungshaft als Druckmittel des Pfändungsgläubiger im Rahmen der Abgabe einer Vermögensauskunft (§ 802g ZPO) vor (Homann et al. in Groth et al. 2021, PHSB T. 5 S. 60b). Dies liegt darin begründet, dass die Kosten einer Zwangshaft (GKG KV 9010) als Auslagen vom Gläubiger im Wege des Vorschusses (§ 17 Abs. 1 GKG) vorab zu zahlen sind. Je Monat handelt es sich dabei für den Fall des volljährigen Schuldners bei Einzelunterbringung in Hessen um einen Betrag von 465,45 EUR (Unterkunft 201,45 EUR + Verpflegung 263,00 EUR, GKG KV 9010 i.V.m. § 43 Abs. 4 Hess. StVollzG; die genauen Beträge ergeben sich aus der *Bekanntmachung des Hess. Ministeriums der Justiz über die Haftkostenbeiträge 2022, Runderlass vom 17.11.2021 (Aktenzeichen 4515 – IV/A1 – 2021/20911- IV/A).*

Fall Katharina:

In diesem Fall stand die Abgabe der Vermögensauskunft (§ 802c ZPO) vor zehn Tagen an, die Androhung der Verhaftung (§ 802g ZPO) erfolgt üblicherweise in der Ladung. Voraussetzung für einen Haftbefehl nach § 802 Abs. 1 ZPO ist, dass sie zum Termin zur Abgabe der Vermögensauskunft nicht erscheint oder die Abgabe der Vermögensauskunft grundlos verweigert. Ersteres könnte vorliegend gegeben sein, wäre aber nochmals abzufragen. Zudem müsste in Erfahrung gebracht werden, ob es einen Grund für die Verhinderung gegeben hat, und ob dieser dem Gerichtsvollzieher mitgeteilt wurde. Weitere Voraussetzung ist dann die Verhältnismäßigkeit des Erlasses des Haftbefehls, an der vorliegend kein Anlass zu Zweifeln besteht. Die Verhaftung kann zuletzt nur auf Antrag des Gläubigers erfolgen; ob dieser schon gestellt wurde, ist bislang nicht bekannt. Zusammen mit Katharina wäre vorliegend Kontakt mit dem Gläubiger und dem Gerichtsvollzieher aufzunehmen, um den weiteren Verfahrensablauf abzuklären. Um die Vermögensauskunft wird Katharina kaum herumkommen. Die eigentliche „Gefahr" bei dieser liegt vorliegend darin, dass mit der Lebensversicherung ein bedeutender Vermögensgegenstand vorhanden ist, über den Auskunft zu geben wäre. In der Folge weiß der die Vermögensauskunft beantragende Gläubiger davon und kann die Lebensversicherung pfänden; der überschießende Betrag käme zur Auszahlung an Katharina, soweit keine weiteren Pfändungen vorliegen. Damit steht nicht mehr die gesamte Summe für eine vergleichsweise Schuldenregulierung, die alle Gläubiger erfasst, zur Verfügung. Ein Ansatz könnte also hierin liegen, den Gläubiger über die Schuldnerberatung zu informieren, und um Geduld bis zur Sachverhaltsaufklärung zu bitten. Aussicht auf Erfolg hat dies mutmaßlich keine.

Anders als die Verhaftung im Zuge der Vermögensauskunft spielen die strafrechtliche Ersatzfreiheitsstrafe bei Geldstrafen (§ 43 StGB, → S. 135 ff.) und die Erzwingungshaft bei Geldbußen (§ 96 OWiG, → S. 132 ff.) eine erhebliche Rolle in der Praxis.

3.3 Psychosoziale Anteile

„Der Kern der Arbeit ist immer die Schuldnerberatung und die psychosoziale Begleitung." (Schlag 2020, S. 34)

3.3.1 Situationsbeschreibung

Die Überschuldungssituation beeinflusst nicht nur das Zahlungsverhalten der betroffenen Menschen, sondern wirkt sich auch massiv auf die persönliche Situation des familiären Systems aus (vgl. Schlag 2020, S. 32). Wird Schuldnerberatung als ein nachhaltiges und ganzheitliches Hilfsangebot verstanden, so ist neben der rechtlichen Ebene zur Lösung des sozioökonomischen Problems auch stets die psychosoziale Ebene mit dem Ziel einer dauerhaften Stabilisierung zu betrachten und zu bearbeiten.

Die Bearbeitung der rechtlichen Ebene wird durch das Fach- und Expertenwissen des Schuldnerberaters gewährleistet (im Sinne der Perspektive „Fall von"). Dieses umfasst nicht nur die Interventionen notwendiger Schuldnerschutzmaßnahmen, die die materielle Existenz des Schuldners sichern und als entlastend erlebt werden, sondern vor allem auch die Erarbeitung und Umsetzung einer langfristigen Entschuldungsstrategie zur Überwindung der Überschuldungssituation.

Gleichzeitig gilt es in der Schuldnerberatung aber auch, die psychosozialen Aspekte der Überschuldungssituation und deren Auswirkungen auf das vorhandene System des Ratsuchenden nicht aus dem Blick zu verlieren. Auch diese erfüllen regelmäßig die Anforderungen der oben genannten Krisendefinition. „Psychosozial meint in diesem Zusammenhang die Wechselwirkungen zwischen den mit einer Überschuldung verbundenen sozialen und finanziellen Belastungen und den psychischen Reaktionen der Betroffenen." (AGSBV 2018a, S. 11) Kennzeichnend sind Ängste, Aggression, Resignation, Verzweiflung. Typische Reaktion liegen darin, keine Post mehr zu öffnen oder angebotene Hilfe zurückzuweisen (Ansen 2018, S. 133). Überschuldungssituationen beruhen dabei oftmals auf sozialen und psychosozialen Problemen wie Krankheit, Suchtmittelabhängigkeit oder Scheidung (vgl. Ebli 2015, S. 57). In der Praxis der Schuldnerberatung ist regelmäßig zu beobachten, dass die Ratsuchenden von Hoffnungslosigkeit, (Vollstreckungs-)Druck, Angst und Scham geprägt sind, was depressive Verhaltensweisen oder Suchtverhalten auslösen kann (vgl. Just 1990, S. 41 f.). Der Umgang mit Geld und die daraus entstandenen Schulden sind weiterhin in der Gesellschaft ein Tabuthema, das sich in seiner Konsequenz auf den Betroffenen psychisch belastend auswirkt. Das (tatsächliche oder angenommene) Eingeständnis, mit Geld nicht umgehen zu können und die daraus resultierende fehlende Teilhabemöglichkeiten am gesellschaftlichen Leben beeinträchtigen das eigene Selbstwertgefühl und führen nicht selten zu Stresssituationen und zu massiven Schwierigkeiten in den familiären

Beziehungen (vgl. Schlag 2020, S. 32). Darüber hinaus fehlt es regelmäßig an einer zielgerichteten Lebensplanung, soziale Kontakte werden abgebrochen und Schuldner ziehen sich zurück, stecken sprichwörtlich den Kopf in den Sand (vgl. Just 1990, S. 41; Schlag 2020, S. 32). Die vorstehende Beschreibung ist im Sinne der Perspektive „Fall mit" von Belang.

3.3.2 Bedeutung für die Arbeit der Schuldnerberatung

Psychosoziale Beratung und Begleitung verfolgt das Ziel, die Ursachen und die daraus resultierenden psychosozialen Folgeprobleme der Überschuldung zu erkennen (Analyse und Diagnose) und zu bearbeiten (Intervention). Mit dieser Beschreibung ist keine Zuschreibung im Sinne einer „Schuld an den Schulden" gemeint. Eine Stabilisierung der psychosozialen Situation der Schuldner befähigt diese aber, „in ihrem Alltag mit den Schulden zurechtzukommen" (Schlag 2020, S. 34). Das Zurechtkommen im Alltag, sowohl hinsichtlich der Überschuldungssituation als auch auf der Ebene familiärer Beziehungen und im eigenen Umfeld, bildet die Grundlage für eine sich anschließende erfolgreiche Entschuldung. Eine emotionale und psychische Stabilisierung führt darüber hinaus auch zur Erarbeitung der Stärken und Fähigkeiten der Schuldner, die wiederum im weiteren Beratungsprozess positiv genutzt werden können (vgl. Schlag 2020, S. 35). Werden psychosoziale Aspekte, die sich negativ auf das eigene System des Schuldners auswirken, allerdings nicht erkannt und in der Folge auch nicht bearbeitet, sind die Aussichten auf eine gelingende Entschuldung gefährdet. „Ratsuchende sollen durch die Beratung in die Lage versetzt werden, im Kontext oder als Folge der Schulden auftretende psychosoziale Belastungen durch den Aufbau und die Erweiterung eigenständiger Handlungskompetenzen und / oder durch die Inanspruchnahme weitergehender Hilfeangebote zu bewältigen." (AGSBV 2018a, S. 8)

Psychosoziale Begleitung stellt folglich die Grundlage des gesamten Hilfeprozesses sozialer Schuldnerberatung dar, indem sie angepasst an die individuelle Lebenssituation der Schuldner eine Einordnung der vorhandenen Problematiken vornimmt, diese im Rahmen der Möglichkeiten von Schuldnerberatung bearbeitet und gegebenenfalls externe Hilfeangebote aufzeigt und an diese vermittelt. Ursachen werden herausgearbeitet und lösungsorientiert Handlungskompetenzen vermittelt, die eine psychosoziale Stabilisierung der Ratsuchenden ermöglichen.

3.3.3 Aktive Rolle des Ratsuchenden

Die Entscheidung, inwieweit tatsächlich eine Bearbeitung der erkannten Belastungen erfolgt, obliegt allerdings allein den Ratsuchenden, die auch im Bereich der psychosozialen Beratung „Herr des Verfahrens" sind und dieses aktiv mitgestalten müssen. Ein Aspekt psychosozialer Beratung ist der Blick auf den eigenen Anteil der Ratsuchenden, der die Entstehung der vorliegenden Überschuldungssituation begünstigt hat. Wird dieser nicht bearbeitet, ist die Wahrscheinlichkeit groß, dass sich nach einer erfolgreichen Entschuldung die Situation der erneuten Überschuldung wiederholt. Umso bedeutender ist es, gemeinsam in der Beratung die aus Sicht der Ratsuchenden ursächlichen Verhaltensweisen zu erkennen und zu analysieren, sodass hieraus idealerweise Verhaltensveränderungen für die Zukunft entwickeln werden können. Gründe können unter anderem die Verdrängung der Situation, eine eigene finanzielle Überschätzung oder das Bedürfnis nach gesellschaftlicher Anerkennung und Selbstwertsteigerung sein. Erfolgt diesbezüglich keine aktive Auseinandersetzung mit den Ursachen der Überschuldungssituation, ist davon auszugehen, dass auf die in den bisher erlebten Lebenssituationen bekannten Verhaltensmuster erneut zurückgegriffen wird. Können psychosoziale Problemlagen nicht im Rahmen der Schuldnerberatung bearbeitet und gelöst werden, so ist ein Verweis zur Bearbeitung dieser Problematik an das entsprechende Arbeitsfeld Sozialer Arbeit notwendig.

So ist zum Beispiel im Fall von akuter Suchtmittelabhängigkeit die vorhandene Problematik mit dem Schuldner zu thematisieren und an die entsprechende Suchtberatung als externes Hilfsangebot zu verweisen. Die Zusammenarbeit mit der Suchtberatung wirkt sich nicht nur stabilisierend auf den Umgang mit dem Suchtverhalten des Schuldners aus, sondern lässt langfristig die Entwicklung und Umsetzung eines tragfähigen Entschuldungskonzeptes zu, dass bei unbearbeiteter Suchtproblematik nicht realisierbar gewesen wäre. Eine in der Folge finanziell beständige Perspektive kann sich in seiner Wechselwirkung wiederum positiv auf das Rückfallrisiko des Schuldners auswirken (vgl. Schlag 2020, S. 35).

3.3.4 Anforderungen an die Beratung

Der gemeinsame Blick auf die Ursachen der Überschuldung, das Erkennen von psychosozialen Aspekten, die sich negativ auf die Entschuldungsstrategie auswirken, und eine nachhaltige Stabilisierung unter aktiver Mitwirkung der Schuldner benötigt nicht nur die Bereitschaft und das Verständnis der Schuldnerberater, sich der Thematik psychosozialer Beratung anzunehmen, sondern vor allem auch Zeit. Können psychosoziale Problemlagen nicht innerhalb der Schuldnerberatung bearbeitet werden und wird an weitergehende Hilfsangebote vermittelt, nimmt Schuldnerberatung regelmäßig eine begleitende Beratungsfunktion ein. Der Schuldner wird hinsichtlich des Lebens mit den Schulden bis zur erfolgreichen Bearbeitung der psychosozialen Problemlage begleitet. Flankierend zum externen Hilfsangebot wird weiterhin an der Sicherung der Existenz des Schuldners und seines familiären Systems gearbeitet, hinsichtlich kurzfristig notwendiger Schuldnerschutzmaßnahmen unterstützt und die Bearbeitung der psychosozialen Problemsituationen reflektierend begleitet.

Allerdings wird „das Sich-Zeit-nehmen" im Arbeitsfeld Schuldnerberatung regelmäßig als problematisch erlebt. Nicht nur die weiterhin steigende Nachfrage nach Schuldnerberatung und die daraus sich ergebenden Wartezeiten für Schuldner, sondern auch unterschiedliche Finanzierungsmodelle erhöhen den Druck auf die Schuldnerberater, sich zügig auf Entschuldungsvarianten und deren Umsetzung zu fokussieren. So sind Finanzierungen teilweise an die Anzahl jährlich zu bearbeitender Fälle, begrenzt finanzierte Beratungseinheiten pro Fall oder aber an das Erreichen von Ergebnissen wie zum Beispiel der Bescheinigung über das Scheitern eines außergerichtlichen Einigungsversuchs gekoppelt (→ S. 252). Entsprechende Rahmenbedingungen lösen einen Bearbeitungsdruck aus und verhindern die notwendige Betrachtung und Bearbeitung psychosozialer Ursachen von Überschuldung, die wie oben ausgeführt die Grundlage für eine nachhaltige Entschuldung darstellt.

Fall Rita:

Aus der Fallbeschreibung geht hervor, dass Rita an einer depressiven Störung leidet, die aktuell unbehandelt ist. Grundsätzlich ist im Rahmen des Beratungsprozesses auf die Erkrankung einzugehen und gemeinsam zu thematisieren, inwieweit dies Einfluss auf den familiären und beruflichen Lebensalltag hat. Darüber hinaus ist zu besprechen, ob Rita funktionierende Strukturen und Muster entwickelt hat, die ihr helfen, Phasen der Depression zu bewältigen. Insbesondere ist dies wichtig, falls eine Entschuldungsvariante umgesetzt werden soll. So könnte ein Arbeitsplatzverlust während eines Verbraucherinsolvenzverfahrens zu einer Obliegenheitspflichtverletzung führen, wenn in einer depressiven Phase der Antrieb fehlt, sich um eine Neuanstellung zu bemühen oder sich alternativ um eine Krankschreibung zu bemühen. Verfügt Rita über keine Handlungs- und Bewältigungsmuster, so wäre die Wiederaufnahme einer (ambulanten) Therapie zu besprechen und Rita zu bestärken, diesen Weg zu gehen. Erlebt Rita die Therapie als positiv wirkend, aber kräftezehrend, so ist aus Sicht der Schuldnerberatung zu prüfen, ob mit der Umsetzung einer Entschuldungsstrategie zugewartet werden kann, bis Rita sich bewusst auf die Umsetzung einlassen und ihre eigenen Stärken und Ressourcen einbringen kann.

Fall Katharina:

Aus Sicht der Schuldnerberatung ist Katharina ein besonderer Fall. Sie verdient gut, kauft Möbel und macht Luxusurlaub, um sich Träume und Wünsche zu erfüllen, aber auch um ihr Umfeld und ihre Freunde zu beeindrucken, Bestätigung zu erhalten und ihr Selbstwertgefühl zu steigern. Katharinas monatliches Bruttoeinkommen in Höhe von 4.016,11 = 2.500,00 EUR netto liegt zwar über dem Bundesdurchschnitt in Höhe von 3.994,00 EUR (vgl. bpb et al. 2021, S. 165), allerdings reicht dieses nicht aus, um ihre Ansprüche ohne eine wiederkehrende Neuverschuldung zu realisieren.

Vor Entwicklung einer nachhaltigen Entschuldungslösung ist im Rahmen des Beratungsprozesses gemeinsam die Überschuldungssituation zu thematisieren und zu eruieren, welche möglichen Gründe Katharinas zu einem Leben über den eigenen Möglichkeiten bewegen. Begleitend wäre hier der Fokus auf eine dauernde hauswirtschaftliche Beratung zu legen. Angesicht des Auftrags bestehen jedoch erhebliche Zweifel an der Umsetzbarkeit. Dies wäre klar zu kommunizieren. Inwieweit eine Veränderungsmotivation erarbeitet werden kann, ist abhängig von Katharinas Einsicht und Willen zur dauerhaften Veränderung. Gegebenenfalls ist wie auch bei Rita über die Installation eines externen Hilfeangebots in Form einer psychologischen Beratung nachzudenken. Sollte die Thematik in der Beratung nicht besprochen werden können oder besteht keine Änderungseinsicht Katharinas, so ist davon auszugehen, dass trotz einer sehr guten außergerichtlichen Entschuldungsperspektive eine Entschuldung sinnlos sein wird. Aufgrund des hohen pfändbaren Betrags gemäß § 850c ZPO i.H.v. 873,15 EUR werden neu eingegangene Verbindlichkeiten nicht beglichen werden können.

4. Zwangsvollstreckung und Maßnahmen des Schuldnerschutzes

Neben oder als Teil der existenzsichernden Maßnahmen kann auch ein Bedarf an einem rechtlichen Schuldnerschutz bestehen. Hierfür sollen zunächst die rechtlichen Grundlagen der Zwangsvollstreckung erschlossen, an die sich sodann Ausführungen zum Schuldnerschutz anschließen. Abschließend wird auf spezielle Verbindlichkeiten und deren Vollstreckung eingegangen.

4.1 Grundlagen der Zwangsvollstreckung

4.1.1 Grundlagen der zivilrechtlichen Zwangsvollstreckung

Zweck des Vollstreckungsverfahrens ist die Durchsetzung des materiellen Rechts mit staatlichem Zwang (Zöller/Seibel 2020, Vor § 704 ZPO Rn. 1). Dies wurde oben (→ S. 35) schon unter dem Begriff der Haftung angesprochen. Die Zweckbestimmung gilt sowohl für die zivilrechtliche Zwangsvollstreckung als auch für die Verwaltungsvollstreckung. Zu differenzieren ist

■ nach dem *materiell-rechtlichen Erkenntnisverfahren*, also dem Verfahren, in dem privat- oder öffentlich-rechtliche Ansprüche inhaltlich festgestellt werden, und

■ dem *formalen Vollstreckungsverfahren*, in dem die vorgenannte Entscheidung dann umgesetzt wird.

Aufgrund des Haftungsgedankens steht das Vollstreckungsrecht in wirksamer Abhängigkeit zum Verfassungsrecht.

Exkurs: Verfassung und Vollstreckung

Im Vollstreckungsverfahren streiten im Kern Grundrechte miteinander: Der Vollstreckungsgläubiger genießt den Schutz des Grundrechts aus Art. 14 Abs. 1 S. 2 GG (vgl. BVerfG 27.4.1988 – 1 BvR 549/87, BeckRS 9998, 57397; BGH 15.12.2005 – I ZB 63/05, BeckRS 2006, 2881 Rn. 10). Vollstreckungsmaßnahmen stellen jedoch Eingriffe in Grundrechte des Schuldners, beispielsweise aus Art. 2 Abs. 2 S. 2 [körperliche Bewegungsfreiheit], 12 Abs. 1 [Berufsfreiheit], 13 Abs. 1 [Unverletzlichkeit der Wohnung], 14 Abs. 1 [Eigentumsfreiheit] und 104 Abs. 1 [Freiheitsentziehung] GG dar (vgl. BVerfG 10.10.1978 – 1 BvR 475/78, BeckRS 9998, 105038; BGH 15.12.2005 – I ZB 63/05, BeckRS 2006, 2881 Rn. 11; 28.1.2010 – VII ZB 16/09, BeckRS 2010, 4260 Rn. 11); deswegen besteht auch Anspruch auf Vollstreckungsschutz.

Gläubigern ist freilich die Selbsthilfe untersagt. Träger der Vollstreckungsgewalt ist der Staat, der durch seine Vollstreckungsorgane öffentliche Gewalt ausübt und gegenüber den Verfahrensbeteiligten hoheitlich handelt (vgl. BVerfG 19.10.1982 – 1 BvL 55/80, BeckRS 1982, 106552). Auf der Grundlage des allgemeinen Justizgewährungsanspruchs nach Art. 2 Abs. 1 GG i.V.m. dem Rechtsstaatsprinzip (Art. 20 Abs. 3 GG) zugunsten des Gläubigers (vgl. BVerfG 27.4.1988 – 1 BvR 549/87, BeckRS 9998, 57397) und dem Grundrecht des effektiven Rechtsschutzes gegen staatliche Akte (Art. 19 Abs. 4 GG) zugunsten des Schuldners ist die Wirksamkeit des gerichtlichen Rechtsschutzes gewährleistet (vgl. BVerfG 10.10.1978 – 1 BvR 475/78, BeckRS 9998, 105038).

4.1.2 Grundlagen der Verwaltungsvollstreckung

Auch bei der Verwaltungsvollstreckung ist Anlass einer Zwangsvollstreckung eine bestehende, öffentlich-rechtliche Forderung des öffentlichen Gläubigers, deren Erfüllung Letzterer fordern kann. Dies verändert zum Teil die maßgeblichen Vorgaben, zum Teil (v.a. beim Vollstreckungsschutz) bleiben diese aber auch gleich.

Die Verwaltungsvollstreckung ist die zwangsweise Durchsetzung öffentlich-rechtlicher Ansprüche (auf Geldleistungen, Handlungen, Duldungen oder Unterlassungen) durch die Behörde selbst oder durch eine andere beauftragte Behörde in einem verwaltungseigenen Verfahren (vgl. Schütze/Roos 2020, § 66 Rn. 4 SGB X; instruktiv Becker 2018, S. 460 ff.). Anders ist bei privatrechtlichen Gläubigern steht diese Vollstreckung vor dem Hintergrund des Gebots der Wirtschaftlichkeit und Sparsamkeit der Verwaltung (§ 69 Abs. 2 SGB IV, § 6 HGrG, § 7 Abs. 1 S. 1 BHO).

Rechtsgrundlagen der Verwaltungsvollstreckung im Sozialrecht ist das VwVG des Bundes (§ 66 Abs. 1 S. 1 SGB X) für die dort genannten Behörden, für alle anderen Behörden die entsprechenden Bestimmungen des Landesrechts (§ 66 Abs. 3 SGB X). Es gilt der Grundsatz: Bundesbehörden vollstrecken nach Bundesrecht (§ 1 VwVG), Landesbehörden nach den Landesverwaltungsvollstreckungsgesetzen (vgl. Schütze/Roos 2020, § 66 SGB X Rn. 4 f. mit Übersicht). Die Vollstreckung wird entweder durch Vollziehungsbeamte der Hauptzollämter (§ 4 lit. b VwVG i.V.m. § 249 Abs. 1 S. 3 AO, § 1 Nr. 4 FVG) oder durch eigene Vollziehungsbeamte (v.a. im Landesrecht, bspw. § 6 Hess. VwVG) durchgeführt.

Weitere wichtige Vorschriften sowie Vollstreckungsbehörden für die Praxis der Schuldnerberatung sind bei

- Gerichtskostenforderungen: Gerichtskassen, Regelungen enthält das JBeitrG,
- Steuerforderungen: Vollstreckungsstelle des Finanzamtes oder Hauptzollämter, Regelungen enthalten die §§ 249 ff. AO.

Exkurs: Vollstreckungsschutz im Rahmen der öffentlichen Vollstreckung

Der Vollstreckungsschutz richtet sich nach allen Vollstreckungsregularien nach der ZPO. Dabei kommt es zu Verweisungsketten, wenn das VwVG (§ 5) auf die AO verweist, diese wiederum auf die ZPO (§ 319 AO). Auch das JBeitrG verweist in § 6 auf die Regelungen zum Pfändungsschutz nach der ZPO. Gleiches gilt für das entsprechende Landesrecht (beispielsweise §§ 34 Abs. 5, 55 Hess. VwVG).

Privatrechtlichen Gläubigern steht naturgemäß nur die zivilrechtliche Zwangsvollstreckung zur Verfügung. Öffentlich-rechtliche Gläubiger auf der Bundesebene können nach § 66 SGB X die Verwaltungsvollstreckung, nach dessen Abs. 4 aber auch die zivilrechtliche Zwangsvollstreckung nutzen. Einen Sonderfall der öffentlich-rechtlichen Forderungen stellen die straf- oder ordnungsrechtlich begründeten Forderungen dar, deren Vollstreckung sich nach eigenen Regelungen richtet (→ S. 132 ff.; → S. 135 ff.).

4.1.3 Voraussetzungen einer Zwangsvollstreckung

Die Vollstreckung setzt immer einen Vollstreckungstitel, die Vollstreckungsklausel sowie die Zustellung dieser Urkunde an den Schuldner (Muster des „gelben Umschlags" → S. 259) voraus (vgl. Homann et al. in Groth et al. 2021, PHSB T. 5 S. 3 ff.; Zöller/Seibel 2020, Vor § 704 ZPO Rn. 13 ff.).

▪ *Vollstreckungstitel:*

Zivilrechtliche Vollstreckungstitel sind das (End-)Urteil (§ 704 ZPO) und die in § 794 ZPO genannten Titel. Praktisch sehr relevant ist der Vollstreckungsbescheid (§ 699 ZPO), der auf dem Mahnbescheid (§ 692 ZPO) aufbaut (Muster des Vollstreckungsbescheides → S. 260). Hierbei handelt sich um eine schnelle, unkomplizierte und kostengünstige Möglichkeit der Titulierung (vgl. Maltry et al. in Groth et al. 2021, PHSB T. 3 S. 6c).

Als öffentlich-rechtlicher Vollstreckungstitel im Rahmen der Zwangsvollstreckung nach der ZPO kommt nur der wirksame, vollziehbare, aber nicht notwendig bestandskräftige Verwaltungsakt (Leistungsbescheid) selbst in Betracht (Becker 2018, S. 458).

▪ *Vollstreckungsklausel:*

Eine Ausfertigung des vollstreckbaren Titels (§ 704 ZPO) muss grundsätzlich mit der Vollstreckungsklausel (§ 724 ZPO) versehen sein, um eine Vollstreckung durchzuführen. Diese lautet (§ 725 ZPO): „Vorstehende Ausfertigung wird dem... (Gläubiger) zum Zwecke der Zwangsvollstreckung erteilt."

Dies gilt auch für öffentlich-rechtliche Vollstreckungstitel.

▪ *Zustellung:*

Der Vollstreckungstitel, in dem Gläubiger und Schuldner genau bezeichnet sein müssen, muss zuletzt spätestens mit Beginn der Vollstreckung dem Vollstreckungsschuldner zugestellt worden sein (§ 750 Abs. 1 S. 1 ZPO).

In der Verwaltungsvollstreckung besteht noch die regelhafte Verpflichtung zur Mahnung mit einer Zahlungsfrist von einer Woche (bspw. § 66 Abs. 4 S. 2 SGB X, § 3 Abs. 3 VwVG, § 259 S. 1 AO) vor der Vollstreckung.

Nach vollständiger Erfüllung besteht ein Anspruch des Schuldners auf Herausgabe des Vollstreckungstitels nach § 371 analog BGB gegen den Gläubiger (vgl. BGH 14.7.2008 – II ZR 132/07, BeckRS 2008 17803).

4.1.4 Zwangsvollstreckungsverfahren

▪ *Vollstreckungsauftrag*

Das Vollstreckungsverfahren beginnt mit dem Vollstreckungsauftrag (§§ 753, 754 ZPO) des Gläubigers, der „Herr des Zwangsvollstreckungsverfahrens" ist (vgl. Homann et al. in Groth et al. 2021, PHSB T. 5 S. 58l).

▪ *Abgabe der Vermögensauskunft als regelhafter Einstieg*

Der Gläubiger hat mit Erteilung des Auftrags die Wahl zwischen einem ersten Sachpfändungsversuch oder der Abgabe der Vermögensauskunft durch den

Schuldner. Letztere stellt den regelmäßigen Einstieg in die Zwangsvollstreckung dar. (→ S. 117 ff.)

■ *Weiteres Verfahren*

Erst nach Abgabe der Vermögensauskunft entscheidet der Vollstreckungsgläubiger, inwieweit weitere Vollstreckungsmaßnahmen gegen den Schuldner eingeleitet werden.

4.1.5 Gegenstände einer Vollstreckung

Die ZPO – und mit ihr auch alle anderen vollstreckungsrechtlichen Regelungen – unterscheiden dabei danach

weswegen und *worin*

vollstreckt wird.

Zu differenzieren ist daher zwischen der Zwangsvollstreckung

wegen Geldforderung (§§ 802a–882h ZPO)

und

wegen anderer Ansprüche (§§ 883–898 ZPO).

Bei den Geldforderungen richtet sich das Vollstreckungsverfahren und die Zuständigkeit des Vollstreckungsorgans nach dem Gegenstand der Vollstreckung:

■ bewegliches Vermögen (§§ 803–863, 872–882 ZPO), darunter
  – körperliche Sachen (§§ 808–827 ZPO) und
  – Forderungen und andere Vermögensrechte (§§ 828–863 ZPO);
■ unbewegliches Vermögen (§§ 864–871).

Gegenstand einer Zwangsvollstreckung sind in der Praxis zumeist Forderungen (§§ 803 ff. ZPO; Muster eines Pfändungs- und Überweisungsbeschlusses → S. 262 ff.). Hierunter fallen u.a. der Anspruch auf Arbeitslohn und Kontoguthaben (§§ 829 ff. ZPO) sowie Sozialleistungen (§ 54 SGB I).

Bei der Forderungspfändung greift der Gläubiger auf einen Anspruch seines Schuldners gegen den Drittschuldner zu, lässt sich von dem Drittschuldner das auszahlen, was eigentlich der Schuldner zu bekommen hätte. Damit wird seine Forderung gegen den Schuldner (teilweise) getilgt:

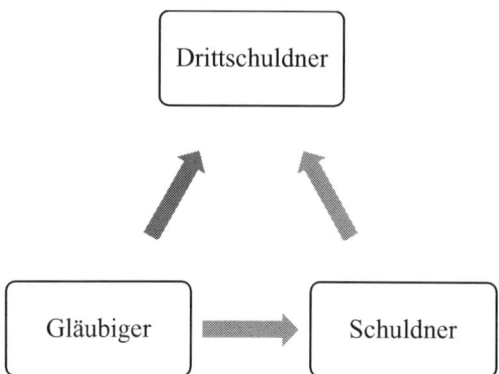

Abb. III.2: Forderungsvollstreckung, Quelle: eigene Darstellung

Exkurs: Vorpfändung

Ein in der Praxis sehr wirksames Vollstreckungsmittel ist die Vorpfändung (§ 845 ZPO, auch vorläufiges Zahlungsverbot). Diese greift, wie der Name schon sagt, vor der eigentlichen Pfändung. Das durch den Gerichtsvollzieher (§ 802a Abs. 2 S. 1 Nr. 5 ZPO) zugestellte Benachrichtigungsschreiben über die bevorstehende Pfändung bewirkt ein Zahlungsverbot für den Drittschuldner, der Schuldner kommt nicht an sein Geld. Diese Wirkung bleibt für einen Monat bestehen. In dieser Zeit soll die wirkliche Pfändung dann erfolgen. (Muster Vorpfändung → S. 261) In der Praxis erfolgt dies oftmals nicht, weil der Schuldner schon allein aufgrund der Vorpfändung zu einem Handeln gezwungen war (vgl. Hergenröder 2021, S. 101 ff.).

Daneben ist auch die Vollstreckung in bewegliche und unbewegliche Sachen möglich. Die Pfändung beweglicher Sachen (siehe Zimmermann et al. in Groth et al. 2021, PHSB T. 5 S. 8 ff.) geschieht mittels Inbesitznahme durch den Gerichtsvollzieher (§§ 808 ff. ZPO) und Versteigerung (§§ 814 ff. ZPO) oder eine andere Verwertungsart (§§ 821–825 ZPO). Die Vollstreckung in unbewegliche Sachen erfolgt durch Eintragung einer Sicherungshypothek, Zwangsversteigerung oder Zwangsverwaltung (§ 866 ZPO). Die Einzelheiten zu Zwangsversteigerung oder Zwangsverwaltung richten sich nach dem ZVG (§ 869 ZPO).

4.2 Vollstreckungsschutz

Die Regelungen des Vollstreckungsschutzes dienen dem Schutz des Schuldners aus sozialen Gründen im öffentlichen Interesse (vgl. BGH 20.11.1997 – IX ZR 136/97, BeckRS 1997, 30003300 Rn. 17). Nach allgemeiner Meinung haben die Pfändungsverbote ihre Grundlage im Sozialstaatsprinzip (Art. 20 und 28 GG) und im Schutz der Menschenwürde des Art. 1 GG und der freien Entfaltung der Persönlichkeit des Art. 2 GG (vgl. BFH 30.1.1990 – VII R 97/89, BeckRS 1990, 22009347; BGH 16.6.2011 – VII ZB 114/09, BeckRS 2011, 19049 Rn. 10). Aufgrund dieser verfassungsrechtlichen Vorgaben ist der Staat auch gehalten, jedem die Führung eines Lebens zu ermöglichen, das der Würde des Menschen entspricht (vgl. auch § 1 SGB XII). „Dem Schuldner und seinen Familienangehörigen soll durch sie die wirtschaftliche Existenz erhalten werden, um – unabhängig von der Sozialhilfe – ein bescheidenes, der Würde des Menschen entsprechendes Leben führen zu können." (vgl. BGH 16.6.2011 – VII ZB 114/09, BeckRS 2011, 19049 Rn. 10)

Exkurs: Pfändungsschutz und Sozialleistungen

Mithin besteht ein Zusammenhang zwischen Pfändungsverboten und der Sozialhilfe i.w.S.: Um zu vermeiden, dass die Pfändung zulasten öffentlicher Mittel erfolgt, dürfen dem Schuldner bei der Zwangsvollstreckung keine Gegenstände entzogen werden, die ihm der Staat aus sozialen Gründen mit Leistungen der Sozialhilfe (SGB XII) oder Grundsicherung für Arbeitsuchende (SGB II) wieder zur Verfügung stellen müsste. Der Erfüllung der staatlichen Verpflichtung dienen auf der einen Seite die Pfändungsbeschränkungen, die eine Kahlpfändung verbieten und sicherstellen, dass dem Vollstreckungsschuldner das zur Führung eines menschenwürdigen Lebens nötige Existenzminimum nicht weggenommen wird. Auf der anderen Seite kommt der Staat seiner Verpflichtung dadurch nach, dass er denjenigen, die aus eigener Kraft oder mit eigenen Mitteln ihren Lebensunterhalt nicht oder nicht ausreichend bestreiten können, einen Anspruch auf Grundsicherungsleistungen gewährt.

4.2.1 Schutz vor Vollstreckungs- und Pfändungsmaßnahmen in der Schuldnerberatung

Krisenintervention zur Sicherung und Stabilisierung der Lebenssituation der Ratsuchenden ist eine Kernaufgabe von Sozialer Schuldnerberatung. Eine vergleichbare Bedeutung ist dem Tätigkeitsbereich des Vollstreckungs- und Pfändungsschutzes zuzumessen. (→ S. 94 ff.) Ratsuchende sehen sich in ihrer Überschuldungssituation regelmäßig mit den einschneidenden Konsequenzen der Zwangsvollstreckungsmaßnahmen konfrontiert. Diese einzuordnen, zu bewerten und passgenaue Hilfestellung zu leisten, sich gegen Vollstreckungsmaßnahmen im Rahmen der zur Verfügung stehenden Rechtsbehelfe und Schutzanträgen zur Wehr zu setzen, ist originäre Aufgabe von Schuldnerberatung. Ratsuchende verfügen regelmäßig nicht über das Wissen, dass sich alle Beteiligten in der Zwangsvollstreckung, also nicht nur die Gläubiger, sondern insbesondere auch die Schuldner, gegen Vollstreckungsmaßnahmen wehren können (vgl. Westerath/Franken 2011, S. 298). Zwar verfolgen die Regelung zum Schuldnerschutz lediglich den Zweck, die Schuldner „am Leben zu lassen", allerdings soll auch gleichzeitig verhindert werden, dass der Schuldner durch eine „Kahlpfändung" sein sozialhilferechtliches Existenzminimum nicht mehr sichern kann und von sozialen Transferleistungen abhängig wird (vgl. Neuenfeldt 1998, S. 101). In der Beratungspraxis zeigt sich, dass viele Ratsuchende ob des Drucks und der Vollstreckungsmaßnahmen resigniert haben und gegen diese Maßnahmen nicht mehr – auch mangels geeigneten Wissens – vorgehen. Dies gilt es zu verhindern. Die Folge wäre ansonsten ein Motivationsverlust, einen Weg aus der Überschuldungssituation zu finden.

Im Beratungskontext ist somit zu verdeutlichen, dass die Ratsuchenden den Zwangsvollstreckungsmaßnahmen nicht schutzlos ausgeliefert sind, sondern verschiedene Rechtsbehelfe bestehen, die eingelegt werden können. Bedauerlicherweise existieren gemäß der Zivilprozessordnung außer in der Erstellung der Bescheinigung nach § 903 ZPO über die auf einem Pfändungsschutzkonto keine weiteren Möglichkeiten, aktive Vollstreckungsschutzmaßnahmen umzusetzen. Die Intervention als Reaktion im Rahmen von Rechtsbehelfen zum Vollstreckungsschutz setzt folglich immer eine Aktion des Gläubigers voraus. Ratsuchende sind im Rahmen der Beratung zu sensibilisieren, dass es Schutzvorschriften gibt und gegen die oft als übermächtig empfunden Gläubiger vorgegangen werden kann. Die Schuldnerberatung ist durch die Ratsuchenden bei erfolgten Vollstreckungsmaßnahmen möglichst zeitnah zu informieren.

4.2.2 Überblick über Regelungen des Schuldnerschutzes

Zentral im Vollstreckungsschutzrecht ist der weitgehende Schutz des Arbeitseinkommens (zum Begriff § 850 Abs. 2 ZPO) nach den §§ 850 ff. ZPO (vgl. die Kommentierung zu §§ 850–850i ZPO in Henning/Deppe).

- Hiernach besteht für den Schuldner ein pfändungsfreier Betrag bei Arbeitseinkommen und anderen Bezügen. Innerhalb der Pfändbarkeitsvorgaben ist zu differenzieren. Es gibt unpfändbares Arbeitseinkommen (§ 850a ZPO), bedingt pfändbare Bezüge (§ 850b ZPO) und dem Grunde nach voll pfändbares Arbeitseinkommen (§ 850c ZPO).
- Der Pfändungsschutz wird über § 850i ZPO noch auf sonstige Einkünfte, die kein Arbeitseinkommen sind, erweitert.
- Gleiches gilt mit Blick auf § 851b ZPO bei Mieteinkünften und nach §§ 851c und 851d ZPO für bestimmte Formen der privaten Altersvorsorge.
- Pfändungsschutz bei einmaligen oder laufenden Geldleistungen nach dem SGB regelt § 54 SGB I (vgl. Henning/Rein 2021, § 54 SGB I). Einmalige Geldleistungen sind danach im Rahmen der Billigkeit pfändbar (Abs. 2), laufende Geldleistungen wie Arbeitseinkommen (Abs. 4), bestimmte Geldleistungen sind unpfandbar (Abs. 3).

3. Zu den unpfändbaren Bezügen i.S.d. § 850a ZPO zählen beispielsweise die Hälfte der Vergütung für Mehrarbeit (Nr. 1), das Urlaubsgeld im Rahmen des Üblichen (Nr. 2), Aufwandsentschädigungen u.Ä. (Nr. 3) oder das Weihnachtsgeld (Nr. 4, bis zur Hälfte des unpfändbaren Grundbetrags, derzeit ca. 630,00 EUR). Mit dem Pfändungsschutz soll auch die Motivation eines Schuldners gestärkt werden (BGH 26.6.2014 – IX ZB 87/13, BeckRS 2014, 14133 Rn. 8). Bedingt pfändbare Bezüge sind sodann in § 850b ZPO aufgeführt. Dies sind beispielsweise Renten wegen Verletzung des Körpers oder der Gesundheit nach § 843 BGB, § 8 HaftpflG, § 13 StVG, vertragliche Berufsunfähigkeitsversicherungen (BGH 3.12. 2009 – IX ZR 189/08, BeckRS 2010, 1085), nicht aber Renten nach den sozialversicherungsrechtlichen Grundlagen und dem BVG (für diese gilt § 54 SGB I). § 850b Abs. 1 Nr. 2 ZPO erfasst sämtliche familienrechtlichen Unterhaltsansprüche (bspw. § 1601, 1615 BGB, soweit auf Gesetz beruhend: BGH 29.5.2002 – XII ZR 263/00, BeckRS 2002, 5755), zudem erbrechtliche Unterhaltsansprüche (§§ 1963, 2141, 1969 BGB). Erfasst sind auch einmalig zu zahlende Unterhaltsbe-

träge (BGH 29.5.2002 – XII ZR 263/00, BeckRS 2002, 5755). Die Pfändbarkeit bestimmt sich dann nach § 850b Abs. 2 ZPO. Danach können diese Bezüge wie Arbeitseinkommen gepfändet werden, wenn dies nach Anhörung der Beteiligten der Billigkeit entspricht.

4. Fallen Bezüge nicht unter die Vorschriften der §§ 850a, 850b und 850i ZPO, dann sind sie unter Berücksichtigung der Pfändungsfreigrenzen nach § 850c ZPO pfändbar. Die Pfändungsfreigrenzen werden im jährlichen Rhythmus jeweils zum 1.7. eines Jahres angepasst (§ 850c Abs. 4 ZPO i.V.m. der Bekanntmachung zu den Pfändungsfreigrenzen nach § 850c der Zivilprozessordnung, zul. v. 10.5.2021, BGBl. I 1099, sog. Pfändungstabelle). Nach § 850c Abs. 1 ZPO besteht derzeit für den Schuldner ein monatlicher Freibetrag i.H.v. 1.252,64 EUR. Der Freibetrag erhöht sich bei der *tatsächlichen* Gewährung von Unterhalt aufgrund *gesetzlicher* Unterhaltspflicht (BGH 19.10.2017 – IX ZB 100/16, BeckRS 2017, 129850) um 471,44 EUR für die erste Person und um 262,65 EUR für die zweite bis fünfte Person. Die pfändbaren Beträge lassen sich leicht der im Anhang der jeweiligen Pfändungsfreigrenzenbekanntmachung erlassenen Pfändungstabelle entnehmen.

5. Vollstreckungsschutz besteht zuletzt auch für bestimmte Sachen des Schuldners. Nach dem jüngst novellierten § 811 ZPO werden zunächst Gegenstände zur bescheidenen Lebensführung, zur Ausübung einer Erwerbstätigkeit, aus gesundheitlichen Gründen oder zur Ausübung einer Religion oder Weltanschauung, bestimmte Unterlagen, Bargeld in begrenzter Höhe und Tiere von der Pfändung ausgenommen. Dies gilt für den Schuldner und die mit ihm in einem Haushalt lebenden Personen. Teilweise lässt § 811a ZPO dann die Austauschpfändung für eigentlich unpfändbare Sachen zu (beispielsweise die goldene Armbanduhr). Damit erhält der Gerichtsvollzieher nach Entscheidung des Vollstreckungsgerichts die Möglichkeit, eine solche Sache zu pfänden, wenn dem Schuldner vorher ein Ersatzstück (eine einfache Armbanduhr), welches dem Verwendungszweck genügt, oder den entsprechenden Geldbetrag überlässt (→ S. 121).

4.2.3 Rechtsbehelfe als Interventionen

Maßnahmen der Vollstreckungsabwehr oder -gegenwehr können geprüft und notwendige Intervention kurzfristig mit den Ratsuchenden umgesetzt werden. Folgende Rechtsbehelfe sollten Schuldnerberater kennen und angepasst auf die individuelle Situation der Ratsuchenden anwenden können. Gegebenenfalls ist aus Sicht der Schuldnerberatung auch zu prüfen, inwieweit der Schuldner an einen Rechtsanwalt verwiesen werden kann.

Tab. III.4: Rechtsbehelfe in der Zwangsvollstreckung, Quelle: eigene Darstellung

Schutzbedürfnis	Rechtsbehelf als „Schutzschild"	Rechts- norm	gewöhnliche An- tragsfrist
Das WIE der Voll- streckungshandlung wird beanstandet.	Erinnerung gegen Art und Weise der Zwangs- vollstreckung	§ 766 ZPO	fristlos (solange die Pfändungsmaß- nahme andauert)
Eine Vollstreckungs- entscheidung als sol- che wird beanstan- det.	Sofortige Beschwerde (gegen Entscheidungen des Vollstreckungsge- richts oder des Rechts- pflegers)	§ 793 ZPO	Zwei Wochen
Die Forderung darf nicht vollstreckt wer- den.	Vollstreckungsabwehr- klage	§ 767 ZPO	fristlos, solange die Pfändungsmaß- nahme andauert
Der Vollstreckungs- gegenstand gehört einer dritten Person.	Drittwiderspruchsklage	§ 771 ZPO	fristlos, solange die Pfändungsmaß- nahme andauert
Die Vollstreckung be- deutet eine besondere Härte für den Schuld- ner.	Vollstreckungsschutz in Härtefällen	§ 765a ZPO	fristlos, solange die Pfändungsmaß- nahme andauert
Vollstreckungsschutzvorschriften werden nur auf Antrag angewendet! Eine einst- weilige Anordnung muss zusätzlich beantragt werden, da Rechtsbehelfe grund- sätzlich die Zwangsvollstreckung nicht hindern!			

Es gilt im Einzelnen:

■ **Erinnerung (§ 766 ZPO)**

Gegen die Art und Weise einzelner Zwangsvollstreckungsmaßnahmen kann Er- innerung eingelegt werden. Hierbei ist zu beachten, dass die Vollstreckungserin- nerung nicht gegen den eigentlichen Anspruch erhoben werden kann, sondern eine Überprüfung des Vorgehens erfolgt. Die Erinnerung wird beim zuständigen Vollstreckungsgericht (am Wohnort des Schuldners) eingelegt und ist anwend- bar in folgenden Fallkonstellationen:

– gegen den Gerichtsvollzieher, wenn dieser bei der Pfändung beweglicher Sachen gegen Verfahrensvorschriften verstoßen hat (z.B. §§ 803, 811 [un- pfändbare Gegenstände], 812 [Hausrat], 816 ZPO). Der Antrag ist form- und fristlos beim Vollstreckungsgericht zu stellen.

– Gegen alle Vollstreckungsmaßnahmen, die ein Rechtspfleger ohne Anhörung des Schuldners veranlasst (z.B. Erlass eines Pfändungs- und Überweisungsbe- schlusses gemäß §§ 834, 850, 850d ZPO, Vorpfändung, § 845 ZPO). Der Antrag ist form- und fristlos beim Vollstreckungsgericht zu stellen, solange die Pfändungsmaßname andauert.

Abhilfe des Rechtsbehelfs erfolgt durch das Vollstreckungsorgan. Hilft dieses nicht ab, ergeht die Entscheidung durch den Richter in derselben Instanz. Mit dem Antrag auf Erinnerung, der nicht in Schriftform, sondern auch mündlich zu Protokoll der Geschäftsstelle des Vollstreckungsgerichtes gestellt werden kann, besteht gleichzeitig die Möglichkeit gemäß § 732 Abs. 2 ZPO die einstweilige Einstellung der Zwangsvollstreckungsmaßnahme zu beantragen. Die Entscheidung ist mit der sofortigen Beschwerde (§ 793 ZPO) anfechtbar.

■ **Sofortige Beschwerde (§ 793 ZPO)**

Gegen die Entscheidungen des Vollstreckungsgerichts beziehungsweise des Rechtspflegers kann sowohl der Schuldner als auch der Gläubiger die sofortige Beschwerde gemäß § 793 ZPO einlegen.

Anwendbar ist die sofortige Beschwerde:

– gegen Entscheidungen im Rahmen der Zwangsvollstreckung,
– gegen einen Beschluss nach § 766 ZPO und
– gegen alle Entscheidungen des Rechtspflegers, denen eine Anhörung des Schuldners tatsächlich vorausgegangen ist.

Im Gegensatz zur Erinnerung nach § 766 ZPO ist die sofortige Beschwerde in schriftlicher Form oder zu Protokoll der Geschäftsstelle binnen einer Notfrist von zwei Wochen (§ 569 ZPO) nach Zustellung der Entscheidung einzulegen. Helfen weder Rechtspfleger noch Richter ab, entscheidet das Landgericht. Mit dem Antrag auf sofortige Beschwerde ist gleichzeitig ein Antrag gemäß § 570 Abs. 3 ZPO auf Aussetzung des Vollzugs der angefochtenen Entscheidung zu stellen. Die erfolgreiche Beschwerde ist für den Schuldner gerichtskostenfrei.

■ **Vollstreckungsabwehrklage (§ 767 ZPO)**

Die Vollstreckungsabwehrklage (auch: Vollstreckungsgegenklage) ist einzulegen, wenn seitens des Schuldners Einwendungen geltend gemacht werden, die den eigentlichen Anspruch des Gläubigers selbst betreffen und eben nicht in der Zwangsvollstreckung begründet sind (Musielak/Lackmann 2022, § 767 ZPO Rn. 1). Die Vollstreckungsabwehrklage ist in der Regel nur dann zulässig, wenn die Einwendungen auf Gründen bestehen, die erst nach der Titulierung entstanden sind und kein Einspruch mehr geltend gemacht werden kann. Der Einwand, die Forderung habe niemals bestanden, kann dann nicht mehr geführt werden.

Anwendbar ist die Vollstreckungsabwehrklage, wenn

– die Forderung bezahlt wurde,
– die Forderung verjährt ist,
– die Forderung nachweislich erlassen wurde,
– die Forderung gestundet ist oder
– von der Restschuldbefreiung gemäß § 301 InsO umfasst ist.

Mit der Erhebung der Vollstreckungsabwehrklage beim zuständigen Prozessgericht, also beim Gericht, welches für die Titulierung zuständig war (Musielak/Lackmann 2022, § 767 ZPO Rn. 17), ist eine einstweilige Einstellung der Zwangsvollstreckungsmaßnahme gemäß § 769 ZPO zu beantragen.

■ Drittwiderspruchsklage (§ 771 ZPO)

Die Drittwiderspruchsklage ist immer dann anzuwenden, wenn ein Gegenstand durch den Gläubiger gepfändet wird, der einer dritten Person gehört. Es muss also am gepfändeten Gegenstand ein „die Veräußerung hinderndes Recht" bestehen.

Exkurs: Dritte und Vollstreckung

In der Beratungspraxis kommt es immer wieder vor, dass Gegenstände im Haushalt des Schuldners gepfändet werden sollen, die sich allerdings nicht im Eigentum des Schuldners befinden (beispielsweise das Klavier, das der Ehefrau gehört). Gleiches gilt für Gegenstände, die der Schuldner unter Eigentumsvorbehalt vom Verkäufer erworben hat. Der gekaufte Gegenstand (zum Beispiel finanzierter TV aus dem Elektronikmarkt) verbleibt bis zur vollständigen Bezahlung im Eigentum des Verkäufers.

Wird ein entsprechender Gegenstand gepfändet, muss der Eigentümer die Drittwiderspruchsklage erheben, nachdem er den Pfändungsgläubiger vergebens zur Herausgabe aufgefordert hat. Gleichzeitig ist die einstweilige Einstellung der Zwangsvollstreckungsmaßnahme gemäß § 769 ZPO zu beantragen. Dritte können auch der Ehegatte oder die Lebensgefährtin des Schuldners sein. Ratsuchende sollten auf die Notwendigkeit hingewiesen werden, dass insbesondere im Rahmen der Pfändung von körperlichen Sachen durch den Gerichtsvollzieher für werthaltige Gegenstände, die sich im Schuldnerhaushalt befinden, schon bei Besuch des Gerichtsvollziehers der entsprechende Eigentumsnachweis geführt werden sollte (beispielsweise durch eine Inventarliste, der die entsprechenden Kaufbelege und Rechnungen beigefügt sind, Kaufverträge des Dritten oder dem Nachweis, dass für den entsprechenden Gegenstand ein Eigentumsvorbehalt eines Dritten besteht).

■ Vollstreckungsschutz in Härtefällen (§ 765a ZPO)

Der Antrag auf Vollstreckungsschutz in Härtefällen ist kein Rechtsmittel, sondern stellt eine Schuldnerschutzvorschrift dar, die als Ausnahmevorschrift in der Beratung Berücksichtigung findet. Der Antrag nach § 765a ZPO ist hier zu erwähnen, da er als „letzter Rettungsanker" bei den Ratsuchenden durchaus eine gewisse Bekanntheit hat. Zwar thematisieren Ratsuchende den Antrag nach § 765a ZPO immer wieder im Beratungskontext als lapidare Möglichkeit die Zwangsvollstreckungsmaßnahme aufzuheben, allerdings kommt dieser Antrag nur in absolut außergewöhnlichen Fallkonstellationen zur Anwendung. (vgl. Homann et al. in Groth et al. 2021, PHSB T. 5 S. 64).

Anzuwenden ist § 765a ZPO nur dann, wenn im Einzelfall das Vorgehen des Gläubigers nach Abwägung der beiderseitigen Belange (dem berechtigten Interesse des Gläubigers und dem Schutzbedürfnis des Schuldners) zu einem untragbaren Ergebnis führen würde. Der Richter hat hier beispielsweise unter Würdigung der Gesamtumstände zu entscheiden, ob das Leben des Schuldners einer tatsächlichen Gefahr unterliegt und ob diese Gefährdung des Schuldners durch die Einstellung der Zwangsvollstreckung behoben werden kann. Der Antrag ist abzulehnen, wenn die Gefahr anderweitig z.B. durch stationäre Unterbringung beseitigt werden kann. Der Gesetzgeber stellt mit der restriktiven Fassung der Vorschrift klar, dass nicht jede Vollstreckungsmaßnahme, die aus Sicht des Schuldners für diesen eine unbillige Härte bedeutet, die Anwendung der Härtefallklausel rechtfertigt. Die Vollstreckung soll erst an der Grenze der Sittenwidrigkeit haltmachen (vgl. Schwengers et al. 2021, § 17 Rn. 216). Trotz der hohen Anforderungen muss der Schutzvorschrift weiterhin in der Beratung Beachtung geschenkt werden. Wird in deren Rahmen deutlich, dass „in wichtige, grundrechtlich geschützte Positionen des Schuldners unverhältnismäßig eingegriffen würde (ebd., T. 5 S. 64), so zielt der Härtefallantrag auf die (einstweilige) Einstellung der Vollstreckung durch das Vollstreckungsgericht ab.

In der Rechtsprechung findet die Vorschrift des § 765a ZPO mehrheitlich beim Schutz vor der Räumung der eigenen Wohnung Anwendung (→ S. 98 f.). Zu nennen sind hier Konstellationen im Zusammenhang

– mit schwerstkranken und / oder pflegebedürftigen Haushaltsangehörigen,

– schwangeren Frauen, deren Entbindung kurz bevorsteht, und vor allem in

– Situationen, in denen der Schuldner die Gefahr eines Suizids vorträgt.

„Es ist in der Praxis ein offenes Geheimnis, dass beim Härtegrund „Selbstmord“ die Gefahr einer Instrumentalisierung – also eines Vorschiebens einer angeblichen suizidalen Absicht zwecks Vereitelung der Räumungsvollstreckung – besonders groß ist (Schmidt-Futterer/Lehmann-Richter 2022, § 765a ZPO Rn. 16). Unter Abwägung der beiderseitigen Interessen hat die Rechtsprechung für eine Anordnung nach § 765a ZPO zwei Kriterien entwickelt, die im Folgenden die restriktive Auslegung der Schuldnerschutzvorschrift verdeutlichen:

– konkrete Gefahr der Selbsttötung und

– Verhältnismäßigkeitsgrundsatz bei der Wahl der Rechtsfolge.

Die konkrete Gefahr der Selbsttötung muss durch die Räumung ernsthaft zu befürchten sein. Kommt das Gericht unter Würdigung des Sachvortrags der Parteien zu dem Ergebnis, dass der Vortrag des Schuldners schlüssig ist, so ist regelmäßig ein Sachverständigengutachten einzuholen, um die Entscheidung des Gerichts zu untermauern (vgl. Schmidt-Futterer/Lehmann-Richter 2022, § 765a ZPO Rn. 18). Besteht nach Überzeugung des Richters eine konkrete Suizidgefahr des Schuldners, zieht dies nicht automatisch die endgültige Einstellung der Zwangsräumung nach sich. Vielmehr ist zu prüfen, inwieweit durch alternative Mittel eine vorübergehende Einstellung der Räumungsvollstreckung erreicht werden kann. Mit gleichzeitiger befristeter Einstellung der Räumungsvollstreckung kann das Gericht beispielsweise dem Schuldner die Gelegenheit geben, ärztliche oder therapeutische Hilfe in Anspruch zu nehmen und / oder sich in eine stationäre Einrichtung einzuweisen. Wird der Auflage seitens des Schuldners keine Folge geleistet, so ist die Unterbringung des suizidgefährdeten Schuldners in Betracht zu ziehen. Die entsprechende Unterbringung kann bei der zuständigen Behörde (bspw. nach §§ 9, 16 des PsychKHG Hessen) beziehungsweise dem Betreuungsgericht (§ 1906 BGB) angeregt werden. Kann in der Folge die Maßnahme erfolgreich umgesetzt werden, so ist die Zwangsvollstreckung im Regelfall fortzusetzen.

Die Beratungspraxis hat im Umgang mit § 765a ZPO auf Grundlage der Fallinformationen und Beobachtungen des Verhaltens des Ratsuchenden abzuwägen, inwieweit durch die vorliegende Vollstreckung unverhältnismäßig in die Position des Schuldners eingegriffen wird und ein Härtefallantrag zu formulieren ist. Wie am Beispiel der Räumungsvollstreckung ausgeführt, wird ein Beschluss, soweit dieser dem Antrag des Schuldners folgt voraussichtlich keine endgültige Einstellung der Vollstreckung erzielen. § 765a ZPO ist hier kein Allheilmittel. Darüber hinaus findet § 765a ZPO in seinen engen Grenzen im Bereich des Schuldnerschutzes bei Sachpfändungen und sehr selten im Bereich der Kontopfändungen Anwendung (vgl. Homann et al. in Groth et al. 2021, PHSB T. 5 S. 65 f.).

4.2.4 Gerichtsvollzieher als Vollstreckungsorgan

„Viele überschuldete Menschen wähnen sich in der vielzitierten ‚Schuldenfalle' und fühlen sich dem Drängen der Gläubiger, den Vollstreckungsversuchen durch Gerichtsvollzieher oder Konten- und Gehaltspfändungen hilflos ausgeliefert." (Langenbahn 2012, S. 33) So ist es nicht überraschend, dass Auslöser vieler Kontaktaufnahmen zur Schuldnerberatung nicht die aus fachlicher Sicht existenzbedrohenden Miet- oder Energieschulden sind, sondern die Angst vor dem Besuch des Gerichtsvollziehers. Mit diesem wird die Befürchtung verbunden, wegen der Schulden in Haft zu müssen. Dass dem nicht so ist – bis auf eine Ausnahme, die aber durch Beratung erfahrungsgemäß verhindert wird –, kann Schuldnerberatung schon im ersten Beratungskontakt vermitteln. Zwar können einige Ratsuchende hier auf bisherige Erfahrungen im Kontakt mit dem Gerichtsvollzieher zurückgreifen und sehen einem erneuten Besuch eher entspannt entgegen. Allerdings muss das Thema „Umgang mit dem Gerichtsvollzieher" im Rahmen der Beratung immer angesprochen werden, um eventuell bestehende Ängste oder Irrglauben (beispielsweise die Inhaftierung oder Pfändung auch noch der letzten eigenen Sachen) zu thematisieren und auszuräumen. Gelingt dies im Beratungskontext und wird der Gerichtsvollziehertermin erfolgreich absolviert, stärkt dies nicht nur die Beratungsbeziehung, sondern insbesondere das Vertrauen der Ratsuchenden in ihre eigenen Handlungen und Umgang mit bestehenden Ängsten und Sorgen. Die Ratsuchenden haben sich einen eigenen ersten Beratungserfolg erarbeitet und sehen, dass durch die bestehenden Schuldnerschutzvorschriften ihnen trotz der Überschuldung und des Gläubigerdrucks ein Leben im Rahmen einer bescheidenen Lebensführung verbleibt.

4.2.3.1 Aufgaben des Gerichtsvollziehers

Die Aufgaben des Gerichtsvollziehers sind vielfältig. § 802a ZPO regelt allgemein die Befugnisse des Gerichtsvollziehers. Die bundeseinheitliche Geschäftsanweisung für Gerichtsvollzieher (GVGA) regelt dann im Detail, welche Dienstverrichtungen dem Gerichtsvollzieher obliegen und welches Verfahren er dabei zu beachten hat (§ 1 GVGA). Gerichtsvollzieher sind Beamte der Justiz (§ 154 GVG). Sie führen Zustellungen, Ladungen und Vollstreckungen durch.

Voraussetzung für alle Vollstreckungshandlungen ist der konkrete Auftrag des Gläubigers im Vollstreckungsauftrag (§ 754 ZPO). Als Gerichtsvollzieher am Wohnsitz des Ratsuchenden ist dieser vor allem zuständig für die Vollstreckung im Rahmen einer Sachpfändung. Diese beinhaltet die Zwangsvollstreckung in bewegliche Sachen (§§ 803–863 ZPO) des Schuldners wegen einer gegen diesen bestehenden Geldforderung. Beauftragt der Gläubiger den Sachpfändungsversuch (§ 808 ZPO), verschafft sich der Gerichtsvollzieher persönlich in der Wohnung des Schuldners einen Überblick über dessen Lebensverhältnisse. Sachpfändungen kommen in der Praxis kaum noch vor, da deren Verwertung meist nicht möglich ist oder finanziell lohnt (Musielak/Flockenhaus 2022, § 808 ZPO Rn. 1).

Mit der Vollstreckung soll der Gerichtvollzieher das Ziel verfolgen, auf eine zügige, vollständige und Kosten sparende Beitreibung von Geldforderungen hinzuwirken (§ 802a Abs. 1 ZPO). Neben der Pfändung und Verwertung körperlicher Sachen sind die weiteren Aufgaben,

- *eine gütliche Erledigung der Sache (§ 802b) zu versuchen:*
  Der Gerichtsvollzieher übernimmt, soweit der Schuldner zahlungsfähig und zahlungswillig ist, die Rolle der Vergleichsvermittlung. Ratenzahlungen können vereinbart werden, soweit diese die zu vollstreckende Forderung regelmäßig binnen eines Zeitraums von zwölf Monaten tilgt, und bewirken einen Vollstreckungsaufschub. Der Gläubiger wird unverzüglich über den vereinbarten Ratenplan unterrichtet und kann diesem widersprechen. Ist der Schuldner mit der Zahlung der vereinbarten Rate ganz oder teilweise länger als zwei Wochen im Verzug, entfällt der Vollstreckungsaufschub, der Zahlungsplan ist hinfällig.

- *eine Vermögensauskunft des Schuldners (§ 802c) einzuholen:*
  Die Abgabe der Vermögensauskunft (zum Inhalt: → S. 119) dient als Hilfsmittel zur Durchführung der Zwangsvollstreckung. Sollte der Schuldner innerhalb der letzten zwei Jahre schon eine Vermögensauskunft abgegeben haben und sich seitdem seine Vermögens- und Einkommensverhältnisse nicht wesentlich geändert haben, leitet der Gerichtsvollzieher das zuletzt abgegebene Vermögensverzeichnis dem Gläubiger zu (§ 802d ZPO). Der beauftragende Gläubiger kann aber eine erneute Abgabe der Vermögensauskunft verlangen, wenn er Tatsachen glaubhaft macht, die auf eine wesentliche Veränderung der Vermögensverhältnisse des Schuldners schließen lassen. Beispiele hierfür sind der Wechsel beziehungsweise die Aufnahme einer Arbeitsstelle oder auch der Erhalt einer Erbschaft.
  Das Verfahren regelt § 802f ZPO: Nachdem der Gerichtsvollzieher dem Schuldner eine Zwei-Wochen-Frist zur Zahlung der geltend gemachten Forderung gesetzt hat, erfolgt die Ladung zur (Muster → S. 269 f.) und Abnahme der Vermögensauskunft in der Regel im Büro des Gerichtsvollziehers oder auch in der Wohnung des Schuldners. Der Gläubiger hat die Möglichkeit, an diesem Termin teilzunehmen und Fragen zu stellen, wovon aber in der Praxis nur selten Gebrauch gemacht wird. Die Aufnahme des Vermögensverzeichnisses erfolgt durch den Gerichtsvollzieher in elektronischer Form, der Schuldner versichert an Eides Statt mit Unterschrift die wahrheitsgemäßen und vollständigen Angaben. Im Nachgang übersendet der Gerichtsvollzieher das Vermögensver-

zeichnis an den Gläubiger und das zentrale Vollstreckungsgericht, der Schuldner erhält nur auf Verlangen einen Ausdruck. Dies ist in der Beratung dem Schuldner zu empfehlen, damit auch im Nachhinein nachvollzogen werden kann, welche Angaben der Schuldner gemacht wurden.

Bei unentschuldigtem Nichterscheinen oder grundloser Weigerung, den Termin zur Abgabe der Vermögensauskunft wahrzunehmen, erlässt der Richter auf Antrag des Gläubigers einen Haftbefehl (§§ 802g bis 802j ZPO). Der Haftbefehl darf ab Erlass für zwei Jahre vollstreckt werden, die Haftdauer beträgt maximal sechs Monate. Der Gerichtsvollzieher führt die Verhaftung durch, soweit dadurch keine erhebliche Gesundheitsgefährdung des Schuldners droht. In der Praxis wird diese allerdings eher selten durchgeführt (→ S. 99). Allein die Mitteilung des Gerichtsvollziehers an den Schuldner, dass der Haftbefehl vollstreckt wird, wenn bis zu einer gesetzten Frist nicht die Abgabe der Vermögensauskunft erfolgt ist, reicht oftmals aus, dass Kontakt zum Gerichtsvollzieher aufgenommen wird. Der Haftbefehl wird gegenstandlos, sowie die Vermögensauskunft abgegeben wird.

■ *Auskünfte Dritter über das Vermögen des Schuldners (§ 802l ZPO) einzuholen:*
Ist die Ladung zu dem Termin zur Abgabe der Vermögensauskunft nicht zustellbar, gibt der Schuldner die Vermögensauskunft nicht ab oder wird die Vollstreckung voraussichtlich nicht zur vollständigen Befriedigung des Vollstreckungsgläubigers führen, kann der Gerichtsvollzieher auf Antrag des Gläubigers weitere Auskünfte bei den folgenden Behörden einholen, wenn diese Daten zur Vollstreckung erforderlich sind:

– Träger der gesetzlichen Rentenversicherungen (Auskünfte zu aktuellen Arbeitgebern des Schuldners),
– Bundeszentralamt für Steuern (Auskünfte zu Konten und Depots),
– Kraftfahrt-Bundesamt (Auskünfte zu auf den Schuldner zugelassenen Fahrzeugen).

Die Ermittlungsergebnisse sind dem Gläubiger unverzüglich zuzuleiten, der Schuldner wird mit einer vierwöchigen Verzögerung ebenfalls informiert. So behält der Gläubiger das Überraschungsmoment der Pfändung in Vermögen und / oder Einkommen.

■ *eine Vorpfändung (§ 845) durchzuführen;*
hierfür bedarf es nicht der vorherigen Erteilung einer vollstreckbaren Ausfertigung und der Zustellung des Schuldtitels (→ S. 108).

4.2.3.2 Umgang mit dem Gerichtsvollzieher

Wie ausgeführt sind die Aufgaben des Gerichtsvollziehers konkret in § 802a ZPO beschreiben und abhängig vom Auftrag des Vollstreckungsgläubigers. Im Beratungsprozess ist der Umgang mit dem Gerichtsvollzieher und die Rechte und Pflichten der Schuldner zu thematisieren, um das oftmals diffuse Wissen und die damit einhergehenden Ängste zu bearbeiten und die Schuldner für den Kontakt mit dem Gerichtsvollzieher zu stärken. Eine umfassende Beratung und das Eingehen auf die Fragen der Ratsuchenden verhindert eine Eskalation. Wird der Termin beim Gerichtsvollzieher rückwirkend im nächsten Beratungstermin besprochen, so meldet die Mehrheit der Ratsuchenden zurück, dass der Termin relativ entspannt verlaufen sei. Im Beratungsalltag werden regelmäßig folgende Fragen und Sorgen der Schuldner deutlich, die es zu thematisieren gilt:

▓ *Auf dem Schreiben des Gerichtsvollziehers steht Haftbefehl! Bedeutet dies eine Inhaftierung?*

Das Wort „Haftbefehl" ist in Fettschrift abgesetzt und oft zusätzlich mit Textmarker hervorgehoben (Muster → S. 270), fällt den Ratsuchenden direkt ins Auge und löst Angst aus. Wie ausgeführt erfolgt eine Verhaftung des Schuldners nur, wenn dieser unentschuldigt oder ohne Angabe von Gründen dem Termin zur Abgabe der Vermögensauskunft fernbleibt. Dies ist dem Schuldner entsprechend zu erläutern. Ebenso ist darauf hinzuweisen, dass die Gläubiger meist formularmäßig den Haftbefehl mit dem Auftrag zur Abgabe der Vermögensauskunft beantragen, dieser aber dann ohne Weiteres noch nicht vollstreckt werden kann. Hierfür bedarf es der Entscheidung des Richters. Soweit der anberaumte Termin wahrgenommen wird, ist der Haftbefehl gegenstandslos. Muss der Termin aus wichtigem Grund abgesagt werden (etwa bei Krankenhausaufenthalt), so wird ein neuer Termin anberaumt. Auch hier hilft die Kommunikation mit dem Gerichtsvollzieher.

▓ *Welche Angaben müssen getätigt werden?*

Gemeinsam mit den Ratsuchenden können die zu tätigenden Angaben vorab besprochen werden. So erhalten die Schuldner eine Grundübersicht und können insbesondere die vorzulegenden Nachweise (bspw. Lohnnachweis) für den Termin vorbereiten. Gemäß § 802c ZPO muss der Schuldner folgende Angaben zu sich und seinem gesamten verwertbaren Vermögen tätigen (vgl. Homann et al. in Groth et al. 2021, PHSB T. 5 S. 59 f.):

▓ Geburtsname, -datum und -ort
▓ alle Arbeitseinkünfte, Sozialleistungen und Betriebsrenten
▓ alle dem Schuldner gehörenden Vermögensgegenstände (bei Forderungen sind Grund und Beweismittel zu bezeichnen), dazu zählen unter anderem:
  – bewegliche Sachen wie Bargeld, Schmuck, Fahrzeuge, Sammlungen etc.
  – Grundvermögen, wie Immobilien, Grundstücke, Wohneigentum
  – Forderungen gegen Dritte (beispielsweise Steuerrückerstattungen, Ansprüche aus Unterhalt, Ansprüche gegenüber Bausparkassen und Versicherungen)
  – Konten, Sparbücher (die Sparbücher der Kinder sind irrelevant)
▓ entgeltliche Veräußerungen des Schuldners an eine nahestehende Person (§ 138 InsO), in den letzten zwei Jahren vor Termin
▓ unentgeltliche Leistungen des Schuldners in den letzten vier Jahren vor dem Termin, sofern es sich nicht um gebräuchliche Gelegenheitsgeschenke geringen Wertes handelt.

Sachen, die nach § 811 Abs. 1 Nr. 1 und 2 der Pfändung nicht unterworfen sind, brauchen nicht angegeben zu werden, es sei denn, eine Austauschpfändung kommt in Betracht.

■ *Darf der Gerichtsvollzieher in die Wohnung?*

Das Zutrittsrecht des Gerichtsvollziehers zur Wohnung des Schuldners setzt eine Zustimmung des Wohnungsinhabers voraus. Verweigert dieser den Zutritt, ohne dass Anhaltspunkte für „Gefahr im Verzug" vorliegen, stellt der Gerichtsvollzieher seine Pfändungsbemühungen ein und informiert den Gläubiger über die nicht erfolgte Wohnungsdurchsuchung. Der Gläubiger kann daraufhin eine richterliche Durchsuchungsanordnung (§ 758a ZPO) einholen, sodass der Vollstreckungsauftrag wiederholt werden kann. Liegt nach Einschätzung des Gerichtvollziehers vor Ort „Gefahr im Verzug" vor, so muss für die Wohnungsdurchsuchung nicht erst die richterliche Anordnung eingeholt werden.

Im Kontext der Beratung ist dem Schuldner grundsätzlich zu empfehlen, dem Gerichtsvollzieher den Zutritt zur Wohnung zu genehmigen. Eine Verweigerung des Zutritts kann – wie ausgeführt – eine Durchsuchungsanordnung nach sich ziehen und bedeutet neben zusätzlichen Gerichtsvollzieherkosten und den Kosten für die Öffnung der Tür lediglich einen Aufschub von wenigen Tagen. Ob die Verweigerung in einer vernünftigen Relation zu den erwartbaren Konsequenzen steht, muss der Schuldner selbst entscheiden. Sollte der Eindruck in der Beratung entstehen, dass der Schuldner durch den Zeitgewinn der Zutrittsverweigerung Wertgegenstände zur Seite schaffen will, hat die Schuldnerberatung auf den Tatbestand der Vollstreckungsvereitelung gemäß § 288 StGB hinzuweisen und dies auch entsprechend in der Fallakte zu dokumentieren.

■ *Was ist (un-)pfändbar?*

Grundsätzlich unterliegen alle Vermögensgegenstände der Pfändung durch den Gerichtsvollzieher. Bei der Pfändung des verwertbaren Besitzes des Schuldners wird der Gerichtsvollzieher allerdings nur sehr selten Bargeld in der Höhe der geltend gemachten Forderung in der Wohnung des Schuldners finden. Alternativ wählt der Gerichtsvollzieher aus dem vorhandenen Gewahrsam des Schuldners geeignete Sachen aus. Diese werden im Rahmen der öffentlichen Versteigerung (zum Beispiel: https://www.justiz-auktion.de/) verwertet, der Erlös wird abzüglich der entstandenen Kosten dem Vollstreckungsgläubiger zur Befriedigung der Forderung zugeleitet. Hierbei stellt die Online-Auktion eine kostengünstige und schnelle Verwertungsmöglichkeit dar. Die bisher übliche Einlagerung durch den Gerichtsvollzieher kann unter Umständen entfallen, ebenso kann auf die Versteigerung vor Ort verzichtet werden. Gleichzeitig sind pfändbare Gegenstände, für die bisher auf regionaler Ebene keine Nachfrage bestanden hat, durch das Onlineangebot auch für potenzielle Käufer aus anderen Gebieten interessant und lassen sich folglich gut veräußern.

Jedoch sind nicht alle sich im Besitz des Schuldners befindlichen Gegenstände pfändbar (→ S. 108 ff.). Unpfändbar sind vor allem die gesamte einfache Wohnungseinrichtung einschließlich des Kühlschranks, Radios, Fernsehgeräts, privater PC / Laptop oder Tablet sowie Wäsche, Kleidung etc. Teure Kleidung (soweit sie nicht zur Ausübung der Erwerbstätigkeit notwendig sind, § 811 Abs. 1 Nr. 1 lit. b ZPO), Taschen oder ähnliches unterliegen grundsätzlich der Möglichkeit der Pfändung.

Darüber hinaus wird im Rahmen der Beratung regelmäßig nach den Möglichkeiten der Pfändbarkeit von Schmuck gefragt. Diesbezüglich ist darauf hinzuweisen, dass vorhandener Schmuck pfändbar ist, dies schließt auch Erbstücke mit ein. Trauringe, Orden und Ehrenzeichen sind hiervon allerdings gemäß § 811 Abs. 1 Nr. 7 ZPO explizit ausgenommen. Kultgegenstände, die dem Schuldner und seiner Familie zur Ausübung ihrer Religion und Weltanschauung dienen oder weltanschaulicher Verehrung sind, sind unpfändbar, wenn ihr Wert den Betrag von 500,00 EUR nicht übersteigt (§ 811 Abs. 1 Nr. 1 lit. d ZPO).

Die entsprechenden Erläuterungen im Rahmen der Beratung können dem Schuldner meistens den Druck und die Angst vor der gerne durch die Gläubiger angedrohten „Kahlpfändung" nehmen. Allerdings führt in diesem Zusammenhang die grundsätzlich mögliche Verwertung des Autos des Schuldners zu emotional belastenden Momenten in der Beratung, da das Auto grundsätzlich uneingeschränkt pfändbar ist. Lediglich das Nichterreichen der Arbeitsstelle mit öffentlichen Verkehrsmitteln eines berufstätigen Schuldners oder ein ähnlich schwerwiegender Grund kann eine Pfändung und Verwertung verhindern (§ 811 Abs. 1 Nr. 1 lit. b ZPO). Da Schuldner in der Regel nicht über werthaltige Fahrzeuge verfügen, wird in den meisten Fällen von einer Verwertung durch den Gerichtsvollzieher abgesehen. „Das Abholen, Unterstellen und Versteigern von Fahrzeugen führt jedoch zu hohen Kosten, weshalb bei einem Zeitwert von weniger als 1.000 bis 1.500 EUR das allgemeine „Schikane-Verbot" nach § 803 Abs. 2 ZPO entgegensteht" (Homann et al. in Groth et al. 2021, PHSB T. 5 S. 11). Ist allerdings der unpfändbare Gegenstand jedoch von einem bedeutenden Wert (beispielsweise neuwertig und bezahlter OLED-TV), kann im Rahmen der Austauschpfändung (§ 811a ZPO) die wertvolle Sache durch einen Ersatz, der dem geschützten Verwendungszweck genügt, ausgetauscht werden.

■ *Kann eine Ratenzahlung mit dem Gerichtsvollzieher vereinbart werden?*

Soweit der Gläubiger eine gütliche Einigung gemäß § 802b Abs. 2 ZPO nicht ausgeschlossen hat, ist es möglich, dass ein Ratenzahlungsplan durch den Gerichtsvollzieher vermittelt wird. Da – wie oben ausgeführt – dieser Plan eine maximale Laufzeit von zwölf Monaten umfasst, sind regelmäßig die monatlichen Raten sehr hoch, die zur vollumfänglichen Tilgung der Forderung im genannten Zeitraum notwendig sind. Es ist zu beobachten, dass Schuldner aus Angst vor der Abgabe der Vermögensauskunft Zahlungen an den Gerichtsvollzieher leisten, die sie weiterhin wirtschaftlich überfordern und nicht selten aus dem unpfändbaren Einkommen geleistet werden. Inwieweit dadurch „neue Löcher" oder sogar existenzgefährdende Situationen entstehen, muss im Einzelfall geprüft werden; ggf. sind die Zahlungen zur Sicherung der Existenz einzustellen. Aus Sicht der Schuldnerberatung kommt hinzu, dass die langfristige Tilgung einer Forderung regelmäßig keine Veränderung der Gesamtsituation bewirkt. Zahlungen sollen planvoll und ergebnisorientiert und nicht aus Angst vor dem Gerichtsvollzieher und / oder der Abgabe der Vermögensauskunft erfolgen. Sind die Ratsuchenden entsprechend aufgeklärt, so können diese bewusst über die Einstellung der Zahlungen entscheiden.

■ *Was sind die Folgen der Abgabe einer Vermögensauskunft?*

Nach Abgabe der Vermögensauskunft ist grundsätzlich damit zu rechnen, dass der Gläubiger Zwangsvollstreckungsmaßnahmen gegen den Schuldner veranlasst. Vor allem Kontopfändungen als Druckmittel sind häufig zu beobachten. Durch die Möglichkeit der Nutzung eines Pfändungsschutzkontos kann dem Gläubigerdruck entgegengewirkt werden (→ S. 122 ff.). Darüber hinaus erfolgt eine Eintragung in die SCHUFA bei unbestrittenen Forderungen. Die Angst vor negativen Eintragungen ist spätestens im Themenbereich Gerichtsvollzieher zu thematisieren. Neben den Löschungsfristen (aktuell drei Jahre) hat sich aber der gemeinsame Blick in die schon vorhandenen Eintragungen bewährt. Da die meisten Schuldner schon negative Eintragungen in der SCHUFA haben, bewirkt das Negativmerkmal „Abgabe der Vermögensauskunft" keine signifikante Verschlechterung und lässt sich entsprechend einordnen. Mit der Vermögensauskunft wird die finanzielle Situation des Schuldners offengelegt. Aufgrund regelmäßig bestehender Zahlungsunfähigkeit sollten in der Folge keine Neuverträge abgeschlossen werden, die nicht vollumfänglich gezahlt werden können. Im Zweifel kann der Gläubiger dann den Schuldnern eine betrügerische Absicht (§ 263 StGB) unterstellen.

■ *Müssen alle Angaben korrekt sein?*

In der Vermögensauskunft sind nach bestem Wissen wahrheitsgemäße und vollständige Angaben zu machen. Vorsätzlich falsche Angaben zu aktuellem Einkommen und Vermögen stellen eine „Täuschung" dar und führen zur Strafbarkeit als „falsche Versicherung an Eides statt" (§ 156 StGB). Auch ein fahrlässiges Handeln kann nach § 163 StGB geahndet werden. Die Ratsuchenden sind auf die vollständig anzugebenden Fakten hinzuweisen. Sie bestätigen mit ihrer Unterschrift an Eides statt die Richtigkeit der Angaben in der Vermögensauskunft. Für die Gläubiger besteht die Möglichkeit über den Gerichtsvollzieher weitere Auskünfte (§ 802l ZPO) von Dritten einzuholen, sodass die in der Vermögensauskunft gemachten Angaben den weiteren Auskünften gegenübergestellt werden können.

Die dargestellten Hintergründe stellen Expertenwissen der Schuldnerberatung dar. Sie sind regelmäßig zu aktualisieren, was einen erheblichen Weiterbildungsbedarf begründet.

4.3 Vollstreckungsschutz durch Pfändungsschutzkonto

Das Pfändungsschutzkonto (P-Konto), welches seit dem 1.7.2010 gesetzlich verankert ist, hat sich zu einem wichtigen Arbeitsmittel der Schuldnerberatung entwickelt. Mit diesem Konto kann sowohl der Pfändungsschutz als auch der dauerhafte Zugang zum bargeldlosen Zahlungsverkehr gewährleistet werden. Zudem ist Schuldnerschutz nur mithilfe eines P-Kontos möglich!

4.3.1 Kontopfändung und Auszahlungsmoratorium

Eine Kontopfändung erfolgt durch das Vollstreckungsgericht mittels Pfändungs- und Überweisungsbeschluss (§ 829 ZPO, Muster → S. 262 ff.). Bei jeder Kontopfändung muss dem Schuldner eine Kopie des Pfändungsbeschlusses zugestellt werden (§ 829 Abs. 2 S. 2 ZPO). Die nötigen Informationen sind im Zweifel bei der kontoführenden Bank zu erhalten. Ab Zustellung der Pfändung gilt kraft Gesetzes einmalig ein Auszahlungsschutz für vorhandene Guthaben gemäß § 835 Abs. 3 Satz 2 ZPO für die Dauer eines Monats. Innerhalb des Monats kann dann die Umwandlung in ein P-Konto umgesetzt werden (§ 899 Abs. 1 S. 2 ZPO). Der P-Kontoschutz wirkt dann auf den Zeitpunkt der Zustellung zurück.

Exkurs: Kontopfändungsschutz bei der Pfändung durch öffentliche Gläubiger

Öffentliche Gläubiger können durch ihre Vollstreckungsbehörde mittels Pfändungs- und Einziehungsverfügung (§ 309 AO) ebenfalls auf das Konto des Schuldners zugreifen. Für den Kontopfändungsschutz gegenüber öffentlichen Gläubigern gelten die hier dargestellten Grundsätze entsprechend (§ 910 ZPO). Allerdings ist für Schuldnerschutz- und Freigabeanträge regelmäßig die Vollstreckungsbehörde/-stelle selbst (z.B. Finanzamt, Hauptzollamt, Stadtkasse) und nicht das Vollstreckungsgericht zuständig. Eine Ausnahme besteht insbesondere für die Feststellung einer befristeten Unpfändbarkeit nach § 907 ZPO (→ S. 127).

4.3.2 P-Konto-Einrichtung

Ausgangspunkt für ein P-Konto ist regelmäßig ein Zahlungs- oder Basiskonto (→ S. 97). Der Inhaber eines Zahlungskontos kann jederzeit verlangen, dass dieses als P-Konto geführt wird (§ 850k Abs. 1 S. 1 ZPO). Der gesetzliche Umwandlungsanspruch besteht unabhängig davon, ob das Konto im Haben oder im Soll steht oder ob bereits eine Kontopfändung ausgebracht ist. Ein P-Konto kann aber nur im Haben geführt werden (§ 850k Abs. 1 S. 2 und 3 ZPO). Auch wenn das Konto bereits gepfändet ist, hat das Kreditinstitut den P-Konto-Schutz bis zum Ende des 4. Geschäftstages nach Umwandlungsantragseingang zu gewährleisten (§ 850k Abs. 2 ZPO). Jede Person darf nur ein P-Konto führen. Dies wird durch Meldung / Abfrage bei Auskunfteien nach § 850k Abs. 3 ZPO sichergestellt.

Exkurs: Gemeinschaftskonto

Ein Gemeinschaftskonto (meist „Oder-Konto") ist auf Antrag ebenfalls in ein P-Konto des Schuldners und ein (Zahlungs- oder P-) Konto des weiteren Kontoinhabers umzuwandeln (§ 850l ZPO). Das zur Zeit der Pfändung vorhandene Kontoguthaben auf dem Gemeinschaftskonto wird im Regelfall nach Köpfen aufgeteilt. Die Pfändung ergreift dann nur noch das P-Konto des Schuldners.

4.3.3 Guthabenschutz je Kalendermonat und Guthabenübertragung

Zur einfacheren Handhabung stellt der Schuldnerschutz des P-Kontos auf den Kalendermonat ab. Je Kalendermonat ist ein Guthaben in Höhe des gesetzlichen, auf den Zehner-Betrag aufgerundeten Grundfreibetrages laut Pfändungstabelle – bis 30.6.2022: 1.260,00 EUR – automatisch pfändungsfrei. Inwieweit bereits vor der Pfändung Verfügungen vom Konto vorgenommen wurden, ist ohne Bedeutung. Der Pfändungsschutz auf dem P-Konto besteht unabhängig davon, durch welche Gutschriften das Guthaben entstanden ist. Wird das geschützte Monatsguthaben nicht verbraucht, überträgt sich das Restguthaben automatisch auf die nächsten drei Kalendermonate. Nach § 899 Abs. 2 Satz 1 ZPO erhöht sich der Freibetrag entsprechend. In den Folgemonaten sind Verfügungen zunächst mit diesem übertragenen Guthaben zu verrechnen (First-in-first-out-Prinzip). Mit der auf drei Monate verlängerten Übertragungsoption lässt sich ggf. eine Rücklage für Reparaturen / Ersatzbeschaffungen bilden.

4.3.4 Erhöhungsbeträge und Bescheinigung

Der Grundfreibetrag erhöht sich um die pfändungsfreien Beträge nach § 850c Abs. 2 i.V.m. Abs. 4 ZPO, wenn der Schuldner

■ seinen gesetzlichen Unterhaltspflichten tatsächlich nachkommt

oder wenn er auf seinem P-Konto Leistungen

■ für Mitglieder der Bedarfsgemeinschaft (SGB II),
■ der Einsatz- bzw. Haushaltsgemeinschaft (SGB XII) oder
■ für Haushaltsangehörige nach dem AsylbLG

entgegennimmt, ohne dass er diesen Menschen gesetzlich zum Unterhalt verpflichtet ist

(§ 901 Abs. 1 Nr. 1 lit. a–c ZPO). Neben diesen Erhöhungsbeträgen können

■ das Kindergeld nach dem EStG und andere gesetzliche Geldleistungen für Kinder (bspw. Unterhaltsvorschuss nach dem UVG),
■ einmalige und besondere laufende Sozialleistungen (§ 54 Abs. 2 und Abs. 3 Nr. 3 SGB I),
■ Zuwendungen der Bundesstiftung „Mutter und Kind" sowie
■ sonstige durch Bundes- oder Landesgesetz für unpfändbar erklärte Geldleistungen

auf dem P-Konto geschützt werden (§ 902 S. 1 Nr. 2, 3, 5 und 6 ZPO). Von der Pfändung ausgenommen werden können zuletzt auch Geldleistungen nach dem SGB II, SGB XII und AsylbLG, die für den Schuldner erbracht werden und die den Grundfreibetrag nach § 899 Abs. 1 Satz 1 ZPO übersteigen, in der Höhe des übersteigenden Betrages.

Der Nachweis über eine Bescheinigung muss von einer der in § 903 ZPO genannten Stellen geführt werden. Bescheinigungen *dürfen*

■ Sozialleistungsträger,
■ Familienkassen und
■ andere leistungsgewährende Einrichtungen (bspw. Stiftung „Mutter und Kind") sowie
■ Arbeitgeber und
■ geeignete Personen (Rechtsanwälte/Steuerberater) bzw. als geeignet anerkannte Schuldner- und Insolvenzberatungsstellen i.S.v. § 305 Abs. 1 Nr. 1 InsO

ausstellen. *Verpflichtet* zur Ausstellung sind Sozialleistungsträger und leistungsgewährende Einrichtungen, wenn der Schuldner dies beantragt und deren Leistung durch Überweisung auf ein Zahlungskonto erfolgt (§ 903 Abs. 3 Satz 1 ZPO). Die Bescheinigung kann befristet oder unbefristet ausgestellt werden; im zweiten Fall gilt sie grundsätzlich für zwei Jahre (§ 903 Abs. 2 Satz 2 ZPO).

Fall Rita:

Im Fall Rita haben wir eine P-Konto-Bescheinigung angefügt (Muster → S. 271). Aus diese ergibt, dass nur eine Unterhaltspflicht zu berücksichtigen ist, nämlich diejenige gegenüber Ronja. Da kein Unterhalt an Rolf gezahlt wird, kann dieser auch nicht bescheinigt werden. Gegenüber ihrem Lebensgefährten Robert besteht keine gesetzliche Unterhaltspflicht. Hier kämen Erhöhungsbeträge nur beim Bezug von Leistungen nach dem SGB II oder SGB XII in Betracht.

4.3.4 Vollstreckungsschutz durch das Vollstreckungsgericht

Dem Vollstreckungsgericht obliegt die Festsetzung von Freibeträgen in zwei Fällen (zur Kontopfändung bei deliktischen und Unterhaltsforderungen → S. 131 f.):

- Nachrangig zu den bescheinigenden Stellen setzt das Vollstreckungsgericht nach § 905 ZPO die Erhöhungsbeträge nach § 902 ZPO per Beschluss fest, wenn der Kontoinhaber eine Bescheinigung bei einem Sozialleistungsträger oder einer anderen leistungsgewährenden Einrichtung sowie einer weiteren zur Bescheinigung berechtigten Stelle nicht in zumutbarer Weise erlangen konnte. Der Gerichtsbeschluss gilt dann als kontobezogene Bescheinigung.

- Gehen auf dem gepfändeten P-Konto Arbeitseinkommen oder Sozialleistungen ein, die den automatisch geschützten Grundfreibetrag oder die Erhöhungsbeträge übersteigen, muss der Kontoinhaber die individuelle Freigabe des gepfändeten Guthabens im Einzelfall beim Vollstreckungsgericht beantragen (§ 906 Abs. 2 ZPO). Das Vollstreckungsgericht hat den abweichenden pfändungsfreien Betrag in der Regel zu beziffern (§ 906 Abs. 3 Nr. 1 ZPO). Auch muss geprüft werden, ob die Zwangsvollstreckung einstweilen eingestellt werden soll (§ 906 Abs. 1 Nr. 2 ZPO) bzw. ob eine sogenannte Festsetzung der Unpfändbarkeit infrage kommt (§ 906 Abs. 1 Nr. 3 ZPO).

4.3.5 Informationspflichten des Kreditinstituts

Das kontoführende Kreditinstitut hat den Kontoinhaber „in geeigneter und zumutbarer Weise" über das im laufenden Kalendermonat noch verfügbare, pfändungsfreie Guthaben ebenso zu informieren wie über den Betrag, der mit Ablauf des laufenden Kalendermonats pfändbar wird. Damit wird es Inhaber von P-Konten erlaubt, ihre notwendigen Ausgaben vom Konto aus besser zu planen.

4.3.6 Nachzahlungen auf dem P-Konto

Nachzahlungen von Sozialleistungen sind keine einmaligen Sozialleistungen, sondern gehören pfändungsrechtlich zu dem Zeitraum, für den sie bezahlt werden. Nachzahlungen lassen sich auch bei Arbeitseinkommen schützen. § 904 ZPO enthält insoweit drei alternative Regelungen:

- Nachzahlungen von Leistungen nach dem SGB II, SGB XII und AsylbLG für den Kontoinhaber und die Mitglieder der Gemeinschaft, von Kindergeld und anderen gesetzlichen Geldleistungen für Kinder sowie von sonstigen durch Bundes- oder Landesgesetz für unpfändbar erklärte Geldleistungen sind als Nachzahlung unpfändbar (§ 904 Abs. 1 ZPO). Der Nachweis erfolgt mittels Bescheinigung (§ 904 Abs. 4 ZPO).

- Nachzahlungen von anderen laufenden Geldleistungen nach dem SGB (beispielsweise Leistungen der Arbeitslosen-, Renten- oder Unfallversicherung, Krankengeld) sowie von Arbeitseinkommen, Dienst- und Versorgungsbezüge der Beamten etc. (§ 850 Abs. 2, 3 ZPO) sind bis zum Betrag von 500 EUR gleichermaßen geschützt (§ 906 Abs. 2 ZPO). Der Nachweis erfolgt mittels Bescheinigung (§ 906 Abs. 4 ZPO).

- Nachzahlungen der zweitgenannten Sozialleistungen und Arbeitseinkommen über 500 EUR sind zu schützen, wenn sie in dem Monat, für den sie gezahlt werden, pfändungsfrei gewesen wären (Rückrechnung, § 904 Abs. 3 Satz 1 ZPO).

Ist aufgrund pauschaler Nachzahlung für einen Bewilligungszeitraum, der länger als ein Monat ist, eine Zuordnung nicht möglich, erfolgt die Verteilung zu gleichen Teilen auf die betroffenen Monate (§ 904 Abs. 3 Satz 2 ZPO). Die Festsetzung des pfändungsfreien Betrages erfolgt durch das Vollstreckungsgericht, welches auf Antrag des Schuldners tätig wird (§ 904 Abs. 5 Sätze 1, 2 ZPO). In diesem Fall kann der Schuldner ohne Umweg über andere Stellen die Festsetzung bei Gericht beantragen (BT-Drs. 19/19850, S. 41). Das Vollstreckungsgericht entscheidet per Beschluss, der als kontobezogene Bescheinigung gilt (§ 906 Abs. 5 Satz 3 ZPO).

4.3.7 Auf- und Verrechnungsschutz bei Soll-Stand eines Zahlungskontos

Ein P-Konto kann nur im Haben geführt werden. Anders schaut dies für „normale" Zahlungskonten aus, bei denen ein Dispokredit vereinbart oder ein Überziehungskredit eingeräumt wurde. Der Kontoinhaber hat gemäß § 901 ZPO in zwei Fallgestaltungen die Möglichkeit, nicht nur sein im Soll stehendes Zahlungskonto in ein P-Konto umzuwandeln, sondern auch eine eingehende Gutschrift vor der Auf- und Verrechnung durch die kontoführende Bank zu schützen.

Exkurs: Auf- und Verrechnung auf einem Bankkonto

Aufrechnung meint dabei den Fall, dass der Kontoinhaber einen Anspruch auf Auszahlung von Guthaben hat, den das Kreditinstitut gegen seinen Anspruch gegen den Kontoinhaber, beispielsweise auf Zahlung des Kontoführungsentgelts aufrechnet. Verrechnung bedeutet, dass die gebuchten und ins Kontokorrent (§ 355 HGB) eingestellten Forderungen und Leistungen am Ende einer Abrechnungsperiode sich in einem Saldo zugunsten des Kontoinhabers oder des Kreditinstituts auswirken.

Im Einzelnen gilt:

■ Ab dem Umwandlungsverlangen nach § 850k Abs. 1 S. 1 ZPO bis zur Einrichtung des P-Kontos ist es dem Kreditinstitut verwehrt, mit einer Gutschrift aufrechnen oder diese zu verrechnen, soweit die Gutschrift auf einem P-Konto zu pfändungsgeschütztem Guthaben führen würde.

■ Gleiches gilt ab dem Zeitpunkt der Kenntnis des Kreditinstituts von einer Pfändung, sofern der Kontoinhaber rechtzeitig die Umwandlung seines Zahlungskontos in ein P-Konto verlangt. Kenntnis von der Pfändung erlangt das Kreditinstitut mit Zustellung der Pfändungs- und Überweisungsbeschlusses.

Diese gesetzliche Lösung führt zu einem „Zwei-Konten-Modell": Das neue P-Konto besteht neben dem alten Zahlungskonto fort, mithin erfolgte eine Kontoverdopplung. Die auf dem im Soll stehenden Zahlungskonto eingegangene Gutschrift ist auf dem P-Konto zu verbuchen, soweit sie dort unpfändbar ist. So kann der Kontoinhaber mit dem pfändungsgeschützten Guthaben seinen Lebensunterhalt bestreiten. Das Zahlungskonto mit dem negativen Saldo bleibt daneben bestehen. Übersteigt die eingegangene Gutschrift den unpfändbaren Guthabenbetrag, so ist die Verrechnung im Kontokorrent auf dem Zahlungskonto möglich. Zur Einrichtung des P-Kontos ist keine Vereinbarung über die Rückführung des Sollstandes erforderlich; eine solche Einschränkung des Umwandlungsanspruchs würde diesen faktisch entwerten.

4.3.8 Festsetzung befristeter Unpfändbarkeit – § 907 ZPO

Auf Antrag des Kontoinhabers kann das Vollstreckungsgericht anordnen, dass das P-Konto für die Dauer von bis zu zwölf Monaten nicht mehr der Pfändung unterworfen ist. Diese Anordnung gilt für alle – privaten wie öffentlichen – Gläubiger. Zuständig ist ausschließlich das Amtsgericht am Wohnsitz des Schuldners als Vollstreckungsgericht.

Hierzu muss der P-Konto-Inhaber

■ nachweisen, dass in den letzten sechs Monaten vor Antragstellung ganz überwiegend nur unpfändbare Beträge gutgeschrieben wurden und

■ glaubhaft machen, dass auch innerhalb der nächsten sechs Monate nur ganz überwiegend nicht pfändbare Beträge zu erwarten sind.

Ist die Unpfändbarkeit angeordnet, sind zwar weitere Pfändungen möglich, aber diese entfalten keine Wirkung, sodass die Bank als Drittschuldnerin entlastet wird.

4.4 Vollstreckungsschutz bei Unterhaltsforderungen und Forderungen aus vorsätzlich begangener unerlaubter Handlung

Die Vollstreckung von Unterhaltsforderungen und von Forderungen aus vorsätzlich begangener unerlaubter Handlung gegen einen Ratsuchenden spielt in der Praxis eine große Bedeutung. Die Vorschriften der §§ 850d und 850f enthalten spezielle Regelungen für Gläubiger von Unterhaltsforderungen (§ 850d Abs. 1

S. 1 und 4 ZPO) und solchen aus vorsätzlich begangener unerlaubter Handlung (§ 850f Abs. 2 ZPO)

4.4.1 Der sogenannte Vorrechtsbereich

Dies rührt zunächst daher, dass die Gläubiger dieser Forderungen in den soge-nannten Vorrechtsbereich vollstrecken können (Muster → S. 272 ff.). Ganz allge-mein spielt das Unterhaltsrecht im Vollstreckungsrecht eine besondere Rolle, weil die Erfüllung einer Unterhaltspflicht sich durch einen erhöhten Pfändungsfreibe-trag bei der Quellenpfändung (beispielsweise Arbeitseinkommen, Sozialleistungen; → S. 111) und bei der Kontopfändung (→ S. 124) auswirkt. Dies soll mit einem Beispiel verdeutlicht werden:

Bsp.: Schuldner A hat zwei Gläubiger: seinen Mobilfunkanbieter B, dem er noch Gebühren in Höhe von 500,00 EUR schuldet. Zudem bestehen noch rückstän-dige Unterhaltsforderungen seines zwei Jahre alten Kindes C, welches bei der Mutter lebt. Beide pfänden sein Arbeitseinkommen (2.000,00 EUR netto) bei Arbeitgeber D, wobei B zuerst gepfändet hatte.

Abb. III.3: Vorrechtsbereich, Quelle: eigene Darstellung

Die zeitlich vorgehende Pfändung des B führt laut Pfändungstabelle bei einer Unterhaltspflicht zu einem pfändbaren Betrag von 137,96 EUR. B ist dabei als „normaler Gläubiger" an die gesetzlichen Pfändungsfreigrenzen gebunden. Anders schaut dies bei C aus. Insoweit setzen die Gerichte im Rahmen des Pfändungsbe-schlusses nach § 850d ZPO den notwendigen Lebensunterhalt des A fest (hier: 1.100,00 EUR, Muster → S. 280). Trotz der zeitlich nachgehenden Pfändung kann C auf die Differenz zwischen diesem Betrag und der Pfändungsfreigrenze zugreifen. Dies nennt sich Vorrechtsbereich. Die Pfändung des Unterhalts führt letztlich also zur Benachteiligung des Gläubigers B, der ohne die Unterhaltspflicht einen höheren pfändbaren Betrag erhalten würde. Ähnliche gestattet § 850f Abs. 2 ZPO auch für Gläubiger von Forderungen aus vorsätzlich begangener unerlaubter Handlung.

4.4.2 Unterhaltsforderungen

Unterhaltsforderungen sind nicht nur aufgrund dieser Konsequenz im besonderen Maße zu berücksichtigen. Insoweit besteht ein Spannungsfeld:

- Auf der einen Seite steht die unterhaltsberechtigte Person, die den Unterhalt zur Bestreitung ihres Lebensunterhaltes benötigt.

■ Auf der anderen Seite steht der Unterhaltsverpflichtete, der ggf. dauerhaft auf einen erheblichen Teil seines Einkommens verzichten muss, um die Schuld zu tilgen. Nimmt er Zahlungen vor, kann er dies dann gegenüber anderen Gläubigern geltend machen und erhält einen erhöhten Pfändungsfreibetrag.

Exkurs: Unterhaltsvorschuss

Unter den Voraussetzungen des § 1 Abs. 1 UVG kann ein Kind unter zwölf Jahren (unter den Voraussetzungen des Abs. 1a auch bis zum 18. Geburtstag), das bei einem Elternteil lebt und von dem anderen Elternteil keinen oder nur unregelmäßig Unterhalt in Höhe des Mindestunterhaltes (§ 1612a Abs. 1 S. 3 BGB) erhält, Unterhaltsvorschuss als Sozialleistung beanspruchen. Leistungsträger ist regelmäßig die Unterhaltsvorschusskasse beim Jugendamt. Gezahlt wird der Mindestunterhalt abzüglich des Kindergeldes (§ 2 UVG). Nach § 7 UVG geht der Unterhaltsanspruch des Kindes gegen den Unterhaltsverpflichteten auf den Sozialleistungsträger über (Muster → S. 282 f., 284).

Ausgangspunkt eines Unterhaltsanspruches ist zunächst eine gesetzliche Unterhaltspflicht, die zwischen Verwandten in gerade Linie (§ 1601 BGB), zwischen Ehegatten/Lebenspartnern (§ 1360 BGB, §§ 5, 12, 16 LPartG) und Geschiedenen (§§ 1569 ff. BGB) besteht. Weitere Voraussetzungen eines Unterhaltsanspruchs sind dann die Bedürftigkeit des Unterhaltsberechtigten (§ 1602 BGB) und die Leistungsfähigkeit des Unterhaltsverpflichteten (§§ 1581, 1603 BGB).

Die Bedürftigkeit des Unterhaltsberechtigten lässt sich etwas ausführlicher als im Gesetz wie folgt definieren: „Bedürftig ist derjenige, der sich nicht selbst unterhalten kann, wobei die eigene Arbeitskraft sowie ggf. eigenes Vermögen einzusetzen sind." (Maltry et al. in Groth et al. 2021, PHSB T. 4 S. 16a) Aus dieser Beschreibung wird deutlich, dass der Unterhaltsberechtigte seine Einkommen und ggf. auch sein Vermögen (anders bei Kindesunterhalt, § 1601 Abs. 2 BGB) vorrangig einzusetzen hat, um seinen Bedarf zu decken. Hinsichtlich der konkreten Bedarfsmessung (§ 1610 BGB) besteht eine Standardisierung der Unterhaltssätze durch die unterhaltsrechtlichen Grundsätze/Leitlinien der Oberlandesgerichte, von denen die Düsseldorfer Tabelle die bekannteste ist. Die Leitlinien weisen dann zunächst den Mindestbedarf für Unterhaltsberechtigte (minderjährige Kinder, volljährige Kinder, Ehegatten und geschiedene Ehegatten), welcher gedeckt sein muss.

Die Leistungsfähigkeit lässt sich dann, positiv gewendet, wie folgt definieren: „Leistungsfähig ist, wer Unterhaltsleistungen ohne Gefährdung seines eigenen angemessenen Unterhalts (sogenannter Selbstbehalt) aufbringen kann." (Maltry et al. in Groth et al. 2021, PHSB T. 4 S. 16c) Auch die Selbstbehaltsätze lassen sich dann aus den unterhaltsrechtlichen Leitlinien entnehmen. Der Selbstbehalt berücksichtigt dabei, wer Unterhaltsberechtigter ist (Faustformel: Je jünger der Unterhaltsberechtigte, desto niedriger ist der Selbstbehalt); zudem muss stets das Existenzminimum nach sozialhilferechtlichen Grundsätzen gewahrt bleiben (vgl. BGH 9.1.2008 – XII ZR 170/05, BeckRS 2008, 2392 Rn. 34). Allerdings sind die Anforderungen an die Leistungsfähigkeit hoch: Berücksichtigung finden nicht nur tatsächliche Einnahmen, sondern auch fiktive: Unterlässt ein Unterhaltsverpflichteter die Ausübung einer ihm möglichen und zumutbaren Erwerbstätigkeit, so muss er sich ein hypothetisches Einkommen anrechnen lassen (vgl. BVerfG 18.6.2012 – 1 BvR 774/10, BeckRS 2012, 53168; vgl. auch Maltry et al. in Groth et al. 2021, PHSB T. 4 S. 16 e f.). Gibt es mehrere Unterhaltsberechtigte und reicht die Leistungsfähigkeit für alle diese Ansprüche nicht aus (sogenannter Mangelfall), so gilt die gesetzliche Rangfolge des § 1609 BGB.

Die Titulierung unterhaltsrechtlicher Ansprüche kann

- auf familienrechtlichem Weg (beispielsweise Urteil, gerichtlicher Vergleich, notarielle Vereinbarung) (Muster → S. 285 ff.) oder
- über die sogenannte Jugendamtsurkunde (§§ 59, 60 SGB VIII: bei Kindesunterhalt bis zum 21. Lebensjahr; § 59 Abs. 1 Nr. 4 SGB VIII: bei Unterhalt des alleinerziehenden nicht verheirateten Elternteils), die kostenfrei ist,

erfolgen (vgl. Maltry et al. in Groth et al. 2021, PHSB T. 4 S. 20 ff.). Anpassungen des titulierten Unterhaltsanspruchs durch Entscheidung des Familiengerichts sind möglich, wenn erhebliche Änderungen von gewisser Dauer eintreten (§§ 238, 239 FamFG), beispielsweise bei Inhaftierung, Arbeitslosigkeit, Erkrankung, Berufsunfähigkeit etc. (vgl. ebd., T. 4 S. 20 ff.).

Exkurs: Multiperspektivische Fallarbeit bei Unterhalt

Insoweit bestehen in der Schuldnerberatung oftmals Anwendungsfälle, die erkannt werden müssen („Fall von"). Die Durchführung ist dann aber – ebenso wie die Titulierung von Unterhaltsansprüchen im Fall der Beratung eines Unterhaltsberechtigten – Aufgabe eines Rechtsanwaltes („Fall für"). Gerade aufgrund der Häufigkeit solcher Problemstellungen ist Schuldnerberatung gehalten, entsprechende Kooperationen dauerhaft einzurichten und im Rahmen der Netzwerkarbeit zu pflegen.

Fall Rita:

Im Fall von Rita besteht ein Unterhaltsanspruch des zwölfjährigen Sohnes Rolf. Der Sachverhalt enthält an dieser Stelle einige alarmierende Angaben und Unklarheiten. Rita hat beim Jugendamt „etwas bezüglich des Unterhaltes unterschreiben müssen, weiß allerdings nicht mehr so genau, was das war". Der Kontakt zu Rolf ist brüchig. Das Jugendamt hat sie zuletzt, „nun schon wieder", angeschrieben und einen Unterhaltsbetrag nach der Düsseldorfer Tabelle in Höhe von 533,00 EUR gefordert. Ihre (mangelnde) Leistungsfähigkeit hat sie wohl noch nicht belegt. Rita sieht sich in dem Dilemma, dass bei Zahlung der geforderten Unterhaltszahlung aufgrund Ausgaben für Robert, Ronja und sich kein Geld zum Leben bleiben würde.
In diesem Fall bieten sich zwei Handlungsmöglichkeiten an: Zum einen wäre das Jugendamt über die Durchführung der Schuldnerberatung zu unterrichten. Zudem wären die Zweifel an der Leistungsfähigkeit zu übermitteln. Zum anderen müsste an dieser Stelle ein Rechtsanwalt eingeschaltet werden, der den Sachverhalt aufklärt und ggf. eine Anpassung des mutmaßlich titulierten Unterhaltsanspruchs herbeiführt.

Abschließend soll noch auf zwei Besonderheiten hingewiesen werden. Zunächst besteht bei Verletzung einer Unterhaltspflicht eine Strafbarkeit nach § 170 StGB, die Drohung mit einer Strafanzeige wird gerade von den Jugendämtern regelmäßig zur Erreichung einer Unterhaltszahlung eingesetzt (Maltry et al. in Groth et al. 2021, PHSB T. 4 S. 13). Daneben kann vorsätzlich pflichtwidrig nicht gewährter Unterhalt im Insolvenzverfahren als ausgenommene Forderung angemeldet werden, fällt dann also nicht unter eine erteilte Restschuldbefreiung (§ 302 Nr. 1 Alt. 1 InsO). Das Unterhaltsrecht kann und soll hier nicht weiter vertieft werden. Dies ist vor dem Hintergrund des Studiums der Sozialen Arbeit auch nicht erforderlich, da das Familienrecht im Rahmen der Curricula Bestandteil ist. Alle anderen Leserinnen und Leser müssen auf entsprechende Fachliteratur verwiesen werden.

4.4.3 Forderungen aus unerlaubter Handlung

Forderungen aus unerlaubter Handlung spielen gerade bei Sucht und / oder Straffälligkeit eine große Rolle. Anspruchsgrundlagen ergeben sich aus dem BGB (bspw. §§ 823 Abs. 1 und 2, 832, 833 BGB, § 7 StVG). In den Vorrechtsbereich kann eine solche Forderung nur dann vollstreckt werden, wenn die unerlaubte Handlung vorsätzlich begangen wurde (§ 850f Abs. 2 ZPO). Nur dann kann auch die Ausnahme von der Restschuldbefreiung drohen (§ 302 Abs. 1 Nr. 1 Alt. 1 InsO). Typisch für diese Forderungen ist eine Gläubigervielfalt.

> Beispiel: A schlägt dem B auf die Nase, der hinfällt, mit dem Kopf auf einen Pflasterstein knallt, danach zwei Monate im Krankenhaus liegt. Diesen möglichen Geschehensablauf hat A erkannt, dennoch zugeschlagen.

A bekommt es mit den folgenden Gläubigern zu tun:

- B selbst: Anspruch auf Schmerzensgeld, § 253 Abs. 2 BGB
- Krankenversicherung des B: Ersatz der Behandlungskosten aus übergegangenem Recht (§ 823 Abs. 1 BGB i.V.m. § 116 SGB X), alternativ
- Versorgungsamt: Ersatz der Heilbehandlungskosten aus übergegangenem Recht (§ 823 Abs. 1 BGB i.V.m. § 5 OEG)
- Arbeitgeber des B: Ersatz des in der Krankheit fortgezahlten Bruttolohns (§ 3 EFZG: sechs Wochen) aus übergegangenem Recht (§ 6 EFZG)

Diese Aufzählung verdeutlicht die Komplexität dieser Ansprüche. Unberücksichtigt ist hier noch die strafrechtliche Seite des Falles geblieben, aus der heraus auch Verbindlichkeiten rühren können (→ S. 135 ff.).

4.4.4 Vollstreckungsschutz

In den vorstehend skizzierten Fallgestaltungen spielt die Existenzsicherung daher eine besonders wichtige Rolle. Sowohl bei Unterhaltsforderungen als auch bei vorsatzdeliktischen Forderungen besteht die oben schon dargestellte Möglichkeit zur Pfändung in den Vorrechtsbereich. Dies gilt auch für eventuelle Kontopfändungen: § 906 Abs. 1 ZPO regelt den Gleichlauf von Quellenpfändung und Kontopfändung bei Pfändungen in den Vorrechtsbereich nach § 850d ZPO (Unterhalt) oder § 850f ZPO (Delikt). Ansatzpunkt für Interventionen zu Gunsten des

Schuldners ist die fehlende Deckung des notwendigen Unterhalts für sich und seine unterhaltsberechtigten Personen, die die Gefahr einer Sozialhilfebedürftigkeit begründen, daneben besondere persönliche oder berufliche Bedürfnisse oder der besondere Umfang seiner gesetzlichen Unterhaltspflichten (beispielsweise bei mehr als fünf Unterhaltspflichten). In diesen Fällen ist jeweils eine Entscheidung des Vollstreckungsgerichts nötig (§ 850f Abs. 1, 2 ZPO; für § 850d ZPO: Zöller/Herget 2020, § 850d ZPO Rn. 9).

4.5 Interventionsmöglichkeiten bei Geldbußen wegen Ordnungswidrigkeiten

4.5.1 Bedeutung in der Praxis der Schuldnerberatung

Werden gegen den Schuldner Forderungen aus einer Geldbuße wegen einer Ordnungswidrigkeit geltend gemacht, sind diese im Rahmen der Beratung aufzuarbeiten und in die Entschuldungsstrategie einzuordnen. Meist handelt es sich hierbei zwar in der Summe um geringe Forderungen aus Verkehrsordnungswidrigkeiten (Falschparken, Geschwindigkeitsüberschreitung); Komplikationen können aber aus der Anzahl der Bußgelder rühren, zudem sind die aus den Geldbußen resultierenden Konsequenzen nicht zu vernachlässigen. Daher wird insbesondere beim Gläubiger „Bußgeldstelle" eine offene Kommunikation unter Darlegung der aktuellen Situation des Schuldners regelmäßig sinnvoll und hilfreich sein, um eine für alle Seiten akzeptable Lösung zu erarbeiten. Ein „Nichtstun des Schuldners durch Kopf in den Sand stecken" oder ein lapidarer Verweis der Beratungsstelle auf die bestehende Zahlungsunfähigkeit des Schuldners, der oftmals lediglich über unpfändbare Mittel verfügt, ist nicht ausreichend. Denn bei rechtskräftigen Bußgeldbescheiden (§§ 65, 66 OWiG), deren Beitreibung erfolglos bleibt, kann durch das Gericht die Anordnung der Erzwingungshaft gemäß § 96 OWiG erfolgen, wenn der Schuldner nicht nachweist, dass aufgrund seiner wirtschaftlichen Verhältnisse Zahlungen in absehbarer Zeit nicht möglich sind (§ 95 OWiG). Dies gilt es nach Möglichkeit zu verhindern.

4.5.2 Festsetzung und Vollstreckung der Geldbuße

Für die geeigneten Interventionen des Schuldners ist es wichtig, den aktuellen Verfahrensstand zu kennen.

- ▨ Bevor das Bußgeld Rechtskraft erlangt, ist dem Betroffenen Gelegenheit zu geben, sich gegenüber der Bußgeldstelle zu äußern (§ 55 OWiG). Gelingt es dem Betroffenen, entlastende Umstände der Verfolgungsbehörde darzulegen, kann diese gemäß § 47 OWiG das Verfahren einstellen.

- ▨ Ebenso kann gegen einen erlassenen Bußgeldbescheid innerhalb von zwei Wochen schriftlich oder zur Niederschrift Einspruch gemäß § 67 OWiG eingelegt werden.

Kommt die Verwaltungsbehörde nach Prüfung der Einspruchsgründe zu dem Ergebnis, dass eine (Teil-)Aufhebung des Bußgeldbescheides nicht erfolgen kann, wird der Vorgang an die zuständige Staatsanwaltschaft zur weiteren Bearbeitung weitergeleitet (§ 69 Abs. 3 OWiG). Erfolgt auch hier keine Einstellung des Verfahrens, wovon regelmäßig ausgegangen werden kann, entscheidet der Richter am Amtsgericht am Sitz der Verwaltungsbehörde im Hauptverfahren über den Einspruch (§§ 71 ff. OWiG). Das Urteil kann eine Verschärfung der Sanktion beinhalten (siehe § 66 Abs. 2 lit. b OWiG). Bei Zurückweisung des Einspruchs entstehen zusätzlich Gerichtskosten und Auslagen, die vom Schuldner zu tragen sind (vgl. Brühl/Zipf 2000, S. 236; Maltry et al. in Groth et al. 2021, PHSB T. 4 S. 43).

Exkurs: „Fall für" im Ordnungswidrigkeitenverfahren

Inwieweit ein Einspruch seitens des Schuldners eingelegt wird, muss dieser selbst entscheiden. Eine inhaltliche Prüfung hinsichtlich der Erfolgsaussichten kann regelmäßig auch nicht durch die Schuldnerberatung erfolgen. Gegebenenfalls muss der Schuldner zur Prüfung und Bewertung des Sachverhalts einen geeigneten Rechtsanwalt hinzuzuziehen („Fall für"), womit allerdings weitere Kosten verbunden sind.

Erlangt der Bußgeldbescheid nach zwei Wochen ab Zustellung beim Schuldner Rechtskraft, ohne dass fristgerecht Einspruch eingelegt wurde, ist die Geldbuße samt Auslagen spätestens nach zwei weiteren Wochen zu tilgen. Wird die Zahlungsfrist nicht eingehalten und auch nicht dargelegt, dass die Zahlung der Geldbuße nicht zumutbar ist, treibt die zuständige Verwaltungsbehörde den fälligen Betrag im Rahmen des Verwaltungszwangsverfahrens nach dem VwVG des Bundes oder eines Landes gegen den Schuldner bei (§§ 90 Abs. 1, 95 Abs. 1 OWiG). Hat das Gericht entschieden, ist die Staatsanwaltschaft für die Vollstreckung zuständig (§ 91 OWiG); die Vollstreckung richtet sich nach der StPO.

Auch wenn der Schuldner oder die bevollmächtigte Schuldnerberatung der Verwaltungsbehörde mitteilt, dass aufgrund der wirtschaftlichen Verhältnisse keine Zahlung möglich ist, reicht dies für die Verwaltungsbehörde regelmäßig nicht aus, um das Unterbleiben der Vollstreckung anzuordnen (sog. Niederschlagung, § 95 Abs. 2 OWiG). Für die Feststellung der Zahlungsunfähigkeit kommt es darauf an, „ob es ihm bei objektiver Beurteilung seiner Einkommens- und Vermögensverhältnisse zuzumuten ist, die erforderlichen Geldmittel durch Kreditaufnahme, Veräußerung oder Verpfändung von Vermögensgegenständen usw. aufzubringen" ist. Dies liegt noch nicht vor, wenn der Betroffene nicht über genügend Zahlungsmittel verfügt, um die Geldbuße fristgerecht zu begleichen. Auch die Abgabe der Vermögensauskunft reicht regelmäßig nicht aus (vgl. LG Duisburg 8.1.2013 – 69 Qs 2/13, BeckRS 2013, 6680). Auch die Eröffnung des Insolvenzverfahrens ist kein Grund zur Niederschlagung, denn selbst bei Erteilung der Restschuldbefreiung bleibt die Bußgeldforderung bestehen (§ 302 Nr. 2 InsO).

4.5.3 Erzwingungshaft

Auf Grundlage dieser Argumentation und mit Verweis, dass Armut nicht vor Sanktion schützt, lehnen viele Bußgeldstellen die Einstellung der Vollstreckung ab und erwarten die Tilgung der Bußgelder im Rahmen einer Ratenzahlungsvereinbarung. Auch wenn der Schuldner lediglich über Einkünfte aus SGB II- oder SGB XII-Leistungen verfügt, ist ihm eine geringe Ratenzahlung aus dem Regelbedarf zuzumuten, wenn seine Existenz gesichert ist. Sollte allerdings eine Unterdeckung durch interne Aufrechnung der Sozialleistungsbehörde vorliegen, so kann gegebenenfalls gegenüber der Bußgeldstelle die vorhandene Zahlungsunfähigkeit nachgewiesen werden. Kümmert sich auch hier der Schuldner (oder die Schuldnerberatung im Auftrag des Ratsuchenden) nicht, so kann, wie oben ausgeführt, gemäß § 96 OWiG die Erzwingungshaft angeordnet werden. Die als Beuge- und Druckmittel zu verstehende Zwangsmaßnahme soll zahlungsunwillige, aber nicht zahlungsunfähige Schuldner zur Mitwirkung im Verfahren und Zahlung der Geldbuße zwingen. Bei den meisten Schuldnern löst die Androhung beziehungsweise Anordnung der Erzwingungshaft Angst aus, sodass spätestens dann mit der Bußgeldstelle beziehungsweise dem Gericht Kontakt aufgenommen werden sollte.

4.5.4 Zahlungserleichterung und Niederschlagung

Nach § 96 Abs. 2 OWiG bewilligen das Gericht oder die Vollstreckungsbehörde eine Zahlungserleichterung und heben eine Anordnung der Erzwingungshaft auf, wenn sich ergibt, dass dem Betroffenen nach seinen wirtschaftlichen Verhältnissen nicht zuzumuten ist, den zu zahlenden Betrag der Geldbuße sofort zu entrichten. Hierbei sind die oben ausgeführten Maßstäbe zur Zumutbarkeit von Zahlungen anzuwenden und mit geeigneten Nachweisen zu belegen.

Scheidet eine Zahlungserleichterung zur Tilgung der Geldbuße aus, ist die Niederschlagung, § 95 Abs. 2 OWiG die letztverbleibende Interventionsmöglichkeit, die in der Schuldnerberatung bedacht werden sollte. Da ein Erlass einer rechtskräftig zuerkannten Geldbuße weder durch die Verwaltungsbehörde noch durch ein Gericht möglich ist (Erlass nur für Gebühren, Auslagen und Vollstreckungskosten), verbleibt allein die Niederschlagung als Option für dauerhaft zahlungsunfähige Schuldner. Ist gegenüber der Verwaltungsbehörde die längerfristige Zahlungsunfähigkeit nachgewiesen worden und verursacht der Schuldner durch sein Verhalten (beispielsweise, weil er weiterhin konsequent falsch parkt) nicht immer neue Geldbußen, so kann die Geldbuße verwaltungsintern unbefristet niedergeschlagen werden. Da die Vollstreckung nach § 95 Abs. 2 OWiG unterbleibt, wird die Geldbuße faktisch der Vollstreckungsverjährung zugeführt. Die Verjährungsfristen laufen trotz Unterbleibens der Vollstreckung weiter, da keine Stundung oder Zahlungserleichterung vereinbart ist. Bei Geldbußen bis 1.000,00 EUR beträgt die Verjährungsfrist drei Jahre. Danach dürfen diese gemäß § 34 Abs. 1 OWiG nicht mehr vollstreckt werden. Wird die Geldbuße allerdings gestundet oder ist eine Zahlungserleichterung vereinbart, ruht für diesen Zeitraum die Verjährung und wird nicht in die Verjährungsfrist einberechnet, sondern taggenau angehängt (vgl. Maltry et al. in Groth et al. 2021, PHSB T. 4 S. 44a).

4.5.5 Insolvenzverfahren und Restschuldbefreiung

Beantragt der Schuldner ein Insolvenzverfahren und bestehen gegen diesen Forderungen aus Geldbußen wegen Ordnungswidrigkeiten, die vor Eröffnung des Insolvenzverfahrens entstanden sind, so nehmen diese Forderungen gemäß § 39 Abs. 1 Nr. 3 InsO als nachrangige Insolvenzforderungen am Verfahren teil. Wie auch Geldstrafen und Wertersatzverfall werden diese erst nach vollständigem Ausgleich aller sonstigen Insolvenzforderungen inklusive Kosten und Zinsen durch den Insolvenzverwalter beziehungsweise Treuhänder bedient und sind gemäß § 302 Nr. 2 InsO von der Restschuldbefreiung ausgenommen. Kosten, Auslagen und Gebühren aus der Geltendmachung der Geldbuße unterliegen aber der Restschuldbefreiung.

Wird von den wirtschaftlichen Verhältnissen des Schuldners ausgegangen, der im Insolvenzverfahren über seine unpfändbaren Einkünfte verfügen kann, so ist diesem aus Sicht der Verwaltungsbehörde weiterhin eine Ratenzahlung zur Tilgung der Geldbuße zuzumuten (bezüglich Zahlung an Insolvenzgläubiger und Verstoß gemäß § 295 Abs. 1 Nr. 4 InsO → S. 192). Kommt der Schuldner der Ratenzahlung nicht nach, wäre als äußerstes Druckmittel die Anordnung der Erzwingungshaft in Betracht zu ziehen. Aufgrund fehlender höchstrichterlicher Rechtsprechung ist bisher nicht abschließend geklärt, ob das in §§ 89, 294 InsO normierte Vollstreckungsverbot auch für Geldbußen aus Ordnungswidrigkeiten gilt und von einer Erzwingungshaft folglich abzusehen ist. Da die Inhaftierung jedoch als reines Beugemittel ausgestaltet ist und der Freiheitsentzug keine Tilgungsvariante darstellt, leitet die überwiegende Rechtsprechung daraus ab, dass die Vollstreckung der einer vor Insolvenzeröffnung fällig gewordenen Geldbuße während eines eröffneten Insolvenzverfahrens bis zur Erteilung der Restschuldbefreiung untersagt ist (vgl. LG Stuttgart 10.6.2020 – 9 Qs 29/20, BeckRS 2020, 12104).

4.5.6 Praktische Erwägungen

Insbesondere wegen der fehlenden höchstrichterlichen Rechtsprechung ist mit dem Schuldner unter Abwägung der Risiken in einem eröffneten Insolvenzverfahren und gleichzeitig bestehender Geldbußenforderungen aus Ordnungswidrigkeiten eine Strategie im Umgang mit diesen Forderungen zu erarbeiten. Explizit ist auf das Risiko einer Vollstreckung durch Anordnung von Erzwingungshaft hinzuweisen. Idealerweise werden bestehende Geldbußen im Vorfeld eines Insolvenzverfahrens reguliert, gegebenenfalls sind diese aus dem unpfändbaren Einkommen zu tilgen. Hierbei sind auch Teilleistungen möglich, die immer auf die eigentliche Geldbuße zu leisten sind. Der Schuldner zahlt an die Behörde folglich lediglich den geschuldeten Betrag aus der ursprünglichen Geldbuße und vermerkt im Verwendungszweck unter Angabe des Kassenzeichens der Verwaltungsbehörde ausdrücklich die „Zahlung bzw. Verrechnung auf die Geldbuße". Wird dann ein Insolvenzverfahren beantragt, so bestehen gegebenenfalls noch im Insolvenzantrag anzugebende Forderungen aus Kosten, Auslagen und Gebühren, die allerdings weder durch Erzwingungshaft vollstreckt werden können, noch eine ausgenommene Forderung nach § 302 Nr. 2 InsO darstellen.

4.6 Interventionsmöglichkeiten bei rechtskräftigen Geldstrafen

„An die Stelle einer uneinbringlichen Geldstrafe tritt Freiheitsstrafe. Einem Tagessatz entspricht ein Tag Freiheitsstrafe. Das Mindestmaß der Ersatzfreiheitsstrafe ist ein Tag." (§ 43 StGB)

4.6.1 Geldstrafe und Ersatzfreiheitsstrafe

Nach Rechtskraft eines Strafurteils oder Strafbefehls gilt es ebenso, bei Zahlungsschwierigkeiten eine drohende Ersatzfreiheitsstrafe zu verhindern. Wird die verhängte Geldstrafe nicht bezahlt und bleibt die Beitreibung erfolglos, erfolgt durch die Staatsanwaltschaft die Ladung zum Antritt einer Ersatzfreiheitsstrafe. Im Gegensatz zur Erzwingungshaft führt die Ersatzfreiheitsstrafe zwar zu einer tatsächlichen Tilgung der Geldstrafe, indem ein Tagessatz durch ein Tag Haft abgesessen werden kann, allerdings stellt die Ersatzfreiheitsstrafe gleichzeitig eine erhebliche Belastung des Schuldners und einen massiven Einschnitt in seine aktuelle Lebenssituation dar:

- psychische Belastung,
- drohender Arbeitsplatzverlust,
- bei länger andauernder Haft: Wohnraumverlust,
- nicht unerhebliche Belastungen auf der familiären Beziehungsebene.

Die Schuldnerberatung sieht sich immer wieder mit Geldstrafen der Schuldner auf Grundlage folgender Straftatbestände konfrontiert:

- Körperverletzung (§ 223 StGB),
- Diebstahl (§ 242 StGB),
- (Sozialleistungs-)Betrug (§ 263 StGB),
- Beförderungserschleichung (§ 265a StGB),
- Verkehrsdelikte (beispielsweise § 21 StVG – Fahren ohne Fahrerlaubnis) oder
- Straftaten nach § 29 BtmG.

Das „Nicht-Kümmern" um die verhängte Geldstrafe führt zu deren Vollstreckung durch die Staatsanwaltschaft als Vollstreckungsbehörde (§ 459 StPO). Existenziell für Ratsuchende ist dabei die Anordnung einer Ersatzfreiheitsstrafe, die oftmals eine umfassende und nachhaltige Schuldenregulierung verhindert. Diese Problematik kann mit einer gezielten Intervention bearbeitet und gelöst werden.

4.6.2 Interventionen und Rechtsbehelfe

Folgende Rechtsbehelfe als Interventionsmöglichkeiten sind zu prüfen und auf Grundlage der vorhandenen Lebenssituation des Schuldners auf die Möglichkeit der Umsetzung zu prüfen (vgl. Maltry et al. in Groth et al. 2021, PHSB T. 4 S. 24 ff.)

- **Zahlungserleichterungen**

  Kann die Geldstrafe aufgrund der persönlichen und wirtschaftlichen Situation des Schuldners nicht vollumfänglich durch Zahlung in einer Summe beglichen werden, so kann eine Ratenzahlung oder Stundung beantragt werden. Nach Rechtskraft des Urteils entscheidet der Rechtspfleger bei der Staatsanwaltschaft als Vollstreckungsbehörde über die Bewilligung von Zahlungserleichterungen (§ 459a StPO). Der Antrag ist formlos an die Vollstreckungsbehörde zu richten. Hierbei ist sowohl die aktuelle finanzielle Situation als auch die daraus resultierende Zahlungsschwierigkeit mit geeigneten Nachweisen zu belegen. Ein zusätzliches Begleitschreiben der Schuldnerberatung, das die Angaben des Schuldners belegt, kann hilfreich sein. Eine Zahlungserleichterung kann auch schon bei der Entscheidung des Strafgerichts gewährt werden (§ 42 StGB). Wird ohne die Bewilligung einer Zahlungserleichterung die Wiedergutmachung des durch die Straftat verursachten Schadens durch den verurteilten Schuldner erheblich gefährdet (§ 42 Satz 3 StGB), kann bei längerfristigem Zahlungsaufschub gewährt werden, der die vorrangige Schadenswiedergutmachung (Opferschutz) ermöglicht.

Tilgung durch gemeinnützige Arbeit

Kann die Geldstrafe auch nicht durch Zahlungserleichterungen dauerhaft getilgt werden, so ist die Tilgung der Geldstrafe durch gemeinnützige Arbeit in Betracht zu ziehen (für Hessen: *Art. 293 EGStGB.i.Vm. der Verordnung über die Tilgung von Geldstrafen durch freie Arbeit vom 24.1.1997, GVBl. I, S. 17, i.d.F. der Verordnung vom 1.3.2015, GVBl. I, S. 124*). Der Antrag auf Umwandlung der Geldstrafe in gemeinnützige Arbeit zur Vermeidung einer Ersatzfreiheitsstrafe ist an die Staatsanwaltschaft zu richten. Dabei ist die bestehende Zahlungsunfähigkeit als Nachweis der Uneinbringlichkeit der Geldstrafe zu belegen. Die Anordnung und Umwandlung in gemeinnützige Arbeit ordnet die Staatsanwaltschaft als Vollstreckungsbehörde an (beispielsweise § 3 der o.g. Hessischen Verordnung über die Tilgung von Geldstrafen durch freie Arbeit). Erfolgt die Anordnung, entspricht ein Tagessatz der Geldstrafe (= einem Hafttag) in den meisten Bundesländern einem Stundensatz mit dem Anrechnungsfaktor von 6 Stunden gemeinnütziger Arbeit (beispielsweise § 5 der Hessischen Verordnung über die Tilgung von Geldstrafen durch freie Arbeit). Eine Geldstrafe mit 30 Tagessätzen entspricht folglich 180 Stunden gemeinnütziger Arbeit, die zur Tilgung der Geldstrafe abzuleisten sind. Eine Reduzierung des Anrechnungsfaktors auf 3 Stunden pro Tagessatz kann gegebenenfalls bei Menschen mit einer Schwerbehinderung nach § 2 Abs. 3 SGB IX oder bei Nacht- und Wochenendeinsätzen auf Antrag vorgenommen werden. Sollte der Schuldner die Restgeldstrafe während der gemeinnützigen Arbeit tilgen können, so ist dies jederzeit möglich.

Unterbleiben der Vollstreckung einer Geldstrafe bei gleichzeitiger Vollstreckung einer Freiheitsstrafe

Wird das Wiedereingliederungsziel einer zu vollstreckenden Freiheitsstrafe durch eine gleichzeitig zu vollstreckende Geldstrafe erschwert, kann gemäß § 459d StPO das Gericht anordnen, dass die Vollstreckung der Geldstrafe vollständig oder teilweise unterbleibt. Der entsprechende Antrag ist durch den Geldstrafenschuldner gemäß §§ 462, 462a StPO an das Gericht zu richten. Mit dem Antrag ist aufzuzeigen, inwieweit die Geldstrafenvollstreckung das Resozialisierungsziel nachhaltig gefährdet. Als Beispiel sind hier der Erhalt des Arbeitsplatzes des auf Bewährung entlassenen Straftäters (§ 57 StGB) oder eine laufende Schuldensanierung zu nennen, die durch eine erneute Inhaftierung (hier: Ersatzfreiheitsstrafe) bedroht sind.

■ **Unterblieben der Vollstreckung einer Ersatzfreiheitsstrafe wegen unbilliger Härte**

Das Gericht kann gemäß § 459f StPO anordnen, dass die Vollstreckung der Ersatzfreiheitsstrafe unterbleibt, wenn die Vollstreckung für den verurteilten Schuldner eine unbillige Härte darstellt. Der entsprechende Antrag ist durch den Geldstrafenschuldner gemäß §§ 462, 462a StPO an das Gericht zu richten. Auch in diesem Antrag ist detailliert zu erläutern, welche Umstände in der Lebenssituation des Verurteilten zu einer Nichtzahlung der Geldstrafe geführt haben und aus welchen Gründen auch ein Abarbeiten durch Umwandlung in gemeinnützige Arbeit nicht möglich war bzw. ist. Gleichzeitig ist in einer Prognose auszuführen, inwieweit überhaupt Tilgungsaussichten der Geldstrafe bestehen und welche nicht zuzumutenden Konsequenzen die Tilgung der Geldstrafe durch Inhaftierung nach sich ziehen wird.

■ **Gnadenerweis**

Sind alle vorgenannten Interventionsmöglichkeiten ausgeschöpft, kann auf Gnadenantrag des Verurteilten oder Dritter die Staatsanwaltschaft als Gnadenbehörde über einen (Teil-) Erlass oder die Aussetzung der Geldstrafe zur Bewährung im Gnadenweg entscheiden. Der Gnadenantrag wird nur Erfolg haben, wenn die außergewöhnlichen Gründe und besonderen Umstände erst nach Rechtskraft der Geldstrafe entstanden oder bekannt geworden sind (beispielsweise ist aufgrund aktueller Therapiebelastung des verurteilten Schuldners in Verbindung mit laufenden Ausbildungsmaßnahmen die Tilgung der Geldstrafe weder durch Zahlungserleichterung noch Umwandlung in gemeinnütziger Arbeit möglich).

5. Hauswirtschaftliche Beratung

> „Die Sicherung des laufenden Lebensunterhalts eines Klienten ist die erste und vorrangige Aufgabe jeglicher Schuldnerberatung" (Groth/Schulz/Schulz-Rackoll, S. 105).

Eine fundierte Analyse der aktuellen hauswirtschaftlichen Situation und eine daraus resultierende nachhaltige Budgetberatung und Haushaltsplanung bildet die Basis für eine perspektivisch erfolgreiche Entschuldung. Der oftmals vorhandenen Erwartungshaltung der Ratsuchenden, eine zeitnahe und zügige Entschuldung mit Hilfe der Schuldnerberatung zu erhalten, steht der umfassende Blick auf die vorhandene hauswirtschaftliche Situation entgegen. Dies kann nicht nur als Verzögerung im Beratungsprozess, sondern auch als Behinderung in der Verwirklichung des Ziels einer Entschuldung der Ratsuchenden erlebt werden. Aufgabe der Schuldnerberatung ist die aktuelle Einnahmen- und Ausgabensituation möglichst genau mit den Ratsuchenden zu erfassen und daraus gemeinsam kurz-, mittel- und / oder langfristige Handlungsstrategien zu entwickeln. Nur so ist ein Auskommen mit dem Einkommen und das Verhindern einer möglichen Neuverschuldung zu erreichen.

Als kurz- und mittelfristige Handlungsbedarfe in der vorliegenden hauswirtschaftlichen Situation ist die Sicherung der Existenz des Ratsuchenden zu nennen (→

S. 93 ff.). Als Beispiel mittel- und langfristiger Handlungsbedarfe ist der Umgang mit Geld zu nennen, auf den im weiteren Verlauf dieses Kapitels noch eingegangen wird.

Allen zu entwickelnden Handlungsbedarfen gemeinsam ist die Notwendigkeit einer Diagnose der aktuellen und wenn möglich auch zukünftigen Haushaltssituation. Dies kann nur gelingen, wenn die grundlegende Bedeutung der Budget- und Haushaltsberatung als Basis einer erfolgreichen Entschuldung den Ratsuchenden vermittelt werden kann. Hierbei ist zu beachten, dass insbesondere das Thema „Umgang mit Geld" im Beratungskontext für die Ratsuchenden als ein Stigma, „sie könnten nicht mit Geld umgehen" erlebt werden kann (vgl. Maltry et al. in Groth et al. 2021, PHSB T. 3 S. 29). Aufgrund der eingetretenen Überschuldungssituation sind Ratsuchende regelmäßig in akuten finanziellen Notlagen, und das Ausgabeverhalten entspricht nicht mehr der aktuellen Einnahmesituation. Allerdings ist dies nur selten die Folge fehlender Kenntnisse im Umgang mit Geld. Vielmehr sollte hier im Rahmen der Beratung ein Augenmerk auf die Ursache der vorliegenden Überschuldungssituation gerichtet werden. Wie oben (→ S. 90 ff.) schon ausgeführt, resultiert die akute Schieflage der Einnahmen- und Ausgabensituation vorwiegend durch die eingetretenen Faktoren von Arbeitslosigkeit, Trennung, Scheidung, Erkrankung etc.

Eine entsprechende Einordnung der Berater in den Beratungsprozess und die Erläuterung, aus welchen Gründen eine fundierte Haushaltsberatung sinnvoll erscheint, kann den Ratsuchenden das Gefühl eines eigenen „haushaltstechnischen Versagens" nehmen und förderlich für eine gute und vertrauensvolle Beratungsbeziehung sein. Gleichzeitig ist zu vermitteln, dass Schuldnerberatung nicht das zukünftige Ausgabeverhalten bestimmt, sondern die Ratsuchenden immer unter der Prämisse eigenverantwortlichen Handelns vorausschauend und ressourcenorientiert entscheiden. Entsprechend der oben (→ S. 53 ff.) ausgeführten Grundsätze der sozialen Schuldnerberatung sind die Ratsuchenden in den Beratungsprozess involviert und in der Lage, unter Abwägung der erarbeiteten Risiken und Chancen bewusste Entscheidungen zu treffen. Unberücksichtigt darf hierbei nicht die Tatsache bleiben, dass die überwiegende Mehrheit der Ratsuchenden schon viele Jahre selbstständig wirtschaften und somit ihre eigenen Strategien hinsichtlich Umschichtungen von Einkommen und den Einsparungen von Ausgaben entwickelt haben und somit auch „Experten in eigener Sache" sind (Mantseris 2012, S. 69).

Dies wiederum ist Voraussetzung, umfassende Informationen über die Haushaltslage zu erhalten und den Umgang des Ratsuchenden mit den zur Verfügung stehenden Mitteln einschätzen zu können. Auf Grundlage der vorliegenden Informationen ist in Form eines Haushaltsplans eine Gegenüberstellung von Einnahmen und Ausgaben vorzunehmen. Dieser ermöglicht es gemeinsam mit den Ratsuchenden, weiterführende Handlungsziele zu benennen, die daraus resultierenden Interventionsmöglichkeiten zu erarbeiten und umzusetzen. Ebenso lassen sich mögliche finanzielle Risiken und Konsequenzen verdeutlichen.

5.1 Einnahmen des Ratsuchenden

Die Erfassung der finanziellen Einnahmensituation dient nicht nur der Einschätzung zukünftig verwertbarer Einkommensanteile zur Schuldenregulierung, sondern vor allem einer Bestandsaufnahme, die eine Sicherung der materiellen Lebensgrundlagen der Ratsuchenden und ihrer Familien ermöglichen soll. Unter folgenden Fragestellungen des Beraters an sich kann eine Analyse der Einnahmen gelingen:

■ *Über welche Einnahmen verfügen die Ratsuchenden und die im Haushalt lebenden Personen?*

Es sind alle Einnahmen zu erfassen, die dem Haushalt zufließen. Dies sind neben Einnahmen aus (sozialversicherungspflichtigem) Erwerbseinkommen und Rentenbezügen aller Art auch die Einnahmen aus Kindergeld, Elterngeld, Wohngeld, Unterhalt, weiteren Sozialleistungen nach dem SGB II und XII etc.

■ *Sind die vorhandenen Einnahmen auf Dauer angelegt, oder sind Veränderungen absehbar und zu erwarten?*

Es ist zu besprechen, inwieweit insbesondere Anstellungsverhältnisse einer zeitlichen Befristung unterliegen und wie die weitere Perspektive sein kann. Nicht nur zur Sicherung der Existenz der Ratsuchenden ist dieser Aspekt wichtig. Die Möglichkeit, im Rahmen der Beratung hierfür einen Raum für weitere Vorgehensweise zu eröffnen, kann die Angst vor dem bevorstehenden Arbeitsplatzverlust und dem daraus sich ergebenden psychosozialen Druck thematisieren. Gemeinsam können dann die weiteren Schritte als zukünftige Intervention besprochen und geplant werden. Exemplarisch sind hier die mögliche Sondierung des Arbeitsmarkts und Bewerbung, das offensive Suchen eines Gesprächs mit Vorgesetzten zur Verlängerung des Arbeitsvertrags, aber auch die Beantragung von sozialen Transferleistungen zu nennen.

■ *Unterliegen die Einnahmen Schwankungen?*

Eine langfristige Stabilisierung der Haushaltssituation ist nur durch eine (planbare) Sicherstellung der zukünftigen Einnahmen zu erreichen. Mit den Ratsuchenden ist folglich zu prüfen, inwieweit die Einnahmen Schwankungen unterliegen. Dies ist insbesondere bei monatlichem Erwerbseinkommen inklusive Schichtzulagen, bei Anstellungsverhältnissen, die nach geleisteten Stunden vergütet werden, oder saisonbedingtem Schlechtwettergeld / Saison-Kurzarbeitergeld der Fall. Entsprechende Veränderungen sind in der Haushaltsplanung so zu berücksichtigen, dass in den Monaten mit niedrigeren Einkünften trotzdem die Existenz gesichert ist. Inwieweit Rücklagen hierfür im Vorfeld gebildet werden können, muss ebenfalls geklärt werden.

■ *Können die Einnahmen dauerhaft erhöht werden?*

Eine detaillierte Kenntnis der Einnahmen und Ausgaben ermöglicht der Schuldnerberatung zu prüfen, ob zumindest ergänzende Ansprüche auf Sozialleistungen bestehen. Hierbei geht es in erster Linie nicht um die exakte Berechnung zukünftig zu gewährender Leistungen, sondern um eine erste Einschätzung, ob eine Beantragung erfolgversprechend sein kann. Neben den Leistungen nach dem SGB II und SGB XII sind speziell für Familien zu berücksichtigen: Mutterschaftsgeld, Elterngeld, Kindergeld, Kinderzuschlag, Unterhaltsvorschuss, Wohngeld bzw. Lastenzuschuss und Leistungen nach dem Bildungs- und Teilhabepaket nach dem SGB II, SGB XII, BKKG oder AsylbLG.

Exkurs: „Fall Für" und „Fall mit" im Sozialleistungsbezug

Im Rahmen der Analyse kann seitens der Schuldnerberatung geprüft werden, ob in der vorliegenden Konstellation ein „Fall von" Ansprüchen auf Sozialleistungen besteht. Gemeinsam mit den Ratsuchenden ist dann in der Dimension des „Fall mit" zu thematisieren, welche Unterstützungsleistung benötigt wird, um die Beantragung der Ansprüche realisieren zu können. Nicht selten überfordert die Beantragung von sozialen Transferleistungen die Ratsuchenden. Hindernisse können hier Sprachbarrieren, die weitreichenden Auskunfts- und Mitwirkungspflichten, aber auch die vielleicht bisher gemachten negativen Erfahrungen im Umgang mit Behörden sein. Aufgabe der Schuldnerberatung ist es, Hinderungsgründe mit den Ratsuchenden zu erarbeiten und geeignete Lösungswege zu entwickeln. Manche Schuldnerberatungsstellen können hier durch ehrenamtliche Mitarbeiter Hilfestellungen anbieten; für eine umfassende Unterstützungsleistung bei der Beantragung von sozialen Transferleistungen fehlt in aller Regel die finanzielle Ausstattung der Schuldnerberatungsstellen. Eventuell kann hier auf weitere Beratungseinrichtungen verwiesen werden, die ein entsprechendes Unterstützungsangebot für Ratsuchende vorhalten.

5.2 Ausgaben der Ratsuchenden

Im Gegensatz zu dem oftmals schnell zu erarbeitenden Überblick der aktuellen Einnahmensituation stellt sich die Erhebung der gegenwärtigen Ausgabenlage in großen Teilen als diffizil dar. In der Analyse der Ausgabensituation ist zwischen fixen und variablen / variierbaren Kosten zu unterscheiden.

Fixkosten im Rahmen der Haushaltsberatung sind alle Ausgaben, die auf der Grundlage vertraglicher Vereinbarungen, sowohl hinsichtlich der regelmäßig wiederkehrenden Höhe der fälligen Verpflichtung als auch für eine (un-)bestimmte Vertragslaufzeit festgelegt sind. Dies betrifft in erster Linie Zahlungen für den angemieteten Wohnraum und die damit einhergehenden Versorgungsleistungen für Strom, Wasser, Gas und Wärme. Diese sind immer mit der höchsten Priorität zu berücksichtigen. Liegen hier Zahlungsstörungen vor, sind diese kurzfristig zu thematisieren und entsprechende Interventionsmöglichkeiten zu erarbeiten, da sonst eine nachhaltige Stabilisierung der Lebenssituation der Ratsuchenden nicht gewährleistet werden kann und eine Existenzgefährdung besteht. Darüber hinaus umfassen die weiteren Fixkosten:

- Ausgaben für Kinder (Betreuungskosten und Unterhaltsleistungen),
- Aufwendungen für Mobilität (Fahrtkosten inklusive Kosten für Kfz),
- Kosten für Versicherungen,
- Kosten für Kommunikation (Telefon und Internet).
- Ausgaben für Zahlungen im Rahmen von Kreditverpflichtungen und Ratenzahlungen an Gläubiger.

Im Gegensatz zu den aufgeführten fixen Kosten umfassen die variablen Ausgaben alle Belastungen, die monatlich anfallen und in der Höhe variieren können. Hierzu sind vor allem Ausgaben für Ernährung, Hygiene, medikamentöse Versorgung, aber auch Konsum, Freizeit und Hobby zu nennen. Die Erfassung dieser Daten basiert in einem ersten Schritt lediglich auf den Erfahrungen und Angaben der jeweiligen Ratsuchenden und sind auch mittelfristig seitens der Schuldnerberatung immer wieder im Blick zu behalten.

5.3 Haushaltsplan/Haushaltsbogen

Wie oben beschrieben werden im Rahmen der hauswirtschaftlichen Beratung die erhobenen Daten in einem Haushaltsplan erfasst, in dem die monatlichen Einnahmen und Ausgaben gegenübergestellt sind (Muster (→ S. 287 f.). Dies kann im Beratungsprozess gemeinsam mit den Ratsuchenden erfolgen, sodass hier eine die notwendige Transparenz gewährleistet ist und gemeinsam Rückschlüsse aus den Angaben gezogen werden können. Insbesondere bei der Angabe der Ausgaben ist darauf zu achten, ob einzelne Ausgabenposten nicht monatlich, sondern in viertel-, halb- oder jährlichen Zeiträumen geleistet werden müssen. Diese sind zwingend auf den Haushaltsmonat umzulegen und gemeinsam zu thematisieren, wie diese zum Fälligkeitszeitpunkt geleistet werden können. Erfolgt die monatsweise Umlage dieser Kosten nicht, so können diese anstehenden Zahlungen zu einem Scheitern der bisherigen Haushaltsplanung führen. Rücklagen, die im Rahmen einer perspektivischen Planung getätigt werden, sind zu besprechen. Eine erfolgreiche Gegenüberstellung der Einnahmen und Ausgabensituation führt meist zu einem der vier folgenden Ergebnisse:

■ Alle existenzsichernden Ausgaben sind durch die Einnahmen gedeckt. Der Haushalt ist auch unter Berücksichtigung möglicher anstehender Veränderungen in der Einnahme- und Ausgabesituation stabil. Hieraus ergibt sich kein weiterer kurz- oder mittelfristiger Handlungsbedarf.

■ Die erwirtschafteten und zur Verfügung stehenden Einnahmen und gegebenenfalls gewährten sozialen Transferleistungen reichen gerade so aus, die notwendigen Ausgaben zu decken. Die Versorgung ist zwar gesichert, allerdings können kleinste Veränderungen im Einnahme- und Ausgabeverhalten das vorhandene Haushaltskonstrukt zum Scheitern bringen. Da in der Regel die Einnahmenseite nicht kurzfristig weiter erhöht werden kann, ist zur Vermeidung einer entstehenden Schieflage mittelfristig eine intensive Diskussion hinsichtlich der Ausgabenseite zu führen. In Einzelfällen kann auch eine Optimierung einzelner Ausgaben zu einer Verringerung der Ausgabensituation führen. Dies umfasst neben der Prüfung von bestehenden Versicherungsverträgen und deren Beitragsfreistellung auch die perspektivische Kündigung von Verträgen. Hinsichtlich der variablen Ausgaben kann gemeinsam besprochen werden, für welche Dinge und in welchen Situationen Geld ausgegeben wird und wo die Ratsuchenden eigene Einsparpotenziale sehen.

■ Stellt sich das Haushaltsbudget als so desolat dar, dass auch unter Berücksichtigung möglicher sozialer Transferleistungen ein dauerhaftes Minus in der Haushaltskasse erwirtschaftet wird, besteht kurz- und mittelfristiger Handlungsbedarf. Resultiert die haushaltstechnische Schieflage aus den Fixkosten, insbesondere für Aufwendungen aus Miete inklusive Nebenkosten, und sind diese auf Basis der grundsicherungsrechtlichen Vorschriften auch nicht angemessen, so ist die räumliche Veränderung zu thematisieren. Gleiches gilt beispielsweise für (Finanzierungs-)Kosten des Autos. Neben möglichen Statusgedanken ist die Frage zu formulieren, ob das Auto notwendig für die Versorgung der Familie und / oder Aufrechterhaltung der Erwerbstätigkeit ist. „In diesem Augenblick beginnt neben der rein wirtschaftlichen Beratung die psychosoziale Beratung." (Mantseris 2012, S. 70) Zwar kann eine entsprechende Veränderung der Fixkosten einen mehr als positiven Effekt für das Haushaltsbudget haben. Allerdings sind im Rahmen der Beratung die daraus resultierenden Chancen und Konsequenzen mit den Ratsuchenden und das bestehende familiäre System ausführlich zu thematisieren. Gleiches gilt bei Ratenzahlungen, die weiterhin an den Gläubiger gezahlt werden. Eine Einstellung von Zahlungen hätte zur Folge, dass die dann (wieder) fällige Forderung angemahnt und in absehbarer Zeit vollstreckt werden kann. Aufgabe der Beratung ist es auch hier, mögliche Sorgen und Ängste der Ratsuchenden wahrzunehmen und zu besprechen. Die Schuldnerberatung kann mit Blick in die Zukunft Handlungsstrategien des Umgangs mit dem wachsenden Druck der Gläubiger, den drohenden Zwangsvollstreckungsmaßnahmen, aber auch Möglichkeiten des Schuldnerschutzes frühzeitig besprechen und ihre Unterstützung im Beratungsprozess zusagen. Darüber hinaus kann schon während der Haushaltsberatung ein Augenmerk auf die eigene Haltung des Ratsuchenden zur Haushalts- und Überschuldungssituation gerichtet werden. Entscheidungen, die eine wesentliche Veränderung mit sich bringen, betreffen nicht nur die eigene Identität, sondern beeinflussen nachhaltig Lebensperspektiven (vgl. Mantseris 2012, S. 71). Verbunden mit dem Gefühl des eigenen Scheiterns wird ein gesellschaftlicher Druck empfunden, die Verbindlichkeiten bezahlen zu müssen, oder aber beispielsweise den Kindern weiterhin die gewohnte Umgebung bieten zu können, auch wenn diese faktisch nicht leistbar ist. Inwieweit Ausgaben gekürzt werden, und mit welcher Priorität, wird durch die Ratsuchenden zu entscheiden sein. Hier zeigt die Praxis, dass Ratsuchende oftmals mit einer hohen Selbstreflexion Entscheidungen treffen, die langfristig zu einer positiven Veränderung der Situation führen.

▪ Ist abzusehen, dass mittel- und langfristig trotz Umsetzung aller Möglichkeiten der Einnahmensteigerung bei gleichzeitiger Ausgabenreduzierung kein ausgeglichener Haushalt erzielt werden kann, so ist ein letzter Ansatzpunkt die Thematisierung des Ausgabeverhaltens der Ratsuchenden. Oftmals ist den Ratsuchenden selbst nicht bewusst, für was das knapp bemessene Geld ausgegeben wird. Hier kann das Führen eines Haushaltsbuches und die damit einhergehende längerfristige Begleitung, Beobachtung und Besprechung in den Schuldnerberatungsterminen eine hilfreiches Unterstützungsangebot darstellen. Das Erkennen, in welchen Bereichen für was Gelder ausgegeben wird, ermöglicht den Ratsuchenden eine Reflexion des eigenen Handelns und eine bewusste Entscheidung, Veränderungen herbeizuführen. Im Rahmen diese Beratungsprozesses ist durch die Schuldnerberatung ausdrücklich darauf hinzuweisen, dass die Thematisierung des „Umgangs mit Geld" bis zu einer möglichen Veränderungsmotivation einen langfristigen Beratungsprozess und gegebenenfalls im ersten Schritt ein Leben mit den Schulden bedeutet. Oberste Priorität ist die Sicherung der Existenzgrundlage durch positive Veränderung der hauswirtschaftlichen Situation. Folglich kann Neuverschuldung verhindert werden und in einem weiteren Schritt eine Entschuldungsstrategie und deren Umsetzung angegangen werden.

Das Führen eines Haushaltsbuchs, die mittlerweile auch als Applikationen für die Smartphones verfügbar sind, erfordert aber eine „ständige Disziplin aller beteiligten Haushaltsmitglieder" (vgl. Maltry et al. in Groth et al. 2021, PHSB T. 3 S. 32). Es sind sowohl alle Einnahmen und alle Ausgaben zu erfassen und zu belegen. Inwieweit hier die Schuldnerberatung eine Kontrollfunktion einnimmt, ist mit den Ratsuchenden zu thematisieren. Auch erscheint es als sinnvoll, vor einer aktiven Entscheidung der Ratsuchenden zum Führen eines Haushaltsbuches über mögliches Scheitern zu sprechen. Keinesfalls darf gelingende Schuldnerberatung mit einer erfolgreichen Haushaltsbuchführung verbunden werden.

Als Alternative zur Führung eines Haushaltsbuches ist eine gemeinsam entwickelte wöchentliche Einteilung der im jeweiligen Monat eingehenden Einkünfte denkbar. Insbesondere bei einem Einkommen ohne weitere Einnahmen empfiehlt sich hier nach Abzug aller Fixkosten die Unterteilung in die Anzahl der Wochen pro Monat. Wie und wo die eingeteilten Monatsrücklage aufbewahrt werden, entscheiden die Ratsuchenden für sich. Einige legen sich Umschläge an, andere „hinterlegen" die Beträge extern bei ihrer Familie, sodass ein spontanes Verwerten der Beträge einen höheren Aufwand bedeutet. Wenn neben einem Haupteinkommen weitere Leistungen zu unterschiedlichen Stichtagen eingehen (beispielsweise Kindergeld, Wohngeld, Gehalt des Partners, Unterhaltsvorschuss) erscheint eine Einteilung für die jeweiligen Zeiträume als praktikable Variante. Immer unter der Prämisse, dass die existenzsichernden Verpflichtungen wie Miete und Strom fristgerecht geleistet werden, ist eine Einteilung und Bildung von Rücklagen für die nächsten Tage eine umsetzbare Lösungsstrategie.

Fall Rita:

Die vorliegende Übersicht der Einnahmen und Ausgaben ist gemeinsam mit der Ratsuchenden Rita nochmals auf Aktualität und Vollständigkeit zu besprechen. Da akut die Existenz durch Mietschulden gefährdet ist, ist sicherzustellen, dass die zukünftigen Mieten gezahlt werden können. Die Möglichkeiten zum Umgang mit den Mietschulden sind → S. 98 ff. zu entnehmen. Ein Verzicht auf das Auto ist nicht realisierbar, da dieses für das Aufrechterhalten der Erwerbstätigkeit benötigt wird. Inwieweit der Arbeitsplatz mit öffentlichen Verkehrsmitteln erreicht werden kann, ist zu besprechen. Sollte eine Verlängerung des Arbeitsvertrages nicht erfolgen, so wäre zu prüfen, ob Anspruch auf Arbeitslosengeld nach dem SGB III besteht. Die Forderung aus der Unterhaltsverpflichtung wäre mittelfristig auch hinsichtlich einer Konsolidierung des Haushalts anzugehen. Entsprechend den Ausführungen in → S. 129 f. kann hier der Unterhaltsbetrag an die Leistungsfähigkeit von Rita angepasst werden. Anderweitige Reduzierungen von Ausgaben sind auf Basis der bekannten Haushaltsdaten nicht ersichtlich. Hinsichtlich der Einkommenssituation ist zu prüfen, inwieweit ergänzende

Leistungen nach dem SGB II oder hilfsweise Wohngeld und Kinderzuschlag beantragt werden kann. Mittelfristig ist die Betreuungssituation der Tochter Ronja anzugehen. Eine gesicherte Betreuung ermöglicht perspektivisch eine Erhöhung des Haushaltseinkommens durch Aufnahme einer Erwerbstätigkeit von Robert. Allein die Einnahmen aus einer geringfügigen Beschäftigung ermöglichen der Familie wieder etwas Luft in der Haushaltssituation.

Fall Katharina:

Die Einkommenssituation von Katharina ist auf den ersten Blick gut. Auch die Höhe der fixen Kosten für Miete, Strom etc. erscheint leistbar. Für eine Entschuldungsperspektive ist mit Katharina zu erarbeiten, dass ein monatlich pfändbarer Betrag gemäß der Pfändungstabelle (Fassung gültig ab 1.7.2021) zu § 850c ZPO in Höhe von 873,15 EUR bei einem Nettoeinkommen von 2.500,00 EUR für die Gläubiger abgezogen werden muss. Ein nachhaltig funktionierender Haushaltsplan geht somit von einem zur Verfügung stehenden Einkommen in Höhe von 1.626,85 EUR aus. Demgegenüber stehen aktuell Ausgaben in Höhe von 1.328,00 EUR, weitere Lebenshaltungskosten für Ernährung und Hygiene sind hierbei nicht enthalten. Aus der Fallschilderung geht darüber hinaus hervor, dass Katharina sehr auf die Erfüllung ihrer materiellen Träume fokussiert ist. Diese sind ohne eine Neuverschuldung dauerhaft nicht realisierbar. Im Rahmen der Schuldnerberatung ist folglich das Konsumverhalten in Verbindung mit den Wünschen und Hoffnungen zu thematisieren. Vom Ergebnis und der Entscheidung, ob hier eine Veränderungsmotivation besteht, ist der weitere Verlauf der Schuldnerberatung und einer Entschuldung abhängig. Eine dauerhafte Neuverschuldung steht einer Entschuldungsperspektive im Weg und kann aus Sicht der Schuldnerberatung nicht mitgetragen werden. Hinsichtlich der Reduzierung von Fixkosten ist die Ratenzahlung an das Inkassobüro D (kurzfristige Veränderung möglich), das Fitnessstudio (mittelfristig) und auch die möglicherweise sehr kostenintensive Wohnung (langfristig) zu thematisieren.

Literatur zur Einführung

Ansen, Harald (2018): Soziale Schuldnerberatung. Prävention und Intervention. Stuttgart: Kohlhammer
Einführendes Lehrbuch zur Schuldnerberatung in der Sozialen Arbeit
Arbeitsgemeinschaft Schuldnerberatung der Verbände (AGSBV, Hrsg.) (2018a): Konzept einer Soziale Schuldnerberatung. Aachen
Konzeptionelle Grundlage der Schuldnerberatung aus der Sicht der Verbände
Herten, Agnes/Monshausen, Petra (2012): Erstkontakte und Erstgespräche. In: Gastiger, Sigmund/Stark, Marius: Schuldnerberatung – eine ganzheitliche Aufgabe für methodische Sozialarbeit. Freiburg im Breisgau: Lambertus
Einführender Sammelbandbeitrag zur Eingangsphase
Langenbahn, Martin (2012): Krisenintervention. In: Gastiger, Sigmund/Stark, Marius: Schuldnerberatung – eine ganzheitliche Aufgabe für methodische Sozialarbeit. Freiburg im Breisgau: Lambertus
Umfangreicher Sammelbandbeitrag zur Krisenintervention
Mantseris, Nicolas (2012): Haushaltsplanung/Budgetberatung. In: Gastiger, Sigmund/Stark, Marius: Schuldnerberatung – eine ganzheitliche Aufgabe für methodische Sozialarbeit. Freiburg im Breisgau: Lambertus

Einführender Sammelbandbeitrag zur Haushalts- und Budgetplanung
Schlag, Roman (2020): Der Kern der Arbeit ist immer die Schuldnerberatung und die psychosoziale Begleitung. In: Sozialmagazin. Die Zeitschrift für Soziale Arbeit. (45. Jahrgang, Heft 5-6, Seite 30-36). Weinheim: Beltz Juventa
Interview mit dem Sprecher der AGSBV zur sozialen Schuldnerberatung

Weiterführende Literatur

Fasselt, Ursula/Schellhorn, Helmut (Hrsg.) (2021): Handbuch Sozialrechtsberatung. 6. Auflage. Baden-Baden: Nomos
Thematisch und nach Lebenslagen gegliedertes Nachschlagewerk zu Sozialleistungen
Groth, Ulf/Homann, Carsten/Hornung, Rita/Maltry, Christian/Peters, Sally/Richter, Claus/Tiffe, Achim/Zimmermann, Dieter/Zipf, Thomas (2021): Praxishandbuch Schuldnerberatung. Loseblattsammlung. 30. Ergänzungslieferung. Köln: Wolters Kluwer
Standardnachschlagewerk der Praxis im Handbuchformat als Loseblattwerk, vorrangig zu rechtlichen Inhalten einer Schuldnerberatung

Kapitel 4: Phasen in der Beratung: soziale und rechtliche Diagnose

Zusammenfassung

Diese Kapitel befasst sich mit den Schulden und der Entschuldung. Zu Beginn werden die Grundlagen einer Forderungsprüfung dargestellt. Dem folgt die Entwicklung der zu verfolgenden Strategie nach, die persönliche, psychosoziale, wirtschaftliche und berufliche Faktoren berücksichtigen muss. Danach werden die verschiedenen Entschuldungsmöglichkeiten inklusive des Insolvenz- und Restschuldbefreiungsverfahrens erörtert.

1. Überblick über Schulden und Forderungsprüfung

1.1 Überblick

Schon seit jeher stellt die Überprüfung von Forderungen einen wesentlichen Teil der Schuldnerberatung dar (vgl. Groth 1991, 97; Ansen 2018, S. 75). Zimmermann (in Groth et al. 2021, PHSB T. 3 S. 21) formuliert daher richtigerweise, dass die Schuldunterlagen „daraufhin zu prüfen [sind], ob die Gläubigerforderung zu Recht besteht". Diese rechtliche Vorprüfung verlange „rechtliches Grundwissen, kaufmännisches Gespür und Praxiserfahrung". Im Sinne der Dimension „Fall für" im Rahmen der Multiperspektive (→ S. 61 ff.) müsse Schuldnerberatung in einem Konsultationsmodell mit Rechtsanwälten und der Verbraucherberatung zusammenarbeiten.

Die Forderungsprüfung hat im Zuge der Einführung eines Verbraucherinsolvenz- und Restschuldbefreiungsverfahrens (→ S. 185 ff.) erheblich an Bedeutung verloren. Sie ist zeitaufwendig und vor dem Hintergrund des Entschuldungsverfahrens komme es „ja auf den einen oder anderen Euro nicht an. Der Fall geht eh in die InsO". So lassen selbst gestandene Schuldnerberaterinnen und Schuldnerberater gelegentlich in Weiterbildungen verlauten. Zuletzt hat diese Frage vor dem Hintergrund der Inkassokosten eine neue Dynamik erfahren (→ S. 148 f.).

1.2 Forderungsprüfung

1.2.1 Unterlagen des Ratsuchenden und Forderungsaufstellungen der Gläubiger

In der Praxis kann eine Forderungsprüfung nur dann durchgeführt werden, wenn die erforderlichen Unterlagen für jede einzelne Forderung vorliegen. Regelmäßig reichen hierfür die Unterlagen des Ratsuchenden nicht aus, sodass eine aktuelle Forderungsaufstellung bei den Gläubigern angefordert werden muss. Hier wird der Gläubiger in rechtsgeschäftlicher Vertretung angeschrieben, und um Übersendung einer aktuellen Aufstellung aufgeteilt nach Hauptforderung, Zinsen und Kosten gebeten. Ist ein außergerichtlicher Einigungsversuch nach § 305 InsO geplant, besteht auf die kostenfreie Übersendung ein einklagbarer Anspruch (§ 305 Abs. 2 S. 2 InsO). Werden sodann Forderungsaufstellungen vorgelegt, so unterscheiden diese sich regelmäßig in Umfang und Inhalt:

- einfache Forderungsaufstellungen mit der Angabe von Hauptforderung, Zinsen und Kosten (sog. Dreizeiler), Muster → S. 289;
- ausführliche Forderungsaufstellungen mit Zins- und Kostenverlauf, Muster → S. 290 ff.

Nur bei Letzterer ist überhaupt eine rechtliche Nachprüfung bspw. der Zinsberechnung möglich.

1.2.2 Prüfungsschwerpunkte

Schaut man in die Literatur hinsichtlich der Prüfungsschwerpunkte, so lassen sich zwei Bereiche identifizieren (vgl. Zimmermann in Groth et al. 2021, PHSB T. 3 S. 21):

1. Im ersten Bereich geht es um Mängel, die schon bei der Begründung der Forderung entstanden sind:
   - Geschäftsfähigkeit und beschränkte Geschäftsfähigkeit des Ratsuchenden (§§ 104 ff. BGB)
   - Sittenwidrigkeit von Verträgen, insbesondere Kreditverträgen, und von Bürgschaften (§ 138 BGB)
   - Anfechtbarkeit einer Willenserklärung wegen arglistiger Täuschung (§ 123 BGB)
   - Widerrufsrecht bei Verbraucherverträgen (§ 355 BGB)
2. Im zweiten Bereich treten die Mängel auf, die nach der Begründung der Forderung entstanden sind. Hierzu zählen insbesondere die Folgen des Schuldnerverzugs als Leistungsstörung, § 286 BGB:
   - Verjährung der Forderung (§§ 194 ff. BGB)
   - Verzugszinsen (§ 288 BGB)
   - Mahnkosten & Verzugsschadenersatz, insbesondere Inkassokosten (§§ 280, 286 BGB)

1.2.3 Inkassokosten

In der Praxis derzeit sehr im Fokus sind die Inkassokosten, also die Kosten, die ein zugelassenes Inkassounternehmen (§ 11 RDG) für vom Gläubiger beauftragte Inkassodienstleistungen (Rechtsdienstleistung, § 2 Abs. 2 RDG) gegenüber dem im Zahlungsverzug befindlichen Schuldner als Schaden (§§ 280 Abs. 1, 286 BGB) in Rechnung stellt (vgl. Homann 2020, S. 159). Ein Konflikt besteht hier regelmäßig mit der sogenannten Schadensminderungspflicht (§ 254 Abs. 2 BGB), also der Verpflichtung des Gläubigers, beim Schuldner einen besonders hohen Schaden durch geeignete Maßnahmen zu verhindern (vgl. Homann 2020, S. 160 f.). Dies rührt daher, dass das Inkassounternehmen (IKU) ein eigenes Interesse an der Erzielung von Gewinnen hat, dabei aber eigentlich die Schadensminderungspflicht beachten müsste. Somit entsteht immer wieder Streit darüber, ob eine konkrete Maßnahme eines Inkassoinstituts (beispielsweise Mahnung der Zahlung, Angebot auf Ratenzahlungsvereinbarung, Hausbesuch, Titulierung der Forderung) notwendig war und dem Schuldner in Rechnung gestellt werden kann (vgl. zum ganzen Maltry/Zimmermann in Groth et al. 2021, PHSB T. 4 S. 55 ff.).

Zur Beurteilung der Berechtigung von Inkassokosten hat der Arbeitskreis Inkassowatch (www.inkassowatch.org, 15.3.2022) ein Prüfschema entwickelt (AK Inkassowatch 2022), welches gewissermaßen eine Anleitung zur konkreten Überprüfung von Forderungsaufstellungen eines Inkassounternehmens. Diese gliedert sich in zwei Prüfungsschritte und mehrere Unterschritte:

- *Prüfungsschritt 1: Muss der Schuldner dem Gläubiger die geltend gemachten Inkassokosten überhaupt als Verzugsschaden gemäß §§ 286, 280 BGB ersetzen?*

  In diesem Schritt wird die Eintragung des IKU in das Rechtsdienstleistungsregister (§ 16 RDG), die Berechtigung der Hauptforderung, die Notwendigkeit einer Mahnung vor dem Verzugseintritt, die Kenntnis des Gläubigers von Zahlungsunwilligkeit bzw. Zahlungsunfähigkeit, die Erfüllung der Darlegungs- und Informationspflichten (§ 13a RDG) oder die konzernmäßige Verbindung i.S.d. Aktiengesetzes zwischen Gläubiger und IKU überprüft. Sind diese Prüfungspunkte abgearbeitet, steht fest, ob der Schuldner dem Grunde nach Inkassokosten schuldet oder nicht.

- *Prüfungsschritt 2: Sind Inkassokosten ihrer konkreten Höhe nach angreifbar?*

  In diesem Schritt wird die Höhe der Kosten überprüft, insbesondere dahingehend, ob ein Verstoß gegen die Schadensminderungspflicht (§ 254 Abs. 2 BGB) gegeben ist. Daher erfolgt eine Kontrolle dahingehend, ob die gesetzlich vorgesehenen Gebührenhöhen eingehalten wurden, die sich an den Gebühren der Rechtanwälte nach dem RVG orientieren (§ 13e Abs. 1 RDG).

Beispiel: Wurde bis zur Fälligkeit Mitte Januar (§ 286 Abs. 2 Nr. 1 BGB) eine Rechnung über 500 EUR nicht bezahlt, wofür es keinen rechtlich haltbaren Anlass gibt, und hat der Gläubiger die Zahlung nochmals angemahnt, so besteht dem Grunde nach Anspruch auf Inkassokosten. Am 15.3.2022 macht nun das IKU die Hauptforderung, pauschale Mahnkosten des Gläubigers in Höhe von 20,00 EUR sowie Inkassokosten von 24,50 EUR und Verzugszinsen von 3,39 EUR geltend. Hierauf erfolgt die Zahlung.

Von der geltend gemachten Forderungen sind allein die pauschalen Mahnkosten des Gläubigers überhöht und unzulässig. Dieser darf nach der Rechtsprechung zwischen 1,00 EUR und 5,00 EUR je Mahnung betragen (Maltry et al. in Groth et al. 2021, PHSB T. 3 S. 27c).

Daneben ist der wirksame Abschluss einer evtl. Ratenzahlungsvereinbarung mit der insoweit anfallenden Einigungsgebühr zu prüfen. Werden sogenannte Phantasie-Gebühren (Kontoführungsentgelt, Kosten für Bonitätsprüfung oder Negativmerkmal-Anfrage, Titulierungsvergütung, Vernunftappellgebühr) geltend gemacht, sind diese zurückzuweisen. Auch der Doppelbeauftragung von Rechtsanwalt und IKU sind nach § 13f RDG Grenzen gesetzt.

2. Strategieentwicklung zur Schuldenregulierung

Strategie ist ein „genauer Plan des eigenen Vorgehens, der dazu dient, ein militärisches, politisches, psychologisches, wirtschaftliches o. ä. Ziel zu erreichen, und in dem man diejenigen Faktoren, die in die eigene Aktion hineinspielen könnten, von vornherein einzukalkulieren versucht" (www.duden.de/rechtschreibung/Strategie, 15.3.2022).

Der Beratungsprozess in der Schuldnerberatung ist geprägt von Entscheidungen, die je nach Handlungsbedarf auf kurz-, mittel- oder langfristigen Aufträgen und Strategien basieren. Die Entwicklung von Zielen orientiert sich hierbei immer an der Erwartungshaltung der Ratsuchenden unter Berücksichtigung rechtlicher Möglichkeiten. Ratsuchende suchen die Schuldnerberatung in der Regel mit dem Ziel einer Sanierung der wirtschaftlichen Situation durch Gesamtsanierung / Gesamtentschuldung auf. Geprägt vom Gläubigerdruck ständiger Kontaktaufnahmen auf allen zur Verfügung stehenden Kommunikationswegen und unterschiedlicher Zwangsvollstreckungsmaßnahmen ist der daraus resultierende psychosoziale Aspekt des Anliegens in der Schuldnerberatung zwingend zu berücksichtigen. Ziel der Ratsuchenden ist es, durch eine möglichst zeitnahe Regulierung der Verbindlichkeiten in Zukunft wieder ohne Angst und Scham zu leben. Konnte die Existenz erfolgreich gesichert, Einnahmen und Ausgaben konsolidiert und eine mögliche Neuverschuldung gestoppt werden, tritt auch auf der psychosozialen Ebene im Umgang mit der Überschuldungssituation ein Moment der Entspannung ein. Eine Erleichterung der Bewältigung des Alltags konnte erreicht werden. Dies kann wiederum dazu führen, dass die Ratsuchenden sich für ein Ende der Beratung entscheiden oder die Beratung abbrechen. „Dass dennoch keine weitere Beratung mehr gewünscht wird, erleben viele Berater als unbefriedigend, teilweise sogar als Undankbarkeit. Beratungsfachkräfte müssen sich immer wieder bewusst machen, dass die Entscheidung über das Beratungsziel allein beim Klienten liegt und ein Beenden des Beratungsprozesses [...] legitim ist." (Maltry et al. in Groth et al. 2021, PHSB T. 3 S. 45) Eine Beendigung nach erfolgreicher Krisenintervention und Stabilisierung der Ratsuchenden ist trotz fehlender Fortsetzung der Beratung als Erfolg zu bewerten. Ziele der Ratsuchenden sind nicht immer deckungsgleich mit den Erwartungen der Berater.

Wird die Zusammenarbeit fortgeführt, so erscheint an diesem Punkt des Beratungsprozesses eine Evaluation sowohl des Erreichten als auch der bisherigen Zusammenarbeit als notwendig und sinnvoll. Aus der Sicht der multiperspektivischen Fallarbeit (→ S. 61 ff.) werden nochmals in der Phase der Anamnese und Diagnose die bisher formulierten Ziele und die damit einhergehende strategische Ausrichtung im zurückliegenden Beratungsprozess überprüft und überdacht. Im gemeinsamen Dialog zwischen Schuldnerberatung und Ratsuchenden ergibt sich daraus gegebenenfalls ein angepasster Auftrag mit überarbeiteter Strategie- und Zielfestlegung. Darüber hinaus kann zusätzlich überprüft werden, inwieweit weitere neu entstandene, belastende Faktoren (beispielsweise in der beruflichen und familiären Situation) offensichtlich werden. Diese möglicherweise im bisherigen Beratungsverlauf nicht thematisierten Aspekte können für die weitere Entwicklung der Beratung relevant sein.

2.1 Voraussetzungen

„Nach der systematischen Erfassung der Ausgangslage der Ratsuchenden einschließlich Haushaltsanalyse und der Sicherung der Lebensgrundlage geht es im weiteren Verlauf der Sozialen Schuldnerberatung um die Schuldenregulierung." (Ansen 2018, S. 83) Vor einer entsprechenden Umsetzung der Schuldenregulierung als Intervention im Beratungsprozess ist eine bewusste Entscheidung der Ratsuchenden auf der Grundlage anzustreben, die auf einer nachvollziehbaren und transparenten Strategie basiert.

Unter Beachtung der individuellen Lebenssituation der Ratsuchenden berücksichtigt die Strategie immer die aus aktueller Sicht abschätzbaren Chancen und Risiken. Den Ratsuchenden sind im Beratungsprozess vor einer Entscheidungsfindung grundsätzlich alle rechtlich umsetzbaren Möglichkeiten der Entschuldung bekannt zu machen. Unter Abwägung der einzelnen Varianten erfolgt eine Entscheidung der Ratsuchenden. Eine aktive Einflussnahme bezüglich der Entscheidung ist durch den Berater zu unterlassen, auch wenn regelmäßig eine eindeutige Handlungsempfehlung von den Ratsuchenden gefordert wird. Erfahrungsgemäß entscheiden die Ratsuchenden schon direkt am Ende eines Beratungsgesprächs, das die Strategieentwicklung als Hauptthema beinhaltet, über die weitere strategische Ausrichtung der Beratung. Inwieweit hier eine spontane Entscheidung sinnvoll ist, sei dahingestellt. Als hilfreich erscheint es, aktiv den Ratsuchenden eine Zeit zum Überlegen anzubieten, sodass aus einer spontanen eine auf Dauer angelegte und bewusste Entscheidung erwächst. Gleichzeitig muss man als Berater auch aushalten können, dass die Ratsuchenden andere Prioritäten in ihrem weiteren Entschuldungsweg setzen und sich nicht für die aus Beratersicht „perfekte" Lösung entscheiden.

Wie bisher ausgeführt, ist die aktuelle Situation hinreichend analysiert und bekannt. Eine Regulierungsstrategie ist aber auf die Zukunft ausgelegt, sodass gemeinsam mit den Ratsuchenden ein Blick in die perspektivische Entwicklung gewagt werden muss. Natürlich verfügt Schuldnerberatung nicht über eine „Glaskugel" und kann Lebensentwicklung und Lebensereignisse vorsehen. Allerdings ermöglichen die vielfältigen vorliegenden Informationen und der Dialog mit dem Ratsuchenden die Entwicklung einer gemeinsamen Einschätzung, die in einer transparenten, nachvollziehbaren und erfolgsversprechenden Strategiefestlegung endet.

Voraussetzung hierfür ist die Klärung der Rahmenbedingungen unter den Aspekten der beruflichen, wirtschaftlichen, persönlichen und psychosozialen Situation der Ratsuchenden und Einschätzung rechtlicher Entschuldungsmöglichkeiten. Zur Verdeutlichung können exemplarisch folgende Faktoren genannt werden, die eine Strategieentwicklung und -findung begünstigen oder belasten (vgl. Schlabs 2011, S. 116; Jahn 2012, S. 77)

2.1.1 Faktoren in der persönlichen / psychosozialen Situation der Ratsuchenden

■ *Erwartungen des Ratsuchenden*

Diese sind grundsätzlich in die Strategieentwicklung mit einzubeziehen und auf ihre Umsetzbarkeit zu prüfen. Gibt es spezielle Erwartungen des Ratsuchenden, mit welchen finanziellen Mitteln oder in welchem Zeitraum eine Entschuldung durchgeführt werden soll? Existieren moralische Bedenken hinsichtlich einer Regulierung der Überschuldungssituation durch Erteilung der Restschuldbefreiung, oder möchte der Ratsuchende aufgrund moralischer Prinzipien unbedingt seine Schuldverpflichtungen tilgen, auch wenn rechtlich günstigere und zeitlich kürzere Entschuldungsvarianten möglich sind?

■ *Konsumverhalten; Umgang mit Geld*

Wie geht der Ratsuchende mit Geld um? Wie sind die Erfahrungen im bisherigen Beratungsverlauf? Konnten die in der Budgetberatung entwickelten Strategien des Haushaltsplans bisher umgesetzt werden? Wie wurde mit Störungen umgegangen?

■ *Motivation/Durchhaltevermögen*

Insbesondere in der Durchführung außergerichtlicher Schuldenbereinigungspläne ist die zukünftige Motivation abzuschätzen. Ist diese ausreichend das Verfahren selbstständig zu durchlaufen? Passt das Schuldenbereinigungsplanverfahren in die aktuelle Lebensplanung beziehungsweise kann durch Umsetzung eines Schuldenbereinigungsplans eine positive Lebensperspektive entwickelt werden?

■ *Partnerschaftliche Beziehung*

Für eine nachhaltige Entschuldungsstrategie ist es unerlässlich, auch die bestehende familiäre Struktur in die Planung mit einzubeziehen. Werden seitens des Partners Ausgaben getätigt, die eigentlich zu Schuldentilgung gedacht sind, kann der vereinbarte Plan mangels ausreichend zur Verfügung stehender Mittel scheitern. Ist eine Trennung / Scheidung zu erwarten, kann dies im Rahmen der Berechnung des pfändbaren Betrags Auswirkungen auf den vereinbarten Schuldenregulierungsplan haben.

■ *Familiäres System – Kinder*

Welche unterhaltsberechtigten Kinder sind in einem außergerichtlichen Schuldenbereinigungsplan zu berücksichtigen? Fallen heranwachsende Kinder aus der Unterhaltsberechtigung heraus, oder sind in der familiären Planung weitere Kinder gewünscht?

■ *Gesundheit*

Existieren gesundheitliche Einschränkungen oder Risiken, die das Gelingen eines außergerichtlichen Schuldenbereinigungsplans gefährden (Erkrankung, Sucht, eintretende Erwerbsunfähigkeit)?

■ *Alter*

Ist aufgrund des Alters eine Einkommensverschlechterung durch Renteneintritt zu erwarten? Ist eine einkommensbeeinflussende Altersteilzeit geplant?

■ *Einbindung in das soziale Umfeld*

Wie ist die Bindung in das soziale Umfeld, bestehen Unterstützungsmöglichkeiten durch Angehörige, Bekannte, Freunde, die als Anker für Krisen genutzt werden können?

2.1.2 Faktoren in der wirtschaftlichen Situation der Ratsuchenden

■ *Vorhandenes und zukünftiges Einkommen*

Ist davon auszugehen, dass dieses stabil ist und bleibt? Unterliegt dieses nennenswerten Schwankungen, die in einem außergerichtlichen Plan berücksichtigt werden müssen? Wird durch Nebenverdienst weiteres Einkommen generiert und entsprechend in die Regulierungsstrategie mit einbezogen?

■ *Pfändbares Einkommen nach der Tabelle zu § 850c ZPO*

Werden neben dem regelmäßigen pfändbaren Monatseinkommen zusätzlich Zulagen, Sonderzahlungen und / oder Prämien erwirtschaftet?

■ *Haushaltssituation*

Ist diese nach Abzug des zu verteilenden Betrags auch langfristig gesichert?

■ *Vermögen*

Bestehen Vermögenswerte, die zur Tilgung der Verbindlichkeiten durch Verwertung mittels Pfändung / Auflösung und Verkauf genutzt werden können (exemplarisch: Rückkaufswert Lebensversicherung, Sparbuch, Auto)?

■ *Drittmittel*

Stehen diese zur Verfügung? In welcher Art werden diese gewährt (Darlehen oder Schenkung / Beihilfe) und wie zurückgeführt?

2.1.3 Faktoren in der beruflichen Situation der Ratsuchenden

■ *Arbeitsplatzsicherheit*

Besteht ein fester oder befristeter Arbeitsvertrag? Steht der Ratsuchende am Anfang oder am Ende seines Arbeitslebens?

■ *Aussichten bei Arbeitslosigkeit*

Ist davon auszugehen, dass zeitnah eine Neuanstellung gefunden werden kann? Wie ist die bisherige Erfahrung?

■ *Bestehende (langfristige) Arbeitslosigkeit.*

Ist das Finden eines Anstellungsverhältnisses aktuell realistisch? Sind die Bewerbungsbemühungen ausreichend, sodass auch die Regelungen der Erwerbsobliegenheit im Rahmen der Insolvenzordnung erfüllt werden können?

2.1.4 Faktoren zur Einschätzung rechtlicher Entschuldungsmöglichkeiten:

■ *Anzahl der Gläubiger*

Alleine die Anzahl der Gläubiger kann über den Fortgang der Beratung entscheiden. Als ehemals selbstständiger Ratsuchender mit dem Ziel der Einleitung eines Insolvenzverfahrens ist eine insolvenzrechtliche Beratung einer nach § 305

InsO anerkannten Schuldnerberatungsstelle bei mehr als 19 Gläubigern nicht mehr möglich.

■ *Art der Schuldverhältnisse*

Je nach Art der Schuldverhältnisse (beispielsweise private Gläubiger, öffentlich-rechtliche Gläubiger; Forderungen aus vorsätzlich unerlaubter Handlung oder Unterhaltsforderungen) kann davon ausgegangen werden, dass trotz attraktiver außergerichtlicher Angebote keine Zustimmung erteilt wird. Erfahrungsgemäß werden auch lukrative außergerichtliche Angebote seitens der Inkassoindustrie standardisiert und ohne individuellen Fallbezug abgelehnt. Darüber hinaus ist immer zu prüfen, inwieweit rechtliche Risiken für die Beantragung eines Insolvenzverfahrens bestehen oder ob eine umfassende Restschuldbefreiung erfolgen wird.

■ *Alter und Höhe der Verbindlichkeiten*

Je älter die Forderungen sind, desto eher kann eine Vergleichsbereitschaft des Gläubigers angenommen werden. Dies kann Einfluss nehmen auf die Höhe und Laufzeit außergerichtlicher Einigungsversuche.

■ *Bisherige Schuldenregulierungsversuche*

Wurde schon einmal ein Insolvenzverfahren beantragt und / oder Restschuldbefreiung erteilt, hat dies Auswirkungen auf die strategische Ausrichtung der weiteren Beratung (Sperrfristen).

2.2 Entscheidungsfindungen

Zu allen genannten Faktoren kann im Rahmen der Beratung eine Antwort gefunden werden. Viele der hier zu erarbeitenden Informationen liegen schon vor, können aber unter dem Fokus der Strategieentwicklung nochmals gemeinsam thematisiert und überprüft werden. Insbesondere „die Analyse des Beziehungsgeflechts des Schuldnerhaushalts, zu dem auch die Außenbeziehungen zu rechnen sind, gibt Auskunft über belastende oder begünstigende Faktoren" (Schlabs 2011, S. 123). Das Bewusstmachen der aktuellen Lebenssituation, verbunden mit dem Blick nach vorne, ermöglicht das Sammeln weiterer Informationen und das Schaffen eines Gesamtbildes, dass eine ausführliche und umfassende Diagnose der Situation und des weiteren Verlaufs zulässt. „Dabei sind mit den Mitteln und Methodiken der Sozialarbeit und Sozialpädagogik die belastenden Faktoren zu bearbeiten und die begünstigenden Faktoren zu verstärken und zu festigen" (Schlabs 2011, S. 123). Besteht Konsens in der Entwicklung einer Regulierungsstrategie kann diese auf der Grundlage der aktualisierten Diagnose passgenau unter Berücksichtigung von Vorteilen und Nachteilen, aber auch Chancen und Risiken auf ihre tatsächliche Umsetzung überprüft werden. In der Folge wird eine Entscheidung der Ratsuchenden herbeigeführt, die eine Klarheit über die Verhandlungsziele und die sich daraus ergebende Intervention beinhaltet.

Schuldnerberatern ist der vermeintlich anzustrebende Lösungsweg und die daraus abzuleitende Strategie oftmals in den Anfängen des Beratungsprozesses klar. Jedoch ist es nicht Aufgabe der Schuldnerberatung, Strategien vorzugeben und Ratsuchende auf eine Strategie festzulegen, die aus Sicht der Berater zwar „gut" passen würde, allerdings die Autonomie der Ratsuchenden und deren Entscheidungshoheit im Beratungsprozess nicht respektiert. Dies ist zu vermeiden. „Beratungsfachkräfte müssen sich immer wieder bewusst machen, dass die Entscheidung über das Beratungsziel allein beim Klienten liegt [...]" (Maltry et al. in Groth et al. 2021, PHSB T. 3 S. 45).

3. Varianten der Entschuldung

In der Schuldnerberatung gibt es nicht die eine richtige Lösung. Jede Lösungsstrategie wird anhand des vorliegenden Falls individuell mit den jeweiligen Ratsuchenden erarbeitet. Zu Beginn der Beratung benannte Entschuldungsziele (beispielsweise das Insolvenzverfahren) können sich durch neue Sachverhalte, aber auch die Verdeutlichung weiterer rechtlicher Entschuldungsvarianten im Verlauf der Beratung verändern. Wie bisher ausgeführt, liegt die Entscheidung für oder gegen eine Regulierungsstrategie, ebenso Beginn, Umfang und Zeitraum beim Ratsuchenden. Die Schuldnerberatung übernimmt bis zu dieser Entscheidungsfindung die Aufgabe, die Ratsuchenden bestmöglich und umfassend über die bestehenden Varianten der Entschuldung zu informieren und die damit einhergehenden Vor- und Nachteile in den Fallkontext einzuordnen. Nur wenn den Ratsuchenden alle sich bietenden Entschuldungsvarianten bekannt sind, ist eine bewusste und nachhaltige Entscheidung möglich.

3.1 Leben mit der Schuldensituation

Insbesondere Menschen, die über keine oder nur geringe pfändbare Einkünfte verfügen und sich möglicherweise schon länger mit der Überschuldungssituation arrangiert haben, bleibt oftmals nur der Weg der Entschuldung im Rahmen eines Insolvenzverfahrens. Aus unterschiedlichen Gründen (etwa Alter, Krankheit, Straffälligkeit, Suchtmittelabhängigkeit) kann es aber sein, dass die Einleitung des Verfahrens aktuell nicht möglich ist. Gleichzeitig stehen aber keine finanziellen Ressourcen für außergerichtliche Regulierungsvorschläge zur Verfügung (vgl. Schlabs 2011, S. 117). Auf die in der Beratung erfolgte Erläuterung der Entschuldungsvariante „Leben mit der Schuldensituation" wird seitens der Ratsuchenden regelmäßig zunächst irritiert und resignierend reagiert, zumal diese Lösungsstrategie selten den Hoffnungen und Erwartungen an Schuldnerberatung entspricht. Die Schuldnerberatung wird gerade deswegen aufgesucht, um eine dauerhafte Lösung ohne Schulden zu finden. Im Rahmen einer nachvollziehbaren Risikoanalyse unter Abwägung rechtlicher Möglichkeiten entscheiden sich allerdings die Ratsuchenden trotzdem für das Leben mit Schulden und somit (vorerst) gegen eine Umsetzung einer Regulierungsstrategie. Gleichzeitig bedeutet dies nicht, dass die Beratung beendet wird, nur weil aktuell keine Regulierungsstrategie umgesetzt werden kann. Die Schuldnerberatung ist hier weiterhin unterstützend tätig. Diese Unterstützung kann sowohl die Hilfestellung in der Umsetzung von Schuldnerschutzmaßnahmen umfassen als auch zur dauerhaften Sicherung der Existenz beitragen und / oder eine Begleitung und Stärkung im Rahmen der psychosozialen Beratung bedeuten.

Trotz eines auf den ersten Blick gemeinsamen Nenners – dem Leben mit den Schulden – wird diese Entscheidung aus unterschiedlichen Intentionen und Lebenshintergründen getroffen.

Hieraus ergeben sich drei Konstellationen:

- Für einen unbestimmten Zeitraum ist eine Regulierung nicht umsetzbar.
- Für einen absehbaren Zeitraum ist eine Regulierung nicht umsetzbar.
- Eine Regulierung wird aktuell nicht gewünscht.

Allen drei Konstellationen ist gemein, dass im Rahmen der Beratung eine Strategie im Umgang mit den Gläubigern gefunden werden muss. Der Gläubigerdruck muss reduziert werden und die Ratsuchenden einen für sie guten und aushaltbaren Umgang mit Post, Kommunikation mit den Gläubigern und (drohenden) Zwangsvollstreckungsmaßnahmen gefunden werden. Insbesondere im Umgang mit Letzterem ist es originäre Aufgabe der Schuldnerberatung, das notwendige Wissen personenorientiert zu vermitteln, sodass die Ratsuchenden diesbezüglich eine ausreichende Handlungskompetenz erlangen. Die Reduzierung des bisher erlebten Drucks und der daraus entstandenen Angst führt zu einer Entlastung der Situation und kann nun die nötigen Freiräume schaffen, sich weiteren vorhandenen Problemlagen zu widmen. Schuldnerberatung übernimmt dann eine begleitende Funktion, die in Krisensituationen kurzfristig ansprechbar ist und intervenieren kann.

Bei nachgewiesener und dauerhafter Zahlungsunfähigkeit (zum Beispiel Ratsuchende im unpfändbaren Renten- oder SGB XII-Leistungsbezug; in dauerhaft prekären Arbeitsverhältnissen oder mit noch langanhaltender Unterhaltsverpflichtungen) ist mit entsprechendem Nachweis und Begründung ein Antrag auf Forderungsverzicht / -erlass in Betracht zu ziehen. Hilfsweise kann eine langfristige Stundungsvereinbarung mit den Gläubigern getroffen werden, die die Führung eines regelmäßigen Nachweises über die weiterhin bestehende finanzielle und familiäre Situation beinhaltet. Wird dagegen pfändbares Einkommen erwirtschaftet, wenn auch möglicherweise nur geringe Beträge, und kann aufgrund vorrangiger Handlungsbedarfe aktuell keine Gesamtregulierung den Gläubigern unterbreitet werden, ist diesen die aktuelle Einkommenssituation offen darzulegen und keine Unpfändbarkeit zu suggerieren. Dies widerspricht nicht nur den Grundsätzen der Sozialen Schuldnerberatung, sondern ist „als (versuchter) Betrug strafrechtlich relevant" (Maltry et al. in Groth et al. 2021, PHSB T. 3 S. 47).

3.1.1 Für einen unbestimmten Zeitraum ist eine Regulierung nicht umsetzbar

Die Überschuldung muss nicht die einzige Problematik sein, mit der sich Ratsuchende konfrontiert sehen. Im Sinne einer detaillierten Fallanalyse und Informationssammlung werden schon frühzeitig in der Beratung weitere nachhaltig wirkende Problemlagen erkannt und transparent thematisiert. Problemlagen, wie zum Beispiel noch nicht bearbeitete, akute Suchtmittelabhängigkeiten, schwere langanhaltende Erkrankungen oder der nicht bedarfsorientierte, unwirtschaftliche und nicht planvolle Umgang mit Geld, stehen einer langfristigen und nachhaltigen Entschuldung entgegen. Lösungszeiträume können nicht abgeschätzt werden. Zum einen hat Schuldnerberatung hier in den für das Arbeitsfeld relevanten Bereichen weiterhin Beratung und Unterstützung anzubieten (siehe oben), zum anderen ist unter dem Aspekt des „Fall für" zu prüfen, inwieweit an eine geeignete externe Beratungsstelle oder therapeutische Einrichtung vermittelt werden kann (vgl. Maltry et al. in Groth et al. 2021, PHSB T. 3 S. 47). Die Entschuldung rückt in den Hintergrund. Erst wenn die vorhandenen Problemlagen durch die Ratsuchenden erfolgreich bearbeitet sind, eine stabile Lebenssituation ohne Gefahr einer Neuverschuldung und / oder nachhaltige Existenzgefährdung erreicht werden konnte, kann aus fachlicher Sicht eine Regulierungsstrategie erarbeitet und umgesetzt werden.

In der Praxis zeigt sich, dass Ratsuchende aber trotz der nachweislich hemmenden Problematiken den Auftrag einer Schuldenregulierung beispielsweise im Rahmen der Beantragung eines Insolvenzverfahrens ausdrücklich wünschen. In diesen Fällen ist den Ratsuchenden die aus fachlicher Sicht bestehenden Risiken und Möglichkeiten des Scheiterns der angestrebten Regulierungsstrategie zu erläutern (exemplarisch sei hier die fehlende Sicherstellung der Mitwirkungspflicht und das Nicht-Erfüllen der Erwerbsobliegenheiten im Insolvenzverfahren genannt → S. 191 ff.). Darüber hinaus sind im Rahmen verantwortlicher und professioneller Beratung nochmals die hemmenden Faktoren in den Lebensumständen der Ratsuchenden anzusprechen. Kann keine Übereinkunft erzielt werden, so liegt es in der Entscheidung der Berater, inwieweit ein Beratungsabbruch erfolgt oder Berater die Rolle eines Erfüllungsgehilfen übernehmen (vgl. ebd., T. 3 S. 47).

3.1.2 Für einen bestimmten Zeitraum ist eine Regulierung nicht durchführbar

Im Unterschied zu einer dauerhaften Problematik, deren Lösung über einen unbestimmten Zeitraum nicht abzuschätzen ist, kann ein Leben mit Schulden für einen im Rahmen der Beratung eher vorhersehbaren Zeitraum eine Übergangslösung darstellen. Zur gemeinsamen Erarbeitung einer zeitlichen Spanne, in der mit der Regulierung zugewartet werden soll, muss auch hier die fundierte Fallanalyse inklusive aller vorhandenen Informationen herangezogen werden. Liegen diesbezüglich Faktoren vor, die den Erfolg einer Gesamtregulierung zu einem späteren Zeitpunkt ermöglichen, so hat in der Beratung eine Priorisierung der Handlungsbedarfe zu erfolgen. Ebenso ist, wie schon vorstehend erläutert, zu prüfen, ob bei der Bewältigung der vorrangigen Problematiken externe Unterstützung hinzugezogen werden muss. Schuldnerberatung als ordnende Beratungsinstanz ermöglicht den Ratsuchenden, strukturiert die regulierungshemmenden Faktoren zu bearbeiten und perspektivisch zu lösen. In dieser Zeit übernimmt auch hier Schuldnerberatung die begleitende und unterstützende Beratung. Gründe für eine zeitlich absehbare Verzögerung in der Umsetzung einer Entschuldungsvariante können beispielsweise sein:

- ungeklärte Unterhaltsverpflichtungen,
- anhängige Strafverfahren,
- Sperrfristen im Rahmen der Insolvenzordnung oder
- medizinische Rehabilitationsmaßnahmen.

Auch empfiehlt sich immer ein Zuwarten der Strategieumsetzung, solange die Existenz nicht dauerhaft gesichert ist. So wirkt sich beispielsweise eine akute Wohnungssuche hemmend aus. Sind die Kosten der Unterkunft im Rahmen der SGB II-Leistungen nicht als angemessen anerkannt worden, muss die Differenz aus dem Regelbedarf geleistet werden, womit Neuverschuldung droht.

3.1.3 Eine Regulierung wird aktuell nicht gewünscht

Unabhängig von der aktuell vorliegenden finanziellen oder familiären Situation entscheiden sich Ratsuchende immer wieder trotz einer akuten Überschuldungssituation dafür, eine Regulierung zunächst zu verschieben. Hintergründe sind hier beispielsweise die Hoffnung, durch die Aufnahme einer Erwerbstätigkeit finanzielle Spielräume zur außergerichtlichen Schuldenregulierung zu erhalten und damit ein mögliches Insolvenzverfahren vorerst abwenden zu können. Insbesondere bei sich in der Ausbildung befindenden, überschuldeten jungen Erwachsenen ist zu beobachten, dass ein mögliches Insolvenzverfahren erst einmal nicht angestrebt werden soll und ein Leben mit Schulden für die Dauer der Ausbildung gewählt wird. Mit erfolgreichem Abschluss der Ausbildung soll dann eine Rückzahlungsvereinbarung zur Gesamtregulierung getroffen werden. Grundsätzlich steht diesen Entscheidungen aus der fachlich-professionellen Sicht der Schuldnerberatung nichts entgegen. Vorausschauend kann mit den Ratsuchenden gleichzeitig über die zukünftige familiäre und beruflich-finanzielle Entwicklung gesprochen werden. Gemeinsam ist zu entwickeln, wie sich die Ratsuchenden ihren weiteren Lebensweg vorstellen. Abhängig von der Berufswahl, den realistischen Verdienstmöglichkeiten und möglicher Familienplanung und Familienzuwachs, ist die Frage zu formulieren, inwieweit zukünftig pfändbares Einkommen erzielt werden kann, welches eine zeitnahe und verlässliche Tilgung der Forderungen gewährleisten wird / würde.

In der Beratung geht es hier um die transparente Darlegung von Chancen und Risiken in der Variante Leben mit Schulden. Zu berücksichtigen wäre in einer Einschätzung der Schuldnerberatung neben den zu erwartenden Einkünften auch die „Höhe aller Schulden, die Anzahl der Gläubiger und die Erfahrungen mit diesen [...], eine vergleichsweise Einigung zu finden" (vgl. Maltry et al. in Groth et al. 2021, PHSB T. 3 S. 47). Die finale Entscheidung zum Leben mit den Schulden, die bei Fortsetzung der Beratung aber immer wieder auf ihre Richtigkeit und Gültigkeit überprüft werden kann, obliegt den Ratsuchenden.

Fall Rita

Auf den ersten Blick bietet sich in Ritas Fall eine Einleitung eines Insolvenzverfahrens an. Allerdings stellen sich Ritas Lebensumstände aktuell als wenig stabil dar. Zwar nutzt Rita ein Guthabenkonto und geht einer Erwerbstätigkeit nach, allerdings ist davon auszugehen, dass die weiteren Problemlagen zu keiner dauerhaften Beständigkeit in der finanziellen und familiären Situation führen. Neben Miet- und Nebenkostenschulden (Lösungsweg → S. 98 ff.) bestehen weitere Handlungsbedarfe hinsichtlich des ungeklärten Unterhalts für den Sohn Rolf, vertreten durch das Jugendamt. Solange diesbezüglich monatlich neue Unterhaltsschulden entstehen und die Unterhaltsverpflichtung nicht dauerhaft angepasst werden konnte, ist eine Insolvenz als Gesamtregulierungsstrategie nicht empfehlenswert. Auch die familiäre Situation nach dem Auszug des Sohnes Rolf aus dem gemeinsamen Haushalt birgt Konfliktpotenzial. Hinzu kommt auf der psychosozialen Ebene die rezidivierende depressive Störung. Inwieweit die aktuellen Belastungen sich in depressiven Phasen ausdrücken, kann seitens der Schuldnerberatung nicht eingeschätzt oder bewertet werden. Allerdings ist davon auszugehen, dass unbehandelte depressive Phasen in einer Insolvenz möglicherweise zu Einschränkungen in der Mitwirkung und / oder Einhaltung der Erwerbsobliegenheit führen könnten. Da Rita schon in ambulanter Therapie gewesen ist, wäre hier vor einer Regulierung darauf hinzuarbeiten, dass Rita sich wieder um therapeutische Unterstützung kümmert. Aus fachlicher Sicht der Schuldnerberatung ist aktuell somit nicht von einer Gesamtregulierungsstrategie auszugehen, ein (zeitlich befristetes) Leben mit Schulden und das Lösen der genannten Problemfelder hat Priorität.

3.2 Außergerichtliche Einigung

Die überwiegende Mehrheit der Ratsuchenden formulieren mit Beginn der Beratung den Auftrag, zeitnah das Verbraucherinsolvenzverfahren zu beantragen. Nach erfolgter Existenzsicherung, Berücksichtigung der Lebenssituation der Ratsuchenden und Feststellung / Überprüfung der gegen diese bestehenden Forderungen, wird in einem nächsten Schritt die Regulierungsstrategie erarbeitet und der bisherige Auftrag nochmals überprüft und gegebenenfalls angepasst. Auf Basis eines Regulierungsvorschlags soll eine für alle beteiligten Parteien tragbare Einigung erzielt werden, die für die Ratsuchenden unter Berücksichtigung ihrer individuellen Lebensumstände umsetzbar ist. Diese Einigung kann im Rahmen eines Vergleichsvertrages erzielt werden. Gemäß § 779 BGB liegt der Sinn eines Vergleichs darin, dass eine vertragliche Vereinbarung zur Beilegung eines Streites „im gegenseitigen Nachgeben" geschlossen wird. Bedingung ist folglich, dass beide Seiten, hier also Gläubiger und Ratsuchende, von ihren Vorstellungen Abstriche machen. Dieses Kriterium wird „bei vielen Sanierungsvereinbarungen mit den Gläubigern nicht erfüllt" (Groth/Schulz/Schulz-Rackoll 1994, S. 254). In der Beratungspraxis erfolgt das Nachgeben in der Regel allein durch die Gläubiger, sodass mit erfolgreicher Übereinkunft eines außergerichtlichen Einigungsversuchs regelmäßig (Teil-)Erlassverträge abgeschlossen werden, die transparent regeln, welche Summen zur Begleichung der Forderung durch die Ratsuchenden in welchem Zeitraum aufzubringen sind.

Neben der bis dahin alleinig bestehenden Möglichkeit einer außergerichtlichen Einigung hat der Gesetzgeber mit Einführung der Insolvenzordnung im Jahr 1999 das Insolvenzverfahren als weitere Entschuldungsmöglichkeit geschaffen. Der dem Insolvenzantrag vorausgestellte, außergerichtliche Einigungsversuch sollte ausdrücklich gestärkt werden. Der eigentliche Insolvenzantrag wurde lediglich als eine weitere Möglichkeit der Entschuldung angesehen (vgl. Richter et al. in Groth et al. 2021, PHSB T. 6 S. 6). Bis heute zeigt sich in der Praxis dagegen ein entgegengesetztes Bild. Der außergerichtliche Einigungsversuch wird von den Ratsuchenden eher als Hemmnis für eine zügige Beantragung des Insolvenzverfahrens betrachtet und nicht als Chance, eine tragfähige Lösung zu vereinbaren. Darüber lässt sich beobachten, dass die Gläubiger standardmäßig Pläne ablehnen, ohne die herausgearbeiteten positiven Effekte der unterbreiteten Lösung zu berücksichtigen. Dabei bietet die außergerichtliche Einigung für beide beteiligten Parteien (Ratsuchende und Gläubiger) durchaus Vorteile gegenüber dem Insolvenzverfahren. Durch die Annahme außergerichtlicher Einigungsvorschläge wird keine der beiden Parteien in ein Insolvenzverfahren gezwungen. Insbesondere private Gläubiger, beispielsweise ehemalige Vermieter oder Privatpersonen, sind mit den Abläufen der Insolvenz nicht vertraut und gegebenenfalls überfordert, wenn sie ihre Forderungen anmelden müssen. Da die Schuldnerberatung verlässliche und im Interesse aller angemessene Vergleichsvorschläge unterbreitet, entstehen dem Gläubiger für eigenen Recherchen keine zusätzlichen Kosten. Die Schuldnerberatung „bietet folglich einen kostenfreien Service" zur (Teil-)Regulierung der Forderungen. Gleichzeitig ist aber zu beachten, dass ein überobligatorisches Erfüllen im außergerichtlichen Einigungsversuch aus dem pfändbaren Einkommen nicht Ziel der Beratung sein darf. Schuldner müssen dem Grunde nach nur das leisten, was im Rahmen eines Insolvenzverfahrens mit anschließender Restschuldbefreiung zu erwarten ist. Um sich folgerichtig den Möglichkeiten außergerichtlicher Entschuldungsvarianten zu nähern, ist im Vorfeld der zu erwartende Ertrag in einem möglichen Insolvenzverfahren zu prognostizieren und kann als Referenz für die weiteren Gläubigerverhandlungen herangezogen werden. Ausgehend von dem prognostizierten Insolvenz-Ertrag werden im Folgenden die einzelnen Modelle außergerichtlicher Einigungsversuche erläutert.

3.2.1 Außergerichtlicher Einigungsversuch im Rahmen der Insolvenzordnung

Die Ratsuchenden haben zwingend im Vorfeld der Beantragung des Insolvenzverfahrens eine außergerichtliche Einigung zu versuchen (vgl. Henning/Homann 2022, § 305 InsO Rn. 16). § 305 Abs. 1 Nr. 1 InsO bestimmt, dass „eine außergerichtliche Einigung mit den Gläubigern über die Schuldenbereinigung auf der Grundlage eines Plans innerhalb der letzten sechs Monate vor dem Eröffnungsantrag erfolglos versucht worden ist." Das Scheitern dieses außergerichtlichen Einigungsversuchs ist durch Bescheinigung einer „geeigneten Person" (in der Regel Rechtsanwälte) oder „geeigneten Stelle" (hier die nach § 305 InsO anerkannten Schuldnerberatungsstellen) auszustellen. Der außergerichtliche Einigungsversuch hat insoweit Vorrang vor der Beantragung und Durchführung des gerichtlichen Insolvenzverfahrens.

Darüber hinaus bestimmt § 305 InsO, dass die Bescheinigung über den erfolglosen Versuch einer außergerichtlichen Einigung nur ausgestellt werden darf, wenn dieser „auf Grundlage persönlicher Beratung und eingehender Prüfung der Einkommens- und Vermögensverhältnisse des Schuldners erfolgt ist". Schillernd erscheint der Begriff der persönlichen Beratung. Als juristisch und sozialarbeiterisch unstrittig zu bewerten ist die persönliche Beratung in Form einer Face-to-face-Beratung. Dies kann durch die regional zuständigen Schuldnerberatungsstellen gewährleistet werden, die mit den Ratsuchenden nach gründlicher Vorarbeit die außergerichtlichen Einigungsversuche unter Abwägung der bestehenden Vor- und Nachteile erstellen. Gleichzeitig wird gewährleistet, dass die Ratsuchenden in die Entwicklung der Regulierungsstrategie und dem daraus erwachsenden Einigungsversuch aktiv mit einbezogen werden und ihnen damit die Erfahrung von Selbstwirksamkeit und Stärkung der eigenen Ressourcen vermittelt wird (vgl. Richter et al. in Groth et al. 2021, PHSB T. 6 S. 28; → S. 193).

Mit der Durchführung des Einigungsversuchs wird seitens des Gesetzgebers ein ernsthaftes Bemühen zur Bereinigung der Schulden erwartet. Folglich ist ein realistisch und nachhaltig umsetzbares Gesamtschuldenkonzept zu erarbeiten und allen Gläubigern der Ratsuchenden zu unterbreiten. Allein auf dieser Grundlage ist im Fall eines gerichtlichen Schuldenbereinigungsplans dem Insolvenzgericht eine fundierte Einschätzung möglich, ob der gerichtliche Schuldenbereinigungsplan (→ S. 188 f.) Aussicht auf Erfolg hat (vgl. Henning/Homann 2022, § 305 InsO Rn. 20 f.). Bezüglich der inhaltlichen Ausgestaltung des zu unterbreitenden außergerichtlichen Einigungsversuchs unterliegt dieser den Grundsätzen der Privatautonomie und „kommt nach dem Prinzip der Vertragsfreiheit zustande, wenn alle Gläubiger ihr Einverständnis erklären" (Henning/Homann 2022, § 305 InsO Rn. 22). Aus Sicht der Gläubiger ist regelmäßig allerdings eine Zustimmung nur zu erwarten, wenn das außergerichtliche Angebot mindestens die in einem Insolvenzverfahren zu erwartende Tilgungsquote enthält. Aus Sicht der Ratsuchenden und der Schuldnerberatung muss das entsprechende Angebot angemessen sein und darf die Ratsuchenden über die unterbreitete Laufzeit nicht finanziell überfordern, sodass eine überobligatorische Erfüllung im außergerichtlichen Einigungsversuch nicht erfolgen wird. Die gemeinsame Schnittmenge, die die Interessen beider Parteien berücksichtigt, ist somit die für die Dauer des Insolvenzverfahrens zu verteilende Masse, die sich aus dem eventuell (aktuell und zukünftigen) verwertbaren Vermögen und den zur Verfügung stehenden pfändbaren Beträgen des regelmäßig wiederkehrenden (Erwerbs-) Einkommens ergibt.

Mit Einführung des Gesetzes zur weiteren Verkürzung des Restschuldbefreiungsverfahrens zum 1.10.2020 beläuft sich die Laufzeit des Entschuldungsverfahrens seitdem auf drei Jahre ab Eröffnung des Verfahrens. Zur Ermittlung des finanziellen Ertrags, den die Gläubiger während der Insolvenz erhalten, ist nunmehr das zu erwartende pfändbare Einkommen und Vermögen mit der dreijährigen Laufzeit in Relation zu setzen. Zu beachten ist hierbei, dass in einem Insolvenzverfahren vorrangig die anfallenden Gerichtskosten für die Durchführung des Verfahrens aus der Insolvenzmasse, also den pfändbaren Einkünften und dem zu verwertenden Vermögen, der Ratsuchenden zu tilgen sind (§§ 53, 54 InsO). Dies hat wiederum zur Folge, dass die Insolvenzgläubiger nach Abzug der Gerichtskosten im laufenden Verfahren aller Voraussicht nach schlechter gestellt sind als in einem im Vorfeld unterbreiteten außergerichtlichen Einigungsversuch. Da die Höhe der Kosten von unterschiedlichen Faktoren abhängig ist, empfiehlt es sich, die Berechnung der zu erwartenden Kosten des Insolvenzverfahrens mit Hilfe eines Insolvenzverfahrens-Prognoserechners zu ermitteln.

Für nach § 305 InsO anerkannte Schuldner- und Insolvenzberatungsstellen bietet sich der „InsO-Prognose-Rechner" der Ferber-Software GmbH (https://insolvenz-rechner.online/STS/, 13.2.2022) an, der für die Marianne-von-Weizäcker-Stiftung entwickelt wurde.[2] Die Nutzung durch die Beratungsstellen (nach Anmeldung und Vergabe eines Nutzerzugangs) ist kostenneutral. Der Schwerpunkt der Insolvenzprognoseberechnung „liegt auf dem Vergleich zweier Szenarien: dem eines Insolvenzverfahrens sowie der Fall einer außergerichtlichen Einigung mit den Gläubigern".

Es kann festgehalten werden, dass die inhaltliche Ausgestaltung eines außergerichtlichen Einigungsversuchs im Rahmen der Insolvenzordnung auf den Prinzipien der Vertragsfreiheit basiert. Allerdings sind für einen ernsthaften Vergleichsversuch, dessen Scheitern auch durch Ausstellen einer Bescheinigung nachgewiesen wird, folgende Variablen zu berücksichtigen:

- die Laufzeit des Verfahrens,
- die voraussichtlich zu verwertende Masse und die in Abzug zu bringenden
- prognostizierten Gerichts- und Verwalterkosten.

Zur Prognose der zu erwartenden Verfahrenskosten ist neben der Gesamtlaufzeit des Verbraucherinsolvenzverfahrens auch die Laufzeit des gerichtlichen Insolvenzverfahrens abzuschätzen. Letztere umfasst den Zeitraum ab Eröffnung des Verfahrens bis dessen Aufhebung nach Verwertung der Insolvenzmasse (→ S. 187). Da die Dauer der Masseverwertung von Art und Umfang der vorhandenen und zukünftig zu erwirtschaftenden Masse und dem daraus resultierendem Aufwand für den Insolvenzverwalter abhängig ist, kann im Vorfeld der Insolvenz dieser Zeitraum nur grob geschätzt werden. Erfahrungsgemäß beläuft sich die Laufzeit des gerichtlichen Insolvenzverfahrens auf einen Zeitraum von sechs bis zwölf Monate.

Ausgehend von dem prognostizierten Insolvenzertrag als angemessen Verhandlungsgrundlage werden im Folgenden die verschiedenen außergerichtlichen Regulierungsmodelle erläutert. Diese orientieren sich an den Ausführungen des Praxishandbuchs Schuldnerberatung. Zu jedem Modell erfolgt ein Fallbezug zu den Fallkonstellationen Rita und Katharina.

Fall Katharina:

Im Fall Katharina kann bei einer sich nicht verändernden finanziellen Einkommenssituation von einem monatlichen pfändbaren Betrag gemäß der Tabelle zu § 850c ZPO in Höhe von 873,15 EUR ausgegangen werden. Darüber hinaus besteht ein Vermögenswert aus dem Rückkauf der Lebensversicherung in Höhe von 5.000,00 EUR.

---

2 Der Abdruck der Screenshots in diesem Lehrbuch wurde uns freundlicherweise durch die Ferber-Software GmbH, Lippstadt gestattet.

Gesamtlaufzeit: 36 Monate (3 Jahre)
Laufzeit des gerichtlichen Insolvenzverfahrens: 12 Monate

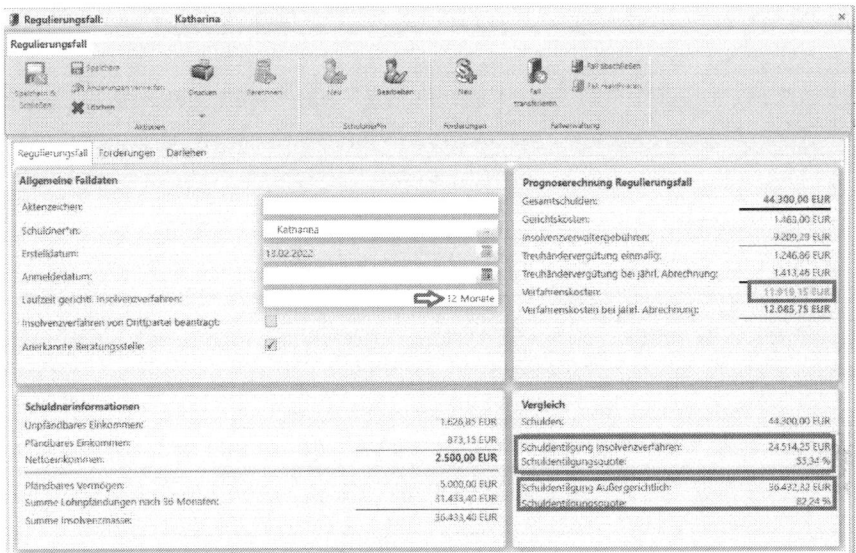

Abb. IV.1: InsO-Prognoserechner 1, Quelle: Ferber-Software GmbH, https://insolvenzrechner.online/STS/, 13.2.2022

Auf Grundlage dieser Daten ergibt sich gemäß der Prognoseberechnung eine voraussichtliche Schuldentilgung im Insolvenzverfahren in Höhe von 24.514,25 EUR. Bei sich nicht verändernden Parametern wird dieser Betrag an die Gläubiger ausgekehrt. Dies entspricht einer Gesamttilgungsquote von 55,34 %. Gleichzeitig werden Verfahrenskosten in Höhe von 11.919,15 EUR an Gericht, Insolvenzverwalter und Treuhänder abgeführt.

In einem außergerichtlichen Schuldenbereinigungsplan, dem alle Gläubiger zugestimmt haben, fallen keinerlei Gerichtskosten und Insolvenzverwalter- bzw. Treuhändergebühren an. Die fundierte Aufarbeitung des Beratungsfalls, die Prüfung der persönlichen und wirtschaftlichen Situation und die Erarbeitung des außergerichtlichen Einigungsversuchs durch die gemäß § 305 InsO anerkannte Schuldner- und Insolvenzberatungsstelle ist für die Gläubiger ebenfalls kostenfrei, sodass die Gläubiger über einen Zeitraum von drei Jahren einen Gesamttilgungsbetrag in Höhe von 36.433,40 EUR inklusive der Verwertung der 5.000,00 EUR aus dem Rückkauf der Lebensversicherung verbuchen könnten.

Dies entspricht einer außergerichtlichen Gesamttilgungsquote in Höhe von ~ 82,24 %.

Die beteiligten Gläubiger sind folglich weit bessergestellt als in einem eröffneten Insolvenzverfahren. Bei mehrheitlicher Ablehnung der Gläubiger verzichten diese auf einen Nettobetrag in Höhe von 11.892,15 EUR bei gleichem Ergebnis nach drei Jahren: Erteilung der Restschuldbefreiung nach erfolgreichem Durchlaufen des Insolvenzverfahrens oder Teilerlass nach Erfüllung der vereinbarten Tilgungsquote an die jeweiligen Gläubiger im Rahmen des außergerichtlichen Einigungsversuchs / Schuldenbereinigungsplans).

Die oben aufgeführte Prognoseberechnung geht, wie beschrieben, von einer Laufzeit des gerichtlichen Insolvenzverfahrens von zwölf Monaten aus. Sollte sich die Laufzeit dieses Verfahrensteils allerdings verlängern (zum Beispiel auf 18 Monate) würden sogar 14.724,59 EUR Verfahrenskosten von der Insolvenzmasse in Abzug gebracht werden.

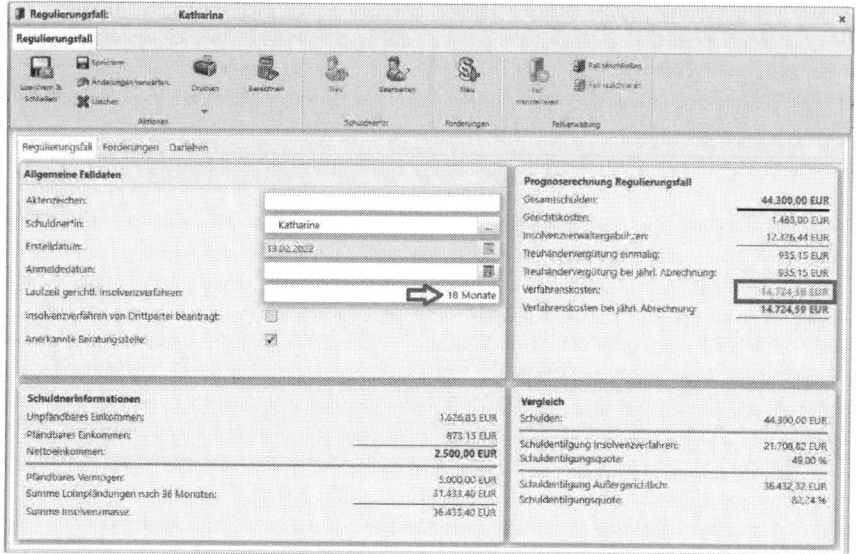

Abb. IV.2: InsO-Prognoserechner 2, Quelle: Ferber-Software GmbH, https://insolvenzrechner.online/STS/, 13.2.2022

Die Annahme der Laufzeit basiert lediglich auf Erfahrungswerten und kann auch seitens der Gläubiger nicht verlässlich prognostiziert werden. Folglich bedeutet die Ablehnung eines massehaltigen außergerichtlichen Einigungsversuchs im Rahmen der Insolvenzordnung einen spürbaren Verzicht der Gläubiger auf große Teile ihrer Forderung. Für den Schuldner (hier Katharina) verändert sich hinsichtlich der pfändbaren Masse jedoch nichts. Warum die Gläubiger in der Praxis regelmäßig trotzdem auch Vergleichsangebote mit höheren Tilgungsquoten (kategorisch) ablehnen, ist weder für die betroffenen Schuldner noch für die Schuldner- und Insolvenzberatungsstellen nachvollziehbar.

3.2.2 Ratenvergleich mit festen Raten

Ratenvergleiche mit festen Raten werden von Seiten der Gläubiger oftmals bevorzugt. Besonders bei Angeboten mit monatlich pfändbaren und gleichbleibenden Ratenhöhen besteht für die Gläubiger schon mit Zustimmung zum unterbreiteten Regulierungsangebot vermeintliche Planungssicherheit bezüglich Laufzeit und Höhe des Gesamttilgungsangebots. Allerdings unterliegt jeder Ratenvergleich Bedingungen, ohne die ein gegenseitige Übereinkunft nicht erfolgen kann (vgl. Richter et al. in Groth et al. 2021, PHSB T. 6 S. 21):

■ Die rechtmäßigen Forderungen jedes einzelnen beteiligten Gläubigers werden mit Zustandekommen des außergerichtlichen Einigungsversuchs festgeschrieben. Es fallen keine weiteren Kosten und Zinsen an.

■ Die festgeschriebenen Forderungen werden hinsichtlich Höhe und Laufzeit und den weiteren vereinbarten Regeln des Regulierungsangebots zurückgeführt.

■ Nach Erhalt der letzten Rate verzichten die Gläubiger (förmlicher Erlass bei öffentlich-rechtlichen Gläubigern, bspw. § 277 AO) auf die restliche Forderung inklusive aller Nebenforderungen.

■ Kommt es zu Zahlungsstörungen im Verlauf des Zahlungszeitraums oder werden die vereinbarten Zahlungen nicht mehr geleistet, können die Gläubiger die Vereinbarung kündigen. Spezifische Bestimmungen zur Kündigung der getroffenen Vereinbarung sind immer in den Regeln des außergerichtlichen Einigungsversuchs mit aufzunehmen.

> Beispiel: Gerät der Schuldner mit zwei ganzen aufeinanderfolgenden Monatsraten in Rückstand und hat dieser mit dem Gläubiger keine Stundungsvereinbarung oder Aussetzung der Raten vereinbart, so kann von Seiten des Gläubigers der getroffene Vergleich schriftlich gekündigt werden. Eine Kündigung ist erst möglich, wenn der Gläubiger dem Schuldner schriftlich unter Verweis auf die Kündigung des Vergleichs bei Nichtzahlung eine zweiwöchige Frist zur Zahlung des gesamten Ratenrückstands gewährt hat.

■ Erfolgt die Zustimmung zu einem außergerichtlichen Ratenvergleich, so sind alle Zwangsvollstreckungsmaßnahmen und Sicherungsverwertungen, soweit diese in das Verfahren einbezogenen Forderungen und Ansprüche betreffen, zurückzunehmen. Für den vereinbarten Zeitraum des Ratenvergleichs verzichten die Gläubiger auf die Einleitung und Durchsetzung weiterer Zwangsvollstreckungsmaßnahmen oder die Offenlegung von Lohn- und Gehaltsabtretung und Geltendmachung anderer Sicherungsrechte.

Ratenvergleiche mit festen Raten sollten in der Schuldnerberatungspraxis nur wohl überlegt angeboten werden. Hier ist eine intensive Auseinandersetzung mit den Lebensumständen der Ratsuchenden notwendig. Die Unterbreitung eines Ratenzahlungsangebots ohne eine detaillierte Vorprüfung ist vergleichbar mit einer Wette auf ein zukünftig immer mindestens gleichbleibendes Einkommen – ein sinkendes Einkommen wird kategorisch ausgeschlossen. Sinkt das Einkommen aber doch, so ist „die Wette verloren". Gleiches gilt bei einem festen Ratenzahlungsvergleich hinsichtlich einer Gesamtregulierung. Scheitert der Ratenvergleich aufgrund ausbleibender Zahlungen, leben die bis dahin festgeschriebenen Forderungen nebst Nebenforderungen wieder auf, die erfolgten Zahlungen werden verrechnet, und die Restforderung kann, soweit ein Vollstreckungstitel vorliegt, wieder in voller Höhe vollstreckt werden.

Umso entscheidender ist es in der Schuldnerberatung, den Ratsuchenden die Risiken eines Scheiterns zu verdeutlichen und eine, soweit möglich, umfassende Einschätzung der Leistungsfähigkeit und Umsetzbarkeit zu erarbeiten. Natürlich können Lebensereignisse wie Unfall, Krankheit und gewiss auch Trennung vom (langjährigen) Partner nicht vorhergesehen werden. Nichtsdestotrotz ist es Aufgabe der Schuldnerberatung mit den Ratsuchenden hinzuschauen und zumindest die planbaren Szenarien durchzuspielen.

3.2.3 Ratenvergleich nach Kopfanteilen

Die Idee des Ratenvergleichs nach Kopfteilen basiert darauf, dass der zur Verfügung stehende pfändbare Einkommensanteil nicht nach prozentualer Quote, sondern zu gleichen Anteilen verteilt wird. Verdeutlicht werden kann dies durch die Teilung eines Kuchens. Wenn vier Personen sich einen Kuchen teilen wollen, kann dieser zu gleichen Teilen aufgeschnitten werden. Hierbei ist es irrelevant, wer großen oder kleinen Hunger hat – es erfolgt eine Aufteilung nach Köpfen. Wird dagegen der Hunger als Teilungsfaktor zugrunde gelegt, so erhalten die Personen, die großen Hunger verspüren, ein entsprechend großes Stück des Kuchens, die Personen mit kleinem Hunger folglich das kleine Stück (vgl. Ratenvergleich nach Prozentanteilen an der Gesamtverschuldung). Hintergrund und gleichzeitig Vorteil der Aufteilung nach Köpfen ist es, den Gläubigern mit verhältnismäßig geringen Forderungen einen schnelleren Ausgleich ihrer Forderung zu ermöglichen. Sobald diese den im Zuge des Vergleichsangebots vereinbarten Betrag erhalten haben, wird der nun freiwerdende Ratenanteil auf die verbleibenden Gläubiger (ebenfalls zu gleichen Teilen) aufgeteilt. Gläubiger mit geringen Forderungen sind entsprechenden Angeboten regelmäßig wohlgesonnen. Gleichzeitig wird die Motivation der Ratsuchenden gefördert, da dieser jeden zwischenzeitlich erledigten Gläubiger als Erfolg erleben wird. In der Beratungspraxis ist dieses Modell leider wenig praktikabel und wird entsprechend selten umgesetzt. Neben dem nicht unbeträchtlichen Aufwand zur Berechnung der Regulierungspläne, erfordert die Umsetzung durch die Ratsuchenden ein hohes Maß an Selbstständigkeit und Disziplin, da im Falle einer Tilgung eines Gläubigers die Ratenhöhen und die entsprechenden Überweisungen anzupassen sind. Gläubiger mit einem großen Anteil an der Gesamtverschuldung müssen sich mit Zustimmung zu einem entsprechenden Regulierungsangebot längerfristig mit kleinen Raten zufriedengeben. Zwar steigen die Raten nach und nach, allerdings hätten diese Gläubiger im Falle eines Scheiterns des Plans nur einen verhältnismäßig geringen Anteil des jeweils pfändbaren Einkommens vereinnahmt. So verwundert es auch nicht, dass in der aktuellen Literatur dieses Modell kaum beschrieben wird. Allein das Praxishandbuch Schuldnerberatung behandelt dies ausführlich (T. 6 S. 22).

Fall Katharina:

Tab. IV.1: Fall Katharina: Ratenvergleich nach Kopfanteilen, Quelle: eigene Darstellung

Für die Modellrechnung wird im Sinne einer besseren Darstellung der pfändbare Betrag **auf 873,00 EUR** abgerundet. Ebenso bleibt die Verteilung des Rückkaufswerts in Höhe von 5.000,00 EUR unberücksichtigt. Die Verteilung eines Einmalbetrags zuzüglich der monatlichen Zahlbeträge wird unten (→ S. 173; → S. 184 f.) ausgeführt.

Name:	Katharina	Laufzeit:	36 Monate
mtl. pfändbar:	873,00 €	Beginn:	
Summe pfändbarer Betrag	31.428,00 €	Zahlung zum:	

	Schuldsumme	Angebot
Bank A (Kredit)	35.000,00 €	24.830,25 €
Bank A (Dispo)	4.200,00 €	2.979,63 €
Kreditkarteninstitut B	2.500,00 €	1.773,59 €
Inkassobüro C	1.800,00 €	1.276,98 €
Versandhaus D	800,00 €	567,55 €
Summe	44.300,00 €	31.428,00 €

Gläubiger	Bank A (Kredit)	Bank B (Dispo)	Kreditkarten-institut B	Inkassobüro C	Versand-haus D	
Zahlbeträge in Phase 1	174,60 €	174,60 €	174,60 €	174,60 €	174,60 €	
Zahlbeträge in Phase 2	218,25 €	218,25 €	218,25 €	218,25 €		
Zahlbeträge in Phase 3	291,00 €	291,00 €	291,00 €			
Zahlbeträge in Phase 4	436,50 €	436,50 €				
Zahlbeträge in Phase 5	873,00 €					
Vergleichs-betrag	24.830,25 €	2.979,63 €	1.773,59 €	1.276,98 €	567,55 €	
Phase 1 (174,60 € / Gläubiger)						
1. Monat	24.655,65 €	2.805,03 €	1.598,99 €	1.102,38 €	392,95 €	
2. Monat	24.481,05 €	2.630,43 €	1.424,39 €	927,78 €	218,35 €	
3. Monat	24.306,45 €	2.455,83 €	1.249,79 €	753,18 €	43,75 €	

4. Monat	24.131,85 €	2.281,23 €	1.075,19 €	578,58 €	0,00 €	130,85 € verbleiben
Phase 2 (218,25 € / Gläubiger)						
5. Monat	23.913,60 €	2.062,98 €	856,94 €	360,33 €		
6. Monat	23.695,35 €	1.844,73 €	638,69 €	129,08		
7. Monat	23.477,10 €	1.626,48 €	420,44 €	0,00 €		89,17 € verbleiben
Phase 3 (291,00 € / Gläubiger)						
8. Monat	23.186,10 €	1.335,48 €	129,44 €			
9. Monat	22.895,10 €	1.044,48 €	0,00 €			161,56 € verbleiben
Phase 4 (436,50 € / Gläubiger)						
10. Monat	22.458,60 €	607,98 €				
11. Monat	22.022,10 €	171,48 €				
12. Monat	21.585,60 €	0,00 €				265,02 € verbleiben
Phase 5 (873,00 € / Gläubiger)						
13. Monat	20.066,00 €	Die angesparte Rücklage in Höhe von 646,60 € wird einmalig zusätzlich zum Zahlbetrag in Phase 5 in Höhe von 873,00 € addiert und ausgekehrt.				
14. Monat	19.193,00 €					
15. Monat	18.320,00 €					
...	...					
34. Monat	1.733,00 €					
35. Monat	860,00 €					
36. Monat	0,00 €					

Der pfändbare Betrag (hier auf glatte Zahl gerundet) in Höhe von 873,00 EUR wird auf alle fünf Gläubiger verteilt. Nach vier Monaten kann schon der erste Erfolg durch Tilgung der Vergleichssumme des Gläubigers Versandhaus E verbucht werden. Die weiteren Gläubiger Inkassobüro D und Kreditkarteninstitut folgen in den Monaten sieben und neun. In den Monaten, in denen Gläubigerforderungen getilgt werden, verbleibt ein Ratenrest. Dieser wird im vorliegenden Beispiel im Monat 15 dem letzten verbleibenden Gläubiger gutgeschrieben und muss somit bis dahin angespart werden. Dies ist im Rahmen der Schuldnerberatung zu thematisieren. Denn nicht nur die zu Beginn der Laufzeit zeitnah sich erhöhenden Beträge, sondern auch die nicht anzutastende Rücklage können den Erfolg des Plans verhindern. Eine enge Anbindung und Begleitung durch die Schuldnerberatung ist zu gewährleisten.

3.2.4 Ratenvergleich mit Prozentanteilen an der Gesamtverschuldung

Im Gegensatz zum oben ausgeführten außergerichtlichen Entschuldungsmodell des Ratenvergleichs nach Kopfanteilen erhalten alle Gläubiger analog ihres prozentualen Forderungsanteils an der Gesamtverschuldung eine gleichbleibende Rate über die gesamte Laufzeit des Entschuldungsverfahrens. Im Ergebnis vereinnahmen die Gläubiger die gleichen Beträge wie im zuvor dargestellten Modell. Als Teilungsfaktor dient aber nicht die Anzahl der Gläubiger, sondern die jeweilige Forderungshöhe in Relation zur Gesamtverschuldung. Gläubiger mit geringeren Forderungen werden folglich nicht zügiger getilgt, sondern erreichen ihren quotalen Vergleichsbetrag wie die größeren Gläubiger mit Ende der vereinbarten Laufzeit. Neben der Gleichbehandlung aller Gläubiger „über die Zeit" liegen die weiteren Vorteile in der Transparenz und Nachvollziehbarkeit des Entschuldungsplans für alle beteiligten Parteien. Darüber hinaus ist eine Umsetzung durch den Schuldner einfacher zu realisieren, da er über die gesamte Laufzeit an jeden Gläubiger eine gleichbleibende Rate überweisen muss. Mit Einrichtung hinsichtlich der Laufzeit befristeter Daueraufträge wird der monatliche pfändbare Betrag an alle Gläubiger aufgeteilt. Ein regelmäßiges „Kümmern" um die Anpassung von Zahlungen bleibt somit aus. Eine daraus resultierende Überforderung kann ausgeschlossen werden.

Als nicht zu vernachlässigenden Nachteil ist allerdings die sehr geringe Rate an Gläubiger mit entsprechend niedriger Forderungshöhe zu nennen. Insbesondere in der Konstellation eines Hauptgläubigers mit einer hohen Forderung fällt der prozentuale Anteil an der Gesamtrate des kleinen Gläubigers sehr gering aus. Dieser Zahlbetrag beläuft sich dann oftmals auf nur wenige Euro oder bewegt sich sogar im Cent-Bereich. Eine monatliche Überwachung der eingehenden Zahlungen durch den Gläubiger steht dann aus betriebswirtschaftlicher Sicht in keinem Verhältnis zu der Höhe der vereinnahmten Zahlbeträge. In der Folge lehnen entsprechende Gläubiger nicht selten das unterbreitete Angebot ab. Abhilfe kann diesbezüglich ein Ansparen der monatlichen Rate und Zahlung in größeren Abständen schaffen. Die Beträge sind dann beispielsweise (halb-)jährlich zu leisten, sodass der Aufwand des Gläubigers möglichst gering ist. Dies bedeutet in der Konsequenz aber auch, dass der Schuldner zum einen die entsprechenden Beträge erfolgreich ansparen und zum anderen auch fristgerecht an den jeweiligen Gläubiger zahlen muss. Beides ist im Rahmen der Schuldnerberatung umfassend vorzubereiten. Versäumt der Schuldner nämlich die vereinbarten Zahlungen zum (Halb-)Jahr an den Gläubiger, scheitert möglicherweise der gesamte außergerichtliche Entschuldungsplan. Es ist folglich zu thematisieren, wie und wo der Schuldner die entsprechenden Beträge anspart und inwieweit er sich eine Erinnerung zur rechtzeitigen Zahlung einrichtet. Die Schuldnerberatung kann hier kein Wiedervorlagesystem zur Überprüfung der rechtzeitigen Zahlung der angesparten Beträge vorhalten oder den Schuldner während der Laufzeit des Entschuldungsverfahrens auf die auszuführenden Zahlungen hinweisen. Auch wenn die Beratung auf Dauer angelegt ist, stehen für eine so engmaschige Begleitung der Ratsuchenden im Rahmen des außergerichtlichen Einigungsversuchs in der Praxis weder die personellen Ressourcen noch die finanziellen Kapazitäten zur Verfügung. Unter dem Aspekt einer langfristigen und selbstverantwortlichen Bewältigung der Überschuldungssituation durch den Schuldner ist dieser in der Verantwortung, den Kontakt bei Fragen und Problemstellungen zur Beratungsstelle wieder aufzunehmen.

Fall Katharina

Im Sinne einer besseren Nachvollziehbarkeit bleibt die Verwertung des Rückkaufswerts als Sonderzahlung in der folgenden Berechnung unberücksichtigt. Unten (→ S. 173; → S. 184 f.) erfolgt eine Berechnung inklusive der Sonderzahlung.

Tab. IV.2: Fall Katharina: Ratenvergleich mit Prozentanteilen an der Gesamtverschuldung, Quelle: eigene Darstellung

Name:		Katharina	Laufzeit:	36 Monate
Aktenzeichen			Pfändung insgesamt	31.433,40 €
mtl. pfändbar:		873,15 €	Zahlungsbeginn:	

Gläubiger	Schuldsumme	Quote nach Forderung	mtl. Zahlbetrag 1. – 35. Monat	36. Monat	Gesamttilgungsangebot	Regulierungsquote
Bank A (Kredit)	35.000,00 €	79,00 %	689,85 €	689,76 €	24.834,51 €	70,96 %
Bank A (Dispo)	4.200,00 €	9,48 %	82,78 €	82,84 €	2.980,14 €	70,96 %
Kreditkarteninstitut B	2.500,00 €	5,65 %	49,27 €	49,44 €	1.773,89 €	70,96 %
Inkassobüro C	1.800,00 €	4,06 %	35,48 €	35,41 €	1.277,21 €	70,96 %
Versandhaus D	800,00 €	1,81 %	15,77 €	15,70 €	567,65 €	70,96 %
Summe	44.300,00 €	100,00 %	873,15 €	857,45 €	31.433,40 €	

Der pfändbare Betrag in Höhe 873,15 EUR wird prozentual auf alle fünf Gläubiger auf Grundlage der jeweiligen Schuldsumme verteilt. Da alle Gläubiger mindestens einen monatlich zweistelligen Eurobetrag erhalten, sind keine separaten Vereinbarungen zur Zahlung angesparter Beträge zu treffen. Katharina kann mit der ersten fristgerechten Zahlung an den jeweiligen Gläubiger einen Dauerauftrag über eine Laufzeit von 36 Monaten bei Ihrer kontoführenden Bank einrichten. Da es keine Anpassungsklauseln hinsichtlich der Höhe des monatlichen Gesamtzahlbetrags gibt, ist der monatliche Zahlbetrag schlicht zu zahlen. Eine Veränderung des Einkommens von Katharina kann dazu führen, dass sie die Vereinbarung nicht mehr einhalten kann. Der ausgearbeitete außergerichtliche Plan könnte hieran scheitern. Katharina ist dann gefordert, sich mit den Gläubigern über eine mögliche Anpassung auseinanderzusetzen. Die Schuldnerberatung kann und sollte hier, sofern Katharina den Beratungskontakt sucht, zeitnah unterstützen, um den Entschuldungserfolg langfristig zu sichern.

3.2.5 Ratenvergleich als Sukzessiv-Plan

Eine weitere Möglichkeit, das zur Verfügung stehende Einkommen und Vermögen den Gläubigern zu unterbreiten, stellt der Ratenvergleich als Sukzessiv-Plan dar. Der Begrifflichkeit „sukzessiv" wird die Bedeutung „allmählich, nach und nach, schrittweise [eintretend, erfolgend] zugewiesen (vgl. www.duden.de/rechts chreibung/sukzessiv, 15.3.2022) und beschreibt somit treffend das Wesen dieses Vergleichsangebots. In allen im Verlauf dieses Kapitels beschriebenen Ratenvergleichsformen erhalten die Gläubiger mit Beginn des Zahlungsplans einen Teil des pfändbaren Einkommens / Vermögens (aufgeteilt nach prozentualem Anteil an der Gesamtverschuldung oder entsprechend der Gläubigeranzahl). Insbesondere in Fallkonstellationen mit vielen Gläubigern oder einer sehr großen Differenz innerhalb der Forderungshöhen kann dies zur Folge haben, dass den Gläubiger mit geringer Forderung lediglich eine minimale monatliche Rate angeboten wird. Da der Aufwand der Zahlungsüberwachung in keinem Verhältnis zum Ertrag des Vergleichsangebots steht, kann davon ausgegangen werden, dass diese Gläubiger dem Plan nicht zustimmen werden und folglich der außergerichtliche Einigungsversuch in seiner Gesamtheit scheitert.

Der Ratenvergleich als Sukzessiv-Plan löst diese Problematik, in dem schon in der Erstellung des Vergleichsangebots beispielsweise auf die „kleinen" Gläubiger Rücksicht genommen wird. Hierbei wird jedem einzelnen Gläubiger ein Rang zugewiesen, der bei der Berechnung und Verteilung des Vergleichsangebots berücksichtigt wird. Erfolgt die Zuweisung der Ränge anhand der Forderungssummen von „klein" nach „groß", erhält der kleinste Gläubiger zuerst den Vergleichsbetrag und dann immer der nächstgrößere Gläubiger. Es werden somit die Gläubiger nach und nach (eben sukzessiv) befriedigt. Aus Sicht der Schuldner wird die schrittweise Erledigung der Gläubiger als positive Bestätigung einer erfolgreichen perspektivischen Entschuldung erlebt und verstärkt die Motivation, den Zahlungsplan über die gesamte Laufzeit durchzuhalten.

Neben der Festlegung der Rangfolge nach Höhe der Forderung wird der Ratenvergleich als Sukzessiv-Plan auch genutzt, um Gläubiger, die in einem Insolvenzverfahren eine ausgenommene Forderung anmelden oder als nachrangige Gläubiger im Verfahren voraussichtlich keine Quote erhalten würden, in einem Ratenvergleich angemessen zu beteiligen (oder vorab geordnet zu befriedigen) und somit zu einer Zustimmung im Rahmen einer außergerichtlichen Einigung zu bewegen. Als Beispiel sind hier Forderungen aus Straftaten, Schmerzensgeld etc. zu nennen, die vorrangig berücksichtigt werden.

Fall Katharina:

Da Katharina einen hohen pfändbaren Betrag monatlich erwirtschaftet, bietet es sich an, auch hier die Möglichkeit eines sukzessiven Ratenplans zu prüfen. Im Folgenden wird der Plan mit und ohne Sonderzahlung dargestellt.

Die Rangfolge der Gläubiger ist von „klein" zu „groß" gewählt. Dabei wurde den Gläubigern „Bank A" und „Bank B" derselbe Rang zugewiesen. Beide erhalten somit ab dem 5. Zahlungsmonat (bei Zahlung ohne Sonderzahlung) den auf Basis des prozentualen Anteils aufgeteilten pfändbaren Betrag. Vorteil des Plans: Die drei Gläubiger Versandhaus E, Inkassobüro D und Kreditkarteninstitut C sind innerhalb eines halben Jahres erledigt.

Zahlungsplan sukzessive Raten – ohne Sonderzahlung

Tab. IV.3: Fall Katharina: Ratenvergleich als Sukzessiv-Plan – ohne Sonderzahlung, Quelle: eigene Darstellung

Name:	Katharina	Laufzeit:	36 Monate	Gesamtverschuldung	44.300,00 €
Akten-zeichen		Pfändung insgesamt	31.433,40 €	Sonderzahlung zu Beginn	0,00 €
mtl. pfänd-bar:	873,15 €	Zahlung pro Monat:	873,15 €		

Rang	Gläubiger / Vertreter	Forderung	Anteil	1. Monat	2. Monat	3. Monat	4. Monat
1	Versandhaus E	800,00 €	1,81 %	567,65 €	ERLE-DIGT		
2	Inkassobüro D	1.800,00 €	4,06 %	305,50 €	873,15 €	98,55 €	ERLE-DIGT
3	Kreditkarten-institut C	2.500,00 €	5,64 %			774,60 €	873,15 €
4	Bank A	35.000,00 €	79,01 %				
	Bank B	4.200,00 €	9,48 %				
Summe				873,15 €	873,15 €	873,15 €	873,15 €

Rang	Gläubiger / Vertreter	Forderung	Anteil	5. Monat	6. – 35. Monat	36. Monat
1	Versandhaus E	800,00 €	1,81 %			
2	Inkassobüro D	1.800,00 €	4,06 %			
3	Kreditkarten-institut C	2.500,00 €	5,64 %	126,14 €	ERLE-DIGT	
4	Bank A	35.000,00 €	79,01 %	666,97 €	779,60 €	779,54 €	ERLE-DIGT
	Bank B	4.200,00 €	9,48 %	80,04 €	93,55 €	93,60 €	ERLE-DIGT
Summe				873,15 €	873,15 €	873,14 €

Zahlungsplan sukzessive Raten – mit Sonderzahlung

Tab. IV.4: Fall Katharina: Ratenvergleich als Sukzessiv-Plan – mit Sonderzahlung,
Quelle: eigene Darstellung

Name:	Katharina	Laufzeit:	36 Monate	Gesamt-verschuldung	44.300,00 €
Aktenzeichen		Pfändung insgesamt	31.433,40 €	Sonderzahlung zu Beginn	5.000,00 €
mtl. pfänd-bar:	873,15 €	Zahlung pro Monat:	873,15 €		

Rang	Gläubiger / Vertreter	Forderung	Anteil	Sonder-zahlung	1. Monat – 35. Monat	36. Monat	Gesamt-höhe des Tilgungs-angebots / Requlie-rungsquote
1	Versandhaus E	800,00 €	1,81 %	657,94 €			657,94 €
2	Inkassobüro D	1.800,00 €	4,06 %	1.480,36 €			1.480,36 €
3	Kreditkarten-institut C	2.500,00 €	5,64 %	2.056,06 €			2.056,06 €
4	Bank A	35.000,00 €	79,01 %	719,32 €	779,60 €	779,53 €	28.784,85 €
	Bank B	4.200,00 €	9,48 %	86,32 €	93,55 €	93,61 €	3.454,18 €
Summe				5.000,00 €	873,15 €	873,14 €	

3.2.6 Ratenvergleich mit flexiblen Raten

Die Regulierung mit flexiblen Raten stellt ein Modell dar, dass häufig in der Beratungspraxis Anwendung findet. Im Gegensatz zum zuvor beschriebenen Ratenvergleich mit festen Raten gewährleistet der flexible Regulierungsplan, dass über
die gesamte Laufzeit sowohl die möglichen Einkommensveränderungen der Ratsuchenden als auch familiäre Entwicklungen abgebildet werden können (vgl. Richter
et al in Groth et al. 2021, PHSB T. 6 S. 22b). Besonders in Fallkonstellationen,
in denen kein oder nur geringes pfändbares Einkommen erzielt wird und / oder
perspektivisch familiäre Veränderungen nicht ausgeschlossen werden können, ist
ein Regulierungsangebot auf Basis einer flexiblen Regelung zu unterbreiten. Ebenso ist dieses Regulierungsmodell erste Wahl, wenn monatlich stark schwankende
Einkünfte erwirtschaftet werden (beispielsweise in Folge einer stundenbasierten
Vergütung, Zulagen bei Schichtarbeit) oder von perspektivischen Einkommensveränderungen (sowohl in positiver als auch negativer Hinsicht) ausgegangen werden
muss.

Mit den Ratsuchenden lohnt es sich, vor einer Festlegung der Regulierungsstrategie in einer Rückschau gemeinsam die bisherige Lohnentwicklung zu betrachten,
aus der sich möglicherweise für die Zukunft Rückschlüsse für das zu erwartende

Einkommen ergeben. Ausgehend vom aktuell verfügbaren und perspektivisch zu prognostizierenden Einkommen kann dann den Gläubigern ein entsprechendes Angebot unterbreitet werden. Dabei wird die Ratenhöhe an das jeweils monatlich pfändbare Nettoeinkommen gekoppelt. Insbesondere berufliche Veränderungen (befristeter Arbeitsplatz, prekäre Arbeitsverhältnisse oder Arbeitsplatzwechsel, -verlust) stellen gravierende einkommensverändernde Faktoren dar, die sich nachhaltig auf die Höhe der pfändbaren Beträge auswirken. Gleiches gilt hinsichtlich Veränderungen im Rahmen familiärer Kontexte. So wirken sich Veränderungen wie beispielsweise von der Geburt eines Kindes, über die Heirat bis zur Scheidung dauerhaft auf den pfändbaren Betrag aus, da sich gegebenenfalls die Anzahl der unterhaltsberechtigten Personen erhöht oder verringert. Erfolgen dauerhafte und einschneidende Veränderungen, und ist parallel ein fester Regulierungsplan vereinbart, so können die ursprünglich vereinbarten Ratenzahlungen nicht mehr geleistet werden. Konnte dagegen eine Schuldenregulierung mit flexiblen Raten vereinbart werden, so passt sich die Ratenhöhe entsprechend der der Neuberechnung des pfändbaren Betrags gemäß den Regelungen des § 850c ZPO an. Der flexible Ratenplan entspricht somit den Regelungen eines Insolvenzverfahrens, in dem ebenfalls monatlich die pfändbaren Beträge eingezogen werden. Außergerichtliche Pläne sollen, wie schon ausgeführt, die Interessen der Gläubiger und der Ratsuchenden gleichermaßen beachten. Damit Gläubiger sich in flexiblen Regulierungsplänen nicht schlechter gestellt fühlen als im Insolvenzverfahren, sind neben Laufzeit, Ratenhöhe und Anpassungsklauseln die Rechte der Gläubiger und verpflichtenden Obliegenheiten der Ratsuchende analog zur Insolvenzordnung mit aufzunehmen. Ohne die Berücksichtigung dieser Regelungen wird es keine Zustimmung zu flexiblen Plänen geben. Bedauerlicherweise lehnen aber die meisten Gläubiger Einigungsversuche mit flexiblen Raten oft standardmäßig ab, obwohl sie finanziell bessergestellt sind, wenn pfändbares Einkommen erzielt wird und dieses nicht für die Verfahrenskosten aufgewendet werden muss. Die alleinige Prognostizierung einer zu erwartenden Vergleichssumme, die auf der aktuellen Einkommenssituation basiert, reicht den Gläubigern jedoch meist nicht aus. Immer wieder verlangen die Gläubiger die Realisierung einer Mindestquote als Bedingung für eine Zusage zum unterbreiteten flexiblen Vergleichsangebot, die allerdings aus Sicht der Ratsuchenden und der Schuldnerberatung nicht erfüllbar ist.

Ein Formulierungsvorschlag eines flexiblen außergerichtlichen Schuldenbereinigungsplans ist im Praxishandbuch Schuldnerberatung im Kapitel 6.2 zu finden.

Fall Rita:

In der Fortführung des Falls Rita sind zwischenzeitlich alle „offenen Baustellen" bearbeitet und gelöst worden. Die Existenz ist nachhaltig gesichert, Rita geht weiterhin ihrer Erwerbstätigkeit nach, und ihr Ehemann Robert wird in absehbarer Zeit eine Anstellung suchen, wenn das gemeinsame Kind Ronja einen Betreuungsplatz bekommen hat. Auch ist die unterhaltsrechtliche Frage gelöst. Rolf ist zurück zu Rita und Robert gezogen, das Jugendamt macht nach Prüfung der Sachlage keine Unterhaltsforderungen mehr geltend, und Rita hat sich um eine Psychotherapeutin gekümmert und nimmt die Termine

regelmäßig wahr. Rita strebt nun endlich eine außergerichtliche Einigung, hilfsweise die Beantragung eines Insolvenzverfahrens an. Mit der Schuldnerberatung
wurde ein außergerichtliches Regulierungsangebot vorbereitet, dass die aktuelle
Situation berücksichtigt. Aktuell erzielt Rita mit Ihrem Einkommen in Höhe
von 1.560,00 EUR unter Berücksichtigung von drei Unterhaltsverpflichtungen
kein pfändbares Einkommen. Sollte Robert eine Anstellung finden, so wäre
zu prüfen, inwieweit Rita noch unterhaltsverpflichtet ist und sich daraus eine
Veränderung des pfändbaren Betrages ergeben würde. Darüber hinaus kann
zum Zeitpunkt der Erstellung des außergerichtlichen Einigungsversuchs nicht
abgeschätzt werden, ob Rolf nicht doch wieder zu seinem Vater zieht oder
Rita längerfristig erkrankt und aus dem Lohnbezug herausfällt. Folgerichtig ist
ein flexibler Regulierungsplan mit Ratenhöhe „Null" anzubieten (sogenannter
flexibler Nullplan). Eine Ablehnung durch die Gläubiger steht zu erwarten. Die
Voraussetzungen nach § 305 InsO sind allerdings erfüllt, sodass innerhalb der
sechsmonatigen Frist der Insolvenzantrag beim zuständigen Amtsgericht einge-
reicht werden kann.

*Tab. IV.5: Fall Katharina: Ratenvergleich mit flexiblen Raten, Quelle: eigene Dar-
stellung*

Name:	Rita	Laufzeit:	36 Monate
Aktenzeichen	23456	Pfändung insgesamt	0,00 €
mtl. pfändbar:	0,00 €	Zahlungsbeginn:	

Gläubiger	Schuldsumme	Regulierungs-quote
Bank A	9.500,00 €	72,79 %
Bank A	2.100,00 €	16,09 %
Vermieter	800,00 €	6,13 %
Vermieter	450,00 €	3,45 %
Kind Rolf / Unterhaltsver-pflichtung	1,00 €	0,01 %
Bekannter (PKW Reparatur)	200,00 €	1,53 %
Summe	13.051,00 €	100,00 %

Die angegebenen Ratenhöhen gelten nur für den Erstellungsmonat. Bei einer
Einkommensveränderung erfolgt eine Anpassung gemäß der Tabelle zu § 850c
ZPO in Verbindung mit § 850f Abs. 1 ZPO. Die pfändbaren Beträge werden
nach der Quote von Monat zu Monat neu errechnet. Die in der Anlage aufgeführten Bestimmungen (in Analogie zum 8. Teil der InsO) sind Bestandteil
dieses Plans. Mangels eines aktuell pfändbaren Einkommens wird nur die Regu-
lierungsquote ausgewiesen.

3.2.7 Einmalzahlung als Regulierungsform

Die bisher dargestellten Entschuldungsmodelle basieren auf dem monatlich pfändbaren Einkommen, eventuell zu verteilendem Vermögen und einer frei zu vereinbarenden Laufzeit, die sich allerdings regelmäßig an der Insolvenzverfahrensdauer orientiert. Im Gegensatz hierzu stellt die Einmalzahlung als Regulierungsform eine zeitnahe und in Bezug auf den Aufwand kostengünstige Entschuldungsmöglichkeit für den Gläubiger dar. „Langfristig gültige Abzahlungsvereinbarungen mit einem erheblichen Verwaltungsaufwand für Schuldner und Gläubiger sind nicht notwendig, da die bestehenden Forderungen sofort mit einer Zahlung [...] erledigt werden können." (Groth/Schulz/Schulz-Rackoll 1994, S. 258) Im Rahmen einer Einmalzahlung wird den Gläubigern eine einmalige Vergleichszahlung zur Abgeltung aller bestehenden Ansprüche aus der jeweiligen Forderung angeboten. „Wegen der Aussicht, zumindest einen Teil ihrer Forderung „auf einen Schlag" einnehmen zu können, sind die meisten Gläubiger zu erheblichen Nachlässen bereit." (Richter et al. in Groth et al. 2021, PHSB T. 6 S. 16). Darüber hinaus ermöglicht eine erfolgreiche Vereinbarung über eine Einmalzahlung dem Gläubiger, die Restforderung steuerlich zeitnah abzuschreiben. Für den Ratsuchenden weicht mit erfolgreicher Zahlung nicht nur der Vollstreckungsdruck des Gläubigers und die ausgebrachten Pfändungsmaßnahmen werden zeitnah zurückgenommen, sondern die Erledigung der Forderung wird als nachhaltiger Erfolg wahrgenommen und kann für den weiteren Beratungsprozess motivierend wirken.

Ratsuchende fragen immer wieder gezielt nach Möglichkeiten der Entschuldung durch Einmalzahlungen. Der Wunsch des Schuldners ist oft eine möglichst geringe Einmalzahlung, ohne dass dabei die eigene wirtschaftliche Leistungsfähigkeit tatsächlich berücksichtigt wird. Schuldnerberatung als Vermittler im Spannungsfeld der Interessen von Ratsuchenden und Gläubigern zielt aber auf einen für beide Seiten leistbaren und realistisch umsetzbaren Interessensausgleich ab. Dieser berücksichtigt nicht nur die aktuelle finanzielle Situation des Ratsuchenden, sondern ermöglicht eine Perspektiveinschätzung, die auf Basis einer umfassenden und fundierten Informationssammlung und Analyse der Gesamtsituation erfolgt. Dem Gläubiger ist diese Einschätzung im Rahmen eines Einmalzahlungsangebots nicht vorzuenthalten. Erzielt der Ratsuchende monatlich pfändbare Beträge, die dem Gläubiger prinzipiell zur Tilgung der berechtigten Forderung (gegebenenfalls im Wege der Zwangsvollstreckung) zustehen, oder besteht noch Vermögen, so sind diese zu benennen und nicht unter dem Aspekt eines möglichst günstigen Vergleiches zu verschweigen. Schuldnerberatung beteiligt sich nicht am Verbergen von pfändbarem Einkommen und Vermögen!

Ein außergerichtlicher Einigungsversuch im Rahmen eines Einmalbetrags zur Abgeltung der Ansprüche gegen den Ratsuchenden arbeitet folglich, wie auch alle anderen Vergleichsangebote, immer detailliert die private, berufliche und wirtschaftliche Lebenssituation des Ratsuchenden auf. Auf dieser Basis ist darzulegen, dass der avisierte (Teil-)Ausgleich der Forderung für den Gläubiger ein attraktives Angebot darstellt und dass sich durch die Ablehnung keine zukünftig höheren (Vergleichs-)Beträge realisieren lassen. Umfasst das unterbreitete Angebot eine Einmalzahlung auf der Grundlage von Drittmitteln, die allein zur vergleichsweisen Tilgung der Forderung zur Verfügung gestellt werden, so ist dies ebenfalls im Angebot auszuführen. Eigenmittel des Ratsuchenden, soweit diese überhaupt noch zur Verfügung stehen und verwertet werden können, sind ebenfalls mit zu berücksichtigen und zu benennen. Unbedingt zu beachten ist, dass der Einmalzahlungsbetrag vor Verhandlungsbeginn zur Verfügung steht, beziehungsweise geklärt ist, wann die Zahlung verbindlich erfolgen kann. Nur so ist es dem Gläubiger möglich, eine Entscheidung zu treffen, inwieweit ein Einmalbetrag als Vergleichssumme akzeptiert werden kann.

Besteht aus Sicht des Gläubigers allerdings in der Zukunft doch die Aussicht, höhere Einnahmen durch Zwangsvollstreckungsmaßnahmen, Zahlungen des Schuldners oder Verwertung von Vermögen zu generieren, so wird er das unterbreitete Einmalzahlungsangebot ablehnen. Weitere Aspekte in der Entscheidungsfindung eines Gläubigers sind das Alter der Forderung, die Lebenssituation des Schuldners (beispielsweise Familienstand oder das Alter möglicher unterhaltsberechtigter Kinder), die berufliche und somit wirtschaftliche Perspektive, aber auch die Gesamtschuldensituation (vgl. Neuenfeldt 1998, S. 132).

Die jeweiligen Ablehnungsgründe werden allerdings nur selten gegenüber dem Ratsuchenden und der Schuldnerberatung kommuniziert. Dies hängt auch von zwei weiteren Faktoren ab (vgl. Richter et al. in Groth et al. 2021, PHSB T. 6 S. 16):

- Das unterbreitete Angebot entspricht nicht den internen Vorgaben zur Realisierung einer Mindestquote, die der Gläubiger als Auftraggeber seiner beitreibenden Anwaltskanzlei oder dem Inkassounternehmen (Gläubigervertreter) gemacht hat. Auch das Nachverhandeln durch die Schuldnerberatung (ohne das Angebot für diesen Gläubiger zu verbessern) erzielt hier keine nennenswert positiven Ergebnisse.

- Forderungen, die im Rahmen des Forderungsverkaufs auf ein Inkassounternehmen übergegangen sind oder durch die Mahnabteilungen großer Gläubiger eigenständig beigetrieben werden, unterliegen Mindestquoten, die die bearbeitenden Sachbearbeiter zu erfüllen haben. Liegt folglich das Angebot unter diesen ebenfalls internen Quoten, so erfolgt eine Ablehnung des Vergleichsangebots. Eventuell kann hier eine direkte Kontaktaufnahme beim Gläubiger auf Ebene des Vorgesetzten doch noch einen Erfolg bringen.

Da trotz einer augenscheinlich lukrativen Einmalzahlung im Vorfeld eines entsprechenden außergerichtlichen Einigungsversuchs die Zustimmung der Gläubiger nicht vorausgesetzt werden kann, ist das potenzielle Scheitern der Verhandlung mit dem Ratsuchenden zu thematisieren und wenn möglich eine beste Alternative zu erarbeiten. Die Beratungspraxis zeigt, dass dieses Vorgehen umso wichtiger wird, wenn Drittmittel die Grundlage eines Einmalzahlungsangebots sind. Das Scheitern der Verhandlung ist ein fester Bestandteil der Regulierungsberatung. Insbesondere bei der Zurverfügungstellung von Drittmitteln durch Freunde, Bekannte oder Familie wird die Hoffnung mit der Erwartung verknüpft, dass das Angebot, das die Schuldnerberatung für den Ratsuchenden ausarbeitet, erfolgreich sein wird. Schuldnerberatungen sehen sich hier regelmäßig mit der Frage konfrontiert, ab welchem Betrag Gläubiger zustimmen. Dies lässt sich allerdings aus den oben aufgeführten Ablehnungsgründen nicht im Vorfeld sicher beantworten. Sind Drittmittel die Basis eines Vergleichsversuchs, so ist seitens der Schuldnerberatung immer zu prüfen, aus welchen „Quellen" diese Mittel stammen. Die daraus sich ergebenden Vor- und Nachteile sind vor der Erstellung des Einmalzahlungsangebots mit dem Ratsuchenden und in manchen Fällen auch mit den jeweiligen Sponsoren / Geldgebern zu besprechen. Sind die Quellen nicht bekannt oder offensichtlich zweifelhaften Ursprungs, so wird die Schuldnerberatung kein Angebot unterbreiten und sich nicht zum Spielball des Ratsuchenden machen.

3.2.7.1 Eigene Mittel und Ansprüche gegen Dritte

In selten Fällen verfügen die Ratsuchenden noch über eigenes freies Vermögen oder über werthaltige Forderungen gegen Dritte, die bisher noch nicht gepfändet wurden. Zu nennen sind hier beispielsweise eventuell bestehende Rückkaufswerte aus Lebensversicherungen, Guthaben aus Bausparverträgen, Steuererstattungen für die letzten Steuerjahre, in denen keine Steuererklärung abgegeben wurde, oder Ansprüche aus einem Erbe. Aber auch Schadenersatzansprüche gegen Dritte oder Ansprüche auf Nachzahlungen aus beantragter (Erwerbsminderungs-)Rente können als Vergleichssumme herangezogen werden, soweit Letztere nicht durch Erstattungsansprüche eines vorleistenden Sozialleistungsträgers gesichert sind, der bis zur Gewährung der Rente Leistungen auf Darlehensbasis erbringt. Für eine gelingende Gesamtsanierung ist gemeinsam mit den Ratsuchenden zu erarbeiten, ob und, wenn ja, in welchem Zeitraum werthaltige Ansprüche realisiert werden können. Diese können erst dann den Gläubigern als Einmalzahlung angeboten werden, wenn auch über die anzubietenden Beträge tatsächlich verfügt werden kann. In manchen Fällen bedeutet die Geltendmachung der Ansprüche gegen Dritte einen hohen Arbeits- und Zeitaufwand für die Ratsuchenden. Eine zeitnahe Entschuldung ist dadurch folglich nicht möglich, ein Leben mit den Schulden bis zur Generierung der Vergleichssumme ist dann die erste Strategie im Umgang mit der Schuldensituation (→ S. 155 ff.).

3.2.7.2 Drittmittel von Familie, Freunden, Bekannten

Häufig wird im Rahmen der Strategieentwicklung vor allem seitens der Ratsuchenden, aber auch immer wieder durch die Schuldnerberatung, das Bereitstellen von Drittmitteln aus dem Familien- beziehungsweise Freundeskreis thematisiert. Können tatsächlich Einmalbeträge zur Gesamtentschuldung zur Verfügung gestellt werden, so hat im Vorfeld eine kritische Auseinandersetzung mit den Hintergründen, Bedingungen und Konsequenzen zu erfolgen. Es sollte immer versucht werden, den Geldgeber in die Beratung aktiv mit einzubeziehen. Eine direkte Kommunikation hinsichtlich der Beweggründe und finanziellen Konsequenzen ermöglicht eine individuelle Einschätzung der Situation.

In erster Linie ist hier zu klären, ob der zur Verfügung gestellte Betrag als Schenkung oder als Darlehen gewährt wird und inwieweit der Dritte überhaupt die finanziellen Möglichkeiten besitzt, den Betrag zu stemmen, ohne in Folge selbst in wirtschaftliche Not zu geraten. Wird der Einmalbetrag als Schenkung geleistet, so ist im Rahmen der Beratung eine möglicherweise daraus erwachsende emotionale Abhängigkeit zu thematisieren.

Mögliche erste Fragen zur Problematisierung dieser Thematik können sein:

- Was erwartet der Sponsor des Ratsuchenden als Gegenleistung?
- Erzeugt die Bereitstellung des Betrages Schuldgefühle beim Ratsuchenden?
- Wird die Beziehung zwischen beiden Parteien belastet?
- Wie wird die Bereitstellung von Geldmitteln von anderen Familienmitgliedern gesehen? Entstehen hieraus Spannungen?

Schuldnerberatung kann auch hier durch die gemeinsame Informationssammlung und einer fundierten Analyse unter Abwägung von Chancen und Risiken mögliche Regulierungsstrategien erarbeiten, die für den Ratsuchenden einen gangbaren Weg darstellen. Gleiches gilt umso mehr in dem Fall, als die dritte Person selbst eine Kreditverpflichtung eingeht, die dann wiederum als Darlehen gegenüber dem Ratsuchenden die Grundlage für das Einmalzahlungsangebot zur Gesamtentschuldung bildet. Die Familie / der Freund fungiert faktisch als umschuldender Gläubiger. Zwar sind die Vorteile nicht von der Hand zu weisen. Der Ratsuchende hat zukünftig nur noch einen Gläubiger – die Familie, den Angehörigen oder Freund, und der Vollstreckungsdruck inklusive aller Pfändungs- und Sicherungsmaßnahmen ist gewichen. Allerdings gilt es aus Sicht der Schuldnerberatung, gemeinsam einen kritischen Blick auf diese Konstellation zu wagen. Es ist unbedingt zu verhindern, dass nach erfolgreicher Entschuldung die dritte Person selber Beratung benötigt, da beispielsweise die Rückführung der Raten, die der nunmehr entschuldete Ratsuchende zugesagt hat, doch nicht geleistet werden. Sollte nach einer umfassenden Entschuldung durch eine Einmalzahlung kein finanzieller Spielraum bestehen, entsprechende Darlehen zurückzuzahlen, so muss die Schuldnerberatung hier in aller Deutlichkeit auf die daraus sich ergebenden Gefahren hinweisen. Werden familienintern Darlehen gewährt, so empfiehlt es sich, die Modalitäten immer schriftlich zu fixieren. Beide Parteien erlangen Rechtsicherheit und Transparenz hinsichtlich der vereinbarten Rückzahlungen und Möglichkeiten der Kündigung bei Nichteinhalten. Außerdem mindern diese schriftlichen Vereinbarungen das Risiko der emotionalen Abhängigkeit zur Familie oder den Freunden.

3.2.7.3 Drittmittel eines Kreditinstituts (Umschuldungsdarlehen)

Viele Ratsuchende wünschen sich die Möglichkeit, die bestehenden Gesamtverbindlichkeiten mit einer einzigen außergerichtlichen Einmalzahlung auszugleichen und zukünftig nur noch an einen Gläubiger zu leisten. Abhängig vom monatlich erwirtschafteten pfändbaren Einkommen ist dies auf dem Papier ein nachvollziehbarer Gedanke. Könnten die Gesamtschulden durch ein neues Darlehen abgelöst werden (auch im Zuge eines Teilerlasses der bisherigen Gläubiger), so würden, wie oben ausgeführt, der Vollstreckungsdruck und die bis dahin ausgebrachten Zwangsmaßnahmen enden. Der Ratsuchende hätte wieder eine wirtschaftliche Perspektive. Eine langfristige Tilgung des Umschuldungsdarlehens wäre gesichert, soweit diese im Vorfeld im Rahmen der Haushalts- und Budgetberatung darstell- und leistbar ist. Vor einem entsprechenden Angebot an die Gläubiger ist vorab mit dem Kreditinstitut zu klären, unter welchen Bedingungen ein Umschuldungsdarlehen gewährt werden kann. Erst nach vorliegender Zustimmung aller beteiligten Gläubiger kann eine Kreditaufnahme mit Rückzahlungspflicht erfolgen (vgl. Neuenfeldt 1998, S. 131).

In Fallkonstellationen, in denen Ratsuchende proaktiv die Beratung aufsuchen, um sich hinsichtlich der absehbaren Veränderung in der finanziellen Situation und dem daraus resultierenden Umgang mit den bestehenden Verbindlichkeiten beraten zu lassen, kann die Prüfung eines Umschuldungsdarlehens eine Option der Entschuldung sein. Speziell, wenn durch eine Umschuldung die monatliche Gesamtrate bei gleichzeitiger Verlängerung der Laufzeit auf das wirtschaftliche Niveau reduziert werden kann, wäre eine Umschuldung ein sinnvoller Schritt. Schuldnerberatung kann auch hier unter Berücksichtigung der individuellen Leistungsfähigkeit beratend tätig sein. Bedauerlicherweise suchen nur sehr wenige Ratsuchende die Beratungsstelle rechtzeitig auf, sodass die Option einer Umschuldung durch ein Kreditinstitut fast immer an den negativen Eintragungen in der SCHUFA oder in den Schuldnerverzeichnissen scheitert. Sollten Kreditinstitute eine Gewährung eines Umschuldungsdarlehens trotz negativer Eintragungen in Erwägung ziehen, so wird die Stellung von Sicherheiten in Form von Bürgschaften verlangt. Dies kann wiederum – wie im vorherigen Kapitel ausgeführt – zu emotionalen Abhängigkeiten oder Belastungen der Beziehungsebene führen, da davon auszugehen ist, dass mögliche Bürgen innerhalb der Familie gefunden werden. Kommt es dann zu Zahlungsstörungen auf Seiten des Kreditnehmers, wird das Kreditinstitut den Bürgen in die Haftung nehmen. Inwieweit neben der Belastung auf der Beziehungsebene daraus auch eine finanzielle Überforderung des Bürgen resultiert, wäre im Vorfeld einer Umschuldung mit Bürgschaft als Sicherheit zu thematisieren.

3.2.7.4 Drittmittel des Arbeitgebers

Eine weitere praktikable Möglichkeit, einen Einmalzahlungsvergleich erfolgreich abzuschließen, ist die Bereitstellung von finanziellen Mitteln durch den Arbeitgeber des Ratsuchenden. Neben großen Arbeitgebern, die Arbeitgeberdarlehen gewähren und zum Teil sogar betriebliche Schuldnerberatungsstellen für ihre Mitarbeiter vorhalten, sind vermehrt mittelständische Arbeitgeber, aber auch kleine Handwerksbetriebe bereit, die eigenen Mitarbeiter finanziell hinsichtlich einer Gesamtentschuldung zu unterstützen. Eine erfolgreiche Regelung der vorhandenen Überschuldungssituation mittels Arbeitgeberdarlehen entlastet die Mitarbeiter in ihrer privaten Lebensgestaltung und bestärkt diese, ihrer beruflichen Tätigkeit wieder mit vollem Engagement und Motivation nachzugehen.

Die Gewährung eines Darlehens zur Lösung der Überschuldungssituation des Mitarbeiters spiegelt folglich das ureigene Interesse des Arbeitgebers wider, möglichst gesunde und motivierte Mitarbeiter zu beschäftigen, deren Ausfallzeiten gering sind. Die finanzielle Unterstützung kann hier nicht nur die Gesundheit und Motivation des Mitarbeiters zum Arbeitgeber fördern, sondern bindet den Mitarbeiter (zumindest) für die Laufzeit des Darlehens an das Unternehmen – unter Berücksichtigung des akuten Fachkräftemangels ist dies ein nicht zu unterschätzender Aspekt.

Arbeitgeberdarlehen ersetzen somit ein Umschuldungsdarlehen eines Kreditinstituts, und werden durch die vertraglich vereinbarte Rückführungsrate monatlich vom Nettogehalt einbehalten. Zusätzlich können Sondertilgungen aus Prämien oder Jahressonderzahlungen, falls diese vom Arbeitgeber geleistet werden, die Tilgungslaufzeit des Arbeitgeberdarlehens verkürzen. Scheidet ein Mitarbeiter vor Ende der Darlehenslaufzeit aus, so wird die Restforderung in der Regel sofort fällig. Die monatliche Rate sollte maximal dem pfändbaren Einkommen entsprechen. Verschuldet sich der Mitarbeiter trotz umfassender Beratung zur Gesamtentschuldung und nach Gewährung eines Arbeitgeberdarlehens neu, und wird in der Folge der Lohn des Mitarbeiters durch den Neugläubiger gepfändet, so hat „das Arbeitgeberdarlehen Priorität und der Arbeitgeber wäre berechtigt, den pfändbaren Lohnanteil um die Darlehensrate (an sich selber) zu kürzen" (Richter et al. in Groth et al. 2021, PHSB T. 6 S. 19). Eine privilegierte Aufrechnung mit dem pfändbaren Einkommen ist allerdings immer nur so lange möglich, wie kein Insolvenzverfahren über das Vermögen des Mitarbeiters eröffnet ist. Im Insolvenzverfahren wird ab Eröffnungsbeschluss die Abtretung an den Treuhänder wirksam (§ 287 Abs. 2 InsO), das Arbeitgeberdarlehen stellt nur noch eine gewöhnliche Insolvenzforderung dar und kann nicht mehr bevorrechtigt aufgerechnet werden (vgl. Grote/Zamaita 2018, Rn. 22). Kann mit dem Arbeitgeberdarlehen folglich ein Insolvenzverfahren des Mitarbeiters abgewendet werden, ist das Ausfallrisiko minimal: Nur wenn der Mitarbeiter das Unternehmen verlässt, kann die Restdarlehensforderung nicht mehr mit einbehalten werden.

Werden die Risiken in der Beratung berücksichtigt und erscheint eine auf Dauer angelegte Entschuldung ohne Insolvenzverfahren realistisch, kann abhängig von Zugehörigkeitsdauer und Ausgestaltung des Arbeitsvertrags mit dem Ratsuchenden die Möglichkeit eines Arbeitgeberdarlehens thematisiert werden. Insbesondere hinsichtlich drohender Pfändungsmaßnahmen durch Gläubiger hinsichtlich des Arbeitseinkommens empfiehlt es sich als Mitarbeiter, aktiv auf den Arbeitgeber zuzugehen und das Gespräch über die aktuelle Situation zu suchen. Neben dem Signal eines guten und vertrauensvollen Arbeitsverhältnisses wird dem Arbeitgeber gleichzeitig vermittelt, dass an der eingetretenen Überschuldungssituation gearbeitet wird. Nicht selten bieten im Rahmen dieser Gespräche die Arbeitgeber finanzielle Unterstützung an, die dann, soweit ein Gesamtüberblick besteht, gemeinsam mit der Schuldnerberatung im Rahmen der Leistungsfähigkeit des Arbeitgebers konkretisiert wird. Wird aufgrund der Überschuldungshöhen deutlich, dass eine Einmalzahlung im Rahmen eines Arbeitgeberdarlehens nicht realisierbar ist, so ist der Arbeitgeber aber über das dann wahrscheinlich einzuleitende Verbraucherinsolvenzverfahren informiert. Auch hier kann insbesondere bei der Erläuterung des Ablaufs des Verfahrens und der damit einhergehenden Pflichten und Obliegenheiten des Mitarbeiters als Insolvenzschuldner Aufklärungsarbeit betrieben werden.

Besteht tatsächlich die Möglichkeit eines Arbeitgeberdarlehens, so hat der Ratsuchende unter Abwägung aller Chancen und Risiken eine Entscheidung hinsichtlich der Regulierungsstrategie zu treffen. Wie bereits ausgeführt, kann die Gewährung aus Sicht des Arbeitgebers eine Win-win-Situation darstellen. Neben einem nun noch motivierteren und weniger belasteten Mitarbeiter wird dieser zudem an das Unternehmen gebunden.

Positiv für den Mitarbeiter ist die zeitnahe Regulierung und Rückführung des Überschuldungsdarlehens nur noch an den Arbeitgeber. Da dieses in der Regel automatisch vom monatlichen Nettolohn einbehalten wird, entsteht dem Arbeitnehmer kein weiterer Aufwand. Allerdings ist im Rahmen der Beratung zu besprechen, inwieweit sich die Erwartungshaltung des Arbeitgebers aus Sicht des Mitarbeiters verändern wird. Im Rahmen dieser Überlegungen kann als Hypothese in den Raum gestellt werden, ob die finanzielle Unterstützung die Erwartungshaltung des Arbeitgebers erhöht und dies einen höheren Arbeitseinsatz des betroffenen Mitarbeiters zur Folge hat (beispielsweise kurzfristiges Einspringen im Rahmen von Krankheitsvertretungen oder Wochenenddienste).

Zu beobachten ist, dass bei kleineren „familiären" Betrieben diese Erwartungshaltung wahrscheinlicher ist als in großen Unternehmen, in denen kein direkter Zusammenhang zwischen der darlehensgebenden Abteilung und dem unmittelbaren Arbeitsumfeld des Mitarbeiters besteht. Befürchtet der Ratsuchende diesbezüglich keine Konflikte oder Abhängigkeiten, so kann er sich bewusst für ein Arbeitgeberdarlehen entscheiden.

3.2.7.5 Fondsmodelle

Die Gesamtregulierung durch eine Einmalzahlung ist die zügigste Entschuldungsvariante für die Ratsuchenden. Die positiven Effekte, am wirtschaftlichen Leben wieder teilzunehmen und die psychische Belastung der Überschuldungssituation zu überwinden, sind unstrittig. Allerdings haben die wenigsten der Ratsuchenden die Option, Drittmittel zu akquirieren. Hier empfiehlt es sich, im Beratungsprozess zu prüfen, inwieweit die Möglichkeit der Nutzung von Fondsmitteln zur Entschuldung besteht.

In Deutschland existieren Stiftungen, die „bei der Erfüllung festgelegter Förderkriterien für bestimmte Zielgruppen ein (zinsgünstiges oder gar zinsloses) Direktdarlehen zur Umschuldung vergeben" (Richter et al. in Groth et al. 2021, PHSB T. 6 S. 19).

Insbesondere in der Vergangenheit straffällig gewordene Ratsuchende können unter Beachtung der jeweiligen Bedingungen aus dem Resozialisierungsfonds für Straffällige ihres Bundeslandes (soweit vorhanden) einen Antrag auf ein Umschuldungsdarlehen stellen (Homann/Zimmermann 2018, Rn. 13 ff.). Mit diesem Darlehen soll verhindert werden, dass aufgrund der bestehenden Überschuldungssituation die Resozialisierung gefährdet ist. Gleichzeitig können auch Forderungen aus einer vorsätzlich unerlaubten Handlung im Umschuldungsdarlehen berücksichtigt werden, die in einem Verbraucherinsolvenzverfahren nicht der Restschuldbefreiung unterliegen würden. Gleichzeitig dient die Sanierung der vorsätzlich unerlaubten Handlung auch dem Opferschutz, da eine zügige materielle Schadenswiedergutmachung erreicht werden kann, die eine einvernehmliche Konfliktregulierung wahrscheinlicher werden lässt (vgl. Richter et al. in Groth et al. 2021, PHSB T. 6 S. 19).

Darüber hinaus existieren weitere Stiftungen für spezielle Zielgruppen, die im Bereich der Entschuldung durch die Gewährung von Darlehen und / oder Beihilfen unterstützen können.

■ Exemplarisch zu nennen ist die Marianne-von-Weizsäcker-Stiftung, Integrationshilfe für ehemals Suchtkranke e. V., die Umschuldungsdarlehen für ehemals abhängige Menschen zur Verfügung stellen kann (www.weizsaecker-stiftung.de/, 15.3.2022).

■ Auch die „Bundesstiftung Mutter und Kind – Schutz des ungeborenen Lebens" (www.bundesstiftung-mutter-und-kind.de/, 15.3.2022), die schwangere Frauen in Notlagen unterstützt, kann in begründeten Einzelfällen bei einer Schuldenregulierung unterstützen. Eine enge Anbindung an die Schuldnerberatung in Kooperation mit der örtlichen Schwangerenberatungsstelle ist hier Voraussetzung. Die Antragsstellung und Abwicklung erfolgt über die jeweiligen Landesstiftungen. Insbesondere bei einer der Höhe nach geringen Überschuldung wird durch den Einsatz von Stiftungsmitteln den werdenden Müttern eine zeitnahe Entschuldung und stabile finanzielle Perspektive ermöglicht, die ihnen die Entscheidung für das Leben des Kindes und die Fortsetzung der Schwangerschaft erleichtern sollen.

3.2.8 Mischformen

Regulierungsmodelle werden in der Schuldnerberatung gemeinsam mit den Ratsuchenden erarbeitet und sind individuell auf die Bedürfnisse und finanziellen Möglichkeiten und Bedingungen abzustimmen. Es kommt hierbei allerdings immer wieder vor, dass ein Modell nicht ausreicht, um eine Gesamtsanierung zu erreichen, sondern der erfolgreiche außergerichtliche Einigungsversuch nur durch eine Mischung verschiedener Regulierungsmodelle erreicht werden kann. In diesen Fällen ist es Aufgabe der Schuldnerberatung, auf Grundlage der umfassenden Kenntnisse des Falls gepaart mit einem hohen Maß an Kreativität und Praxiserfahrung, geeignete Mischformen für eine erfolgreiche Gesamtsanierung zu entwickeln (vgl. Groth/Schulz/Schulz-Rackoll 1994, S. 263). Kann hierdurch die Einleitung eines Verbraucherinsolvenzverfahrens vermieden werden, so wird dies regelmäßig im Interesse des Ratsuchenden sein. Für alle Mischformen gilt, dass die Umsetzung sowohl für die Gläubiger transparent, eindeutig und nachvollziehbar gestaltet wird, als auch den Ratsuchenden eine Entschuldungsperspektive bietet, die diese weder wirtschaftlich noch zeitlich überfordert.

Die am häufigsten genutzte Mischform setzt sich aus einer Einmalzahlung aus vorhandenem oder angespartem Vermögen und einem sich anschließenden Ratenvergleich zusammen, der je nach Gläubiger- und Forderungssituation erarbeitet wird. Auch eine flexible Ausgestaltung des sich nach der Einmalzahlung anschließenden Ratenvergleichs ist hier immer in Betracht zu ziehen. Auf Grundlage der Vertragsfreiheit der außergerichtlichen Verhandlungen, kann der zur Verfügung stehende Gestaltungsspielraum zur Entwicklung der Regulierungspläne genutzt werden. Da allerdings davon auszugehen ist, dass die Gläubiger in ihrer internen Entscheidungsfindung immer auch die zu prognostizierenden Erträge aus einem Verbraucherinsolvenzverfahren berücksichtigen (müssten), sollten sich auch die Angebote auf Basis von Mischmodellen an der zu erwartenden Insolvenzmasse orientieren. Sind die Angebote wirtschaftlich für die Gläubiger interessant, so ist eine Zustimmung eher wahrscheinlich. Mit Scheitern dient das Angebot dann gleichzeitig als Grundlage für die Durchführung des gerichtlichen Schuldenbereinigungsplanverfahrens.

Fall Katharina:

Im Fall Katharina bietet sich eine Regulierung außerhalb des Insolvenzverfahrens im Rahmen eines Mischmodells an. Neben dem monatlich pfändbaren Einkommen in Höhe von 873,15 EUR ist zusätzlich einmalig der Rückkaufswert der bestehenden Lebensversicherung in Höhe von 5.000,00 EUR den Gläubigern anzubieten. Auch wenn Katharina diesen Betrag lieber für sich verwendet hätte (Urlaubsreise), ist jegliches pfändbare Einkommen und Vermögen gegenüber den Gläubigern zu benennen. Inwieweit es tatsächlich allen Gläubigern angeboten wird, ist auch abhängig von der individuellen Fallkonstellation. Würde beispielsweise gegen Katharina eine Forderung aus einer Straftat geltend gemacht werden (Schadenersatzanspruch eines Opfers), so wäre zuallererst im Rahmen der Schadenswiedergutmachung der Einmalbetrag in voller Höhe einzusetzen. Erst in der Folge ist dann eine außergerichtliche Einigung mit allen weiteren Gläubigern anzustreben.

Im vorliegenden Fall kann aus Sicht der Sozialen Schuldnerberatung aber nicht auf das Angebot einer Einmalzahlung im Rahmen der Gesamtsanierung verzichtet werden. Zwar besteht in den Verhandlungen Vertragsfreiheit, aber basiert das Vergleichsangebot auf der Grundlage der insolvenzrechtlichen Vorschriften, darf keine Schlechterstellung der Gläubiger im außergerichtlichen Einigungsversuch erfolgen. Nutzt Katharina den Rückkaufswert für eine Urlaubsreise und beantragt danach das Insolvenzverfahren, da keine Einigung mit den Gläubigern erzielt werden konnte, geht Sie das Risiko einer Versagung gemäß § 290 Abs. 1 Nr. 4 InsO ein. Hierauf ist seitens der Schuldnerberatung hinzuweisen. Zeigt Katharina an diesem Punkt kein Verständnis, so ist nochmals zu überprüfen, ob der zu Beginn der Beratung formulierte Auftrag aktuell umsetzbar ist. Gegebenenfalls ist das vorhandene Anspruchs- und Ausgabeverhalten Katharinas nochmals zu problematisieren. Die Entschuldung müsste dann zeitlich verschoben werden.

Tab. IV.6: Fall Katharina: Mischformen, Quelle: eigene Darstellung

Name:	Katharina		Laufzeit:	36 Monate
mtl. pfändbar:	873,15 €		Pfändung insgesamt	31.433,40 €
Sonderzahlung	5.000,00 €		Zahlungsbeginn:	

Die Sonderzahlung wird mit Beginn der Laufzeit des Ratenzahlungsangebots mit festen Raten ausgekehrt. (Je nach Fallkonstellation kann auch ein flexibler Ratenplan / Nullplan angeboten werden.)

Gläubiger	Schuldsumme	Quote zur Gesamtver-schuldung	Sonderzahlung zusätzlich im ersten Monat	Regulierungs-quote	(Rest-) Schuldsumme
Bank A (Kredit)	35.000,00 €	79,01 %	3.950,34 €	11,29 %	31.049,66 €
Bank A (Dispo)	4.200,00 €	9,48 %	474,04 €	11,29 %	3.725,96 €
Kreditkarten-institut B	2.500,00 €	5,64 %	282,17 €	11,29 %	2.217,83 €
Inkassobüro C	1.800,00 €	4,06 %	203,16 €	11,29 %	1.596,84 €
Versandhaus D	800,00 €	1,81 %	90,29 €	11,29 %	709,71 €
Summe	44.300,00 €	100,00 %	5.000,00 €		39.300,00 €

Gläubiger	(Rest-) Schuldsumme	mtl. Zahlbe-trag 1. – 35. Monat	36. Monat	Gesamttil-gungsangebot	Regulierungs-quote
Bank A (Kredit)	31.049,66 €	689,85 €	689,76 €	28.784,85 €	84,73 %
Bank A (Dispo)	3.725,96 €	82,78 €	82,84 €	3.454,18 €	84,73 %
Kreditkarten-institut B	2.217,83 €	49,27 €	49,44 €	2.056,06 €	84,73 %
Inkassobüro C	1.596,84 €	35,48 €	35,40 €	1.480,36 €	84,73 %
Versandhaus D	709,71 €	15,77 €	15,70 €	657,94 €	84,73 %
Summe	39.300,00 €	873,15 €	873,14 €	36.433,39 €	

3.3 Insolvenz und Restschuldbefreiung

3.3.1 Klärung einer realistischen Perspektive

Sind alle Versuche einer außergerichtlichen Einigung außerhalb der Regelungen der Insolvenzordnung gescheitert und bleibt der Auftrag des Ratsuchenden auf eine Entschuldung gerichtet, greift das gesetzliche Restschuldbefreiungsverfahren mit samt dem vorgeschalteten Insolvenzverfahren als letztes Mittel ein. Diese wurde mit der Einführung der InsO im Jahre 1999 in das Gesetz aufgenommen, seitdem mehrmals grundlegend novelliert (vgl. Elbers 2019, S. 271 ff.).

3.3.1.1 Interessenlage

Dem Entschuldungsverfahren liegen die folgenden Interessen zu Grunde:

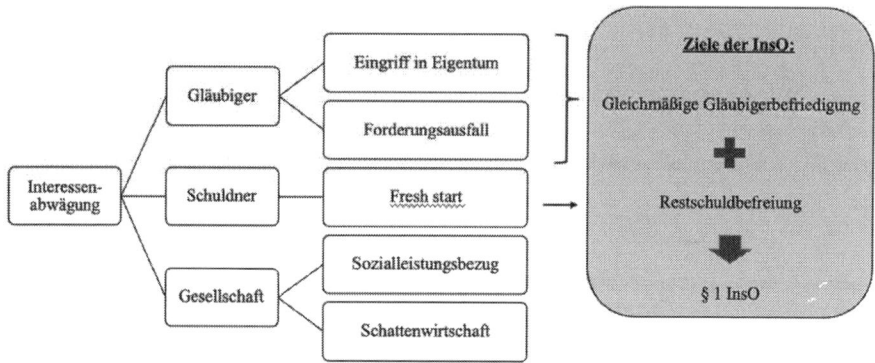

Abb. IV.3: Interessenlage, Quelle: eigene Darstellung

Das Restschuldbefreiungsverfahren sucht also nach einem Ausgleich zwischen den Interessen der Gläubiger, des Schuldners und der Gesellschaft (vgl. BGH 25.6.2015 – IX ZR 199/14, BeckRS 2015, 13845; Hergenröder/Homann 2013, S. 130 ff.; Homann 2009, Rn. 240 ff.). Während die Gläubiger mit dem Insolvenz- und Restschuldbefreiungsverfahren einen Forderungsausfall fürchten müssen, mithin ihr Eigentum tangiert wird, geht es dem Schuldner um einen fresh start, also einen unbelasteten Neuanfang. Die Gesellschaft teilt diese Interessen, hat aber auch eigene: Mit dem erfolgreichen Abschluss eines Restschuldbefreiungsverfahrens verbindet sich die Hoffnung auf eine Beendigung eines eventuellen Sozialleistungsbezugs, daneben der eines Endes des Abgleitens in die sogenannte Schattenwirtschaft. Diese Interessen finden sich teilweise in der Programmvorschrift des § 1 InsO wieder.

3.3.1.2 Verfahrensart

De lege lata bestehen zwei verschiedene Verfahren, das Regelinsolvenzverfahren und das Verbraucherinsolvenzverfahren nach den §§ 304 ff. InsO. Die Abgrenzung erfolgt danach, ob eine selbstständige Tätigkeit derzeit ausgeübt wird (dann Regelinsolvenz, vgl. Henning/Homann 2022, § 304 InsO Rn. 13 ff.) oder nicht (dann Verbraucherinsolvenz). Daneben können auch ehemalige Selbstständige in das Verbraucherinsolvenzverfahren gelangen, wenn ihre Verschuldungsstruktur der von Verbrauchern ähnelt (§ 304 Abs. 1 S. 2, Abs. 2 InsO). Die Verfahren haben sich mittlerweile so weit angenähert, dass jedenfalls nach Eröffnung des Insolvenzverfahrens kaum mehr Unterschiede bestehen. Ein wesentlicher Unterschied ist die Einbindung der Schuldnerberatung in das Verfahren, die nur im Anwendungsbereich des Verbraucherinsolvenzverfahren stattfindet.

Beispiel: Der Kleinselbstständige K. hat erhebliche finanzielle Probleme mit seinem Plattenladen. Er vereinbart einen Termin bei der Schuldnerberatungsstelle um die Ecke, um einen Insolvenzantrag vorzubereiten. Dort sagt man ihm, dass die geeigneten Stellen in seinem Fall bei der Vorbereitung nicht helfen dürfe, weil dies gegen das RDG verstoßen würde. K ist ratlos.

Tatsächlich gestattet das RDG in der Regelung des § 8 Abs. 1 Nr. 3 nur die Rechtsdienstleistung im Rahmen des § 305 Abs. 1 Nr. 1 InsO, also bei der Vorbereitung der Antragstellung des Verbraucherinsolvenzverfahrens. Die Verweigerung war daher zutreffend, auch wenn damit eine Beratungslücke bei den Selbstständigen gefestigt wird (vgl. Hergenröder/Homann 2013, S. 133).

3.3.1.3 Verfahrensablauf

Der Ablauf des Entschuldungsverfahrens stellt sich insgesamt wie folgt dar:

Abb. IV.4: Verfahrensablauf des Entschuldungsverfahrens, Quelle: eigene Darstellung

Im Einzelnen gilt:

1. Die Durchführung eines Insolvenz- und Restschuldbefreiungsverfahrens nach der Insolvenzordnung setzt voraus:
   - einen Eröffnungsgrund (Zahlungsunfähigkeit, drohende Zahlungsunfähigkeit → S. 37 f.),
   - einen zulässigen Eröffnungsantrag des Schuldners oder eines Gläubigers (§§ 13 ff. InsO),
   - die Deckung der Verfahrenskosten (§ 26 InsO): In den Verfahren natürlicher Personen wird regelmäßig die Stundung der Verfahrenskosten nach den §§ 4a bis 4d InsO gleichzeitig (§§ 287 Abs. 1 S. 1 und 2, 4a Abs. 1 S. 1 InsO) mit der Insolvenzeröffnung (§ 305 Abs. 1 Eingangssatz InsO) und der Erteilung der Restschuldbefreiung (§ 305 Abs. 1 Nr. 2 i.V.m. § 287 InsO) beantragt, die Abweisung mangels Masse hat dann zu unterbleiben (§ 26 Abs. 1 S. 2 InsO). Die Verfahrenskostenstundung hat eine herausragende Funktion, sie stellen das Rückgrat der Entschuldung natürlicher Personen

187

dar. Zwischen 80 und 90 % aller Verbraucherinsolvenzverfahren sind auf die Kostenstundung angewiesen (vgl. Henning/Homann 2022, § 4a InsO Rn. 5 m.w.N.). Die Gewährung der Kostenstundung setzt voraus (§ 4a InsO):

- Antrag auf Stundung der Kosten des Insolvenzverfahrens,
- Schuldner ist eine natürliche Person,
- Antrag auf Restschuldbefreiung,
- voraussichtlich kein ausreichendes Vermögen zur Deckung der Kosten des Verfahrens,
- voraussichtlicher Erfolg des Restschuldbefreiungsantrages (→ S. 190).

Die positive Entscheidung über den Kostenstundungsantrag (Muster → S. 295) führt dann dazu, dass die Kosten des Verfahrens während der Laufzeit dieses Verfahrens nicht gegen den Schuldner geltend gemacht werden können (§ 4a Abs. 3 InsO). Dies gilt bis zur Erteilung der Restschuldbefreiung. An diesen Zeitpunkt schließt dann die sogenannte Nachhaftung für einen Zeitraum von vier Jahren an (§ 4b InsO), in der gegebenenfalls Rückzahlungsraten zu leisten sind. Erst nach Ablauf dieser vier Jahre besteht auch insoweit dann Schuldenfreiheit.

- einen zulässigen Antrag auf Restschuldbefreiung (§ 287a InsO),
- die Bescheinigung eines erfolglosen Versuchs einer außergerichtlichen Einigung (§ 305 Abs. 1 Nr. 1 InsO).

2. Nach dem Eröffnungsantrag erfolgt das Eröffnungsverfahren. In diesem werden die vorgenannten Voraussetzungen geprüft. Daneben ist die Durchführung eines gerichtlichen Schuldenbereinigungsverfahrens in das Ermessen des Insolvenzgerichts gestellt (§ 307 InsO). Die wesentlichen Unterschiede zum außergerichtlichen Einigungsversuch sind:

- Der zustande gekommene gerichtliche Schuldenbereinigungsplan hat bei den beteiligten Gläubigern nach § 308 InsO die Wirkungen eines Prozessvergleichs (§ 794 Abs. 1 Nr. 1 ZPO), die Ansprüche sind mithin tituliert (Muster → S. 293).
- Benannte Gläubiger müssen nicht ausdrücklich zustimmen, Schweigen wird als Zustimmung fingiert (§ 307 Abs. 2 S. 1 InsO).
- Die Zustimmung von Gläubigern, die gegen den Plan votieren, kann vom Insolvenzgericht ersetzt werden, wenn die Mehrheit der Gläubiger dem Plan zugestimmt hat und diese Mehrheit auch mehr als 50 % der Forderungssumme auf sich vereint (sogenannte Kopf- und Summenmehrheit, § 309 InsO).
- Unbenannte Gläubiger sind von den Wirkungen des Schuldenbereinigungsplans nicht betroffen (Umkehrschluss aus § 307 Abs. 1 S. 1 InsO).

Inhaltlich unterscheidet sich der gerichtliche Schuldenbereinigungsplan in der Regel nicht vom außergerichtlichen Einigungsversuch (→ S. 161). Das Abstimmungsverhältnis zum außergerichtlichen Plan kann dann Ausgangspunkt für die Entscheidung des Insolvenzgerichts über die Durchführung des Schuldenbereinigungsplanverfahrens sein (vgl. Henning/Homann 2022, § 305 InsO Rn. 27).

3. Im Beschluss über die Eröffnung wird der Insolvenzverwalter bestimmt (Muster → S. 296 ff.). Dieser hat die Aufgabe, die pfändbare Insolvenzmasse (§§ 35, 36 InsO) in Besitz zu nehmen (§§ 80 ff., 142 ff. InsO), neue Masse durch Geltendmachung von Ansprüchen des Schuldners oder Anfechtung von Rechtshandlungen des Schuldners (§§ 129 ff. InsO) zu generieren, sodann gegebenenfalls zu verwerten (§ 156 InsO) und den Erlös an die Gläubiger zu verteilen (§§ 187 ff. InsO). Der Schuldner ist verpflichtet, seiner Erwerbsobliegenheit nachzukommen (§§ 287b, 4d Nr. 4 InsO), pfändbare Einkünfte hieraus sind als sogenannter Neuerwerb Bestandteil der Insolvenzmasse. Es ist vom redlichen Schuldner (§ 1 S. 2 InsO) auszugehen, unredliches Verhalten kann zur Versagung der Restschuldbefreiung nach § 290 InsO führen. Versagungsanträge sind in der Praxis jedoch selten (→ S. 43 ff.).

Der größte Teil der Gläubiger fällt unter die Vorschrift des § 38 InsO, erhält als Insolvenzgläubiger eine gleichmäßige, quotale Befriedigung (vgl. Henning/Jung 2022, § 187 InsO Rn. 3, 5). Insolvenzgläubiger haben ihre Forderungen beim Insolvenzverwalter anzumelden (§§ 174 ff. InsO). Hierunter fallen auch öffentlich-rechtliche Forderungen (vgl. Henning/Kluth 2022, § 38 InsO Rn. 17), gegebenenfalls sind diese aber nachrangige Forderungen, § 39 InsO. Nach der Verwertung der Insolvenzmasse und dem Schlusstermin wird das Insolvenzverfahren aufgehoben (§ 200 InsO). Angeordnet werden kann eine Nachtragsverteilung, sofern Insolvenzmasse in der Laufzeit des Insolvenzverfahrens noch nicht verwertet werden konnte (§ 203 InsO).

4. In der sich anschließenden Wohlverhaltensperiode als Teil der sogenannten Abtretungsfrist (§ 287 Abs. 2 InsO), welche drei Jahre ab Eröffnung des Insolvenzverfahrens dauert, hat der Schuldner die Obliegenheiten nach den §§ 295 ff. InsO zu erfüllen. Nach Ablauf der Laufzeit ist über die Erteilung der Restschuldbefreiung zu entscheiden (Muster → S. 300 ff.). Nach § 301 Abs. 1 InsO wirkt die Restschuldbefreiung gegen alle Insolvenzgläubiger, unabhängig davon, ob sie ihre Forderungen angemeldet hatten oder nicht. Hiernach werden die Forderungen in sogenannte unvollkommene Verbindlichkeiten umgewandelt, d.h., sie sind zwar noch erfüllbar, aber nicht mehr durchsetzbar. Die in § 302 InsO genannten Forderungen sind hingegen ausgenommen von den Wirkungen der Restschuldbefreiung. Diese sind:

- Verbindlichkeiten des Schuldners aus einer vorsätzlich begangenen unerlaubten Handlung,
- Verbindlichkeiten aus rückständigem gesetzlichem Unterhalt, den der Schuldner vorsätzlich pflichtwidrig nicht gewährt hat,
- Verbindlichkeiten aus einem Steuerschuldverhältnis, sofern der Schuldner im Zusammenhang damit wegen einer Steuerstraftat rechtskräftig verurteilt worden ist,
- Geldstrafen und die diesen in § 39 Abs. 1 Nr. 3 gleichgestellten Verbindlichkeiten des Schuldners und

– Verbindlichkeiten aus zinslosen Darlehen, die dem Schuldner zur Begleichung der Kosten des Insolvenzverfahrens gewährt wurden.

Abschließend sei noch ein Blick auf die Gesamtlaufzeit geworfen. Das Entschuldungsverfahren dauert derzeit insgesamt drei Jahre zuzüglich der Laufzeit
der außergerichtlichen Schuldenregulierungsversuche. Mithin ergibt sich der
folgende Zeithorizont:

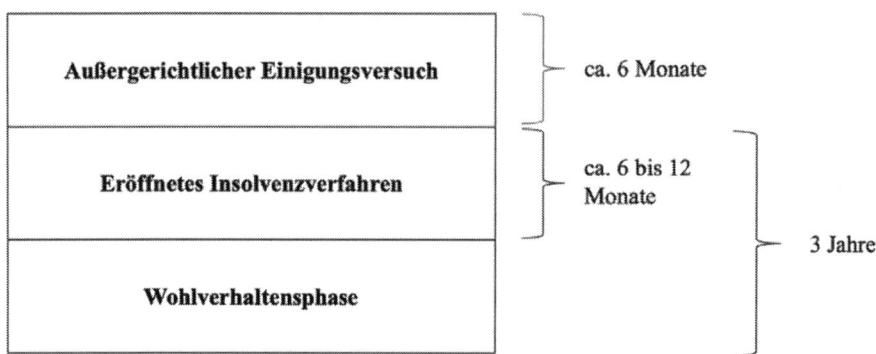

Abb. IV.5: Zeitlicher Rahmen des Insolvenzverfahrens, Quelle: eigene Darstellung

3.3.2 Anforderungen an den Ratsuchenden und die Beratung

Das sehr formalisierte Insolvenzverfahren stellt mit seinen vielfältigen Anforderungen eine erhebliche Herausforderung für Ratsuchende der Schuldnerberatung
dar. In der Beratung gilt es, diese Anforderung allgemein und spezifisch zu kennen
und dem Ratsuchenden in ihrer Bedeutung und Tragweite zu vermitteln.

Vor dem Antrag können folgende Themen virulent werden:

■ Die Kostenstundung kann eine besondere Hürde für Schuldner darstellen. Dies
gilt schon im Rahmen der Antragstellung nach § 4a InsO, bei der sich die
Gerichte bis zum BGH in der Verengung der Vorgaben bei vermeintlicher
Unredlichkeit überbieten. Die Voraussetzungen der Kostenstundung wurden
oben (→ S. 187 f.) schon dargestellt. Auf den Aspekt des voraussichtlichen
Erfolgs des Restschuldbefreiungsantrages soll noch kurz eingegangen werden:
Nach § 4a Abs. 1 S. 3 und 4 InsO ist die Stundung ausgeschlossen, wenn der
Schuldner eine Insolvenzstraftat begangen hat. Literatur und Rechtsprechung
legen diesen Ausnahmetatbestand erweitert aus, schließen die Kostenstundung
auch dann aus, wenn ein anderer Versagungstatbestand schon zu diesem Zeitpunkt zweifelsfrei vorliegt oder wenn die Restschuldbefreiung aufgrund eines
hohen Anteils an ausgenommenen Forderungen ihre Wirkung verfehlt (vgl.
Henning/Homann 2022, § 4a InsO Rn. 6, 32 ff., 43 ff.). Dies ist nach wie vor
kritisch zu sehen, da gesetzgeberische Wertungen, wie sie sich beispielsweise
auch in den Sperrfristen des § 287a Abs. 2 InsO ausdrücken, ignoriert werden.

■ Weiter ist in der Beratung eine besondere Vorsicht hinsichtlich der nötigen
Angaben im Rahmen der Antragstellung angebracht. Oben (→ S. 147 ff.) wur-

de schon ausgeführt, dass die Ermittlung der persönlichen Schuldensituation einen besonderen Raum in einer Schuldnerberatung haben muss. Dies setzt sich mit Blick auf die Antragstellung fort. Nach § 305 Abs. 1 S. 1 Nr. 3 InsO hat der Schuldner mit seinem Antrag ein Vermögensverzeichnis, eine Vermögensübersicht sowie ein Gläubiger- und Forderungsverzeichnis vorzulegen. Werden hier vorsätzlich oder grob fahrlässig unrichtige oder unvollständige Angaben gemacht, so besteht das Risiko einer Versagung der Restschuldbefreiung nach § 290 Abs. 1 Nr. 6 InsO, welche bis zur Erteilung der Restschuldbefreiung noch nachgeholt werden kann (§ 297a InsO).

▨ Bei der Angabe von Forderungen ist auf Sozialleistungsträgern und Kreditinstituten im Besonderen zu achten. § 290 Abs. 1 Nr. 2 InsO regelt die Versagung der Restschuldbefreiung, wenn der Schuldner „in den letzten drei Jahren vor dem Antrag auf Eröffnung des Insolvenzverfahrens oder nach diesem Antrag vorsätzlich oder grob fahrlässig schriftlich unrichtige oder unvollständige Angaben über seine wirtschaftlichen Verhältnisse gemacht hat, um einen Kredit zu erhalten, Leistungen aus öffentlichen Mitteln zu beziehen oder Leistungen an öffentliche Kassen zu vermeiden". Solche Sachverhalte sind bei Anlass aufzuklären.

> Beispiel: Der Ratsuchende stand bis vor Kurzem im Leistungsbezug nach dem SGB II. Ihnen liegt nun ein Erstattungsbescheid (§ 50 SGB X) des Jobcenters vor, aus dem sich aber nicht erkennen lässt, warum die Aufhebung erfolgt ist.
> In diesem Fall wäre der Grund für die Aufhebung zu klären, hier muss es einen Bescheid geben. Wurde etwa Vermögen aus Unachtsamkeit bei der Antragstellung nicht angegeben, so ist mit Blick auf den Versagungstatbestand zu klären, ob dies „vorsätzlich oder fahrlässig" und schriftlich geschah.

▨ Vor dem Insolvenzantrag ist auch beim Schuldner abzufragen, ob ihm die Restschuldbefreiung erteilt oder versagt wurde. Der erste Fall führt zu einer elfjährigen Sperre, beim zweiten ist nach den Versagungstatbeständen zu differenzieren: Eine fünfjährige Sperre zieht die Versagung nach § 297 InsO, also die Begehung einer Insolvenzstraftat nach sich. Die Versagung der Restschuldbefreiung nach den 290 Abs. 1 Nr. 5, 6 oder 7, Abs. 2 InsO oder nach §§ 295, 296 InsO sperrt den Zugang zum Verfahren immerhin noch für drei Jahre.

Für die Durchführung des Entschuldungsverfahrens ist der Ratsuchende für folgende Themen zu sensibilisieren:

▨ Herausragend in ihrer Wichtigkeit sind die Mitwirkungspflichten in allen Verfahrensstadien (§§ 20 Abs. 1, 290 Abs. 1, § 295 Nr. 3 InsO), die dem Schuldner aufgeben, von sich aus oder auf Nachfrage Informationen zu seinen persönlichen oder beruflichen Verhältnissen beizubringen. Da die Versagung der Restschuldbefreiung aus diesem Grund von einer Antragstellung eines Insolvenzgläubigers und gegebenenfalls der Beeinträchtigung der Befriedigung der Insolvenzgläubiger (§§ 290 Abs. 2, 296 Abs. 1 InsO) abhängig sind, kommen sie vergleichsweise selten vor (vgl. destatis 2020, S. 35).

▨ Je nach beruflichem Status ist die Erwerbsobliegenheit ab Gewährung der Kostenstundung (§ 4a InsO) bzw. Eröffnung des Insolvenzverfahrens (§§ 287b, 295 Nr. 1 InsO) bis zur Erteilung der Restschuldbefreiung immer wieder ein

Problem. Zur Versagung der Restschuldbefreiung führen diese nur in seltenen Fällen (destatis 2020, S. 35); allerdings reicht Schuldnern vielfach schon die engagierte Ansprache durch den Verwalter, um wieder ins Strudeln zu geraten. Praktisch relevant wird die Erwerbsobliegenheit aber im Rahmen der Kostenstundung (§ 4c Nr. 4 InsO, → nächster Spiegelstrich), wo das Gericht die Einhaltung der Obliegenheit überprüft. Daher braucht es eine sorgsame Vorbereitung des Ratsuchenden im Hinblick auf eine individuell angemessene Berufstätigkeit. Berücksichtigung finden hier Lebensalter, Gesundheitszustand und die familiäre Situation, Ausbildung, Qualifikation und Berufserfahrung, der bereits zurückgelegte Berufsweg und die sich noch bietende berufliche Perspektive (Henning/Butenob 2022, § 295 InsO Rn. 7). Allgemeine Anforderungen der Erwerbsobliegenheit sind beispielsweise (Muster → S. 294):

- Der arbeitslose Schuldner muss sich bewerben, die Rechtsprechung setzt zwei bis drei Bewerbungen pro Woche voraus (BGH 19.5.2011 – IX ZB 224/09, BeckRS 2011, 17009).

- Jede zumutbare Arbeit muss angenommen werden (entsprechend § 121 SGB III).

- Teilzeitkräfte müssen regelmäßig ein Vollzeitarbeitsverhältnis aufnehmen (BGH 14.1.2010 – IX ZB 242/06, BeckRS 2010, 3545).

Auch bezüglich der Versagung der Restschuldbefreiung wegen Verletzung der Erwerbsobliegenheit lässt sich ein nur geringes statistisches Vorkommen feststellen (destatis 2020, S. 35).

▪ Häufiger zur Versagung der Restschuldbefreiung führt die fehlende Deckung der Mindestvergütung des Treuhänders in der Wohlverhaltensperiode gemäß § 298 InsO, meist nach gerichtlicher Aufhebung der Kostenstundung (§ 4c InsO). Letztere kann auf der Verletzung von Mitwirkungspflichten (§ 4c Nr. 1 InsO) oder der Erwerbsobliegenheit (§ 4c Nr. 4 InsO, → vorheriger Spiegelstrich) beruhen. Anders als bei anderen Obliegenheitsverletzungen oder Versagungsgründen braucht es hier keiner Antragstellung durch einen Gläubiger. Vielmehr können Gerichte und Treuhänder selbstständig agieren, zudem liegen beiden auch die entsprechenden Informationen vor. Die stark abweichende statistische Häufigkeit des Versagungstatbestandes spricht Bände (destatis 2020, S. 35).

▪ Weitere praxisrelevante Obliegenheiten des Schuldners nach § 295 InsO sind

- Vermögen, das er von Todes wegen oder mit Rücksicht auf ein künftiges Erbrecht oder durch Schenkung erwirbt, muss zur Hälfte des Wertes an den Treuhänder herausgegeben werden, wenn es sich nicht um gebräuchliche Gelegenheitsgeschenke und Gewinne von geringem Wert handelt (Nr. 2).

- Vermögen, das er als Gewinn in einer Lotterie, Ausspielung oder in einem anderen Spiel mit Gewinnmöglichkeit erworben hat, ist zum vollen Wert an den Treuhänder herauszugeben (Nr. 2).

- Zahlungen zur Befriedigung der Insolvenzgläubiger sind nur an den Treuhänder zu leisten und keinem Insolvenzgläubiger einen Sondervorteil zu verschaffen (Nr. 4).

■ Kaum Praxisrelevanz haben die Versagungen wegen Insolvenzstraftaten (§§ 290 Abs. 1 Nr. 1, 297 InsO), wegen der Begründung unangemessener Verbindlichkeiten (§§ 290 Abs. 1 Nr. 4, 295 Nr. 5 InsO) oder wegen Vermögensverschwendung bzw. Verzögerung der Insolvenzantragsstellung (§ 290 Abs. 1 Nr. 4 InsO).

3.4 Entscheidungsfindung

Die Entscheidung über die Regulierung der Schulden und die Entschuldung des Ratsuchenden stellt keine einfache Frage dar, auf die in der Praxis reflexhaft mit „InsO!" zu antworten ist. Nicht jeder Fall und / oder nicht jeder Mensch eignet sich für ein Insolvenzverfahren. Dies gilt im Besonderen nach der letzten Reform, mit der das Verfahren auf drei Jahre verkürzt wurde. Der Anreiz zu überschnellen Entscheidungen wurde mit dieser Verkürzung nur noch erhöht. Auch in diesen Verfahren warten aber immer noch Klippen und Untiefen, zudem sind auch drei Jahre eine lange Zeit für Klientel der Schuldnerberatung. Es bleibt also Aufgabe der Beratung, gemeinsam die Perspektive „Wo stehe ich in drei Jahren, wo will ich sein?" zu bearbeiten und auf ihre realistische Umsetzung zu überprüfen. Nur so ist eine bewusste und der Tragweite entsprechend reflektierte Entscheidung des Ratsuchenden möglich. Dem mittlerweile natürlich gewordenen Reflex ist mittels einer methodischen Herangehensweise zu begegnen, bei dem die Ratsuchenden eben bei allen Entscheidungen einzubeziehen sind, zudem auf Beraterseite eine stetige Selbstevaluation betrieben wird. Nur so lassen sich übergreifende Handlungen und Fehleinschätzungen vermeiden. Weiter muss eine sorgsame Vorbereitung durchgeführt werden, ob Ratsuchende nun die Durchführung eines erfolgreichen Vergleichs vor sich haben oder das Insolvenzverfahren durchlaufen sollen. Mit Antrag auf Eröffnung des Insolvenzverfahrens sind die Schulden nicht erledigt, sondern es stehen noch drei Jahre harter Arbeit für den Ratsuchenden bevor, die gut vorbereitet durchlaufen werden müssen. Die Beantragung wirkt von außen oft nur wie eine technische Umsetzung eines rechtlichen Verfahrens (so wie bei der Steuererklärung ...). Es bedarf allerdings der Vorbereitung einer Entscheidung und auch des Willens des Ratsuchenden, die drei Jahre mitzuwirken und am Ziel Restschuldbefreiung und der Verhinderung einer weiteren Überschuldung zu arbeiten. Idealerweise erfolgt dies mit Unterstützung der Schuldnerberatung, was aber derzeit noch nicht finanziert wird.

„Eile mit Weile" muss nach den rastlosen Jahren seit 1999 das neue Motto der Schuldnerberatung werden. Sozialpolitisch stehen eine Stärkung der außergerichtlichen Einigungen und die vielfach fehlende Einigungsbereitschaft der Gläubiger zur Bearbeitung an. Wie vorstehend ausgeführt, bestehen viele Möglichkeiten zur Regulierung von Schulden, welche derzeit jedoch nur einseitig bespielt werden. Dabei geraten die Auslöser und Ursachen sowie die Folgen einer Überschuldung immer mehr aus dem Blick, können so nicht angemessen bearbeitet werden. Das derzeitige Insolvenz- und Restschuldbefreiungsverfahren stellt für diesen Personenkreis – jedenfalls in der bisherigen Durchführung – nicht immer eine adäquate Reaktion dar.

Literatur zur Einführung

Ansen, Harald (2018): Soziale Schuldnerberatung. Prävention und Intervention. Stuttgart: Kohlhammer
Einführendes Lehrbuch zur Schuldnerberatung in der Sozialen Arbeit

Groth, Ulf/Homann, Carsten/Hornung, Rita/Maltry, Christian/Peters, Sally/Richter, Claus/Tiffe, Achim/Zimmermann, Dieter/Zipf, Thomas (2021): Praxishandbuch Schuldnerberatung. Loseblattsammlung. 30. Ergänzungslieferung. Köln: Wolters Kluwer
Standardnachschlagewerk der Praxis im Handbuchformat als Loseblattwerk, vorrangig zu rechtlichen Inhalten einer Schuldnerberatung

Jahn, Wilfried: Schuldenregulierung. In: Gastiger, Sigmund/Stark, Marius (2012): Schuldnerberatung – eine ganzheitliche Aufgabe für methodische Sozialarbeit. Freiburg im Breisgau: Lambertus
Einführender Sammelbandbeitrag zur Schuldenregulierung

Weiterführende Literatur

Groth, Ulf/Schulz, Rolf/Schulz-Rackoll, Rolf (1994): Handbuch Schuldnerberatung. Neue Praxis der Wirtschaftssozialarbeit. Frankfurt/Main, New York: Campus Verlag
Alt-Meister mit weiterhin aktuellen Ausführungen zur außergerichtlichen Regulierung

Henning, Kai/Lackmann, Frank/Rein, Andreas (Hrsg.) (2022): Privatinsolvenz. Insolvenzverfahren und Restschuldbefreiung. Handkommentar. 2. Aufl. Baden-Baden: Nomos
Kommentar für die Praxis zu den Vorschriften, die im Rahmen der Aufgabe der Insolvenzberatung zur Anwendung kommen können

Kapitel 5: Phasen in der Beratung: nachhaltige, soziale und rechtliche Intervention

Zusammenfassung

Das vorliegende Kapitel gibt einen Überblick über die möglichen Interventionen hinsichtlich einer Entschuldung. Es beleuchtet auch die Anforderungen an die Intervention aus der Sicht der Sozialen Arbeit mit Blick auf die beteiligten Personen. Der Fokus liegt auf den Anforderungen an eine Entschuldungslösung. Hier werden die Etappen der Planung und Durchführung erörtert. Als bislang – soweit ersichtlich – in der Literatur nicht für die Schuldnerberatung adaptiertes Verhandlungsmodell wird das Harvard-Konzept vorgestellt und angewendet. Abschließend beschäftigt sich das Kapitel mit der Begleitung in und nach der Umsetzungsphase.

1. Umsetzung der Entschuldung

Nach Anamnese und Diagnose schließt sich im Beratungsprozess die soziale Intervention als weiteres Handlungselement an, die auch als Einmischen des Beraters in den Fall zu verstehen ist. Eine Einmischung kann die Person des Ratsuchenden als auch Dritte, insbesondere die Gläubiger, betreffen.

Die Umsetzungsphase gliedert sich in einem ersten Schritt in eine individuelle Planung der Intervention, die auf der umfassenden Sammlung von Informationen, der fachlichen Einordnung einzelner rechtlicher und psychosozialer Aspekte in den Fallkontext und der nachvollziehbaren Erläuterung gegenüber dem Ratsuchenden basiert (vgl. Müller/Hochuli Freund 2017, S. 149). Nach einer Entscheidung des Ratsuchenden für eine Intervention wird diese im zweiten Schritt umgesetzt.

In der Schuldnerberatung wird, dies wurde in den vorherigen Kapiteln schon deutlich, zwischen zwei Formen der Interventionen und der sich daraus ergebenden Umsetzung unterschieden:

1. Die Umsetzung einer Intervention als kurzfristige Maßnahme zur Lösung einer unmittelbaren Problemlage (beispielsweise Kontopfändungsschutzmaßnahmen nach §§ 903, 906 ZPO; Verhinderung von Wohnraumverlust).
2. Die Umsetzung einer Intervention mit dem Ziel einer langfristigen und nachhaltigen Entschuldung und sozialen Stabilisierung.

1.1 (Kurzfristige) Interventionen und Beteiligung des Ratsuchenden

Kann nur eine kurzfristige Intervention eine unmittelbare Existenzgefährdung verhindern beziehungsweise diese lösen, so ist eine vorherige umfassende Anamnese und Diagnose des gesamten Falles nicht immer möglich. Insbesondere in Erstgesprächen und / oder in offenen Sprechstunden der Schuldnerberatung, in denen Ratsuchende in Krisenlagen das Beratungsangebot zum ersten Mal in Anspruch nehmen, werden kurzfristige Interventionen notwendig. Solche Fälle können dann vorliegen, wenn kein zeitlicher Aufschub der Intervention möglich ist (Fristen) und / oder der Zugang zu den lebensnotwendigen finanziellen Mitteln, die die Existenz sichern sollen, nicht mehr gewährleistet ist. Diese können beispielsweise sein (→ S. 91 ff.):

- rechtzeitige Einrichtung eines Pfändungsschutzkontos (§ 850k ZPO) und Ausstellen der entsprechenden Bescheinigung zur Sicherung des Guthabens vor Zugriff des Pfändungsgläubigers (§§ 902, 903 ZPO),
- Schuldnerschutzanträge gemäß §§ 850 ff. ZPO (zum Beispiel § 850f Abs. 1 ZPO)
- Unterstützung bei Rechtsbehelfen (unter anderem Erinnerung gemäß § 766 ZPO oder sofortige Beschwerde gemäß § 793 ZPO),
- Unterstützung bei Kündigung des Wohnraums / Räumungsklage (Antrag auf darlehensweise Übernahme von Miet- / Energieschulden gemäß § 22 Abs. 8 SGB II oder § 36 SGB XII im Rahmen der zweimonatigen Schonfrist),
- (Neu-)Beantragung von sozialen Transferleistungen bzw. Prüfung von Widerspruchsmöglichkeiten und Unterstützung in der Formulierung,
- Verhinderung der Vollziehung einer Ersatzfreiheitsstrafe (§ 43 StGB) durch Vereinbarung von Ratenzahlungen (459a StPO) oder Umwandlung in gemeinnützige Arbeit, Kontaktaufnahme zur zuständigen Staatsanwaltschaft, Unterstützung bei der Beantragung der gemeinnützigen Arbeit)

Auch im weiteren Beratungsprozess werden Ratsuchende mit Fallsituationen konfrontiert, die kurzfristige und unmittelbar notwendig werdende Interventionen nach sich ziehen. Ist der Beratungsprozess schon fortgeschritten, können auf der Basis der bisherigen Zusammenarbeit und des bis dahin erarbeiteten Berater-Ratsuchenden-Verhältnisses die Interventionsumsetzungen noch stärker unter Einbeziehung der vorhandenen Ressourcen und Möglichkeiten der Ratsuchenden gestaltet werden.

Jede Intervention und deren Umsetzung gegenüber Ratsuchenden – sei diese auch nur mittelbar – ist eine Ausübung von Macht. Diese ist immer nur dann legitim, wenn die vorhandenen Potenziale selbstverantwortlichen Handelns der Ratsuchenden durch die Intervention nicht geschwächt werden, und wenn sie mit dem Versuch verknüpft sind, zumindest längerfristig Eingriffshandeln in gemeinsames Handeln zu überführen (vgl. Müller/Hochuli Freund 2017, S. 150-156). Umso wichtiger ist es im Beratungsprozess der Schuldnerberatung, kurzfristige Interventionen, die aus Sicht des Beraters notwendig erscheinen, in den Gesamtkontext des Falles einzuordnen und Ratsuchenden als Angebot einer Unterstützungsleistung zu unterbreiten. Wird die Intervention als Angebot verstanden und besteht eine Wahlmöglichkeit, so wird durch die Form des Angebots auf die Ausübung von Macht verzichtet. Dies ermöglicht den Ratsuchenden, eine aktive Entscheidung zu treffen, und berücksichtigt die Grundsätze sozialer Schuldnerberatung insbesondere hinsichtlich der Aspekte von Autonomie und Selbstbestimmung.

Hieraus erwächst die Möglichkeit eines gemeinsamen Handelns (Falldimension des „Fall mit"), sodass die Intervention als Entwicklung gemeinsamer Handlungsschritte erlebt wird. Gemeinsames Handeln fördert hierbei die Änderungsmotivation der Ratsuchenden, ermöglicht das gemeinsame Festlegen von Unterstützungs-leistungen (Art und Umfang, wie Schuldnerberatung unterstützen kann und soll) und bildet die Grundlage für eine vertrauensvolle Beratungsbeziehung, die die Basis für nachvollziehbare und nachhaltige Entscheidungen zum weiteren Verlauf der Beratung und der Entschuldung der Ratsuchenden darstellt.

Im Rahmen der gesamten Phase der Intervention und Umsetzung gilt die von Burkhard Müller formulierte Arbeitsregel: „Alle Legitimation von Eingriffen steht in der Sozialpädagogik unter dem Vorbehalt, dass sie versucht, den Eingriffsanteil ihrer Intervention nach Möglichkeit zu verkleinern und den Anteil an Angebo-ten und gemeinsamem Handeln zu verstärken" (Müller/Hochuli Freund 2017, S. 156).

Auch bei kurzfristigen Interventionen ist mit den Ratsuchenden zu klären, wel-che Aspekte der Umsetzung eigenverantwortlich ausgeführt werden können und inwieweit Schuldnerberatung unterstützend oder in Vollmacht tätig werden soll. In der Beratungspraxis werden regelmäßig (kurzfristige) Schuldnerschutzanträge zur Sicherung der Existenz durch die Schuldnerberatung vorbereitet oder Muster-schreiben und Widersprüche vorformuliert. Zu thematisieren ist folglich, welche Unterlagen bis wann einzureichen sind (Fristwahrung) und inwieweit der Ratsu-chende Anträge eigenständig formulieren und / oder stellen kann. Ohne die Mitar-beit des Ratsuchenden wird es dem Berater nicht möglich sein, die entsprechenden Interventionsschritte vorzubereiten oder in Bevollmächtigung auszuführen, sodass gegebenenfalls keine Lösung erreicht werden kann. Allerdings gilt es hierbei im-mer die persönlichen Ressourcen der Ratsuchenden zu berücksichtigen.

1.2 Planung der langfristigen Intervention

Langfristige Interventionen, die zu einer nachhaltigen Entschuldungslösung führen sollen, sind im Vorfeld zu planen und werden immer auf die individuelle Fallsitua-tion des Ratsuchenden abgestimmt. Grundlage hierfür ist die im bisherigen Bera-tungsprozess erfolgte Informationssammlung, Diagnose und Strategieentwicklung mit abschließender Entscheidungsfindung, die nun als Schuldenregulierung reali-siert werden soll.

Die Umsetzung alleine durch den Schuldnerberater ohne vorherige gemeinsame Planung der Intervention und Festlegung der Unterstützungsmöglichkeiten muss wiederum als Ausübung von Macht verstanden werden und führt aufgrund der Intransparenz der vollzogenen Maßnahmen oftmals zu einem Scheitern der auf längere Dauer angelegten Schuldenregulierung. Wird beispielsweise ein Ratenzah-lungsvergleich (eigenmächtig) ohne ausreichende Rücksprache und Planung mit den Ratsuchenden hinsichtlich Realisierbarkeit, Dauer, Höhe und Zeitpunkt der Zahlungen mit den jeweiligen Gläubigern vereinbart, so kann davon ausgegangen werden, dass die avisierten Zahlungen nicht erfolgen und die Vereinbarungen scheitern. Eine überstürzte Sanierung ohne Berücksichtigung der Belastbarkeit der Ratsuchenden und den aktuellen Entwicklungsstand des Beratungsprozesses darf nicht das Ziel von Schuldnerberatung sein. Gleiches gilt für die (in der Praxis viel-fach zu früh angestrebte) Antragstellung hinsichtlich eines Insolvenzverfahrens.

Exkurs: Leben an der Pfändungsfreigrenze

In Einzelfällen ist es auch heute noch möglich, dass in einem Fall keine Regulierung möglich ist (→ S. 155 ff.). Hieran kann es beispielsweise fehlen, wenn eine Vielzahl deliktischer Forderungen festgestellt wurden und die Gläubiger aufgrund des betragsmäßig geringen Angebots keinerlei Interesse an einer Regulierung gezeigt haben. Weiter kann der Fall auftreten, dass Ratsuchende aufgrund ihrer persönlichen Situation (etwa hohes Alter, Straffälligkeit, Krankheit, Sucht) keine Möglichkeit sehen, ein förmliches Entschuldungsverfahren zu durchlaufen. In diesem Fall kann die langfristige Intervention in der Befähigung zum Leben an der Pfändungsfreigrenze liegen (vgl. Groth 1991, S. 134). Diese besteht dann aus der Sicherstellung des nötigen und möglichen Vollstreckungsschutzes und Sozialleistungsbezugs, einer hauswirtschaftlichen Beratung und vor allem der psychosozialen Beratung im Hinblick auf den weiter zu erwartenden Druck seitens der Gläubiger, die – wie bei einer Zitrone – Geld aus „ihrem" Schuldner „pressen" wollen.

Umso mehr ist in der Planung nochmals ein Augenmerk auf die Faktoren zu richten, die eine Entwicklung und Umsetzung des Regulierungsvorschlags behindern oder zum Scheitern bringen können. Insbesondere muss die entwickelte Strategie auf ihre realistische Umsetzbarkeit überprüft werden. Eine überstürzte Sanierung ohne Berücksichtigung der Belastbarkeit der Ratsuchenden und den aktuellen Entwicklungsstand des Beratungsprozesses führt zu einem Scheitern mit Ankündigung (vgl. Maltry et al. in Groth et al. 2021, PHSB T. 3 S. 55).

Zu überprüfen sind im Rahmen der Interventionsplanung, inwieweit

- das Verhandlungsziel (beispielsweise Vergleichsangebot im Rahmen einer Einmalzahlung; Einleitung eines Verbraucherinsolvenzverfahrens) für den Ratsuchenden nachvollziehbar ist.

- dem Ratsuchenden mögliche Alternativen bekannt sind und ob an der bewusst getroffenen Entscheidung für die angestrebte Regulierungsvariante weiterhin festgehalten wird.

- denkbare Gründe des Scheiterns einer Verhandlung thematisiert wurden und die daraus resultierenden Handlungsoptionen besprochen wurden.

Beispiel: Die Einleitung eines Insolvenzverfahrens ist in den nächsten Jahren aufgrund einer Sperrfrist nicht möglich. Drittmittel sollen eine Gesamtentschuldung in Form einer Einmalzahlung ermöglichen. Scheitert dieses Vergleichsangebot, so bleibt als weitere Option lediglich das Leben mit den Schulden, bis die Sperrfrist abgelaufen ist oder sich die finanzielle Situation des Ratsuchenden verändert hat.

- die aktuelle und zukünftige persönliche und finanzielle Situation des Ratsuchenden geklärt ist. Psychosoziale Problemlagen konnten erfolgreich bearbeitet werden und sind gelöst.

- die Existenz des Schuldnerhaushalts gesichert werden konnte. Von einer Neuverschuldung, die die Existenz wieder gefährden würde, kann derzeit nicht ausgegangen werden kann. Finanziell erwartbare Veränderungen sind bekannt und bewusst (etwa Familienzuwachs, Arbeitsplatzveränderung etc.). Diese sind Bestandteil des Regulierungsvorschlags und werden im Rahmen der Verhandlungen den Gläubigern (beispielsweise geplanter Familienzuwachs) mitgeteilt.

- der Ratsuchende in der Lage ist, getroffene Vereinbarungen umzusetzen (etwa Einrichtung eines Dauerauftrags) und für die Zeit der Sanierung durchzuhalten. Indikatoren in der Beratung können hierfür unter anderem sein: das regelmäßige Einhalten von Absprachen, die bisher erfolgte (aktive) Mitwirkung und Mitarbeit im Rahmen des Beratungsprozesses und eine stabilisierte Haushaltssituation, in der ein Auskommen mit dem vorhandenen Einkommen möglich ist.

- der Gesamtforderungsstand aller vorhandenen Gläubiger ermittelt werden konnte.

- die jeweiligen Interessen und Situationen der Gläubiger für den Schuldner transparent und nachvollziehbar sind. So verfolgt ein Unterhaltsgläubiger oder ein Opfer aus einer Straftat ein anderes Interesse als ein Gläubiger, der eine bislang nicht bezahlte Warenlieferung als Forderung geltend macht.

- Zahlungen im Rahmen eines angestrebten Vergleichs nicht nur jetzt sondern voraussichtlich auch dauerhaft leistbar sind (Einschätzung erfolgt auf Grundlage der aktuell vorhandenen Informationen).

- die vereinbarten Zahlungstermine ebenfalls dauerhaft einhaltbar sind, Zahlungsverzögerungen können, soweit möglich, ausgeschlossen werden.

- sich Zahlungen immer am pfändbaren Einkommen unter Berücksichtigung der vorhandenen Unterhaltsverpflichtungen orientieren, nur im absoluten Ausnahmefall aus dem unpfändbaren Einkommen erfolgen und nicht den Haushalt gefährden dürfen. Besteht der ausdrückliche Wunsch des Ratsuchenden, aus dem unpfändbaren Einkommen Zahlungen zu leisten, ist mit diesem intensiv zu klären, inwieweit dieser Wunsch nicht auf der Grundlage tiefgreifender Ängste basiert (vgl. Brühl/Zipf 2000, S. 304). Ängste können zum Beispiel sein: Angst vor weiterem Vollstreckungsdruck oder vor Verlust des Arbeitsplatzes. Gegebenenfalls sind diese Ängste vor einer endgültigen Entscheidung des Ratsuchenden nochmals dezidiert zu beleuchten, und die Umsetzung der Regulierungsverhandlung verzögert sich.

1.3 Durchführung der langfristigen Intervention/Schuldenregulierung

Konnten die einzelnen Faktoren geklärt werden und sind somit die Voraussetzungen für eine Erarbeitung eines für alle Seiten akzeptablen Sanierungsvorschlags gegeben, kann dieser im nächsten Handlungsschritt konkret erstellt und gemeinsam mit dem Ratsuchenden erarbeitet werden. Auch hierbei ist es hinsichtlich einer gelingenden Umsetzung der geplanten Intervention unabdingbar, die einzelnen Aspekte der kommenden Verhandlung und der tatsächlichen Umsetzung durch Schuldnerberatung und Ratsuchende detailliert im Vorfeld zu besprechen. Die Dimension des „Fall mit" zwischen Ratsuchendem und Berater ist hier von wesentlicher Bedeutung.

1.3.1 Grundregeln für Regulierungsverhandlungen zwischen Schuldnerberatung, Ratsuchendem und Gläubiger

In der Interaktion mit dem Ratsuchenden ist jeweils im Einzelfall zu klären, in welcher Form die Verhandlungen mit den Gläubigern geführt werden sollen.

1. Grundsätzlich ist vor dem Beginn einer Verhandlung das entsprechende Verhandlungsmedium zu wählen. In der Regel wird zum Führen der Verhandlung die Brieform gewählt, unter Umständen kann aber auch ein Telefonat zielführend sein oder in Ausnahmefällen der persönliche Kontakt.

2. Regelmäßig bietet sich hier an, dass Schuldnerberatung in rechtsgeschäftlicher Vertretung aufgrund einer Vollmacht (§§ 164, 167 BGB, Muster → S. 258) Kontakt zu den Gläubigern aufnimmt und das im Rahmen des Beratungsprozesses mit dem Ratsuchende erarbeitete Regulierungsangebot unterbreitet. Für die Verhandlungsführung in Vertretung spricht, dass die Gläubiger die anerkannten Schuldnerberatungsstellen als Verhandlungspartner in der Regel mehr akzeptieren als die Schuldner selbst (vgl. Brühl/Zipf 2000, S. 305; Groth 1991, S. 108) – aus Sicht der Gläubiger wohl eine Frage der Glaubwürdigkeit und Kontinuität. Auch für den Ratsuchenden kann eine Kontaktaufnahme / Verhandlung in Vertretung entlastend sein. Die Schuldnerberatung nimmt in den Verhandlungen die Position eines Vermittlers zwischen Schuldner und Gläubiger ein und schafft einen Ausgleich im Gläubiger-Schuldner-Verhältnis vor allem hinsichtlich der ungleichen Verteilung von Wissens- und Machtpotenzialen. Hierbei ist immer wieder festzustellen, dass Gläubiger nach dem ersten Anschreiben der Schuldnerberatung, indem eine detaillierte Darlegung der aktuellen finanziellen und persönlichen Situation erfolgt, die Vollstreckungsbemühungen gegen den Schuldner vorerst einstellen und die weitere Entwicklung des Verfahrens abwarten. Die Information, die hier die Schuldnerberatung übermitteln, wurden erfahrungsgemäß vom Ratsuchenden schon mehrfach im Vorfeld kommuniziert; allerdings minderte sich der Vollstreckungsdruck im Nachgang dann meist nicht. Insbesondere aber auch in emotional belasteten Schuldverhältnissen (beispielsweise Schulden beim ehemaligen privaten Vermieter oder bei Freunden / Bekannten) erweist sich die Verhandlung in Vertretung als ein erprobtes Mittel, um auf Dauer eine sachbezogene Verhandlung und Lösung der Überschuldungsproblematik erreichen zu können, die sich von der emotionalen Verstrickung der beiden Parteien Gläubiger und Schuldner entkoppeln kann.

3. Grundsätzlich ist es aber auch immer denkbar, dass der Ratsuchende selbst die Verhandlung führt bzw. schreibt. Hierdurch wird nach „außen dokumentiert und gleichzeitig auch erlebt, dass er erfolgreich gegenüber dem Gläubiger agieren kann" (vgl. Brühl/Zipf 2000, S. 305). Auch Mischformen sind denkbar; beispielsweise unterschreibt der Ratsuchende ebenfalls das Schreiben der Schuldnerberatung an den Gläubiger (vgl. Brühl/Zipf 2000, S. 305).

Eine generelle Vorgabe der Schuldnerberatung zur eigenständigen Führung des Schriftverkehrs durch den Ratsuchenden, die leider vereinzelt zu beobachten ist, widerspricht den Prinzipien von sozialer Schuldnerberatung. Zwar mag dies im Sinne der Grundsätze der Autonomie und Hilfe zur Selbsthilfe sein. Allerdings findet hier gegebenenfalls eine Ausschließung bestimmter Gruppen von Ratsuchenden statt, die von dieser Aufgabe überfordert sind oder sich zumindest überfordert fühlen könnten. Es empfiehlt sich immer eine individuelle Vereinbarung zur Vorgehensweise, die sich an der Fallkonstellation ausrichtet und die aktuelle persönliche und psychosoziale Situation des Ratsuchenden berücksichtigt.

4. Verhandlungen mit den Gläubigern müssen immer eindeutig und nachvollziehbar für diese sein. Grundsätzlich werden aber nur Informationen kommuniziert, die für das Erreichen des Verhandlungsziels zweckdienlich und unabdingbar sind. Da sich der Gläubiger auf die in der Verhandlung getätigten Angaben über die persönliche und finanzielle Situation des Schuldners verlassen soll, müssen diese immer korrekt und belegbar sein. Der Schuldnerberatung sind folglich im Vorfeld alle Tatsachen, die für eine erfolgreiche Übereinkunft einer Verhandlung relevant sind, durch den Schuldner zu belegen. Dem Gläubiger gegenüber ist zu verdeutlichen, dass im Beziehungsdreieck Gläubiger – Schuldner – Schuldnerberatung Letztere den Informationsfluss gewährleistet und in der Rolle des Mittlers korrekte und überprüfbare Angaben tätigt (vgl. Brühl/Zipf 2000, S. 307). Ein automatisiertes und standardisiertes Übersenden der in der Schuldnerberatung vorgehaltenen Unterlagen des Schuldners erfolgt nicht, kann aber im Einzelfall auf Anfrage des Gläubigers unter Darlegung seiner Beweggründe nachgeholt werden.

Hierbei ist unter allen Umständen darauf zu achten, dass dem Gläubiger keine weitergehenden Informationen übermittelt werden. So sind zum Beispiel beim Übersenden eines Gehaltsnachweises die Konto-, Krankenkassen-, Rentenversicherungs- und auch Arbeitgeberdaten zu schwärzen. Erfolgt dies nicht und scheitern die Verhandlungen, verfügt der Gläubiger über kostenfreie, neue Informationen, die es ihm ermöglichen, unverzüglich in den Lohn zu pfänden. Gleiches gilt für die Übermittlung von Sozialdaten wie zum Beispiel Krankheitsdiagnosen. Diese sind nur in Rücksprache und mit expliziter Einwilligung des Schuldners zu übermitteln, wenn sie der Entscheidungsfindung des Gläubigers zweckdienlich sind und ohne die Angabe dieser Information davon auszugehen ist, dass der Gläubiger nicht auf das Angebot eingehen würde (relevant zum Beispiel bei Erlassanträgen, in denen eine Erlasswürdigkeit und Erlassbedürftigkeit nachzuweisen ist, vgl. Schwengers et al. 2021, § 17 Rn. 155 ff.).

5. Neben dem Verhandlungsmedium ist auch zu klären, wie der weitere Kontakt mit den Gläubigern ausgestaltet wird. Führt die Schuldnerberatung die Verhandlungen, ist diese der einzige Ansprechpartner für den Gläubiger. Bis zur Lösung der Problemlage erfolgt die weitere Kommunikation zwischen Gläubiger und Schuldner über die Schuldnerberatung. Eine parallele Kontaktaufnahme durch den Schuldner muss unterbleiben, da die Gläubiger diese zu ihrem Vorteil nutzen könnten. Dies ist im Rahmen der Beratung zu besprechen und zu vereinbaren. Ebenfalls erklärt der Ratsuchende, dass er bei direkten Kontaktaufnahmen des Gläubigers an die Schuldnerberatung verweist. Parallele Absprachen, Vereinbarungen oder Zusagen zwischen Schuldner und Gläubiger konterkarieren die Sanierungsbemühungen, unterminieren die Verhandlungsposition der Schuldnerberatung und gefährden letztendlich den Sanierungserfolg.

1.3.2 Grundlagen für Regulierungsverhandlungen

Aufgabe der Schuldnerberatung ist es nicht, eine möglichst kostengünstige Lösung für die Ratsuchenden auszuhandeln, sondern einen angemessenen Interessenausgleich zwischen den Ratsuchenden und den Gläubigern zu erreichen. Dies ist frühzeitig in der Phase der Anamnese im Rahmen der Auftrags- und Mandatsklärung den Ratsuchenden zu vermitteln. Schuldnerberatung muss sowohl die Belange der Gläubiger, die eine berechtigte Forderung geltend machen, als auch die aktuellen und perspektivischen finanziellen Rahmenbedingungen und Möglichkeiten der Ratsuchenden berücksichtigt. Grundlage einer erfolgreichen Regulierungsverhandlung ist immer ein realistischer Regulierungsvorschlag, der unter folgenden Aspekten erstellt wird:

- Ratenzahlungsangebote orientieren sich immer an der individuellen Leistungsfähigkeit der Ratsuchenden. Die Höhe der Rate und der Zeitraum der Zahlungen müssen für die Ratsuchenden leistbar sein und entsprechen dem vorhandenen pfändbaren Einkommen und den (zu erwartenden) pfändbaren Einkommensanteilen. Abstrakte Mindest-Tilgungsquoten werden nicht vorausgesetzt und angeboten.

- Außergerichtliche Regulierungsangebote müssen für die Gläubiger nachvollziehbar sein. Alle Angaben, die Grundlage des Angebots sind, entsprechen den Tatsachen und sind durch die Schuldnerberatung geprüft. Bei Bedarf können die Angaben mit geeigneten Nachweisen belegt werden.

- Vorhandene Zwangsvollstreckungs- und sonstige Sicherungsmaßnahmen (beispielsweise Lohnpfändungen oder offen gelegte Lohnabtretungen) sind mit Zustandekommen eines außergerichtlichen Vergleichs aufzuheben oder zurückzunehmen. Dies ist entsprechend schriftlich im Angebot mit aufzunehmen.

- Im Sinne eines angemessenen Interessensausgleichs wird unter Berücksichtigung der Leistungsfähigkeit der Ratsuchenden der entsprechende Betrag angeboten. Ein Einstieg in die Verhandlung mit niedrigen Quoten, um dann nachzulegen, sollte nicht als Strategie gewählt werden, da dies nicht dem fachlichen Selbstverständnis einer Schuldnerberatung entspricht. Es wird nicht gefeilscht! Feilschen gefährdet Beziehungen und ist ineffizient (vgl. Fisher et al. 2020, S. 31 f.).

- Mit jedem beteiligten Gläubiger ist im Vorfeld der ersten Zahlung in schriftlicher Form der Zahlbetrag aus Einmalzahlung oder die Ratenhöhe samt Zahlungszeitraum eindeutig festzulegen. Zahlungen erfolgen nur dann, wenn die jeweiligen Gläubiger schriftlich zugestimmt haben.

- Bedingung einer Gesamtentschuldung ist, dass alle Gläubiger dem unterbreiteten Angebot zustimmen. Dies ist den Gläubigern entsprechend im Angebot mitzuteilen. Die Ablehnung eines Gläubigers führt zum Scheitern der Verhandlung.

- Einzelvergleiche dürfen nur mit besonders gestellten Gläubigern (etwa Unterhaltsforderungen oder solche aus Delikt) geschlossen werden. Bei anderen Gläubigern droht deren Besser- oder Schlechterstellung im Vergleich zur Gläubigergemeinschaft. Zudem bleiben bei dieser Verhandlungsstrategie nur die schwierigen Gläubiger am Ende übrig, eine Gesamtregulierung ist hier regelmäßig nicht möglich.

- Mit schriftlicher Zustimmung verpflichten sich die Gläubiger nach vollständiger Zahlung des vereinbarten Betrags, die vollstreckbaren Ausfertigungen der vorhandenen Titel zu übersenden und die negativen Eintragungen in der SCHUFA und anderen Auskunfteien zu löschen.

- Je nach Ausgangslage können feste oder flexible Zahlungspläne angeboten werden. Die Vor- und Nachteile fester Zahlungspläne sind im Vorfeld im Detail mit den Ratsuchenden zu thematisieren. Es ist, soweit im Rahmen der Beratung möglich und absehbar, sicherzustellen, dass feste Raten über den gesamten Zahlungszeitraum geleistet werden können. Anpassungsklauseln sind mit den Ratsuchenden zu thematisieren und gegebenenfalls mit aufzunehmen.

- Die Existenz der Ratsuchenden und ihrer Familien darf nicht durch eine außergerichtliche Vereinbarung gefährdet werden. Die Existenz muss immer und dauerhaft gesichert sein. Die angebotenen Zahlungen sind in der Haushaltsanalyse und -planung zu berücksichtigen. Besteht eine Unsicherheit, dass eine feste Ratenzahlung durchgehalten werden kann, sind flexible Zahlungspläne zu bevorzugen.

- Bei schwankenden Einkünften und gleichzeitigem Ratenzahlungsangebot mit festen Raten kann den Gläubigern lediglich der Durchschnitt des pfändbaren Einkommens angeboten werden. Beträge aus einkommensstarken Monaten sind für einkommensschwache Monate als Ausgleich des dann niedrigeren pfändbaren Betrags zurückzulegen. Es ist darauf zu achten, dass keine Pfändungsmaßnahmen drohen, die entsprechende Rücklagen liquidieren würden.

- Bevor Zahlbeträge aus Einmalzahlungsangeboten den Gläubigern unterbreitet werden, ist sicherzustellen, dass die Beträge auch tatsächlich zum avisierten Zahlungstermin zur Verfügung stehen. Bei Zahlungen von dritter Seite ist gegebenenfalls Rücksprache über die Modalitäten des Angebots und des Zahlungszeitpunkts zu halten.

- Einmalzahlungen, insbesondere von dritter Seite, sind dem Gläubiger entsprechend zu deklarieren. Ebenfalls ist zu verdeutlichen, dass entsprechende Zahlungen nur zur Verteilung im Rahmen des unterbreiteten Angebots zur Verfügung stehen und seitens des Ratsuchenden keine rechtlichen Ansprüche auf die Zahlung durch den Dritten bestehen.

- Im Innenverhältnis mit Ratsuchenden ist zu klären, dass eigenständig und ohne Rücksprache mit der Schuldnerberatung während der Vergleichsverhandlungen keinerlei Zahlungen an einzelne Gläubiger geleistet werden. Dies betrifft auch Gläubiger, die bislang nicht benannt wurden (beispielsweise das zinslose Darlehen eines Freundes oder Verwandten, welches aus der ganzen Sache rausgehalten werden soll).

- Die Haltung ablehnender Gläubiger ist zu akzeptieren, und eine nachträgliche Zustimmung ist nicht durch das Angebot höherer Beträge zu „erkaufen".

Exkurs: „Beziehungsarbeit" mit Gläubigern

Ein „Nachverhandeln mit nachträglich erhöhtem Angebot" kann dazu führen, dass die Glaubwürdigkeit der verhandelnden Schuldnerberatungsstelle durch den Gläubiger in Frage gestellt wird. Die Schuldnerberatung signalisiert den

Gläubigern damit, dass das unterbreitete Angebot nicht ernst genommen werden muss, da nach erfolgter Ablehnung des Gläubigers ein verbessertes Angebot übersandt werden wird. Da im Rahmen der Entschuldungsverhandlungen regelmäßig die gleichen Akteure (Schuldnerberatung und Gläubiger) miteinander kommunizieren, könnte ein solches Signal für weitere Verhandlungen spürbare Folgen haben: In Erwartung eines verbesserten Angebots lehnt der Gläubiger das Angebot ab, unabhängig davon, ob tatsächlich weitere Verhandlungsmasse auf Seiten des Schuldners vorhanden ist. Außergerichtliche Übereinkünfte dürften folglich noch schwieriger zu erreichen sein. Die Verhandlungslage des Schuldners und der in Vertretung handelnden Schuldnerberatungsstelle ist geschwächt. Ein entsprechendes Nachverhandeln widerspricht gleichzeitig dem Konzept der sozialen Schuldnerberatung, die ihr professionelles Handeln an Auftrag und Möglichkeiten Ratsuchender ausrichtet und transparent und nachvollziehbar in ihrer Außenwirkung ist.

■ Es ist grundsätzlich zu prüfen, inwieweit Forderungen aus gesamtschuldnerischer Haftung (vgl. Homann et al. in Groth et al. 2021, PHSB T. 4 S. 130h ff.) bestehen oder durch Bürgschaften (vgl. Homann et al. in Groth et al. 2021, PHSB T. 4 S. 130e ff) gesichert sind. Im Fall einer gesamtschuldnerischen Haftung sind auch, soweit möglich, die weiteren Beteiligten in die Beratung mit einzubeziehen. Eine Entschuldung im Außenverhältnis eines Schuldners schützt nicht vor späteren Ansprüchen im Innenverhältnis. Gleiches gilt für eventuell bestehende Rückgriffsansprüche aus Bürgschaften. Inwieweit diese gegen die Ratsuchenden realisiert werden, ist offen zu besprechen.

Fall Katharina:

Katharina hat sich im Rahmen der Planung der Intervention im Rahmen einer Regulierungsverhandlung für das Angebot eines außergerichtlichen Einigungsversuchs auf Basis eines flexiblen Ratenzahlungsplans entschieden. Sollte dieser scheitern, wird Katharina einen Verbraucherinsolvenzantrag beim zuständigen Insolvenzgericht stellen. Die Voraussetzungen hierfür wurden besprochen. Es kann davon ausgegangen werden, dass das monatlich verfügbare Einkommen für die Dauer der Laufzeit des außergerichtlichen Angebots in der Höhe mindestens stabil bleibt oder sich sogar durch Gehaltssteigerungen verbessert. Diese Verbesserung berücksichtigt das allen Gläubigern zu unterbreitende Angebot. Ebenso wurden mögliche Anpassungen des pfändbaren Einkommens auf Grundlage von Änderungen der familiären Situation thematisiert. Diese sind nicht zu erwarten. Darüber hinaus hat sich Katharina hinsichtlich ihres Selbstwertgefühls und des Umgangs mit dem zur Verfügung stehenden Mitteln an eine psychologische Beratungsstelle gewandt und nimmt dieses regelmäßig in Anspruch. Eine Neuverschuldung durch Eingehen weiterer Verbindlichkeiten ist während des Beratungsprozesses nicht entstanden. Auch auf der Ebene der psychosozialen Problemstellungen konnte folglich eine Stabilisierung im Beratungsprozess erreicht werden.

Muster eines außergerichtlichen Einigungsversuchs auf Basis der Insolvenzordnung:

Sehr geehrte Damen und Herren,
auf die bisher geführte Korrespondenz nehmen wir Bezug. Zwischenzeitlich liegen uns alle relevanten Daten vor, sodass wir Ihnen nun im Namen von Katharina einen außergerichtlichen Einigungsvorschlag unterbreiten können: Katharina ist bei fünf Gläubigern mit insgesamt 44.300,00 EUR verschuldet. Sie ist unverheiratet, lebt allein (keine Unterhaltsverpflichtungen) und erzielt ein monatliches Einkommen aus Erwerbstätigkeit in Höhe von 2.500,00 EUR netto. Über weitere Einkünfte und / oder Vermögen verfügt Katharina nach eigener Aussage nicht. Somit ergibt sich gemäß der Tabelle zu § 850c ZPO ein monatlich pfändbarer Betrag von 873,15 EUR. Weihnachtsgeld, Jahressonderzahlungen oder Prämien werden seitens des Arbeitgebers nicht geleistet.
In Absprache mit Katharina schlagen wir daher vor dem Hintergrund des § 305 Abs. 1 Nr. 1 Insolvenzordnung (InsO) folgende Regulierungsvereinbarung vor. Ihren Forderungsanteil entnehmen Sie bitte dem beigefügten außergerichtlichen Schuldenregulierungsplan:

1. Der diesem Schreiben beigefügte Schuldenregulierungsplan ist Bestandteil dieser Vereinbarung. Der darin ausgewiesene Regulierungsbetrag basiert auf dem zurzeit monatlich pfändbaren Betrag. Eine Anpassung erfolgt gemäß Ziffer 2. Mit Zustimmung und Annahme dieses außergerichtlichen Einigungsversuchs wird die Höhe der Forderung festgeschrieben. Auf die Geltendmachung weiterer Zinsen und Kosten wird zukünftig verzichtet.

2. Analog zur Laufzeit des Insolvenz- und Restschuldbefreiungsverfahrens beträgt die Laufzeit dieses außergerichtlichen Einigungsversuchs drei Jahre (36 Monate). Anteilig der im außergerichtlichen Schuldenbereinigungsplan festgelegten Quote stellt die Schuldnerin zur Erfüllung aller unbestrittenen Forderungen des Plans während der Gesamtlaufzeit den sich gemäß § 850c beziehungsweise § 850f ZPO pfändbaren Anteil ihres monatlichen Einkommens zur Verfügung. Gleiches gilt für etwaig vereinnahmte Einmalzahlungen.

3. Die Verteilung erfolgt monatlich jeweils zum dritten Werktag eines Monats gemäß den weiteren Bestimmungen dieses Plans. Die Schuldnerin verpflichtet sich, den Gläubigern auf Anforderung Nachweise über ihre Einkommenssituation vorzulegen.

4. Fällt eine in diesem Plan enthaltene Forderung vor oder während der Laufzeit weg (beispielsweise durch Gläubigerverzicht oder Ausgleich der Forderung durch Dritte), wird eine Neuberechnung und Neuquotierung des Schuldenbereinigungsplans vorgenommen.

5. Entsprechend der Obliegenheiten gemäß § 295 InsO verpflichtet sich die Schuldnerin während der Planlaufzeit von 36 Monaten eine angemessene Erwerbstätigkeit auszuüben oder bei eintretender Arbeitslosigkeit sich um eine solche zu bemühen. Des Weiteren verpflichtet sie sich, etwaiges Vermögen, das sie von Todes wegen oder mit Rücksicht auf ein künftiges Erbrecht erwirbt, entsprechend den Regelungen der Insolvenzordnung an die Gläubiger dieses Plans unter Berücksichtigung der Anteile an den Gesamtverbindlichkeiten auszukehren. Ebenso ist jeder Wechsel des Wohnsitzes und / oder der Arbeitsstelle den Gläubigern unverzüglich mitzuteilen.

6. Der Zahlungsplan beginnt im zweiten Monat, nachdem alle Gläubiger dieser Vereinbarung zugestimmt haben. Mit wirksamem Abschluss der Vereinbarung werden sämtliche Zwangsvollstreckungsmaßnahmen und Sicherungsverwertungen aufgehoben, soweit sie die in das Verfahren einbezogenen Forderungen und Ansprüche betreffen. Während der Laufzeit der Vereinbarung verzichten die Gläubiger auf weitere Zwangsvollstreckungsmaßnahmen oder die Offenlegung einer Lohnabtretung.

7. Eine Kündigung dieser Vereinbarung ist möglich, sowie die die Schuldnerin mit der Zahlung von zwei ganzen aufeinanderfolgenden Monatsraten in Rückstand gerät und unter Darlegung des Zahlungsrückstandes keine Stundungsvereinbarung mit den Gläubigern getroffen hat. Für eine Kündigung bedarf es der Schriftform. Vor einer Kündigung wird der Gläubiger die Schuldnerin schriftlich mit zweiwöchiger Nachfrist zur Zahlung des rückständigen Betrages anmahnen. Nach einer Kündigung dieses Vergleichs beschränken sich die Forderungen der Gläubiger auf die im Plan festgestellte ursprüngliche Forderungshöhe abzüglich bereits geleisteter Zahlungen. Eine weitere Tilgung der Restforderung richtet sich nach § 497 Bürgerliches Gesetzbuch.

8. Wird die Regulierungsvereinbarung ordnungsgemäß erfüllt, bestätigt der Gläubiger der Schuldnerin schriftlich den Forderungsverzicht der bis dahin noch nicht getilgten Restverbindlichkeit. Der Schuldtitel – soweit vorhanden – wird übersandt. Ebenso wird eine SCHUFA-Erledigungsmeldung veranlasst. Die gegebenenfalls vorhandenen Abtretungen und sonstige Sicherungsabreden verlieren ihre Gültigkeit.

Sollte das unterbreitete außergerichtliche Regulierungsangebot scheitern, wird die Schuldnerin voraussichtlich einen Antrag zur Eröffnung des Verbraucherinsolvenzverfahrens beim zuständigen Insolvenzgericht einreichen. Ihrer Rückmeldung sehen wir zum [DATUM] entgegen.
Grußformel & Unterschrift

2. Anwendung des Harvard-Verhandlungskonzeptes in der Schuldnerberatung

2.1 Standardstrategie in der Verhandlungsführung

Die in der Praxis verbreitete Standardstrategie der Verhandlungsführung sucht auf Basis der jeweiligen Positionen der einzelnen Parteien (Gläubiger und Schuldner) eine Lösung zu finden. Sie ähnelt einem Positionsgerangel oder Feilschen um Möglichkeiten eines finanziellen Ausgleichs, in dem alle Beteiligten ihre eigene Position vertreten und in der Regel keine Bereitschaft besteht, ihre Position zu verlassen und einem für alle Seiten akzeptablen Kompromiss zuzustimmen.

- So vertritt regelmäßig der Gläubiger die Position, seinen rechtmäßigen Anspruch der Forderung gegen den Schuldner vollumfänglich durchzusetzen und auch in Vergleichsverhandlungen nicht von dieser Position abzuweichen.

- Die Schuldnerseite, die auf Grundlage der individuellen persönlichen und finanziellen Situation des Schuldners ein Angebot unterbreitet, nimmt dagegen die Position ein, dass unter Verweis auf die Möglichkeit einer Einleitung eines Insolvenzverfahrens begrenzte pfändbare Mittel zur vergleichsweisen Verteilung zur Verfügung stehen.

Gleichzeitig ist allen Beteiligten bewusst, dass bei Scheitern der Verhandlung im Rahmen des Insolvenzverfahrens der Gläubiger sich finanziell in der Regel schlechter stellen und der Schuldner sich den Regeln eines (belastenden) mehrjährigen gerichtlichen Verfahrens unterwerfen wird. Ungeachtet dieser Tatsachen wird insbesondere auf Seiten der Inkassowirtschaft immer wieder versucht, um bessere Quoten zu feilschen, die über die finanziellen Möglichkeiten der Schuldner hinausgehen. Der eigenen (vermeintlich starken) Position wird durch Androhung beziehungsweise Durchsetzung von Zwangsvollstreckungen und sich ständig wiederholenden Mahnschreiben Nachdruck verliehen, bis der Schuldner nicht selten Zahlungen leistet, die in der Folge zur Existenzgefährdung führen können.

Oftmals wird erst der Kreislauf von Druck, Feilschen und Zahlungen unterbrochen, wenn die Ratsuchenden das Angebot der Schuldnerberatung wahrnehmen und in ihrer Lage Unterstützung erfahren. Die bis dahin sich entwickelten Positionen der beiden Konfliktparteien haben sich so weit verfestigt, dass auch für den Gläubiger finanziell attraktive außergerichtliche Einigungsversuche standardmäßig abgelehnt werden und die Einleitung eines Insolvenzverfahrens unumgänglich wird. Dieser Weg ist dann für alle Parteien von Nachteil:

- Der Schuldner befindet sich in einem gerichtlichen Verfahren, welches wenig Spielraum lässt und die Gefahr des Scheiterns mit sich bringt.
- Die Gläubiger müssen die erwirtschaftete Insolvenzmasse mit dem Insolvenzverwalter teilen, der hieraus seine Vergütung erhält.

2.2 Ausgangslage nach dem Harvard-Konzept

Einen weiterführenden Verhandlungsansatz verfolgt das Harvard-Konzept nach Fisher/Ury/Patton. Die Verhandlungsführung, wie sie im Harvard-Konzept vertreten wird, ist eine Strategie, aus der alle beteiligten Parteien auf Basis eines sach- und themenbezogenen Verhandelns einen positiven Nutzen (Win-win-Haltung) ziehen sollen. Das Feilschen um Positionen, das in der Regel in zufälligen Kompromissen endet, mit denen keine Partei wirklich zufrieden ist, verfehlt dagegen die Grundkriterien einer Verhandlungsweise, die eine kluge, effiziente und gütliche Einigung verfolgt. Diese beinhaltet grundsätzlich folgende Kriterien (vgl. Fisher et al. 2020, S. 28):

- Sie sollte eine kluge Einigung ermöglichen – sofern eine Übereinkunft überhaupt möglich ist. Eine solche kluge Übereinkunft liegt nach Auffassung der Autoren des Harvard-Konzepts vor, wenn sie „den berechtigten Interessen beider Seiten so weit wie möglich gerecht wird, eine faire Lösung für einen Konflikt findet, von Dauer ist und die Interessen der Gemeinschaft wahrt" (vgl. ebd., S. 28).
- Sie sollte effizient sein.
- Die Beziehung zwischen den Konfliktparteien sollte durch die Verhandlungsweise verbessert oder zumindest nicht zerstört werden.

2.3 Grundprinzipien des Harvard-Konzepts

Auf der Grundlage der genannten Kriterien beruht das Harvard-Konzept auf vier Grundprinzipien, deren Berücksichtigung ein erfolgreiches sachbezogenes Verhandeln ermöglicht:

1. *Trennen Sie Menschen und Sachfragen* (vgl. Fisher et al. 2020, S. 45)

Menschen sind keine Maschinen oder Roboter, sondern zeichnen sich durch starke Emotionen und sehr unterschiedlichen Vorstellungen aus. Hinzu kommt, dass Menschen oftmals Schwierigkeiten haben, sich klar zu verständigen. In Konfliktsituationen werden dann Positionen eingenommen und mit den eigenen Gefühlen verbunden, sodass eine Einigung auf der sachlichen Ebene der Verhandlung kaum möglich wird, ohne die Gefühle des Verhandlungspartners zu verletzen oder um der Beziehung willen Zugeständnisse zu machen, die auf Dauer aber der Beziehung schaden. Das Prinzip verfolgt somit das Ziel, die Probleme, um die es geht, „abzulösen" und getrennt von den involvierten Menschen und deren Positionen zu behandeln. „Bildlich gesprochen sollten sich die Partner Seite an Seite sehen, wie sie gemeinsam das Problem angehen – und nicht, wie sie aufeinander losgehen." (Fisher et al. 2015, S. 30)

2. *Stellen Sie Interessen in den Mittelpunkt, nicht Positionen* (vgl. Fisher et al. 2020, S. 75)

Die eingenommenen Verhandlungspositionen verdecken, woran den Verhandlungsparteien tatsächlich gelegen ist. Es wird im Rahmen der Verhandlung über Positionen nicht deutlich, was die Parteien wirklich wollen. Wird die jeweilige Interessenlage nicht herausgearbeitet, so ist davon auszugehen, dass ein Kompromiss zwischen den Positionen die menschlichen Bedürfnisse nicht ausreichend berücksichtigt. Eine bewusste Konzentration auf die Interessen ermöglicht es, die tatsächlichen Intentionen zu erarbeiten und für den weiteren Verlauf der Verhandlungen zu berücksichtigen.

3. *Entwickeln von Optionen, von denen alle profitieren* (vgl. Fisher et al. 2020, S. 95)

Im Unterschied zum Verhandeln im Rahmen eines Positionsgerangels, das nur auf den eigenen Vorteil in der Verhandlung abzielt, verfolgt das Harvard-Konzept mit diesem Grundprinzip einen anderen Ansatz.

Unter Berücksichtigung der erarbeiteten Interessen wird versucht, optimale Lösungen zu beiderseitigem Vorteil zu entwickeln, bevor eine Übereinkunft erzielt wird. Die Entwicklung von Lösungsmöglichkeiten kann sowohl vor der eigentlichen Verhandlung als auch während einer Verhandlung erfolgen und angepasst werden. Selbst wenn der Druck der gegnerischen Verhandlungspartei als sehr hoch empfunden wird, ist es sinnvoll, im Rahmen einer Bedenkzeit „die Reihe möglicher Lösungen" zu erarbeiten, „die den gemeinsamen Interessen beider Seiten dienen und entgegengesetzte und unterschiedliche Interessen auf kreative Weise in Einklang bringen" (Fisher et al. 2020, S. 38).

4. *Anwendung neutraler Beurteilungskriterien* (vgl. Fisher et al. 2020, S. 126)

Um eine Übereinkunft, die für alle Beteiligten von Vorteil ist, zu erlangen, ist es hilfreich auf neutrale Beurteilungskriterien zu bestehen. Insbesondere bei unmittelbarem Widerspruch zweier Interessen soll die Lösung von fairen Maßstäben bestimmt werden, die unabhängig vom bloßen Willen einer Verhandlungspartei ist. Folglich kann sich eine Partei nicht durch persönliche Sturheit oder Druck gegen die andere beteiligte Partei durchsetzen, sondern die Übereinkunft beruht auf allgemeingültigen Regelungen oder fairen Maßstäben. „Das heißt nicht, dass der Maßstab nicht frei wählbar ist, sondern dass es sich um einen objektiven Standard wie den Marktwert, ein Expertengutachten, die guten Sitten oder gesetzliche Regelungen handeln muss. Wenn Sie über diese Kriterien verhandeln, und nicht darüber, was Sie zu tun bereit sind und was nicht, muss keiner der beiden Seite[n] nachgeben – beide können sich einer fairen Lösung beugen." (Fisher et al. 2020, S. 39)

2.4 Abschnittsmodell

Die Autoren des Harvard-Konzepts integrieren die Umsetzung der vier Grundprinzipien in ein in sich aufbauendes Periodenmodell untergliedert in drei Abschnitte: Analyse, Planung und Diskussion.

▪ *Analyse:*

Der Abschnitt der Analyse umfasst, ähnlich der ersten beiden Phasen der multiperspektivischen Fallarbeit, die Sammlung von Informationen und Kontextklärung. Die eingeholten Informationen werden geordnet und bedacht und dienen der Erfassung der Gesamtsituation des zu verhandelnden Problems beziehungsweise Konflikts. Unter Berücksichtigung der oben aufgeführten Grundprinzipien werden die jeweiligen Interessen und Problemlagen erarbeitet, die den Vorstellungen und Gefühlen der anderen Konfliktparteien zugrunde liegen. Gleichzeitig sind die eigenen Interessen zu reflektieren. Auf Basis der erarbeiteten Interessen aller Verhandlungsparteien können Kriterien ausgelotet werden, die sich als Basis für eine zu erzielende Übereinkunft eignen (ebd., S. 41).

▪ *Planung:*

Die sich anschließende Planungsperiode umfasst die Entwicklung von Vorstellungen und die Entscheidung, „was zu tun ist" (ebd., S. 41). Auch hier sind die Grundprinzipien einer sach- und themenbezogenen Verhandlung zu berücksichtigen. Fragestellungen, die eine Planung der Verhandlungen erleichtern, sind:

▪ Wie wollen Sie mit dem menschlichen Aspekt umgehen?
▪ Welche Ihrer Interessen sind Ihnen am wichtigsten?
▪ Wie könnten realistische Vereinbarungen aussehen?

Die entsprechenden Antworten, die durch die Fragestellungen erarbeitet werden, schaffen die Möglichkeit, sich schon vor einer Verhandlung auf mögliche Szenarien, Argumente und Verhandlungsstrategien der gegnerischen Verhandlungspartei vorzubereiten und mit diesen umzugehen:

Tab. V.1: Planungsperiode nach dem Harvard-Konzept, Quelle: Fisher et al. 2015 S. 42-43

Problem		Lösung
Welche Rolle würden Sie im Feilschen um die Position übernehmen?		Ändern Sie das Spiel – Verhandeln Sie sachbezogen
Weich	**Hart**	
Teilnehmer sind Freunde	Teilnehmer sind Gegner	Teilnehmer sind Problemlöser
Ziel: Übereinkunft mit der Gegenseite	Ziel: Sieg über die Gegenseite	Ziel: vernünftiges, effizient und gütlich erreichtes Ziel
Konzessionen werden zur Verbesserung der Beziehung gemacht	Konzessionen werden als Voraussetzung der Beziehung gefordert	*Menschen und Probleme getrennt behandeln.*
Weiche Einstellung zu Menschen und Problemen	Harte Einstellung zu Menschen und Problemen	Weich zu den Menschen, hart in der Sache
Vertrauen zu anderen	Misstrauen gegenüber den anderen	Unabhängig von Vertrauen oder Misstrauen vorgehen
Bereitwillige Änderung der Position	Beharren auf der eigenen Position	*Konzentration auf Interessen, nicht auf Positionen*
Angebote werden unterbreitet	Drohungen erfolgen	Interessen erkunden
Die Verhandlungslinie wird offengelegt	Die Verhandlungslinie bleibt verdeckt	„Verhandlungslinie" vermeiden
Einseitige Zugeständnisse werden um der Übereinkunft willen in Kauf genommen	Einseitige Vorteile werden als Preis für die Übereinkunft gefordert	*Möglichkeiten für gegenseitigen Nutzen suchen*
Suche nach der einzigen Antwort, die die anderen akzeptieren	Suche nach der einzigen Antwort, die ich akzeptiere	Unterschiedliche Wahlmöglichkeiten suchen; erst danach entscheiden
Bestehen auf einer Übereinkunft	Bestehen auf der eigenen Position	*Bestehen auf objektiven Kriterien*
Willenskämpfe werden vermieden	Der Willenskampf muss gewonnen werden	Ein Ergebnis unabhängig vom jeweiligen Willen zu erreichen suchen

Starkem Druck wird nachgegeben	Starker Druck wird ausgeübt	Vernunft anwenden und der Vernunft gegenüber offen sein; nur sachlichen Argumenten und nicht irgendwelchem Druck nachgeben

■ *Diskussion:*

Im abschließenden Abschnitt verhandeln die Parteien und versuchen, eine gemeinsame Lösung zu finden. Auf Basis der Grundprinzipien wird das Ziel verfolgt, dass die unterschiedlichen Vorstellungen und Frustrationsgefühle, aber auch vorhandener Ärger und Kommunikationsschwierigkeiten erkannt, an- und ausgesprochen werden. Nur so kann erreicht werden, dass auf der Ebene menschlicher Problemlagen und Bedürfnisse diese thematisiert und gegebenenfalls gelöst werden können, ohne dass es zu einer Vermischung mit der Sachebene kommt. Um eine für alle Beteiligten gute Lösung zu finden, ist es darüber hinaus wichtig, dass jede Verhandlungsseite die (gemeinsamen) Interessen der anderen Partei zu verstehen lernt und allgemeingültige Bewertungskriterien akzeptiert. Auf Grundlage dieser Interessen können Wahlmöglichkeiten und Lösungsoptionen entwickelt werden, die allen Parteien zum Vorteil dienen und den vorhandenen Bewertungskriterien als fairer Maßstab entsprechen (vgl. Fisher et al. 2020, S. 41-42). „Im Gegensatz zum Feilschen ist die sachbezogene Verhandlung also eine Methode, die zentrale Interessen, für alle zufriedenstellende Optionen und faire Kriterien in den Mittelpunkt stellt, und in der Regel zu einer klugen Entscheidung führt." (ebd., S. 43).

2.5 Beste Alternative

Allerdings kann keine Verhandlungsmethode den Erfolg garantieren. Es gibt in Verhandlungen Realitäten und Tatsachen, die nicht zu ändern sind. Ist die andere Verhandlungsseite so übermächtig und kann auf Grundlage eines gemeinsamen Interesses kein für alle Seiten gutes Ergebnis erzielt werden, geht das Harvard-Konzept davon aus, dass als Antwort allenfalls eine geschickte Verhandlungsart zweierlei Ziele erreichen kann:

1. Sie kann vor einer Übereinkunft schützen, aus der bei Zustimmung lediglich eigene Nachteile resultieren.
2. Sie kann das Beste aus den Möglichkeiten machen, damit eine Vereinbarung so weit wie möglich meinen Interessen entspricht (vgl. Fisher et al. 2020, S. 147).

Um kein unerwünschtes oder sogar schädliches Ergebnis zu erzielen, ist es hilfreich, im Vorfeld jeder Verhandlung eine „beste Alternative" zu dem gewünschten Verhandlungsergebnis zu entwickeln. In der Verhandlung dient diese als Möglichkeit, ein Scheitern zu verhindern und bewahrt gleichzeitig vor der Annahme allzu ungünstiger Bedingungen und vor der Ablehnung von Konditionen, die im eigenen Interesse zu akzeptieren wären. Die „beste Alternative" kann als Sicherheitsnetz der Verhandlung verstanden werden und dient als Kriterium, um die jeweils in der Verhandlung vorgeschlagenen Lösungsmöglichkeiten zum Erreichen einer Übereinkunft zu überprüfen.

Konnte im Vorfeld einer Verhandlung eine „beste Alternative" entwickelt werden, so kann die Verhandlungspartei aus der Position der Stärke die Vorschläge der Gegenseite ablehnen, da die eigenen Grenzen beziehungsweise das eigene Limit bekannt ist und ein Ausstieg aus der Verhandlung (-srunde) leichter fällt. Die Festlegung eines Verhandlungslimits dient vor allem dem Selbstschutz, nicht Bedingungen einer Verhandlung zu akzeptieren, die nicht realisierbar sind oder nicht akzeptiert werden können. Allerdings schränkt die Festlegung eines Limits gleichzeitig auch die Flexibilität in der Verhandlung ein, da das Limit „per Definition eine nicht veränderbare Position" (Fisher et al. 2020, S. 149) darstellt. Das Festhalten am Limit schützt folglich vor unüberlegten Entscheidungen, behindert aber auch die Ausbreitung von weiteren Lösungsmöglichkeiten, die im Vorfeld bisher nicht gesehen wurden (vgl. ebd., S. 149).

Um eine „beste Alternative" finden zu können, empfehlen die Autoren des Harvard-Konzepts vor der Durchführung der Verhandlung die Anwendung von drei Handlungsschritten (vgl. ebd., S. 156-157):

1. Das Erstellen einer Liste von Maßnahmen, die durchgeführt werden könnten, wenn die Verhandlung scheitert und es zu keiner Übereinkunft kommt.

2. Im Anschluss sind die besten Ideen zu optimieren und zu umsetzbaren Alternativen zu gestalten.

3. Der letzte Handlungsschritt besteht in der Entscheidung für eine Alternative, die am attraktivsten erscheint.

2.6 Das Harvard-Modell in der Schuldnerberatung

In der Praxis der Schuldnerberatung kann eine Verhandlung nach dem Harvard-Konzept durchaus in einigen Fallkonstellationen eine realisierbare Option darstellen, die zu einem Erfolg für alle beteiligten Parteien führen kann (vgl. auch Ansen 2018, 129 ff.). Als an der Person des Ratsuchenden orientierte und individuell auf das Problem ausgerichtete Verhandlungsmethode bietet sich die Anwendung immer dann an, wenn es zwischen den streitenden Parteien nur vordergründig um die Überschuldungssituation geht, gleichzeitig aber eine dahinterliegende gemeinsame Interessenlage besteht, die allerdings bisher nicht benannt werden konnte. Insbesondere in Konstellationen, in denen beide Parteien in Ihren Positionen verharren, bietet das vorgestellte Verhandlungskonzept die Möglichkeit einer Umsetzung zum Vorteil aller.

Allerdings ist zu berücksichtigen, dass die Anwendung des Harvard-Konzepts einen hohen Arbeitsaufwand in Entwicklung und Umsetzung der Verhandlung unter Berücksichtigung der einzelnen Kriterien, Wahlmöglichkeiten und Vorstellungen mit sich bringt. Vor einer Anwendung sollte somit immer eine Differenzierung nach Gläubiger und Ziel der Beratung erfolgen. Die Anwendung des Konzepts im Rahmen außergerichtlicher Einigungsversuche im Bereich des Konzerninkassos wird voraussichtlich zu keinem Erfolg führen. Von einer gemeinsamen Interessenslage und einem Ergebnis, von dem beide Parteien profitieren, ist hier nicht auszugehen.

Exemplarisch für eine mögliche Anwendung kann folgende Fallkonstellation dienen:

Beispiel: Zwei Kinder einer Ratsuchenden werden ganztags in einer städtischen Kindertagesstätte betreut und erhalten mittags eine entsprechende Mittagsverpflegung. Die Mutter arbeitet mit einem Stellenumfang von 75 % und bezieht keine weiteren sozialen Transferleistungen nach dem SGB II/SGB XII.
Die Kosten für die Verpflegung sind von ihr zu tragen. Sie leistet diese Essensbeiträge seit Monaten nicht, die nun durch die Stadtkasse als Vollstreckungsbehörde geltend gemacht werden. Alle Zwangsvollstreckungsmaßnahmen (Beiträge bis zum Zeitpunkt X) sind bisher fruchtlos verlaufen. Da die monatlichen fälligen Beiträge (nach dem Zeitpunkt X) weiterhin nicht geleistet werden, entstehen stetig neue Schulden.
Zwischenzeitlich wurde nun seitens der Kommune und der Einrichtung damit gedroht, dass die Kinder keine Verpflegung mehr erhalten können und der Anspruch auf einen Ganztagsplatz wegfallen wird. Dies wiederum würde bedeuten, dass die Mutter aufgrund fehlender Betreuung ihren Arbeitsplatz verlieren würde, und ein Hilfebedarf nach dem SGB II entstehen würde.

■ Gemeinsames Interesse aller Beteiligten (Stadtkasse, Kindertageseinrichtung, Kinder und Mutter):
Kindeswohl durch Betreuung und Verpflegung sichern und Arbeitsplatz erhalten.

Der Verhandlungsgegenstand ist somit nur vordergründig die fällige Verbindlichkeit aus den aufgelaufenen Essensbeiträgen. Ziel und Lösung ist die Sicherstellung der weiteren Verpflegung und somit der Erhalt des Ganztagsplatzes durch regelmäßigen Ausgleich der stetig anfallenden Verpflegungskosten. Dies ist den Parteien darzulegen. Eine weitere Neuverschuldung wird verhindert, die Kindertageseinrichtung erhält regelmäßig den fälligen Essensbeitrag, und die Mutter kann weiterhin ihrer Erwerbstätigkeit nachgehen, ohne auf soziale Transferleistungen angewiesen zu sein.

■ Umsetzung:
– Konsolidierung des Haushalts unter dem Aspekt der Gewährleistung, dass existenzsichernde Zahlungen regelmäßig geleistet werden können (Miete, Strom, Essensbeitrag).
– Prüfung, ob Anspruch auf soziale Transferleistungen besteht (Wohngeld, Leistungen für Bildung und Teilhabe etc.), die das Haushaltseinkommen erhöhen und / oder die Zahlung der Essensbeiträge sicherstellen.

Sollte die Stadtkasse sich nicht auf diese Lösung einlassen, so könnte als beste Alternative dienen: regelmäßige Zahlung des Essenbeitrags wie beschrieben und zusätzlich Kleinstrate auf den bisher entstandenen Rückstand.

3. Begleitung des Ratsuchenden

Auch nach der Intervention „Regulierung" können weiterhin Beratungsbedarfe der Ratsuchenden bestehen. Diese beziehen sich inhaltlich vorrangig auf die Absicherung des Regulierungserfolgs, berühren aber natürlich gleichzeitig auch die psychosozialen Anteile einer Schuldnerberatung. Gelingt die nachhaltige Entschuldung nicht, so werden sich Ratsuchende schnell wieder in der gleichen Situation wie vor der Beratung befinden.

3.1 Begleitung in der Umsetzungsphase

Ein erfolgreicher Abschluss einer Regulierungsvereinbarung oder die Eröffnung eines Verbraucherinsolvenzverfahrens bedeutet nicht zwangsläufig das Ende des Beratungsprozesses, sondern kann weiterhin Unterstützungsbedarfe der Schuldnerberatung nach sich ziehen, die durch oftmals kurzfristige Interventionen gelöst werden können und müssen. Je nach Fallkonstellation ist dies abhängig vom Bedarf des Ratsuchenden und dessen Möglichkeiten, eigenständig auftretende Problemstellungen zu bewältigen.

3.1.1 Bedarfe an Unterstützung

So kann das Ausfüllen eines im Rahmen des eröffneten Insolvenzverfahrens vom bestellten Insolvenzverwalter übersandten Fragebogens zur aktuellen und vergangenen finanziellen und persönlichen Situation des Schuldners dazu führen, dass eine Überforderung eintritt und der Bogen nicht oder nicht fristgerecht bearbeitet und übersandt wird. Kann die Schuldnerberatung mögliche Situationen, in denen eine Beratungsleistung und Hilfestellung notwendig werden kann, schon im Vorhinein erkennen und mit dem Ratsuchenden thematisieren, so kann dieser entweder selbst tätig werden oder nach entsprechender Unterstützung nachfragen. Voraussetzung ist dann aber, dass sich der Ratsuchende entsprechend zeitnah meldet. Denn die Schuldnerberatung fungiert in der Regel nicht oder nur in Ausnahmefällen als Verfahrensbevollmächtigte im eröffneten Insolvenzverfahren und Restschuldbefreiungsverfahren (§ 305 Abs. 4 InsO).

Allerdings lassen sich nicht immer weitere Beratungs- und Unterstützungsbedarfe mit dem Ratsuchenden vorausplanen. Zum Beispiel kann der notwendige Handlungsbedarf und -aufwand nicht vorhergesehen werden, falls im Rahmen des gesamten Entschuldungsverfahrens ein bis dato unbekannter Gläubiger seine Forderung gegen den Schuldner geltend macht. Wie mit nicht vorherzusehenden Ereignissen seitens des Ratsuchenden umgegangen werden kann, ist spätestens in der Phase des Beratungsabschlusses zu thematisieren und gegebenenfalls schon jetzt eine Lösungsstrategie zu erarbeiten. Hilfreich hierbei ist es, den Ratsuchenden zu motivieren, bei Fragen, Problemen oder auch Überforderung zeitnah Kontakt zur Schuldnerberatung zu suchen, um das bis dahin Erreichte nicht zu gefährden.

3.1.2 Unterstützungsmaßnahmen

Beispiele für mögliche Unterstützungsleistungen und Handlungsbedarfe im Rahmen der Umsetzungsphase können sein:

1. *Unterstützung in der Einrichtung und Aufnahme der Zahlungsverpflichtungen gemäß der getroffenen Vereinbarung:*
   Haben alle Gläubiger dem unterbreiteten außergerichtlichen Einigungsversuch zugestimmt, sind die Zahlungen entsprechend der getroffenen Vereinbarung aufzunehmen. Soweit nichts anderes vereinbart wird, erfolgen die Zahlungen

per Überweisung durch den Schuldner. Inwieweit insbesondere bei der Einrichtung der Daueraufträge eine Unterstützung durch die Beratungsstelle erfolgen kann, ist zeitnah mit dem Ratsuchenden abzuklären. Die Praxis zeigt aber immer wieder, dass Schuldner bei der Einrichtung von Daueraufträgen unter Angabe von Kontodaten des Gläubigers, Betrag und Verwendungszweck durchaus überfordert sein können. Sollte die Beratungsleistung mit Zustimmung aller Gläubiger zum außergerichtlichen Einigungsversuch enden, ohne nochmals konkret die nächsten Schritte einer Umsetzung zu besprechen und auf Ihre Realisierbarkeit durch den Ratsuchenden zu überprüfen, besteht die Gefahr, dass Zahlungen erst gar nicht aufgenommen oder verspätet geleistet werden. Die dann erfolgreich getroffene Vereinbarung scheitert. Je nach Lage des Einzelfalls empfiehlt sich hier beispielsweise die Erstellung einer Übersicht, die die relevanten Überweisungsdaten beinhaltet und als Grundlage für die einzurichtenden Daueraufträge dient.

2. *Mögliche Unterstützung bei schwankenden Einkünften:*

Schwankt das monatliche Einkommen und ist folglich der jeweils sich gemäß der Tabelle zu § 850c ZPO ergebende pfändbare Betrag monatlich neu zu ermitteln, so kann auch hier ein weiteres Unterstützungsangebot seitens der Schuldnerberatung unterbreitet werden. Ist es dem Schuldner nicht möglich, den jeweils pfändbaren Anteil seines monatlichen Einkommens eigenständig zu ermitteln, so wäre zu prüfen, inwieweit die Schuldnerberatung hier Hilfestellung leisten kann.

Verfügt der Schuldner beispielsweise über veränderliche unpfändbare Lohnbestandteile, die vor Ermittlung des pfändungsrelevanten Nettogehalts herauszurechnen sind, und ist es dem Arbeitgeber nicht möglich, dieses zu benennen, kann die Schuldnerberatung in Form monatlicher Berechnungen des pfändbaren Betrags den Schuldner unterstützen. Hierzu bietet sich die kostenfreie Berechnungsvorlage der JUDIS GbR (vgl. https://www.judis.info/downloads, 10.3.2022) an. Allerdings bedeutet dies nicht nur einen nicht zu unterschätzenden Arbeitsaufwand der Schuldnerberatung, sondern auch eine hohe Disziplin des Schuldners, jeweils die Lohnabrechnungen rechtzeitig einzureichen. Auch die Frage nach der Beratungshaftung bei fehlerhafter Berechnung ist innerhalb der Beratungsstelle zu klären.

Abhilfe kann der Abschluss eines Treuhandvertrags mit einem niedergelassenen Rechtsanwalt oder Notar schaffen. Ein solcher Vertrag beinhaltet, dass der pfändbare Lohnanteil aus dem Erwerbseinkommen an den Rechtsanwalt oder Notar abgetreten wird und von diesem entsprechend der Regelungen des außergerichtlichen Einigungsversuchs an die Gläubiger anteilig ausgekehrt wird. Inwieweit diese Möglichkeit vor Ort besteht, ist zu prüfen und mit dem Schuldner zu thematisieren, ebenso die Deckung der sich daraus ergebenden Kosten des Rechtsanwalts oder Notars.

3. *Anpassungserfordernisse (zum Beispiel „vergessene Gläubiger") während der Laufzeit eines Entschuldungsverfahrens:*

Leider kommt es immer wieder vor, dass trotz ausführlicher Recherche nicht alle Gläubiger im Vorfeld eines Entschuldungsverfahrens ermittelt werden konnten. Insbesondere bei Überschuldungskarrieren, die sich über mehrere Jahre entwickelt haben. Gleiches passiert in Fallkonstellationen, in denen schon seit Langem kein Überblick über die Überschuldungssituation existiert. Hier ist immer mit der Möglichkeit zu rechnen, dass weitere Gläubiger eine Forderung geltend machen und gleichzeitig schon eine Gesamtregulierungsvereinbarung mit den bis dahin bekannten Gläubigern erarbeitet wurde. Da in Fällen einer außergerichtlichen Einigung kein Vollstreckungsverbot für bisher nicht beteiligte Gläubiger analog zur Insolvenzordnung besteht, wäre die Gesamtregulierungsstrategie durch Pfändung dieser „vergessenen Gläubiger" nachhaltig gefährdet, sodass dies soweit möglich zu verhindern ist.

Grundsätzlich sollte geprüft werden, inwieweit schon im außergerichtlichen Einigungsversuch auf die Möglichkeit weiterer „vergessener Gläubiger" und den Umgang mit diesen im Rahmen einer Neuquotierung des gesamten Plans eingegangen werden kann (vgl. Maltry et al. in Groth et al. 2021, PHSB T. 3 S. 55). Allerdings ist dabei zu bedenken, dass entsprechend weit gefasste Anpassungsklauseln über die schon eingearbeiteten Regelungen zu Arbeitslosigkeit, Familienzuwachs etc. zu einer Ablehnung eines grundsätzlich attraktiven Angebots führen können (und in der Praxis regelmäßig auch werden). Aus Sicht der Gläubiger erscheint ein Plan, der auf vielen unbekannten Variablen basiert, nicht attraktiv und wird abgelehnt. In entsprechenden Fallkonstellationen wäre schon in der Strategieentwicklung und Planung des Regulierungsangebots gegebenenfalls über die Einleitung eines Insolvenzverfahrens als sichereres Instrument zur Entschuldung zu beraten (→ S. 185 ff.).

Beinhaltet der außergerichtliche Einigungsversuch keine Anpassungsklausel zur Neuquotierung bei Hinzunahme von „vergessenen Gläubigern", so bleibt dem Schuldner und der Schuldnerberatungsstelle nichts anderes übrig, als allen Gläubigern die neue Situation darzulegen und eine Neuquotierung zu verhandeln. Abhängig von der Höhe der Forderung des „vergessenen Gläubigers" führt dies zu einer möglicherweise spürbaren Verschlechterung des quotalen Anteils am pfändbaren Betrag. Kann keine Einigung erzielt werden und kann die „neue" Forderung auch nicht anderweitig (durch Drittmittel, aus dem unpfändbaren Einkommen oder – ausnahmsweise – durch Einzelvereinbarung mit dem betreffenden Gläubiger) getilgt beziehungsweise geregelt werden, so bleibt lediglich die Möglichkeit, den bisherigen Vergleich scheitern zu lassen. Inwieweit dann in der Folge zeitnah ein aktualisierter außergerichtlicher Einigungsversuch unterbreitet werden kann, der bei weiterer Ablehnung durch die Gläubiger dazu berechtigt, einen Insolvenzantrag zu stellen, muss im Einzelfall geprüft werden.

4. *Zahlungsstörungen*

Bei eintretenden Zahlungsstörungen kann Schuldnerberatung im Rahmen der Begleitung in einem außergerichtlichen Regulierungsverfahren unterstützen. Wie oben bereits ausgeführt, kann die Schuldnerberatung allerdings nur unterstützen, wenn der Ratsuchende aktiv und zeitnah Kontakt zur Beratungsstelle sucht.

Sind die eingetretenen Zahlungsstörungen nur von kurzer Dauer, sollte die Situation den Gläubigern, soweit noch nicht seitens des Schuldners geschehen, offensiv erläutert werden. Eine ausbleibende Zahlung kann entweder im laufenden Verfahren nachgezahlt werden (wann mit der Zahlung des ausstehenden Betrags zu rechnen ist, sollte dem Gläubiger mitgeteilt werden) oder im Rahmen einer Prolongation am Ende der vereinbarten Laufzeit angehängt werden.

Bestehen die Zahlungsstörungen schon seit Längerem und sind dem Grunde nach die Kündigungsvoraussetzungen der getroffenen Vereinbarung erfüllt, kann die Schuldnerberatung lediglich versuchen, die Gläubiger von einem Aussprechen der Kündigung abzubringen, wenn nicht nur eine Regelung für die geschuldeten Beträge gefunden wird, sondern vor allem die zukünftig fällig werdenden Zahlungsbeträge sichergestellt werden können. Ansonsten wird die Vereinbarung aller Voraussicht nach scheitern. Darüber hinaus ist im Rahmen der Beratung ein Augenmerk auf die Gründe der Nichtzahlung zu richten und zu erarbeiten, inwieweit perspektivisch eine Wiederholung der Zahlungsstörung verhindert werden kann.

5. *Unterstützungsleistungen im Rahmen des Insolvenzverfahrens*

    a) Die Eröffnung des Insolvenzverfahrens, der Kontakt zum Gericht und dem bestellten Insolvenzverwalter kann für den Schuldner eine neue und nicht zu unterschätzende Belastung bedeuten.

    Das zu erwartende Schreiben des Gerichts im Rahmen des Eröffnungsverfahrens und die Anforderungen, die der Insolvenzverwalter an den Schuldner stellt, können im Rahmen weiterer Beratungsangebote zum Großteil aufgefangen werden. Auch hier ist die Schuldnerberatung regelmäßig auf die aktive Kontaktaufnahme des Schuldners angewiesen.

    In manchen Beratungsfällen hat sich bewährt, schon vor Eröffnung des Insolvenzverfahrens mit dem Ratsuchenden einen Beratungstermin abzusprechen, der dann nach Kenntnis über die Eröffnung des Insolvenzverfahrens kurzfristig angeboten wird. In diesem können dann nochmals die Regeln des Verfahrens, die bisher eingegangenen Schreiben des Gerichts und des Insolvenzverwalters besprochen werden. Bezüglich der Nachweis- und Mitwirkungspflichten kann ebenfalls bei Bedarf Hilfestellung geleistet werden (Formulierung der Korrespondenz und Zusammenstellen der geforderten Unterlagen).

    Unabhängig von entsprechenden Terminierungen kann auch eine Handreichung für den Ratsuchenden hilfreich sein, die die üblichen Schreiben des zuständigen Gerichts (Beschluss über die Kostenstundung, Eröffnungsbeschluss etc.) und der ansässigen Insolvenzverwalter beinhalten und kurz erklärend erläutern. Allerdings darf eine entsprechende Handreichung nicht das Lesen der Schreiben durch die Ratsuchenden ersetzen, und sollte mit dem Hinweis versehen sein, dass bei Unklarheiten und Fragen die Schuldnerberatung kontaktiert wird.

    b) Weitere mögliche Handlungsbedarfe ergeben sich in der Regel aus der Sicherung der Existenz – hier dem Zugang zum vollen unpfändbaren Einkommen, dass dem Konto gutgeschrieben wird. Analog zu den Regelungen des Pfändungsschutzkontos (→ S. 122 ff.) sind an der Quelle (also beim Arbeitgeber oder dem Sozialleistungsträger) unpfändbare Gutschriften, die auf das Pfändungsschutzkonto eingehen und den in der P-Konto-Bescheinigung ausgewiesenen Freibetrag übersteigen in voller Höhe freizugeben. Der entsprechende Antrag gemäß § 906 ZPO i.V.m. § 36 InsO ist unverzüglich nach Eröffnung des Insolvenzverfahrens zu stellen und kann schon vor Insolvenzbeantragung erarbeitet und das Prozedere besprochen werden. Aber auch während des Insolvenzverfahrens bedarf es immer wieder eines entsprechenden Antrags (bei Jahressonderzahlung, Weihnachtsvergütung oder Arbeitsplatzwechsel). Dies ist ebenfalls mit dem Schuldner im Beratungsprozess zu besprechen. Gleiches gilt für das Ausstellen der Bescheinigung nach § 903 ZPO über die gemäß § 902 ZPO im jeweiligen Kalendermonat nicht erfassten Beträge auf einem Pfändungsschutzkonto (P-Konto-Bescheinigung).

c) In einigen Fällen wenden sich Insolvenzschuldner an die Schuldnerberatung mit der Fragestellung, wie mit „vergessenen Gläubigern", die sich nun gemeldet haben, umzugehen ist, und bitten diesbezüglich um Unterstützung.

Schuldnerberatung kann diesbezüglich in der Formulierung von Musterschreiben für den Schuldner unterstützen, die zum einen den betreffenden Gläubiger über das eröffnete Verfahren informieren und zum anderen die Forderung beim Insolvenzgericht und Insolvenzverwalter nachmelden.

d) Ein weiterer Unterstützungsbedarf ergibt sich aus der Möglichkeit der Verkürzung der Laufzeit in den Insolvenzverfahren, die bis 30.9.2020 eröffnet wurden. Für diese gelten die vormaligen Vorschriften der InsO weiterhin!

Gemäß § 300 InsO a.F. (in der vor dem 1.10.2020 geltenden Fassung) ist eine Verkürzung der Abtretungsfrist

– von sechs Jahren auf fünf Jahre bei Kostendeckung gemäß § 300 Abs. 1 Nr. 3 InsO a.F. beziehungsweise

– drei Jahren gemäß § 300 Abs. 1 Nr. 2 InsO bei Kostendeckung und einer Befriedigung der Forderungen der Insolvenzgläubiger in Höhe von mindestens 35 Prozent

möglich. Die Entscheidung des Gerichts über eine Verkürzung der Abtretungsfrist und Erteilung der Restschuldbefreiung setzt allerdings einen Antrag des Schuldners voraus. Bei Prüfung der Antragsvoraussetzungen und der Formulierung des Antrags kann Schuldnerberatung unterstützen, wenn der Insolvenzschuldner sich rechtzeitig vor Ablauf der entsprechenden Abtretungsfristen an die Schuldnerberatung wendet.

Aufgrund der Änderungen der InsO ab 1.10.2020 wird diese Unterstützungsleistung sukzessive nicht mehr notwendig sein. Da nunmehr für alle ab 1.10.2020 eröffneten Insolvenzverfahren eine einheitlich verkürzte Laufzeit von 36 Monaten gilt, wird die Schuldnerberatung spätestens im Jahre 2025 hinsichtlich der Antragsstellung gemäß § 300 Abs. 1 Nr. 3 InsO a.F. die letzten Schuldneranträge auf Verkürzung für Altverfahren unterstützen müssen.

6. Unterstützungsleistung zur Sicherung der Existenz

Unabhängig von der gewählten Entschuldungsstrategie, aber vor allem immer auch im Rahmen eines Lebens mit den Schulden kann Schuldnerberatung bei der Sicherung der Existenz unterstützen. Von Hilfestellung zur Beantragung sozialer Transferleistungen bis zur Sicherung des Kontos durch die P-Konto-Bescheinigung besteht je nach Fallkonstellation Bedarf zur Unterstützung des Schuldners.

Insoweit wird auf die vorherigen Ausführungen (→ S. 93 ff.) verwiesen.

3.2 Begleitung nach der Umsetzungsphase

Hat das Entschuldungsverfahren erfolgreich seinen Abschluss gefunden, so ist der Gläubiger entsprechend der Vereinbarung dazu verpflichtet, den vorhandenen Schuldtitel (Anspruchsgrundlage: § 371 BGB analog) und einen Erledigungsvermerk dem Schuldner auszuhändigen und die Erledigungsmeldung bei Wirtschaftsauskunfteien wie der Schufa zu veranlassen. Bedauerlicherweise erfolgt die Aushändigung der Titel und der entsprechenden Meldungen bei manchen Gläubigern und Gläubigervertretern nur sehr schleppend oder gar nicht. Erst durch (mehrfache) Aufforderung der Schuldnerberatung (in Vertretung für den Schuldner) kommen diese Gläubiger den zugestimmten Regelungen nach und übersenden die geforderten Unterlagen und veranlassen die Einmeldung bei der Schufa. Dies ist umso ärgerlicher, da die Gläubiger im gesamten bisherigen Beratungsprozess auf die Einhaltung von Fristen, vereinbarten Zahlungen oder weiteren Regelungen bestehen, sich selbst vielfach aber nur nach Aufforderung durch die Schuldnerberatung an Vereinbarungen halten.

Sollten noch nach Abschluss oder der Erledigung der Forderung (vorläufig ausgesetzte) Pfändungs- und Überweisungsbeschlüsse den Drittschuldnern vorliegen, so sind diese ebenfalls zurückzunehmen. Insbesondere kommt dies in der Praxis nach Erteilung der Restschuldbefreiung vor. In manchen Fällen ist es dann ausreichend, den Gläubiger auf den Abschluss des Verfahrens hinzuweisen und diesen um das Aufheben des Beschlusses zu bitten. Vereinzelt wird aber auch ein klarstellender Beschluss des Vollstreckungsgerichts im Wege der Vollstreckungsabwehrklage gemäß § 767 ZPO (→ S. 113) benötigt, um die Zwangsvollstreckungsmaßnahme der mit Restschuldbefreiung nicht mehr durchsetzbaren Forderung zu beenden.

Diskussionsfragen

- Welche Anforderungen müssen erfüllt sein, um eine Intervention erfolgreich durchzuführen? Wie sind die Ratsuchenden zu beteiligen?
- Worauf zielt das Grundprinzip des Harvard-Konzepts „Mensch und Probleme getrennt voneinander zu behandeln" ab?
- Differenzieren Sie: „eine Position vertreten" und ein „Interesse vertreten". Worin liegt ein Unterschied.

Literatur zur Einführung

Groth, Ulf/Homann, Carsten/Hornung, Rita/Maltry, Christian/Peters, Sally/Richter, Claus/Tiffe, Achim/Zimmermann, Dieter/Zipf, Thomas (2021): Praxishandbuch Schuldnerberatung. Loseblattsammlung. 30. Ergänzungslieferung. Köln: Wolters Kluwer
Standardnachschlagewerk der Praxis im Handbuchformat als Loseblattwerk, vorrangig zu rechtlichen Inhalten einer Schuldnerberatung

Müller, Burkhard/Hochuli Freund, Ursula (2017): Sozialpädagogisches Können. Ein Lehrbuch zur multiperspektivischen Fallarbeit. 8. akt. und erw. Auflage. Freiburg im Breisgau: Lambertus
Einführendes Lehrbuch zur multiperspektivischen Fallarbeit als Methode der Sozialpädagogik

Weiterführende Literatur

Fisher, Roger/Ury, William/Patton, Bruce (2020): Das Harvard-Konzept. Die unschlagbare Methode für beste Verhandlungsergebnisse. 4. Auflage. München: Deutsche Verlags-Anstalt
Neuausgabe des erstmals 1981 erschienenen Lehrbuchs zur Methode des sachbezogenen Verhandelns

Kapitel 6: Phasen in der Beratung: Abschluss und Evaluation der Beratung

Zusammenfassung

Das vorliegende Kapitel behandelt den Abschluss der Beratung. Es beleuchtet zunächst den Abschlussprozess im Sinne eines Abschiedes. Hier werden typische Abschiedsmuster betrachtet und die Gestaltung der entsprechenden Prozesse beschrieben. Daneben gehört die Evaluation der Beratung als Ausdruck der Professionalität zum Abschluss einer solchen. Der Fokus liegt hierbei auf der Selbstevaluation und Selbstreflexion. Dargestellt werden das Johari-Fenster zur Sichtbarmachung blinder Flecken und sechs verschiedene Handlungstypen professionellen Selbstverständnisses in der Schuldnerberatung.

1. Abschluss der Beratung

Unabhängig vom bisher erarbeiteten Beratungsergebnis und den daraus resultierenden Interventionen wird jeder Beratungsprozess in eine Abschluss- beziehungsweise Abschiedsphase münden und letztendlich auch einen Abschluss finden (müssen). Professionelle Hilfe zielt soweit möglich darauf ab, Übergänge und Problemlösungen zu begleiten, ansonsten aber endlich zu sein. Dabei markieren Abschiede nicht nur Aufbrüche und werden mit Erleichterung und Freude begrüßt, sondern können auch mit Trennung und Verlust verbunden sein, die mit schmerzlichen Erfahrungen verknüpft sind und vielleicht bisher nicht ausreichend bearbeitet werden konnten. Auf Grundlage dieser Erfahrungen werden gegebenenfalls (vermeintlich) bewährte Verhaltensmuster und Abwehrformen aktiviert, die Abschiede umgehen oder hinauszuzögern, um vorhandenen Gefühle nicht zuzulassen. Dies können beispielsweise Ängste vor möglichen Bindungsverlusten oder die Auflösung der entstandenen Zusammengehörigkeit sein (vgl. Schwing/Fryszer 2018, S. 313). Dies gilt nicht nur in anderen Bereichen der Sozialen Arbeit, sondern gleichermaßen für Beratungsprozesse sozialer Schuldnerberatung.

1.1 Abschlussprozesse und Abschiedsmuster

Ob und, wenn ja, wie Abschlussprozesse inhaltlich gestaltet werden, ist maßgeblich vom Umgang und Gestaltung des Beraters abhängig. Gleichzeitig bietet die aktive Gestaltung eines Abschlussprozesses die Möglichkeit einer Umsetzung der Endphase der multiperspektivischen Fallarbeit: Die hier vorgesehene Evaluation beinhaltet neben einer Reflexion des Beratungsprozesses ebenso den Abschluss der Beratung. Insbesondere unter Einbeziehung der Falldimension „Fall mit" ist es Aufgabe professioneller Sozialarbeit auch in der abschließenden Phase, den Ratsuchenden im Fokus zu behalten und gemeinsam einen Abschiedsprozess umzusetzen, der individuell passend ist und den Ratsuchenden sprichwörtlich nicht „alleine" zurücklässt. Werden Abschied und Abschluss der Beratung als ernsthafter Teil des Beratungsprozesses wahrgenommen, so ist es nicht mit der oftmals artikulierten und abschließenden Einladung des Beraters getan, dass sich der Ratsuchende bei erneut auftretenden Krisen und / oder Problemlagen gerne wieder an die Beratungseinrichtung wenden kann. Ratsuchende werden möglicherweise mit ihrem eigenen Abschiedsprozess allein gelassen. Eine entsprechend formulierte Einladung kann tatsächlich neue Krisen auslösen, nur um die Beratung aus Sicht des Ratsuchenden nicht beenden zu müssen (vgl. Schwing/Fryszer 2018, S. 313). Allerdings wird in der einschlägigen Literatur zur sozialen Schuldnerberatung auf Abschiedsprozesse und Abschiedsphasen und die damit verbunden Gestaltungsmöglichkeiten nicht ausführlich eingegangen (den Abschluss erwähnen immerhin: AGSBV 2018a, S. 10 und Ansen 2018, S. 32).

Abschiedsprozesse und Dynamiken von Abwehrmechanismen gelten prinzipiell für alle Bereiche zwischenmenschlichen Handelns. Ohne dabei die multiperspektivische Fallarbeit zu vernachlässigen, bietet es sich an, einen Blick in die Methoden systemischer Beratung zu wagen, in der nicht nur vorhandene Abschiedsprozesse und -muster beschrieben werden, sondern auch mögliche Optionen zum Umgang und zur Gestaltung aufzeigen. Zurückgegriffen wird hierbei im Folgenden auf exemplarische Abschiedsmuster aus „Systemisches Handwerk: Werkzeug für die Praxis" (S. 313 ff.) der Autoren Rainer Schwing und Andreas Fryszer, die auch in der Praxis der Schuldnerberatung regelmäßig beobachtet werden können (vgl. ebd., S. 314 ff.). Sind Abschiedsmuster als Teil des Beratungsprozesses den Beratern bekannt, können Abschiedsprozesse proaktiv gestaltet, Raum für Reflexion und Evaluation angeboten und schlussendlich ein für alle Beteiligten positives Beratungsende erarbeitet werden.

Abschiedsmuster, die ohne Thematisierung des bevorstehenden Beratungsabschlusses auftreten können, sind zum Beispiel:

- „Trennung vorwegnehmen"
  In der Praxis der Schuldnerberatung kommt es immer wieder zu diesem Verhaltensmuster. Beratungstermine werden (un-)entschuldigt versäumt und Ratsuchende melden sich nicht, obwohl im bisherigen Beratungsprozess eine gute Zusammenarbeit und tragfähige Beratungsbeziehung erarbeitet werden konnte. Insbesondere zeigt sich dieses Verhalten auch vor dem erfolgreichen Abschluss von Vereinbarungen mit den Gläubigern oder vor Unterschrift des erarbeiteten Insolvenzantrags, deren / dessen Umsetzung aus Sicht der Schuldner dann alleine in der eigenen Verantwortung zu liegen scheint.

- „Regredieren, Flucht in die Abhängigkeit"
  Ratsuchende greifen auf frühere Verhaltensweisen zurück, eine bisher stabile Ausgaben- und Einnahmensituation erscheint im Beratungsprozess wieder instabil, der Umgang mit Gläubigerpost und die bisher entwickelten Instrumente mit Druck der Gläubiger umzugehen, werden nicht mehr genutzt. Aus Sicht der Ratsuchenden wird trotz des zwischenzeitlich positiv erreichten Ergebnisses Beratung weiterhin als Teil des Bewältigungsmusters benötigt und sind weiterhin nicht auf sich allein gestellt.

- „Verleugnen"
  Da Abschiede unweigerlich kommen werden, muss man über diese auch nicht sprechen. Wenn sie dann da sind, ist es so. So oder ähnlich wird es der ein oder andere Ratsuchende äußern, wenn der bevorstehende Abschluss im

Rahmen der Beratung bevorsteht. Die Auseinandersetzung mit der Thematik „Abschied" wird schlicht negiert.

Verhaltensweisen, die zu Beratungsabbrüchen führen, können nicht immer durch den Berater vorhergesehen oder sogar verhindert werden. Allerdings kann die bewusste Erarbeitung eines Abschiedsprozesses im Rahmen der Endphase in einer positiv erlebten Schlusssituation münden, die es ermöglicht, den Trennungsprozess gut zu bewältigen und sich auf zukünftige Beziehungen einzustellen. Der Abschiedsphase ist folglich ausreichend Zeit einzuräumen, die zur Auswertung des bisher sowohl auf der sozioökonomischen als auch psychosozialen Ebene Erreichten genutzt werden kann. Darüber hinaus bietet sich die Chance, gemeinsam zu klären, inwieweit noch Themen und Problemlagen offen sind, die weiterbearbeitet werden können bzw. sollen, und inwieweit das bisherige Ergebnis der Beratung ausreichend ist, um in Eigenverantwortung und Selbstbestimmtheit zukünftige Problemlagen im Bereich der Ver- und Überschuldung eigenständig zu bewältigen.

1.2 Gestaltung der Abschlussprozesse

Der Gestaltung des Abschieds ist, vergleichbar mit der Erstberatung, eine hohe Bedeutung zuzumessen. Der im Rahmen der Eingangsphase konkret formulierte Auftrag und die daraus abgeleiteten weiteren Ziele grenzen von Beginn an den Beratungsumfang ein und ermöglichen allen beteiligten Parteien eine inhaltliche Orientierung über den gesamten Beratungsprozess hinweg. Die Eingangsphase dient somit als Vorbereitung des Abschieds. Darüber hinaus erscheint es hilfreich, schon in der sich anschließenden Diagnose- und Interventionsphase den kommenden Abschluss immer wieder transparent anzusprechen. Eine inhaltliche und zeitliche Einordung bietet dabei die Möglichkeit, nicht nur gemeinsam das bisher Umgesetzte zu reflektieren, sondern auch eine zeitliche Perspektive für die noch anstehenden Interventionen zu erarbeiten. Erreichte Erfolge werden wertgeschätzt, sodass der Selbstwert und die Motivation des Ratsuchenden gestärkt werden, zukünftig selbstständig Krisen zu bewältigen. Gleichzeitig kann mit den Ratsuchenden erarbeitet werden, wie belastende Situationen mit Hilfe des Klientensystems bearbeitet und gelöst werden (vgl. Schwing/Fryszer 2018, S. 316-317).

Konnten Auftrag und Ziele erfolgreich angegangen und umgesetzt werden und steht der Abschluss des Beratungsprozesses zeitnah bevor, ist es Aufgabe des Beraters, diesen aktiv anzusprechen. Insbesondere auch unter dem Aspekt einer gemeinsamen Evaluation des bisherigen Beratungsprozesses erscheint das Thematisieren folgender Aspekte in der Abschlussphase als hilfreich, die Beratung abschließen zu können:

- *Rückblick auf Verlauf, Erfolge und noch nicht bearbeitete beziehungsweise offene Themen*
  Bewältigte Problemlagen und erreichte Erfolge ermöglichen es den Ratsuchenden, Einsichten, Stärken und gewonnene Fähigkeiten zu erkennen, auf die in zukünftigen Krisen zurückgegriffen werden kann (vgl. ebd., S. 317). Zum Rückblick des Beratungsprozesses gehört aber auch die Möglichkeit, Kritik, offene Themen oder Unerledigtes gegenüber dem Berater zu artikulieren, das

vom diesem ernst genommen und respektiert wird. Anstelle einer Rechtfertigung, die zu einem weiteren Diskurs führen könnte, sind die eigenen Grenzen professionellen Handelns mit den Ratsuchenden zu besprechen und gemeinsam zu überlegen, wie beide sich um das Unerledigte kümmern können.

■ *Ausblick und Perspektiven*

Neben der Rückschau auf das Erreichte ist auch der Ausblick auf Perspektiven und Chancen sinnvoll. Auf Grundlage der erarbeiteten Handlungskompetenzen werden mögliche „Stolpersteine" (Schwing/Fryszer 2018, S. 319) nochmals thematisiert und Handlungsschritte zur Bewältigung besprochen. Gleichzeitig kann in der Perspektiventwicklung die Einladung weiterer Unterstützung durch die Schuldnerberatung formuliert werden, sollten Fragen oder Situationen entstehen, die doch nicht in Eigenregie oder mittels Netzwerks gelöst werden können. Ängste und Scham, sich wieder an die Beratungseinrichtung zu wenden, können schon im Abschluss angesprochen und im besten Fall aus dem Weg geräumt werden.

■ *Aufbau eines sozialen Netzes*

Hand in Hand mit der Erarbeitung eines Ausblicks ist das bisher vorhandene soziale Netzwerk der Ratsuchenden zu betrachten. Gemeinsam kann geklärt werden, bei welchen Menschen ihres sozialen Netzwerkes Ratsuchende anstelle der bisherigen Beratung, insbesondere auf der psychosozialen Ebene, Unterstützung erhalten können, sie „sich Rat, Trost, Zuspruch, Anregung oder auch mal eine Konfrontation holen können" (ebd., S. 319).

Trotz aller Bemühungen, einen guten Abschluss der Beratung frühzeitig einzuleiten, kommt es vor, dass Ratsuchenden den bevorstehenden Abschied vermeiden und kurz vor Ende der Beratung abbrechen. In diesen Fällen ist aus beraterischer Sicht zu überlegen, ob den entsprechenden Ratsuchenden nochmals ein Gesprächsangebot unterbreitet wird, das die Beweggründe des Abbruchs in den Mittelpunkt rückt. Diese Vorgehensweise kann im Rahmen der Interaktion mit dem Ratsuchenden frühzeitig im Beratungsprozess angekündigt werden. Denn „ohne ein Gespräch bleibt eine Gestalt offen, zufälligen Begegnungen geraten zur Peinlichkeit [und] gegenseitige Annahmen und Unterstellungen können Nahrung finden" (ebd., S. 319), die perspektivisch eine Wiederaufnahme der Beratung erschweren und gegebenenfalls verhindern können. Ein Gespräch bietet die Chance, dass Ratsuchenden, die in der Vergangenheit den Beratungsprozess abgebrochen haben, sich wieder an die Beratungseinrichtung wenden, ohne dass offene Aspekte der vergangenen Beratung ein Hinderungsgrund zur Kontaktaufnahme darstellen.

Wird das Angebot eines abschließenden Gesprächs nicht genutzt, ist die Beratung seitens der Schuldnerberatung schriftlich zu beenden, sodass auch für den Berater der Beratungsprozess einen Abschluss findet.

2. Evaluation der Beratung

2.1 Evaluation und Professionalität

Mit dem Abschluss der Beratung geht als letzte und abschließende Phase des Hilfeprozesses die sozialpädagogische Evaluation einher, die eine rückblickende

Kontrolle der im Beratungsverlauf getroffenen Entscheidungen im Hinblick auf ihre Angemessenheit und Effektivität thematisiert (vgl. Galuske 2013, S. 197). Dabei findet sich der Grundgedanke von Evaluation in den Grundprinzipien professionellen Handels in der sozialpädagogischen Tätigkeit wieder. Wird professionelles Handeln als ein methodisch angeleitetes Handeln verstanden, ist Evaluation ein wesentlicher Bestandteil, wenn „die systematische Überprüfung der dem Handeln zugrunde liegenden Annahmen, der einzelnen Handlungsschritte und der mit den praktizierten Verfahren und Handlungsschritten hervorgerufenen Effekte und Nebenfolgen" erfolgt (Merchel 2019, S. 36).

Evaluation als solche zeichnet sich dabei durch folgende Kriterien / Charakteristika aus (vgl. Müller/Hochuli Freund 2017, S. 172; Merchel 2019, S. 14):

- Evaluation als Form des Bewertens der praktischen Arbeit bedient sich ausgearbeiteter Kriterien, die ausdrücklich benannt und genutzt werden. Die Bewertung erfolgt dabei auf der Grundlage einer systematischen Informationsgewinnung.
- Evaluation als selbstkontrollierende Praxis nutzt spezielle Instrumente der Selbstkontrolle und ist sich dieser bewusst.
- Evaluation setzt gleichzeitig aber auch „immer ein Stück Distanz vom unmittelbaren Handeln in der Praxis voraus" (Müller/Hochuli Freund 2017, S. 172).

Die Evaluierung als ein darauf gegründeter Bewertungsvorgang verfolgt also das Ziel, Lernprozesse in der praktischen Tätigkeit des Arbeitsfeldes anzustoßen und mit den aus der Evaluation gewonnenen Ergebnissen das professionelle Handeln langfristig zu verbessern und Entwicklungen zu fördern. Evaluation wird folglich als methodisches Mittel der Qualitätsentwicklung des Arbeitsfeldes genutzt und ist regelmäßig in einen organisationalen Zusammenhang eingebettet (vgl. Merchel 2019, S. 15 f.). Die systematisch gewonnenen Informationen dienen aber auch den jeweiligen Organisationen, unter anderem

- zur Überprüfung und zum Erkenntnisgewinn von Steuerungsentscheidungen,
- zur Kontrolle beispielsweise eines Zielerreichungsgrads oder Feststellung des Aufwand- / Nutzenverhältnisses (vgl. ebd., S. 19)
- und auch zur Legitimation durchgeführter Maßnahmen, indem sich mit Hilfe von Evaluation Wirkungen und Ergebnisse von Programmen darstellen und nach außen präsentieren lassen (vgl. ebd., S. 34).

Allein durch die systematische und strukturierte Bewertung des Bestehenden und der sich daraus ergebenden potenziellen Maßnahmen wird eine gezielte Weiterentwicklung von Strukturen und Prozessen möglich (vgl. ebd., S. 20).

2.2 Umsetzung von Evaluation

Evaluation bewegt sich dabei zwischen unterschiedlichen methodischen Arrangements und differenziert in einem ersten Schritt zwischen der „im Alltag der evaluierten Einrichtung eingebundenen" Evaluation und der „vom Alltag distanzierten Evaluationsforschung" (vgl. ebd., S. 24). Letztere zeichnet sich in ihrer Methodik als „externe Evaluation mit wachsender Distanz zu den Alltagsakteuren und geringer werdendem Einfluss dieser Akteure auf das Evaluationsdesign" (Merchel 2019, S. 24) aus. Die in das Arbeitsfeld und die Organisation eingebundene Evaluation basiert dagegen regelmäßig auf Methodiken der Selbstevaluation, internen und / oder externen Evaluation und weist insbesondere im Bereich der Selbst- und internen Evaluation eine geringe Distanz zur eigenen Arbeit auf.

Grundlage notwendiger Evaluationsbemühungen können dabei sowohl organisationsinterne als auch von außen in die Organisation hereingetragene Anlässe sein. Beispielsweise wird eine Evaluation des Arbeitsfeldes / Projektes im Rahmen anstehender Verhandlungen zur Fortführung des Arbeitsfeldes mit den externen Geldgebern notwendig. Insbesondere die Erbringung von Nachweisen hinsichtlich der Effektivität der bisherigen Arbeit steht hierbei im Fokus. Dagegen können zum Beispiel organisationsinterne Konflikte innerhalb der Belegschaft, die das Arbeitsklima belasten und in letzter Konsequenz die sachbezogene Leistungsfähigkeit beeinflussen, interne Evaluationsprozesse begründen (vgl. ebd., S. 31). Die Selbstevaluation zeichnet sich dadurch aus, dass die Praxisakteure selbst als Evaluationsakteure agieren (vgl. ebd., S. 25) und sich der Frage der kontrollierten Selbstüberprüfung professioneller Interventionen zuwenden (vgl. Galuske 2013, S. 348). „Im Gegensatz zur Fremdevaluation durch Außenstehende, meist Sozialwissenschaftler, ist es bei der Selbstevaluation der Sozialarbeiter, der als ‚Forscher' in eigener Sache den Verlauf und die Ergebnisse seines beruflichen Handelns untersucht." (Heiner 1988, S. 7)

Insbesondere auch für das Arbeitsfeld der Schuldnerberatung empfiehlt sich eine Selbstevaluation des eigenen Handelns und des jeweiligen Beratungsprozesses. Als Beispiel im Beratungsverlauf der Schuldnerberatung kann hier die Auftragsklärung und Strategieentwicklung angeführt werden. Inwieweit aufgrund einer kurzen Erstanalyse der Überschuldungssituation oder des oftmals vorherrschenden Falldrucks lediglich der offensichtliche Lösungsansatz quasi „automatisiert" dem Schuldner als einzige Option angeboten wird, kann gegebenenfalls in der Selbstevaluation des eigenen Handelns überprüft und herausgearbeitet werden. Dabei muss die Selbstevaluation nicht erst am Ende des gesamten Beratungsprozesses erfolgen. Schon im Verlauf des Beratungsprozesses bietet sich die Selbstevaluation als Methode an einer strukturierten Vergegenwärtigung des bisherigen professionellen Handelns an. Dies ermöglicht eine Beratung, die den Fokus auf die Lebensweltdimension des Schuldners richtet und sich an dessen Bedarfen orientiert. Gewonnene Erkenntnisse fließen in die zukünftige Planung und Umsetzung der Beratung ein. (vgl. Galuske 2013, S. 348). Auch können eventuell über die Zeit eingeschliffene Handlungs- und Beratungsabläufe identifiziert, überprüft und hinsichtlich eines positiven Beratungsverlaufs angepasst werden. Selbstevaluation als ein System zur Qualitätsentwicklung ermöglicht „in der Praxis [...] ein Zugewinn an Rationalität für sozialpädagogisches Handeln" (ebd., S. 348).

Als Instrumente der Selbstevaluation können Berichte, Dokumentationen, Fall- und Entwicklungsberichte (vgl. Müller/Hochuli Freund 2017, S. 173), aber auch die Reflexion in Teamgesprächen genannt werden. Allerdings eignen sich diese nur begrenzt für einen vertiefenden Diskurs zu Zielen und Ergebnissen des eigenen beruflichen Handelns und werden in der Regel eher unter aus Aspekten der Legitimation verfasst bzw. durchgeführt (vgl. Galuske 2013, S. 349). Die Selbstevaluation bedeutet in letzter Konsequenz also das explizite Herausarbeiten der wesentlichen Knackpunkte des eigenen professionellen Handelns, die in den Berichten oder Gesprächen beschrieben werden. Ohne eine eigene Bereitschaft, „auch die Art der eigenen Beteiligung an dem Beschriebenen auf den Tisch kommen" (Müller/Hochuli Freund 2017, S. 173) zu lassen, wird Selbstevaluation regelmäßig scheitern.

Arbeitsregeln, die eine Selbstevaluation gelingen lassen, sind (vgl. Müller/Hochuli Freund 2017, S. 173 ff.):

1. Evaluation heißt genaues und ehrliches Zugänglichmachen von empfindlichen Punkten.
2. Selbstevaluation hat Voraussetzungen: Man muss sie sich leisten können; in einem Klima, in dem Angst und wechselseitige Bedrohung herrschen, ist Selbstevaluation unmöglich. Sie muss freiwillig sein und kann nicht erzwungen werden. Sie muss davor geschützt sein, missbraucht zu werden. Sie erfordert etwas Zivilcourage.
3. Selbstevaluation heißt herstellen von Rahmenbedingungen, die Offenheit und ungeschützte Sachkritik ermöglichen.
4. Evaluation wird leichter, wenn man dafür verfügbare und einfach zu handhabende Instrumente der Dokumentation und Praxisforschung nutzt.
5. Sozialpädagogische Evaluation braucht Kriterien der Wirksamkeit, ethische Maßstäbe für den Umgang mit Adressaten und Maßstäbe für die Realitätsprüfung ihrer Ziele. Diese Kriterien dürfen nicht gegeneinander ausgespielt werden.
6. Evaluation als Teil kasuistischer Arbeit ist primär Selbstevaluation; sie muss sich aber der Grenzen ihrer Möglichkeiten und notwendiger Korrektive durch Evaluation „von oben", „von unten" und „von außen" bewusst sein.

2.3 Das Johari-Fenster

2.3.1 Grundlagen

Soziale Schuldnerberatung orientiert sich in ihrer Arbeit immer am Menschen. Erst die Stabilisierung der psychosozialen Situation des Ratsuchenden ermöglicht die Erarbeitung und Umsetzung einer nachhaltigen Entschuldungsstrategie. Für einen gelingenden Beratungsprozess bedarf es einer offenen und transparenten Kommunikation und vertrauensvollen Beratungsbeziehung.

Das Johari-Fenster als Modell zur Darstellung der Wahrnehmungen und Persönlichkeitsentwicklungen von Individuen oder Gruppen verdeutlicht hierbei die Bedeutung von Feedback, in dem es zwischenmenschliche Kommunikations- und Verhaltenssituationen darstellt (vgl. Buhren 2015, S. 19). Gleichzeitig kann es aber auch zur Selbstevaluation genutzt werden und schafft das Kriterium zur Sichtbarmachung des eigenen blinden Flecks im Selbstbild eines Menschen oder des eigenen professionellen Handelns. Das Johari-Fenster als graphisches Schema der Wahrnehmung in interpersonalen Beziehungen unterscheidet zwei hierbei zentrale

Dichotomien (= Zweiteilungen): „Selbst / Andere" und Bekannt / Nicht Bekannt". Dieser Logik folgend besteht das Johari-Fenster aus vier Quadranten:

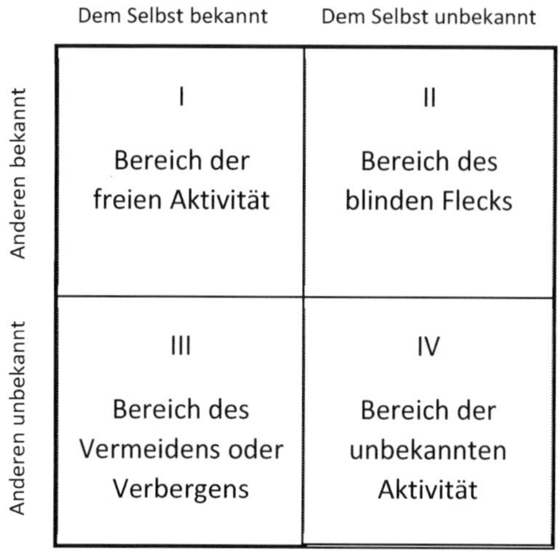

	Dem Selbst bekannt	Dem Selbst unbekannt
Anderen bekannt	I Bereich der freien Aktivität	II Bereich des blinden Flecks
Anderen unbekannt	III Bereich des Vermeidens oder Verbergens	IV Bereich der unbekannten Aktivität

Abb. VI.1: Das Johari-Fenster, Quelle: Luft 1989, S. 25

▪ *Quadrant I: Bereich der freien Aktivität (Offenheit)*

Handlungen, Verhaltensweisen und Motivationen / Absichten, die dem Berater selbst und den Personen im nahen Umfeld (Kollegen, Ratsuchende) bekannt sind.

▪ *Quadrant II: Bereich des blinden Flecks*

Teil des Handelns und der Absichten des Beraters, die für andere erkennbar sind, aber nicht für den Berater selbst. Die Selbsteinsicht / Selbstwahrnehmung fehlt.

▪ *Quadrant III: Bereich des Vermeidens und Verbergens (Privates)*

Aspekte des Handelns, die dem Berater bewusst und bekannt sind, aber dem Gegenüber nicht offenbart werden. Hierzu zählen zum Beispiel Gefühle, Absichten und Ideen. Durch Selbstmitteilung kann dieses Feld zugunsten des Quadranten I – Offenheit vergrößert werden (vgl. Buhren 2015, S. 19).

▪ *Quadrant IV: Bereich der unbekannten Aktivität (Unbekanntes)*

Verhaltensweise und Motivationen, die weder dem handelnden Berater selbst noch anderen bekannt sind. Luft jedoch nimmt an, dass dieser Bereich existiert, „denn am Ende treten einige dieser Dinge zutage; dann wird erkannt, dass diese unbekannten Verhaltensweisen und Motive die ganze Zeit schon die Beziehungen beeinflusst haben" (Luft 1989, S. 25).

Je nach Anlass, Situation und Anwendung des Johari-Fensters beziehen sich die jeweiligen Quadranten auf einzelne Verhaltensweisen, Persönlichkeitsmerkmale oder das professionelle Handeln. Die vier Quadranten werden dabei in ihrer Analyse nicht isoliert voneinander betrachtet, sondern zueinander in Beziehung gesetzt. Insofern berührt eine Veränderung in einem der Quadranten auch alle anderen Quadranten. Dabei werden die Größenverhältnisse der einzelnen Quadranten des Johari-Fensters durch zwei Faktoren beeinflusst: Selbstmitteilung und Feedback, die beide in einem Wechselverhältnis zueinander stehen (vgl. Buhren 2015, S. 19).

2.3.2 Anwendung des Johari-Fensters in Bezug auf die Kommunikation bzw. zwischenmenschliche Beziehung

Werden Störungen oder Unklarheiten in der Kommunikation im Verlauf der Beratung wahrgenommen, können im Rahmen eines Feedbacks unter anderem die eigenen Anteile der Beratungsbeziehung und der Interaktion zwischen Schuldner und Berater näher überprüft werden. Als Feedback können Rückmeldungen von anderen bezeichnet werden, die Informationen beinhalten, die einer Person bislang nicht bekannt sind. Ein Feedback zielt demnach darauf ab, den Bereich der freien Aktivität (Offenheit) zu vergrößern, indem bislang unbekannte Informationen zugänglich gemacht werden. Daraus lässt sich umgekehrt schlussfolgern: Rückmeldungen, die keine Verkleinerung der Quadranten II, III und IV zur Folge haben, leisten auch keinen gewinnbringenden Beitrag für Veränderung und können so gesehen nicht als gelungenes Feedback bezeichnet werden. Je kleiner Quadrant I ist, desto schlechter gilt demnach die Kommunikation. Die mittels Feedbacks verfolgte Zielstellung lässt sich graphisch folgendermaßen darstellen:

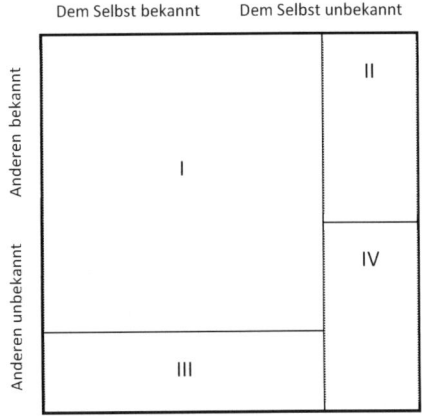

Prinzipien der Veränderung (vgl. Luft 1989, S. 26):

- Jeder Mensch ist neugierig in Bezug auf den unbekannten Bereich, diese Neugier wird aber durch Gewohnheiten, soziales Training und verschiedene Ängste gebremst.
- Es erfordert Energie, ein Verhalten, das in der Interaktion zutage tritt, zu verbergen, zu leugnen oder nicht zu sehen.
- Bedrohung vermindert i.d.R. das Erkennungsvermögen; gegenseitiges Vertrauen vermehrt es gewöhnlich.
- Erzwungenes Erkennen (Bloßstellung) ist unerwünscht und i.d.R. unwirksam.
- Sensitivität bedeutet, dass man die verdeckten Aspekte in den Quadranten II, III und IV einzuschätzen weiß und den Wunsch anderer achtet, diese Bereiche verdeckt zu halten.

Abb. VI.2: Prinzipien der Veränderung, Quelle: Luft 1989, S. 26

2.3.3 Anwendung des Johari-Fensters als Instrument der Selbstevaluation

Auch in der Selbstevaluation des professionellen Handelns im Kontext des Beratungsprozesses kann das Modell des Johari-Fensters ein hilfreiches Instrument sein. Unter Berücksichtigung dessen, dass Evaluation ein genaues und ehrliches Zugänglichmachen von empfindlichen Punkten bedeutet, überprüft der Berater sein eigenes professionelles Handeln auf das Vorhandensein eines „blinden Flecks". Das Johari-Fenster dient hierbei als Kriterium zur Sichtbarmachung des

„blinden Flecks". Die damit einhergehende bewusste Auseinandersetzung kann zu einer positiven Veränderung in der Ausgestaltung der aktuellen und zukünftigen Beratung führen. Unbewusste Verhaltensweisen werden ins Bewusstsein geholt. Ein mögliches Beispiel eines „blinden Flecks" bezogen auf die Beratungstätigkeit könnte wie folgt aussehen:

> Beispiel: Gegenüber dem Klienten besteht ein Vorurteil, das dem Berater selbst nicht bewusst, also im „blinden Fleck" verborgen ist. Die entsprechende Information aus dem „blinden Fleck" äußert sich in der Regel nonverbal. Der Berater strahlt somit das ihm nicht bekannte Vorurteil gegenüber dem Klienten aus. Im Vergleich zu anderen Beratungsprozessen wird beispielsweise die Beratung viel knapper gehalten, nur absolut notwendige Informationen werden transportiert, der zeitliche Rahmen der Termine wird selten voll ausgeschöpft, und die Beratung ist auf einen zügigen, aber vielleicht nicht nachhaltigen Abschluss ausgelegt. Teile des Handelns und die mögliche Absicht des Beraters, ist für den Schuldner erkennbar, allerdings nicht für den Berater selbst. Wie oben ausgeführt fehlt die Selbstwahrnehmung.

Im Rahmen einer Selbstevaluation unter Zuhilfenahme des Johari-Fensters kann die Auseinandersetzung des eigenen professionellen Handelns und Verhaltens erfolgen. In der Überprüfung auf das Vorhandensein und die Ausgestaltung des blinden Flecks können die entsprechenden Verhaltensweisen und die daraus resultierenden Auswirkungen bewusst gemacht werden. Das bisher im blinden Fleck verborgene Vorurteil kann in der Folge auf seinen Grund bzw. seine Herkunft analysiert werden, und eine bewusste Veränderung für den weiteren Beratungsverlauf bzw. zukünftige Beratungsprozesse kann erfolgen.

3. Anspruch des Beraters und Handlungstypen in der Schuldnerberatung

3.1 Selbstevaluation und Selbstreflexion

Eine regelmäßige Selbstevaluation und Selbstreflexion des eigenen professionellen Handelns ist für den Schuldnerberater notwendig, um die eigenen Positionen und Ansprüche an die Arbeit zu ergründen, diese zu hinterfragen und für die zukünftige Beratungstätigkeit und den daraus gelebten Beratungsansatz weiterhin auf ihre Gültigkeit zu überprüfen und gegebenenfalls zu verändern. Ausgehend von der Annahme, dass jeder Berater als Mensch individuelle Ansichten entwickelt hat, bestehen die unterschiedlichsten Ansprüche an die eigene Arbeit. Wie Brühl/Zipf ausführen, mag dies zum einen im jeweiligen Berufsbild des Schuldnerberaters begründet sein (Sozialpädagoge, Sozialarbeiter, Jurist, Kaufmann), zum anderen resultieren die verschiedenen Ansprüche aber vor allem aus der persönlichen Einstellung gegenüber der Thematik des Schuldenmachens selbst und der Ursachen, die für die eingetretene Überschuldungssituation verantwortlich gemacht werden können. Die persönliche Einstellung kann sich dann in der Folge auch in der Sichtweise auf den Schuldner und letztendlich in der originären Beratung mit diesem wiederfinden (vgl. Brühl/Zipf 2000, S. 279). Brühl/Zipf führen zuspitzend aus, dass sich die Arbeitsansätze der Berater im Spannungsfeld der Einstellungen

„Wer Schulden hat, ist selber schuld!" (ebd.)

beziehungsweise

„Außenstände sind von vornherein [ein]
einkalkuliertes wirtschaftliches Risiko der Anbieter" (ebd.)

bewegen und auch in der Praxis im Umgang mit Schuldnern und Gläubigern regelmäßig zu beobachten sind.

Nicht nur für Berufseinsteiger in das komplexe Arbeitsfeld der Schuldnerberatung, sondern auch für langjährig tätige Berater ist es somit unabdingbar, sich und seine Beratungstätigkeit in regelmäßigen Abständen zu reflektieren. Die Reflexion der eigenen Beratungstätigkeit und der dahinterliegenden Ansprüche und Erwartungshaltungen wirkt sich zum einen langfristig auf die Interaktion mit dem Schuldner aus, zum anderen kann einer Tendenz entgegengewirkt werden, dass „die nicht reflektierten Erwartungen an die eigene Arbeit zuallererst und nachhaltig enttäuscht werden" (Brühl/Zipf 2000, S. 279). Hinsichtlich des eigenen professionellen Handelns würde eine Nicht-Reflexion der „blinde Fleck" des oben ausgeführten Johari-Fensters weiter unbearbeitet bleiben und sich folglich nicht verkleinern. Lediglich die Selbstwahrnehmung führt zu einer Veränderung, die sich positiv auf die Beratungsarbeit auswirken kann.

Eine Reflexion wird umso wichtiger, wenn berücksichtigt wird, dass sich der Berater nicht nur im Spannungsfeld von Ansprüchen und Erwartungen befindet, die allein aus der Interaktion mit dem Ratsuchenden resultieren. Der Berater sieht sich mit weiteren Spannungsfeldern konfrontiert, in die seine Arbeit eingebettet ist und die sich wechselseitig beeinflussen und bedingen. Folgende schematische Darstellung zeigt auf nachvollziehbare Weise die verschiedenen Einflussfaktoren und gegenseitigen Wechselwirkungen:

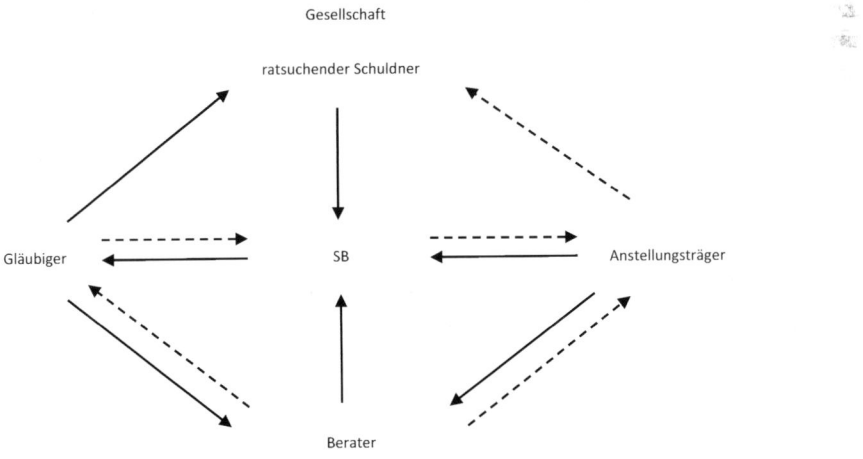

Abb. VI.3: Einflussfaktoren und Wechselwirkungen des Arbeitsfelds Schuldnerberatung, Quelle: Brühl/Zipf 2000, S. 281

Deutlich wird, dass der Berater als Vertreter der Schuldnerberatung sowohl im Innenverhältnis zwischen Berater und ratsuchendem Schuldner als auch im Außenverhältnis gegenüber dem Gläubiger eine Vermittlungsrolle zur perspektivischen Lösung der vorhandenen Überschuldungssituation einnimmt. Wie diese Rolle ausgestaltet wird, ist auf der einen Seite abhängig vom eigenen professionellen Selbstverständnis der Beratungstätigkeit, der Sichtweise auf den Schuldner und der eigenen persönlichen Einstellung. Auf der anderen Seite hängt die Ausgestaltung aber auch von Einflussfaktoren und Erwartungshaltungen des

- Schuldners selbst (zum Beispiel schnelle Druckminderung und Entschuldung), des

- Gläubigers (zum Beispiel vollständige Befriedigung der Forderung) und des

- Anstellungsträgers (zum Beispiel Erwartung, eine vorgegebene Anzahl von Insolvenzanträgen zu erarbeiten)

ab. Folglich ist das Bewusstmachen der eigenen Rolle und des eigenen professionellen Selbstverständnisses ein wichtiger Faktor, um die Möglichkeiten und Grenzen der eigenen Arbeit zu kennen. Dies ist hilfreich, um einzelfallbezogen mit dem Schuldner realistisch umsetzbare Ziele auf der psychosozialen und rechtlichen Ebene der Beratung zu formulieren, die entsprechenden Interventionen zu planen und eine nachhaltige Umsetzung zu erreichen.

3.2 Handlungstypen nach Thomsen

Eine Möglichkeit, sich des eigenen professionellen Selbstverständnisses zu nähern, den Beratungsstil zu erkunden und zu hinterfragen, bietet sich im Rahmen der von Monika Thomsen entwickelten Handlungstypen in ihrer Monografie „Professionalität in der Schuldnerberatung" (Thomsen 2008). Die Zuordnung des Beratungsstils zu einem definierten Typus erlaubt unter Zuhilfenahme der entsprechenden Typenbeschreibungen die eigene Tätigkeit zu reflektieren und die daraus gewonnene Erkenntnis zur Weiterentwicklung des professionellen Selbstverständnisses zu nutzen.

3.2.1 Kategorien

In ihrer Definition des Begriffs „Selbstverständnis", das mit dem Begriff des Selbstkonzepts gleichzusetzen ist, bezieht sich Thomsen auf die Definition nach Schütz, die das Selbstkonzept „als subjektives Bild der eigenen Person bzw. subjektive Theorie über die eigene Person oder Summe selbstbezogener Einschätzung" (Schütz 2000, S. 189; Thomsen 2008, S. 49) erklärt. Selbstkonzepte können in Form von Selbstbeschreibungen erfassbar gemacht werden (Thomsen 2008, S. 49), die wiederum im Folgenden als Handlungstypen dargestellt werden. Grundlage der Handlungstypen ist die Beratungsbeziehung zwischen Klienten und Berater, die sich in drei Kategorien aufteilen lässt und die für „das professionelle Selbstverständnis der Berater konstitutiv sind" (Thomsen 2008, S. 95). Innerhalb der jeweiligen Handlungstypen finden sich die Kategorien in unterschiedlicher Ausprägung wieder.

- *Kategorie „Beratungsorientierung":*

Die Kategorie der *„Beratungsorientierung"* beschreibt einen Teilaspekt der Ausgestaltung des Arbeitsbündnisses zwischen professionell handelnden Berater und dem Schuldner. Die Ausgestaltung der Beratungsbeziehung orientiert sich dabei entweder an der grundsätzlichen Bearbeitung und Lösung der finanziellen und / oder rechtlichen Aspekte der vorliegenden Überschuldungssituation oder aber ist auf den Einzelfall ausgerichtet, die durch Kommunikation und Interaktion mit dem Schuldner zu einer gemeinsamen Erarbeitung eines Beratungsauftrags und -ziels führen soll (vgl. Thomsen 2008, S. 96)

- *Kategorie „emotionale Haltung":*

Die *„emotionale Haltung"* als zweite Kategorie umfasst und beschreibt emotionale Arbeitsbeziehung gegenüber den Schuldnern und Gläubigern. „Das Kontinuum reicht diesbezüglich von einer geschäftsmäßig distanzierten über eine empathische Haltung bis zur Identifikation oder Projektion" (ebd., S. 96) mit dem Schuldner und / oder Gläubiger und verdeutlicht, ob und in welchem Ausmaß der persönliche Anteil des Beraters ist, den er in die Beratungsbeziehung einbringt (vgl. ebd., S. 96).

- *Kategorie „Positionierung zwischen Klient und Gläubiger":*

Die dritte und abschließende Kategorie wird als *„Positionierung zwischen Klient und Gläubiger"* bezeichnet. In der Erläuterung dieser Kategorie wird auf ein spezifisches Merkmal für das Arbeitsfeld der Schuldnerberatung aufmerksam gemacht: Zusätzlich zu der direkten Arbeit zwischen Berater und Schuldner ist im Rahmen der Beratungstätigkeit auch immer als weitere feste Größe der Gläubiger zu berücksichtigen, der durch die grundsätzliche Geltendmachung seiner Forderung, aber vor allem durch sein aktives Handeln (beispielsweise Einleitung von Zwangsvollstreckungsmaßnahmen) präsent ist – ohne dabei in Persona am Beratungstisch zu sitzen (vgl. ebd., S. 96 f.). Thomsen beschreibt zu dieser Kategorie Merkmalsausprägungen, die sich in der Praxis zeigen können. „So verorten sich einige Berater auf die Seite der Schuldner, andere dagegen zwischen Schuldnern und Gläubigern." (ebd., S. 96) Eine Positionierung (zumindest verdeckt) auf die Seite des Gläubigers ist eine weitere Merkmalsausprägung, die zwar im Rahmen der Dissertation nicht beobachtet werden konnte, aber in der Praxis der Beratung nicht vollkommen auszuschließen ist. Als Beispiel sei hier die denkbare moralische Identifikation mit dem unterhaltsberechtigten Kind oder dem Opfer einer Straftat zu nennen. Je nach Merkmalsausprägung und Sichtweise des Beraters bewegt sich dieser im Spannungsfeld zwischen „persönlicher Hilfe" (Berater vertritt die Interessen des Schuldners) und „Durchsetzung gesellschaftlicher Wertvorstellungen" (Berater vertritt die Interessen des Gläubigers) (vgl. ebd., S. 97).

3.2.2 Handlungstypen

Auf Basis der beschriebenen Kategorien hat Thomsen sechs Typen („Vermittler", „Persönlicher", „kühler Rechner", „Mutter/Vater", „Robin Hood" und „Finanzdienstleister") professionellen Selbstverständnisses herausgearbeitet:

1. Der Typ des „*Vermittlers*" strebt nach Allparteilichkeit und sucht nach einer ausgleichenden Position in der Mitte zwischen Schuldner und seinen Gläubigern. Der „*Vermittler*" orientiert sich im gesamten Beratungsprozess an den Anliegen der Schuldner und Gläubiger und berücksichtigt dabei auch die Rahmenbedingungen professioneller soziale Schuldnerberatung, die ein transparentes und nachvollziehbares Handeln ermöglichen. Gleichzeitig versucht der „*Vermittler*" nicht in vorhandene emotionale Konflikte der beteiligten Parteien involviert zu werden. In der Beratungsbeziehung zum Schuldner wird der Berater als empathisch, aber emotional distanziert erlebt, sodass es dem Berater meist gelingt, sich vor gefühlsmäßigen Verwicklungen mit den Klienten zu schützen (vgl. Thomsen 2008, S. 98). Die Stärke des „*Vermittlers*" liegt in der adäquaten Beratung für alle Problemlagen, die alle Schuldner gleichermaßen erhalten. Auch die Gläubiger haben in diesem Typus einen verlässlichen Partner, der auf die Rechte aller Beteiligten achtet (vgl. ebd., S. 247).

2. Als zweiter Typus wird der „*Persönliche*" beschrieben. Hinsichtlich der Ausgestaltung des professionellen Selbstverständnisses ähnelt dieser stark dem des „Vermittlers". Allerdings „halten die ihm zugeordneten Berater ihre eigene Person nicht im gleichen Maße wie die ‚*Vermittler*' aus der Beratungsbeziehung heraus". Der Berater dieses Typus bringt sich und seine Wert- und Normvorstellungen in der Erwartung, dass sich der Klient daran orientiert, in die Beratungsbeziehung zum Schuldner ein. Der „*Persönliche*" Typus ist folglich emotional involviert (vgl. ebd., S. 98). In der Reflektion des eigenen Handelns kann deutlich werden, dass „ein Aufeinandertreffen inkompatibler Wertorientierungen letztendlich zum Abbruch der Beratung führen [kann]" (ebd., S. 247).

3. Der Berater des dritten Typus „*kühler Rechner*" orientiert sich an den Schuldenproblemen des Schuldners. Die eigene Kompetenz / Expertenrolle wird dabei in der Bearbeitung der finanziellen Probleme gesehen. Dies spiegelt sich ebenfalls in den Verhandlungen mit den Gläubigern wider, deren Grundlagen allein ökonomische Kriterien sind, sodass der „*kühle Rechner*" unparteiisch ist. Die Beratungsbeziehung zum Schuldner und die Kommunikation mit dem Gläubiger ist distanziert geschäftsmäßig und kann als Dienstleistung angesehen werden. Insbesondere besteht in der Arbeit des „*kühlen Rechners*" das Risiko, dass der psychosoziale Aspekt des Falls (zum Beispiel die Lebenssituation des Schuldners) etwas in den Hintergrund rückt, da der Fokus der Beratung auf das Erreichen einer ökonomischen Übereinkunft liegt (vgl. ebd., S. 98). Insbesondere in Fallkonstruktionen, in denen Schuldner nicht innerlich ausreichend strukturiert sind, den Auftrag oder das Anliegen eindeutig zu formulieren, kann das professionelle Selbstverständnis des „*kühlen Rechners*" den Fortgang der Beratungsarbeit erschweren (ebd., S. 247).

4. Ein weiterer Typ wird als „*Mutter*" oder „*Vater*" bezeichnet, und unterscheidet sich hinsichtlich der emotionalen Eingebundenheit in den Fall stark von den Typen des „*kühlen Rechners*" und „*Vermittlers*". Aufgrund eines diffusen Rollenanteils erleben Berater dieses Typus die Schuldner in seiner Hilflosigkeit und unterstützen durch Übernahme von Aufgaben diesen so weit wie möglich. Dies wiederum führt zu weiterer Überforderung der Schuldner. Die Beratungs-

beziehung, die von emotionalen Anteilen dominiert wird, empfindet der Berater als belastend, da das Schicksal dem Berater nahegeht (vgl. Thomsen 2008, S. 98). Von hoher Bedeutung ist folglich, dass das Risiko einer körperlichen oder seelischen Erschöpfung so gering wie möglich zu halten ist. Dies kann durch das Bewusstmachen und die Akzeptanz der eigenen Grenzen gelingen.

Ein starker Fokus liegt in der Beratungsbeziehung auf der emotionalen Ebene, auf der sich die Schuldner sehr gut aufgehoben und versorgt fühlen. Die sachliche oder fachliche Ebene rückt hierbei etwas in den Hintergrund. Gleichzeitig besteht aber das Risiko, das auf Grundlage emotionale Verstrickung und der Übernahme der Aufgaben eine Abhängigkeit des Schuldners zum Typ *„Mutter"* oder *„Vater"* entsteht.

In Verhandlungen mit den Gläubigern wird versucht, diese auf der emotionalen Ebene (persönlicher Kontakt / telefonischer Kontakt) anzusprechen. Ziel ist es durch Darlegung der schwierigen Situation des Schuldners den Gläubiger zu Zugeständnissen in der Verhandlungssache zu bewegen (vgl. ebd., S. 189).

5. Berater „des Typs *,Robin Hood'* identifizieren sich mit als hilflos erlebten Schuldnern bzw. erkennen sich in ihnen selbst wieder" (ebd., S. 98). Unter Einbeziehung persönlicher Erfahrungen nimmt der Berater die Rolle des „Kampfgenossen" für den als hilflos erlebten Schuldner ein. Aus Sicht des Schuldners wird ein motivierter Berater erlebt, der sich intensiv für sie einsetzt. Die Zuständigkeit wird zuallererst in der Durchsetzung der Rechte des Schuldners gesehen, die seitens der Gläubiger bisher nicht beachtet wurden. Hinsichtlich dieser Rollenfunktion agiert der Typ *„Robin Hood"* konfrontativ parteilich und setzt hierzu sein Expertenwissen ein (vgl. ebd., S. 98). Auf der Beziehungsebene zum Schuldner ist diesem Typus die Anerkennung und der Dank wichtig. Aufgrund der konfrontativen Haltung unter Berufung auf die Rechtsebene, ist nicht von Zugeständnissen der Gläubiger auszugehen, was für Schuldner gegebenenfalls zum Nachteil sein kann.

6. Der letzte herausgearbeitete Typ ist der *„Finanzdienstleister"* und wird hier der Vollständigkeit halber genannt, spielt in der sozialen Schuldnerberatung, die einen kostenfreien Zugang für die ratsuchenden Schuldner bietet, keine Rolle. Dieser gleicht im Grund dem Typus des *„kühlen Rechners"* in seiner geschäftsmäßigen Distanzierung zum Schuldner. Die Bezeichnung des *„Finanzdienstleisters"* begründet sich „in dem realen Kundenstatus der Klienten, die für die Beratung bezahlen" (ebd., S. 99). Der Fokus der Beratungsbeziehung liegt in der Erfüllung und Abwicklung der vertraglichen Vereinbarung – der Bearbeitung des Schuldenproblems. Die psychosozialen Komponenten rücken hierbei in den Hintergrund.

3.2.3 Schlussfolgerungen

Die Handlungstypen stellen eine Typologie des professionellen Selbstverständnisses von Schuldnerberatern dar, die als Werkzeug zur Selbstbeschreibung verstanden werden kann. Unbedingt zu beachten ist, dass sich die in ihrer Charakteristik unterscheidenden Handlungstypen weder als besser oder schlechter anzusehen sind. Jede der einzelnen Typen hat eine Daseinsberechtigung und kann sich je nach Fallkonstellation positiv auf einen Beratungsverlauf auswirken.

Vielmehr dient die Kenntnis der Typologie einer Reflexion des eigenen professionellen Handelns. Dabei ist zu berücksichtigen, dass Berater regelmäßig Anteile mehrerer Typen in ihrem Selbstverständnis vereinigen. Unter Einbeziehung der oben genannten Typen kann eine Auseinandersetzung mit den Kompetenzen, Stärken und Schwächen jedes einzelnen Typs in Bezug auf das eigene Handeln erfolgen und ermöglicht so dem Schuldnerberater seine Verhaltensweisen zu hinterfragen und zu überprüfen. Mögliche Erklärungen (hinsichtlich der eigenen Anteile der Beratung) für als schwierig erlebte Beratungsverläufe können erarbeitet werden. Insbesondere ein Blick auf die wechselseitigen Wirkungen der einzelnen Kategorien in den Handlungstypen kann für die Weiterentwicklung des professionellen Selbstverständnisses und des eigenen Beratungsstils hilfreich sein.

Diskussionsfragen

- ◼ Zu Beginn der Beratung den gelingenden Abschluss im Blick zu behalten – eine realisierbare Vorstellung?
- ◼ Selbstreflexion erfordert die Bereitschaft, sich mit dem eigenen Handeln und der eigenen Rolle auseinanderzusetzen. Unter welchen Rahmenbedingungen ist dies für Sie vorstellbar?
- ◼ Können die dargestellten Handlungstypen eine hilfreiche Orientierung sein, oder führen diese zu einer vorgefertigten Sichtweise eigenen Handelns?
- ◼ Welcher Handlungstypus entspricht am ehesten Ihrer eigenen professionellen Sichtweise?
- ◼ Kann die beratende Person jeden Handlungstypus verkörpern?

Literatur zur Einführung

Brühl, Albrecht/Zipf, Thomas (2000): Guter Rat bei Schulden. Informationen für Betroffene und Schuldnerberater. München: Deutscher Taschenbuch Verlag
Weiterer Alt-Meister mit umfassenden Inhalten zu Schuldnerberatung im Ratgeberformat
Merchel, Joachim (2019): Evaluation in der Sozialen Arbeit. 3. Auflage. München: Ernst Reinhardt Verlag
Didaktisch gut aufbereitetes Arbeitsbuch zur Evaluation Sozialer Arbeit
Müller, Burkhard/Hochuli Freund, Ursula (2017): Sozialpädagogisches Können. Ein Lehrbuch zur multiperspektivischen Fallarbeit. 8. Auflage. Freiburg im Breisgau: Lambertus
Einführendes Lehrbuch zur multiperspektivischen Fallarbeit als Methode der Sozialpädagogik

Weiterführende Literatur

Mattes, Christoph (2021): Schuldnerberatung und Schuldenprävention als Soziale Arbeit. Grundwissen und Handlungskonzepte. Stuttgart: Verlag W. Kohlhammer
Einführendes Lehrbuch zur Schuldnerberatung in der Sozialen Arbeit
Schwing, Rainer/Fryszer, Andreas (2018): Systemisches Handwerk. Werkzeug für die Praxis. 8. Auflage. Göttingen: Vandenhoeck & Ruprecht
„Werkzeugkoffer" für systemisch arbeitende Berater
Thomsen, Monika (2008): Professionalität in der Schuldnerberatung. Wiesbaden: VS Verlag für Sozialwissenschaften

Dissertation mit dem Fokus auf Rahmenbedingungen sowie Typologien von Schuldnerberatern, betreut u.a. von Burkhard Müller

Kapitel 7: Rahmenbedingungen von Schuldnerberatung

Zusammenfassung

Das vorliegende Kapitel stellt den rechtlichen Rahmen von Schuldnerberatung dar. Schuldnerberatung wird als Sozialleistung nach dem SGB II und SGB XII erbracht. Daneben ist sie als sogenannte geeignete Stelle an der Vorbereitung und Durchführung von Entschuldungsverfahren nach der InsO sowie an der Sicherstellung des Kontopfändungsschutzes nach der ZPO beteiligt. Schuldnerberatung erbringt insoweit Rechtsdienstleistungen, die nach RDG erlaubt sein müssen. Die verschiedenen gesetzlichen Aufgabenstellungen sind auch Grundlage der Finanzierung von Schuldnerberatung. Insoweit besteht der Bedarf nach einer Wirksamkeitskontrolle, der vor dem Hintergrund einer sozialarbeiterisch fundierten Schuldnerberatung aber kritisch zu sehen ist.

1. Überblick über die rechtlichen und wirtschaftlichen Rahmenbedingungen

Ein Lehrbuch über die Schuldnerberatung kommt nicht umhin, sich auch mit den gesetzlichen und wirtschaftlichen Rahmenbedingungen auseinanderzusetzen (vgl. Ansen 2018, S. 32 ff.; Homann 2021, S. 185 ff.; ausführlich Homann 2009, Rn. 267 ff.). Der rechtliche Rahmen der Tätigkeit von Schuldnerberatung betrifft nach der obigen Einführung diejenigen Vorgaben, die den Zugang zu Schuldnerberatung festlegen, die gesetzlichen Aufgabenbeschreibungen enthalten, eine allgemeine Einfassung definieren, in der dann Schuldnerberatung stattfinden kann und darf, schließlich die Frage der Finanzierung von Schuldnerberatung. Adressat der Regelungen sind die Träger der Beratungsstellen, teilweise auch die Fachkräfte.

Exkurs: Finanzierung durch Ratsuchende

Ein Dauerthema der Schuldnerberatung ist deren Finanzierung durch Honorare der Ratsuchenden. Dieses Thema betrifft v.a. gewerbliche Schuldenregulierung (vgl. Beicht 2020, 371 m.w.N.; Homann 2009, S. 108 ff. Hergenröder 2003, S. 577 ff.; Maltry 2003a, S. 15 ff; ders. 2003b, S. 59 ff.), aber durchaus auch Beratungsstellen der Freien Wohlfahrtspflege, die beispielsweise Aufwandsentschädigungen oder ein Pauschalhonorar verlangen (vgl. das Beispiel bei Rein 2013, S. 125). Es mutet allgemein widersprüchlich an, überschuldete Menschen, die sich an eine Schuldnerberatung wenden, mit der Anforderung zu konfrontieren, für die Beratung zahlen zu müssen; daher irritiert auch das Schweigen des Konzepts Sozialer Schuldnerberatung der AGSBV (ebd. 2018a, S. 7) zum Thema Unentgeltlichkeit einer Schuldnerberatung. Nimmt dann die oben (→ S. 45 ff.) dargestellten Grundlagen einer sozialarbeiterisch fundierten Schuldnerberatung hinzu, die auch einen politischen Auftrag zur Skandalisierung des sozialen Problems „Überschuldung" hat, so erscheint diese Praxis ganz schlicht als indiskutabel (vgl. auch Rein 2013, S. 126).

Die nachfolgende Darstellung beginnt (→ 2.) mit den Regelungen des Sozialrechts, die Aufgabenstellungen und Regelungen über die Finanzierung enthalten. Es folgt der Bereich der Aufgabenstellungen für sogenannte geeignete Stellen, ebenso mit einem Einblick in die Finanzierung. Dieser Abschnitt endet dann mit den Rahmenvorgaben des Rechtsdienstleistungsgesetzes. Zu den wirtschaftlichen Rahmenbedingen im weiten Sinne gehören dann auch Fragen nach der Wirksamkeit von Schuldnerberatung (→ 3.).

2. Rahmenbedingungen von Schuldnerberatung im Sozialrecht

Schuldnerberatung ist historisch rechtlich verankert in den Vorschriften des Sozialgesetzbuchs, erstmals in denen des Zwölften Buchs (SGB XII), dazu kamen später die des Zweiten Buches (SGB II) hinzu.

2.1 Schuldnerberatung nach dem Recht der Sozialhilfe (SGB XII)

Die grundlegende Regelung des Sozialgesetzbuchs zur Schuldnerberatung findet sich in den Sätzen 2 bis 4 des § 11 Abs. 5 SGB XII. Diese ist Teil eines Regelungskomplexes, der die Pflichten des Leistungsträgers, die Zusammenarbeit mit den Verbänden der Freien Wohlfahrtspflege, deren Finanzierung, den Zugang der Ratsuchenden zu einer Beratungsleistung und anderes mehr enthält. Die Vorschrift ergänzt insoweit die Regelungen der §§ 13 bis 15 SGB I zu Aufklärung, Beratung und Auskunft.

2.1.1 Beratungspflicht des Leistungsträgers

§ 11 Abs. 5 S. 2-4 SGB XII stehen im Zusammenhang mit der zentralen Aufgabe und Pflicht der Sozialhilfeträger (§ 3 SGB XII) zu Beratung und Unterstützung der Leistungsberechtigten (§ 11 Abs. 1 bis 3 SGB XII)

- im Rahmen des Individualisierungsgrundsatzes nach § 9 Abs. 1 SGB XII
- durch Fachkräfte (§ 6 Abs. 1 SGB XII)
- in Form einer Sozialleistung als personenbezogene Dienstleistung (§ 10 Abs. 1 Nr. 1 SGB XII)

(vgl. Schellhorn/Hohm 2020, § 11 SGB XII Rn. 1).

Der Beratungspflicht entspricht ein Beratungsanspruch des Leistungsberechtigten gegen die Sozialhilfeträger (vgl. Bieritz-Harder/Berlit 2020, § 11 SGB XII Rn. 5); die Beratung ist eingebunden in ein sozialhilferechtliches Rechtsverhältnis (vgl. Bieritz-Harder/Berlit 2020, § 11 SGB XII Rn. 6).

2.1.2 Inhalt des Anspruchs und Kostenübernahme

Die Beratung nach § 11 Abs. 1 und 2 SGB XII ist Grundbestandteil einer jeden Leistung nach dem SGB XII (etwa Hilfe zum Lebensunterhalt, §§ 27-40 SGB XII, oder Grundsicherung im Alter und bei Erwerbsminderung, §§ 41-46b SGB XII) und beinhaltet eine umfassende Lebensberatung (vgl. Schellhorn/Hohm 2020, § 11 SGB XII Rn. 5, 8). Sie setzt, wie sich aus § 11 Abs. 2 S. 1 SGB XII ergibt, eine Bestandsaufnahme der persönlichen Situation des Leistungsberechtigten und eine Abschätzung der Selbsthilfemöglichkeiten voraus; sie soll dazu führen, Möglichkeiten der Teilnahme am Leben in der Gemeinschaft und zur Überwindung der Notlage aufzuzeigen (vgl. Flint/Streichsbier 2020, § 11 SGB XII Rn. 3). Inbegriffen ist auch die Befähigung zur Beantragung von Sozialleistungen nach dem SGB XII oder anderen Gesetzen (§ 11 Abs. 2 S. 3 SGB XII) sowie eine Budgetberatung (§ 11 Abs. 2 S. 4 SGB XII).

Nach § 11 Abs. 3 SGB XII ist auch die erforderliche Unterstützung durch die Sozialhilfeträger zu gewähren, wobei Unterstützung ein aktives Handeln im Sinne einer Hinführung oder (auch wörtlich genommen) Begleitung zu einem Ziel meint (vgl. Schellhorn/Hohm 2020, § 11 SGB XII Rn. 13). Sie ist nur durchzuführen, sofern und soweit sie mit Blick auf die individuelle Situation und den Bedarf des Ratsuchenden, insbesondere vor dem Hintergrund seiner eigenen Kräfte und Mittel (§ 9 Abs. 1 SGB XII), erforderlich ist (vgl. Flint/Streichsbier 2020, § 11 SGB XII Rn. 5). Damit kann es auch eine aufgedrängte Unterstützung nicht geben (vgl. Bieritz-Harder/Berlit 2020, § 11 SGB XII Rn. 12).

Nach § 11 Abs. 5 S. 3 SGB XII *sollen* angemessene Kosten einer Beratung nach § 11 Abs. 5 S. 2 SGB XII im Einzelfall übernommen werden, wenn eine Lebenslage, die Leistungen der Hilfe zum Lebensunterhalt erforderlich macht oder erwarten lässt, sonst nicht überwunden werden kann; in anderen Fällen *können* Kosten übernommen werden. Mit den „anderen Fällen" ist gemeint, dass eine derartige Lebenslage noch nicht eingetreten ist, sondern nur droht (vgl. Flint/Streichsbier 2020, § 11 SGB XII Rn. 17). Über die Leistungen der Hilfe zum Lebensunterhalt hinaus gelten die vorgenannten Vorschriften auch für andere Leistungsarten nach dem SGB XII entsprechend, da der Beratungsanspruch ein Annex dieser Leistungen ist (vgl. Krahmer 2011, S. 163; unpräzise BSG 13.7.2010 – B 8 SO 14/09 R, BeckRS 2010, 71380 Rn. 23). Anwendungsbereiche des drohenden Leistungsbezugs können beispielsweise im Rahmen der Vorschriften über die Überwindung besonderer sozialer Schwierigkeiten (§§ 67 ff. SGB XII) sein.

2.1.3 Gewährleistungs- und Durchführungsverantwortung; Subsidiaritätsprinzip

Die Sozialhilfeträger als Leistungsträger des SGB XII sind nach § 17 Abs. 1 Nr. 2 SGB I gehalten, dass alle zur Gewährung von Sozialhilfe erforderlichen Dienste und Einrichtungen rechtzeitig und ausreichend zur Verfügung gestellt werden. Die Sozialhilfeträger trifft die Gewährleistungsverantwortung. Dagegen liegt die Durchführungsverantwortung für die Aufgaben Beratung und Unterstützung nach § 11 Abs. 5 S. 1 SGB XII nur subsidiär bei den Sozialhilfeträgern; diese haben auf die Beratung und Unterstützung durch Wohlfahrtsverbände, von Angehörigen rechtsberatender Berufe und sonstigen Stellen hinzuweisen, d.h. aufmerksam zu machen (vgl. BVerfG 18.7.1967 – 2 BvF 3-8, 139, 140, 334, 335/62, NJW 1967, S. 1797). Gibt der Ratsuchende allerdings zu erkennen, dass er weiter von den Sozialhilfeträgern beraten werden möchte, so ist dem zu folgen (vgl. Schellhorn/Hohm 2020, § 11 SGB XII Rn. 37). Verweisungen sind dann unzulässig; Verweigerungen der Beratungspflicht stellen eine Amtspflichtverletzung (Art. 34 GG, § 839 BGB) dar (vgl. Schellhorn/Hohm 2020, § 11 SGB XII Rn. 38). Ist aus der Gesamtschau des Falles ersichtlich, dass eine weitere Beratung durch eine Fachberatungsstelle geboten ist – stellt sich also beispielsweise eine Problemlage als schwerwiegend oder beratungsintensiv heraus (vgl. Flint/Streichsbier 2020, § 11 SGB XII Rn. 17) – sollen die Sozialhilfeträger auf diese hinwirken (§ 11 Abs. 5 S. 2 SGB XII). Dies gilt insbesondere für die Schuldnerberatung, die unter anderem

Fachberatungsstellen im Gesetzeswortlaut hervorgehoben wurde. Die Zulassung dieser Fachberatungsstellen kann von der Erfüllung qualitativer Anforderungen an Qualifikation und Leistungsfähigkeit abhängig gemacht werden (vgl. BSG 10.8.2016 – B 14 AS 23/15 R, BeckRS 2016, 113533 Rn. 16).

Die Regelung steht im systematischen Zusammenhang mit dem Subsidiaritätsprinzip nach § 5 Abs. 4 SGB XII (vgl. grundlegend BVerfG 18.7.1967 – 2 BvF 3-8, 139, 140, 334, 335/62, NJW 1967 S. 1795). Aus § 5 Abs. 1 und 2 S. 2 SGB XII ergibt sich für Träger der freien Wohlfahrtspflege ein eigenständiges soziales Recht auf Selbstständigkeit, welches in Verbindung mit dem Gebot der Zusammenarbeit nach den § 4 Abs. 1 S. 1 SGB XII steht. Bei den Sozialhilfeträgern verbleibt die Gewährleistungsverantwortung (§ 17 Abs. 1 SGB I); der Dritte muss den Beratungsbedarf vollständig, fachgerecht und in angemessener Zeit decken können (vgl. Bieritz-Harder/Berlit 2020, § 11 SGB XII Rn. 25). Dies muss auch Ziel der Zusammenarbeit sein (§§ 5 Abs. 3, 17 Abs. 3 SGB XII). Daneben besteht die Pflicht der Sozialhilfeträger, die Träger der freien Wohlfahrtspflege in ihrer Tätigkeit angemessen zu unterstützen (§ 5 Abs. 3 S. 2 SGB XII). Mit dem Absatz 5 des § 11 SGB XII verbindet sich dann die Aufgabenübertragung von die Sozialhilfeträgern auf die Träger der freien Wohlfahrtspflege. In der Folge ist auch die Regelung des § 75 Abs. 2 SGB XII zu sehen, die den Sozialhilfeträgern die Schaffung eigener Einrichtungen ganz grundsätzlich verwehrt.

2.1.4 Einzelfallfinanzierung, pauschale Abgeltung und Vereinbarungen

2.1.4.1 Einzelfallfinanzierung und pauschale Abgeltung

Oben (→ S. 239 f.) wurde ausgeführt, was Voraussetzung für die Kostenübernahme im Einzelfall ist. Nun sollen die Grundlagen der Finanzierung in den Blick genommen werden.

Die Abrechnung angemessener Beratungskosten im Einzelfall setzt eine Kostenübernahme per Verwaltungsakt gegenüber dem Leistungsberechtigten voraus, die Abrechnung erfolgt dann direkt mit der Beratungsstelle (vgl. Bieritz-Harder/Berlit 2020, § 11 SGB XII Rn. 29). Neben der Einzelfallfinanzierung lässt § 11 Abs. 5 S. 4 SGB XII eine pauschalierte Abgeltung der Beratung durch Fachberatungsstellen zu, die einer institutionellen Förderung gleichkommt (vgl. Flint/Streichsbier 2020, § 11 SGB XII Rn. 18), stellt diese aber ins Ermessen der Sozialhilfeträger. Hieraus folgt, dass es keinen Anspruch des Trägers einer Beratungsstelle auf Abschluss einer Vereinbarung über die pauschalierte Abgeltung gibt (vgl. Flint/ Streichsbier 2020, § 11 SGB XII Rn. 18). Diese Form der Finanzierung berücksichtigt die Notwendigkeit, dass die Fachberatungsstellen niederschwellige Angebote vorhalten müssen, mithin nicht erst auf eine Kostenzusage warten können, damit sie von den Ratsuchenden angenommen werden (vgl. Flint/Streichsbier 2020, § 11 SGB XII Rn. 18). Eine finanzielle Förderung der freien Wohlfahrtspflege lässt daneben noch § 5 Abs. 3 S. 2 SGB XII zu; auch insoweit besteht allerdings kein Rechtsanspruch (vgl. BVerfG 18.7.1967 – 2 BvF 3-8, 139, 140, 334, 335/62, NJW 1967, S. 1797). Die pauschale Abrechnung nach § 11 SGB XII steht neben den vertragsrechtlichen Regelungen der §§ 75 bis 81 SGB XII (vgl. Flint/Streichsbier 2020, § 11 SGB XII Rn. 18), ist nach einer Auffassung sogar vorrangig (vgl. Bieritz-Harder/von Boetticher 2020, Vor §§ 75 ff. SGB XII Rn. 11).

2.1.4.2 Finanzierung durch Abschluss von Vereinbarungen

1. Die Finanzierung der Fachberatungsstellen kann also auch über das sozialhilferechtliche Dreiecksverhältnis erfolgen (vgl. Bieritz-Harder/von Boetticher 2020, Vor §§ 75 ff. SGB XII Rn. 11). Dieser Regelungsbereich, der für alle Leistungen des SGB XII, mit Ausnahme der Geldleistungen, Anwendung findet, regelt das entsprechende Vertragsrecht mit Vorgaben zu den rechtlichen und finanziellen Beziehungen zwischen den Sozialhilfeträgern und den Leistungserbringern. Die Vorschriften verbindet „ein nach marktwirtschaftlichen Regularien gestaltetes Wettbewerbssystem mit sozialrechtlichen Grundsätzen" (Bieritz-Harder/von Boetticher 2020, Vor §§ 75 ff. SGB XII Rn. 2). Hier sind neben den Verbänden der freien Wohlfahrtspflege auch gewerbliche Leistungserbringer zugelassen (vgl. Bieritz-Harder/von Boetticher 2020, § 75 SGB XII Rn. 2). Die Leistungserbringung erfolgt hier über das sogenannte sozialhilferechtliche Leistungsdreieck, welches die drei Rechtsverhältnisse zwischen den Beteiligten (Leistungsträger, Leistungsberechtigter, Leistungserbringer) beschreibt. Es stellt sich bildhaft wie folgt dar:

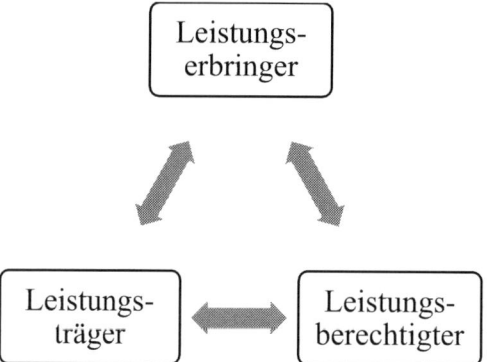

Abb. VII.1: Sozialhilferechtliches Leistungsdreieck, Quelle: eigene Darstellung

Erbringt der zuständige Sozialhilfeträger die Leistung nicht selbst, dann erfolgt die Leistungserbringung im Leistungsdreieck über das Sachleistungsprinzip in Gestalt einer Sachleistungsverschaffung (vgl. BSG 28.10.2008 – B 8 SO 22/07 R, BeckRS 2009, 52433, Rn. 17; BGH 31.3.2016 – III ZR 267/15, BeckRS 2016, 7170 Rn. 16).

2. Das sozialrechtliche Dreiecksverhältnis besteht dann aus den folgenden Einzelverhältnissen (vgl. BGH 31.3.2016 – III ZR 267/15, BeckRS 2016, 7170 Rn. 16-18; Pattar 2012, S. 88):

■ *das Grundverhältnis zwischen dem Leistungsträger und dem Leistungsberechtigten:*

Im Grundverhältnis geht es um den individuell bedarfsdeckenden (§ 9 SGB XII) Anspruch des Leistungsberechtigten (§ 19 SGB XII) nach § 17 SGB XII auf Leistungen nach dem SGB XII. Dies können beispielsweise die Hilfe zur Pflege (§§ 61–66a SGB XII) oder die Hilfe zur Überwindung besonderer sozialer Schwierigkeiten (§§ 67–69 SGB XII), aber eben auch die Beratung durch Fachberatungsstellen nach § 11 Abs. 5 SGB XII aufgrund Leistungsberechtigung nach dem SGB XII sein. Die Entscheidung über die Leistung ergeht dann grundsätzlich durch Verwaltungsakt gegenüber dem Leistungsberechtigten, wirkt sodann auch zugunsten des Leistungserbringers (sogenannte Dritt- oder Ausstrahlungswirkung).

■ *das Erfüllungsverhältnis zwischen dem Leistungsberechtigten und dem Leistungserbringer:*

Im Erfüllungsverhältnis geht es um die Erbringung der bewilligten Leistung, mithin die Deckung des festgestellten Bedarfs des Leistungsberechtigten durch den Leistungserbringer. Die Auswahl des Leistungserbringers obliegt dem Leistungsberechtigten (sogenanntes Wunsch- und Wahlrecht, § 9 Abs. 2 SGB XII). Der Leistungserbringer hat bei bestehender Vereinbarung nach § 75 SGB XII eine Aufnahmepflicht (§ 75 Abs. 4 SGB XII). Grundlage des Erfüllungsverhältnisses ist regelmäßig ein zivilrechtlicher Vertrag zwischen dem Leistungsberechtigten und dem Leistungserbringer (vgl. Flint/Streichsbier 2020, § 75 SGB XII Rn. 4). Dieser Vertrag, ein zivilrechtliches Schuldverhältnis (→ S. 32 f.), kann ausdrücklich, aber auch konkludent, d.h. durch schlüssiges Handeln (vgl. Bieritz-Harder/von Boetticher 2020, Vor §§ 75 ff. SGB XII Rn. 6), geschlossen werden.

> Beispiel: Dies ist gegeben, wenn ein kürzlich aus der Strafhaft Entlassener, der einstweilen bei einem ehemaligen „Zellengenossen" untergekommen, dort aber nicht bleiben kann, daher zur Beratungsstelle der Haftentlassenenhilfe geht, und um Unterstützung bei der Wohnungssuche bittet (Anspruch aus §§ 67, 68 Abs. 1 S. 1 SGB XII, §§ 1 Abs. 2, 4 DVO zu § 69 SGB XII, vgl. Winkler/Homann 2021, Rn. 33 ff.).

Aus dem Vertrag ist der Leistungserbringer dann zur (bedarfsdeckenden) Erbringung der Leistung, der Leistungsberechtigte zur Zahlung der vertraglich vereinbarten Vergütung verpflichtet (vgl. Bieritz-Harder/von Boetticher 2020, Vor §§ 75 ff. SGB XII Rn. 6). Letztere ist aber vom Leistungsträger zu übernehmen, der ja aufgrund des Grundverhältnisses zur Bedarfsdeckung, die den Vertragsgegenstand darstellt, verpflichtet ist (vgl. BGH 31.3.2016 – III ZR 267/15, BeckRS 2016, 7170 Rn. 16).

Exkurs: Vertragsverhältnis mit dem Ratsuchenden

An dieser Stelle tritt bei Praktikern regelmäßig Verwirrung auf, da diese rechtliche Beurteilung nichts mit der Wahrnehmung von Nichtjuristen zu tun hat. Ansen dokumentiert dies anschaulich, wenn er davon spricht, dass eine „Verabredung, quasi ein Vertrag" zwischen Schuldnerberatungsstellen und Ratsuchenden geschlossen würde, „in dem die Inhalte und Formen der Zusammenarbeit vereinbart" würden. Die vorliegende Vertragskonstruktion ist aus den vorgenannten Gründen rechtlich zwingend. Sie hat daneben zur Folge, dass aus dem Vertragsverhältnis heraus eine Haftung bei Verletzung der (Haupt- und Neben-)Pflichten aus dem Schuldverhältnis besteht (§ 280 Abs. 1 BGB, ggf. i.V.m. § 241 Abs. 2 BGB). Begeht also ein Berater einen Fehler im Rahmen einer Beratung, der sich finanziell auswirkt, dann haftet die Beratungsstelle regelmäßig dafür. Für diese Fälle werden in der Praxis regelmäßig Vermögensschadenhaftpflichtversicherungen abgeschlossen.

Rechtlich liegt in dem vorgenannten Verwaltungsakt ein zivilrechtlicher Schuldbeitritt (vgl. dazu MüKo-BGB/Heinemeyer 2019, § 421 BGB Rn. 35), der Leistungsträger wird zweiter Schuldner (sog. Gesamtschuldner, § 421 BGB) der Vergütungsforderung (vgl. BSG 28.10.2008 – B 8 SO 22/07 R, BeckRS 2009, 52433 Rn. 25). Damit wird die vertragliche Beziehung durch das Sozialrecht überlagert. Vereinbart werden kann nur die Vergütung, die zwischen dem Leistungsträger und dem Leistungserbringer im Leistungsverschaffungsverhältnis vereinbart (vgl. BSG 2.2.2012 – B 8 SO 5/10 R, BeckRS 2012, 68826 Rn. 15) und dem Leistungsberechtigten dann bewilligt wurde (§ 77a Abs. 1 S. 2 SGB XII).

- *das Leistungsverschaffungsverhältnis zwischen dem Leistungsträger und dem Leistungserbringer:*

Im Leistungsverhältnis gibt es dann die Vereinbarung zwischen Leistungsträger und Leistungserbringern hinsichtlich des Leistungsangebots der Letzteren. Die Vertragsparteien müssen die Teilvereinbarungen nach § 76 SGB XII schließen. Nur dann darf der Leistungsträger den Leistungsberechtigten Leistungen bewilligen, die durch diese Leistungserbringer erbracht werden (§ 75 Abs. 1 S. 1 SGB XII), und die vereinbarte Vergütung bezahlen (vgl. § 75 Abs. 5 SGB XII). Zum Vertragsschluss kommt es dabei mit jedem Leistungserbringer, der Leistungen anbieten möchte (vgl. § 77 Abs. 1 S. 3 SGB XII). Der Leistungserbringer hat nach Leistungserbringung qua Gesetz einen Anspruch auf die Vergütung (§ 75 Abs. 6 SGB XII). Mit der Zahlung der vereinbarten Vergütung gelten alle Ansprüche gegenüber dem Leistungsträger als abgegolten (§ 77a SGB XII).

3. Die schriftlich abzuschließenden Einzelvereinbarungen nach § 76 Abs. 1–3 SGB XII sind die Leistungs- und die Vergütungsvereinbarung.

- Die Leistungsvereinbarung enthält Regelungen zu Inhalt, Umfang und Qualität einschließlich der Wirksamkeit der Leistungen. Inbegriffen sind hier auch der Personenkreis, Art und Ziel der Leistung, die personelle Ausstattung einschließlich deren Qualifikation, sowie die sächliche Ausstattung und betriebsnotwendigen Anlagen.

- Die Vergütungsvereinbarung enthält Regelungen über die Vergütung der Leistungen, mindestens Grund- und Maßnahmenpauschale sowie Investitionsbetrag.

- Inhaltlich vorstrukturiert werden die Einzelvereinbarungen zwischen Leistungsträger und Leistungserbringer durch Rahmenverträge auf der Landesebene (§ 80 SGB XII).

Die Vereinbarung hat den Grundsätzen der Wirtschaftlichkeit und Sparsamkeit zu entsprechen (§ 75 Abs. 1 S. 4 SGB XII; vgl. Bieritz-Harder/von Boetticher 2020, § 75 SGB XII Rn. 9), wobei der Leistungserbringer den Anspruch auf eine angemessene und leistungsgerechte Vergütung hat (Flint/Streichsbier 2020, § 75 SGB XII Rn. 22). Die Wirtschaftlichkeit wird im Vergleich zu anderen Leistungserbringern bestimmt (sogenannter externer Vergleich, § 75 Abs. 2 S. 10 SGB XII; vgl. Bieritz-Harder/von Boetticher 2020, § 75 SGB XII Rn. 24). Daneben muss der Leistungserbringer leistungsfähig, d.h. in der Lage sein, die gestellte Aufgabe angesichts der vorhandenen personellen und sächlichen Mittel und ihrer organisatorischen Entfaltungsbedingungen optimal zu erfüllen (vgl. BVerwG 1.12.1998 – 5 C 29/97, NVwZ-RR 1999, 444). Bestandteil von Wirtschaftlichkeit und Sparsamkeit sowie Leistungsfähigkeit sind auch fachliche Standards (vgl. Bieritz-Harder/von Boetticher 2020, § 75 SGB XII Rn. 10). Zuletzt findet eine Beschränkung auf das Maß des Notwendigen statt, d.h., die vereinbarten Leistungen müssen die Bedarfe der Leistungsberechtigten decken (vgl. Bieritz-Harder/von Boetticher 2020, § 75 SGB XII Rn. 10).

4. Leistungsträger und Leistungserbringer können jeweils zur Verhandlung auffordern (§ 77 Abs. 1 SGB XII). Kommt es innerhalb von drei Monaten nicht zu einer Einigung, kann jede Seite die Schiedsstelle nach § 81 SGB XII anrufen (§ 77 Abs. 2 SGB XII). Diese hat eine Schlichtungsfunktion (vgl. Flint/Streichsbier 2020, § 81 SGB XII Rn. 8). Die Schiedsstelle ist mit derselben Anzahl an weisungsunabhängigen Vertretern der Leistungsträger und Leistungserbringer sowie einem unabhängigen Vorsitzenden besetzt (§ 81 Abs. 2 SGB XII) und entscheidet mit der Mehrheit ihrer Mitglieder (§ 81 Abs. 4 S. 4 SGB XII). Beide Vereinbarungen sind für einen zukünftigen Zeitraum zu schließen (Grundsatz der Prospektivität, § 75 Abs. 1 S. 5 SGB XII), ein nachträglicher Ausgleich von Verlusten ist ausgeschlossen (§ 75 Abs. 1 S. 5 SGB XII). Damit trägt der Leistungserbringer das wirtschaftliche Risiko (vgl. Bieritz-Harder/von Boetticher 2020, § 75 SGB XII Rn. 11). Fehlt es an einer Vereinbarung, darf der Leistungsträger nur unter den Voraussetzungen des § 75 Abs. 5 SGB XII eine Vergütung zahlen. Der Leistungsträger hat ein gesetzliches Prüfrecht hinsichtlich der Wirtschaftlichkeit und Qualität der Leistungen (§ 78 SGB XII). Kommt dabei heraus, dass vereinbarte Verpflichtungen nicht eingehalten wurden, so kann die Vergütung gekürzt werden (§ 79 SGB XII). Gegebenenfalls besteht auch ein außerordentliches Kündigungsrecht nach § 79a SGB XII.

2.1.5 Schuldnerberatung im SGB XII

Die gesetzlichen Aufgaben von Schuldnerberatung stehen, wie oben beschrieben, im Zusammenhang mit der Beratung und Unterstützung durch Fachberatungsstellen anstatt des Sozialhilfeträgers. Adressaten sind Bezieher von Leistungen nach dem SGB XII, dazu diejenigen, bei denen der Leistungsbezug nur droht. In Betracht kommen daher folgende Angebote

■ im Bereich der integrierten Schuldnerberatung (§§ 67 ff. SGB XII): Adressaten in der Wohnungslosenhilfe (vgl. Mühlethaler et al. 2021, S. 143), der Drogenberatung, der Strafentlassenenhilfe, Frauen in Frauenhäusern;

■ im Bereich der spezialisierten Schuldnerberatung (§§ 41 ff. SGB XII): ältere Menschen im Grundsicherungsbezug (vgl. Becker 2021, S. 169; Schneider 2021; Cohrs 2014, S. 72); erwerbsunfähige Menschen im Grundsicherungsbezug.

Die Kosten einer Schuldnerberatung sollen im Einzelfall dann übernommen werden, wenn eine Lebenslage, die Leistungen der Hilfe zum Lebensunterhalt erforderlich macht oder erwarten lässt, sonst nicht überwunden werden kann; in anderen Fällen können Kosten übernommen werden. Dies ist die Zielvorstellung des Gesetzgebers, mithin das Fernziel einer jeden Schuldnerberatung aufgrund des SGB XII.

Inhaltlich sind eine Bestandsaufnahme der persönlichen Situation des Leistungsberechtigten und eine Abschätzung der Selbsthilfemöglichkeiten erforderlich. Die Leistung zielt auf die Sicherstellung der Teilnahme am Leben in der Gemeinschaft und auf die Überwindung der Notlage, insbesondere durch Beantragung von Sozialleistungen sowie Budgetberatung. Das Verständnis der Vorschrift des § 11 SGB XII von Schuldnerberatung, mithin der fachliche Rahmen, ist ein also ein grundsätzlich weiter, und korrespondiert mit dem klassischen Verständnis von Schuldnerberatung. Überschuldung geht mit sozialen und psychischen Problemen einher, mithin ist ein Gesamtansatz erforderlich, der rechtliche, wirtschaftliche und soziale Aspekte einschließt (vgl. Bieritz-Harder/Berlit 2020, § 11 SGB XII Rn. 27; Schellhorn/Hohm 2020, § 11 SGB XII Rn. 44). Hierauf bezieht der Anspruch des (derzeitigen oder künftigen) Leistungsempfängers nach dem SGB XII. Schuldenregulierung mittels des Schuldnerberatung findet in § 11 Abs. 5 SGB XII dagegen nicht ihre Grundlage. Da die Fachberatungsstellen nur anstelle des Sozialleistungsträgers tätig werden, sind die wesensmäßigen Ausprägungen des Sozialhilferechtes zu achten. Da in diesem die Schuldenübernahme regelmäßig fremd ist, es gibt nur wenige Ausnahmevorschriften hierzu (vgl. Schwengers et. al 2021, Rn. 129 ff.), kann der Beratungs- und Unterstützungsanspruch nicht darüber hinaus gehen (vgl. Schellhorn/Hohm 2020, § 11 SGB XII Rn. 46).

2.1.6 Annex: Leistungsanspruch für Nicht-Leistungsberechtigte nach dem SGB XII

Nach wie vor herrscht Streit über die Frage, ob die Vorschrift des § 11 Abs. 5 S. 2 SGB XII einen eigenständigen Anspruch auf Schuldnerberatung gibt, insbesondere für Personen, die keine Leistungsberechtigten nach dem SGB XII sind und sein werden. Die herrschende Meinung (vgl. BSG 13.7.2010 – B 8 SO 14/09 R, BeckRS 2010, 71380 Rn. 16; Flint/Streichsbier 2020, § 11 SGB XII Rn. 17; Schellhorn/Hohm 2020, § 11 SGB XII Rn. 48) verneint dies, da die Beratung nach § 11 SGB XII in Verbindung mit der Leistungsgewährung nach dem SGB XII oder zumindest deren Erwartung stehe. Auch aus verfassungsrechtlichen Gründen sei eine Erweiterung nicht geboten, da der Gesetzgeber zulässig typisierend für diesen Personenkreis unterstellen dürfe, dass dieser auf eigene Kosten eine präventive Schuldnerberatung mit Eigenmitteln finanzieren könne oder von der pauschalen Finanzierung profitiere (vgl. BSG 13.7.2010 – B 8 SO 14/09 R, BeckRS 2010, 71380 Rn. 16). Dem Präventionsgedanken vorbeugender Hilfen nach § 15 Abs. 1 S. 1 SGB XII trage die Vorschrift des § 11 Abs. 5 S. 2 SGB XII Rechnung, wenn auch nur in beschränkter Form; der Personenkreis, bei dem ein Leistungsbezug nach dem SGB XII zu erwarten sei, bedürfe eines besonderen Schutzes (vgl. BSG 13.7.2010 – B 8 SO 14/09 R, BeckRS 2010, 71380 Rn. 17).

Diese Auffassung wird in der Literatur kritisiert. Rein sieht zwar die Übereinstimmung mit der geltenden Rechtslage und herrschenden Literaturmeinung, hält ein anderes Ergebnis aber für rechtspolitisch wünschenswert (vgl. Rein 2010, S. 87). Krahmer nimmt dagegen einen Verstoß gegen den Gleichheitssatz nach Art. 3 GG an, die Differenzierung sei sachfremd und willkürlich (vgl. Krahmer 2011, S. 162). Letztgenannte Kritik verfängt aber aus den vorgenannten Gründen nicht, jedenfalls formal-juristisch liegt die herrschende Meinung richtig (vgl. Schellhorn/ Hohm 2020, § 11 SGB XII Rn. 12, 46). Die Zugangslücke bleibt aber fragwürdig (vgl. Bieritz-Harder/Berlit 2020, § 11 SGB XII Rn. 31). Vor dem Hintergrund der neueren Entscheidung des BSG, die die Unterschiede zwischen einer anwaltlichen und einer sozialen Schuldnerberatung hervorhebt (vgl. BSG 10.8.2016 – B 14 AS 23/15 R, BeckRS 2016, 113533 Rn. 21), lässt sich ein Bedürfnis nach Sozialer Schuldnerberatung auch für den Personenkreis der Noch-nicht-Leistungsbezieher nach dem SGB II erkennen. Aus der Aufgabenbeschreibung von Schuldnerberatung in dieser Entscheidung wird daneben deutlich, dass eine solche Beratung langwierig und aufwendig ist. Mithin erscheint auch die typisierende Erwartung des BSG in seiner Entscheidung aus dem Jahr 2010, dieser Personenkreis sei in der Lage, die Beratung selbst zu finanzieren, fraglich (vgl. Krahmer, 2011, S. 162; grds. ablehnend Rein/Herzog 2014, S. 90). Die Lösung kann indes nur durch den Gesetzgeber erfolgen (vgl. Rein/Herzog 2014, S. 84; AGSBV 2018b).

2.2 Schuldnerberatung nach dem Recht der Grundsicherung für Arbeitsuchende (SGB II)

2.2.1 Anwendungsbereich und Zweck

Schuldnerberatung nach dem SGB II stellt eine Eingliederungsleistung dar (§ 16a SGB II). Die Vorschrift verfolgt einen sozialintegrativen Zweck (vgl. BSG 23.5.2012 – B 14 AS 190/11 R, BeckRS 2012, 73551 Rn. 28). Mit den sogenannten kommunalen Eingliederungshilfen sollen Leistungsempfänger nach dem SGB II umfassende Hilfen bei multiplen Vermittlungshemmnissen, die insbesondere aus der privaten Lebensführung entstammen, erhalten können (BSG ebd., Rn. 28). Mit den vorbereitenden oder flankierenden Maßnahmen – wie der Betreuung von Kindern oder der Schuldner- und Suchtberatung – soll verhindert werden dass die Eingliederung ins Erwerbsleben an diesen Schwierigkeiten scheitert (vgl. BSG 13.7.2010 – B 8 SO 14/09 R, BeckRS 2010, 71380 Rn. 14). Bei den abschließend in § 16a SGB II genannten Leistungen ist generell davon auszugehen, dass diese die Integration ins Erwerbsleben erleichtern (Münder/Schön/Thie 2021, § 16a SGB II Rn. 2).

2.2.2 Voraussetzungen

Eine der beiden tatbestandlichen Voraussetzungen der Vorschrift ist, dass Leistungsbezieher erwerbsfähige Leistungsberechtigte im Sinne des § 7 SGB II sind.

Dies setzt insbesondere die Hilfebedürftigkeit nach § 9 SGB II voraus (§ 7 Abs. 1 Nr. 3 SGB II). Wie vorstehend schon zur Vorschrift des § 11 Abs. 5 SGB XII ausgeführt wurde, sieht auch § 16a SGB II nach herrschender Meinung keine präventiven Leistungen vor Eintritt der Hilfebedürftigkeit vor; hieran ändern auch die Programmsätze in den Vorschriften der §§ 1 Abs. 2 und 3 Abs. 1 SGB II nichts (vgl. BSG 13.7.2010 – B 8 SO 14/09 R, BeckRS 2010, 71380 Rn. 14). Jedenfalls findet die Vorschrift aber bei der Gruppe der sogenannten Aufstocker Anwendung, die regelmäßig einen besonderen Bedarf nach Schuldnerberatung haben wird (vgl. Gagel/Kohte 2021, § 16a SGB II Rn. 7). Die zweite Voraussetzung ist die Erforderlichkeit der Leistungen nach § 16a SGB II für die Eingliederung der erwerbsfähigen Leistungsberechtigten; im Fall der Schuldnerberatung muss die Verschuldungssituation ein arbeitsmarktspezifisches Eingliederungshemmnis darstellen (vgl. BSG 13.7.2010 – B 8 SO 14/09 R, BeckRS 2010, 71380 Rn. 14). Es genügt, dass sich eine Verbesserung der Eingliederungschancen erreichen lässt, die final zur Beendigung oder zumindest Verringerung der Hilfebedürftigkeit führt (vgl. BSG 9.11.2010 – B 4 AS 7/10 R, BeckRS 2011, 65978 Rn. 17). Daneben setzt die Erforderlichkeit voraus, dass die Leistung nicht anders erreicht werden kann (vgl. BSG 5.8.2015 – B 4 AS 46/14 R Rn. 23: „ultima ratio"). Bei der Auslegung des unbestimmten Begriffs der Erforderlichkeit sind die Wertungen der bereits benannten Regelungen der §§ 1 Abs. 2 und 3 Abs. 1 SGB II zu berücksichtigen (vgl. BSG 23.11.2006 – B 11b AS 3/05 R, BeckRS 2007, 44406 Rn. 27). Es besteht nach herrschender Lehre kein Beurteilungsspielraum, die Wertungen des Leistungsträgers sind voll gerichtlich überprüfbar (vgl. Eicher/Stölting 2021, § 16a SGB II Rn. 7; Gagel/Kohte 2021, § 16a SGB II Rn. 6; a.A. Münder/Schön/Thie 2021, § 16a SGB II Rn. 2).

2.2.3 Rechtsfolge

In der Rechtsfolge sieht das Gesetz dann Ermessen des Leistungsträgers vor. Sofern die genannten Voraussetzungen vorliegen, ist das Entschließungsermessen jedoch auf atypische Fälle beschränkt (vgl. Eicher/Stölting 2021, § 16a SGB II, Rn. 22). Eine Eingliederungsvereinbarung ist nicht Voraussetzung für die Gewährung von Leistungen nach § 16a SGB II (vgl. BSG 23.5.2012 – B 14 AS 190/11 R, BeckRS 2012, 73551 Rn. 28).

2.2.4 Gewährleistungsverantwortung des Leistungsträgers

Hinsichtlich der Ausgestaltung der Hilfe steht dem Leistungsträger ein Auswahlermessen zu; gleichzeitig trifft ihn die Gewährleistungsverantwortung für die von ihm zu erbringende Leistung (vgl. BSG 10.8.2016 – B 14 AS 23/15 R, BeckRS 2016, 113533 Rn. 13–17). Leistungs- und Kostenträger der Leistungen des § 16a SGB II sind die kommunalen Träger (§ 6 Abs. 1 Nr. 2 SGB II). Nach § 17 Abs. 1 SGB II sollen die Leistungsträger auf vorhandene geeignete Einrichtungen und Dienste Dritter zurückgreifen; eigene Angebote sollen nicht neu geschaffen werden. Insoweit sind Leistungs-, Vergütungs- und Prüfungsvereinbarungen abzuschließen, nur dann kann der Dritte eine Vergütung verlangen (§ 17 Abs. 2 SGB II). Hier kann der Abschluss von der Erfüllung qualitativer Anforderungen an Qualifikation und Leistungsfähigkeit abhängig gemacht werden (vgl. BSG 10.8.2016 – B 14 AS 23/15 R, BeckRS 2016, 113533 Rn. 19–24.). Mangels näherer Ausgestaltung des Vertragsrechts kann der Leistungsträger im Rahmen des sogenannten Beschaffungsermessens entscheiden, ob eine vergabeneutrale Beschaffung mittels öffentlich-rechtlicher Verträge (i.R.d. sozialrechtlichen Dreiecksverhältnisses) oder eine Beschaffung durch öffentliche Auftragsvergabe unter Anwendung des Vergaberechts erfolgen soll (vgl. Eicher/Bindig 2021, § 17 SGB II Rn. 16; Münder/von Boetticher/Münder 2021, § 17 SGB II Rn. 26). Neben der auf einer Vereinbarung beruhenden Leistungserbringung nach § 17 Abs. 2 SGB II ermöglicht § 17 Abs. 1 S. 2 SGB II im Rahmen des sogenannten Unterstützungsgebots für Träger der freien Wohlfahrtspflege die Subventionsfinanzierung durch Verwaltungsakt (vgl. Eicher/Bindig 2021, § 17 SGB II Rn. 6) oder öffentlich-rechtlichen Vertrag (vgl. BSG 13.7.2010 – B 8 SO 14/09 R, BeckRS 2010, 71380 Rn. 16). Im Fall von institutioneller oder Projektförderung findet das Haushaltsrecht des jeweiligen Bundeslandes Anwendung (bspw. § 44 i.V.m. § 23 der Landeshaushaltsordnung Hessen). Nach herrschender Lehre besteht kein Anspruch der freien Wohlfahrtspflege auf Unterstützung, mithin nur auf das fehlerfreie Ausüben des Ermessens (vgl. Eicher/Bindig 2021, § 17 SGB II Rn. 8; Münder/von Boetticher/ Münder 2021, § 17 SGB II Rn. 18). Noch nicht geklärt ist die Frage, ob die Förderung der freien Wohlfahrtspflege als unzulässige Beihilfe i.S.v. Art. 107 Abs. 1 AEUV gegen europäisches Wettbewerbsrecht verstößt (s. Münder/von Boetticher/ Münder, 2021, § 17, Rn. 15 f.; Eicher/Bindig 2021, § 17 SGB II Rn. 7).

2.2.5 Verständnis von Schuldnerberatung

Der gegenseitige Zusammenhang von Arbeitslosigkeit und Überschuldung ist häufig nachgewiesen worden (vgl. Hirseland/Kerschbaumer 2021, S. 155 ff.; Gagel/Kohte 2021, § 16a SGB II Rn. 12 m.w.N.): Überschuldung ist ein Hindernis zur Eingliederung auf dem Arbeitsmarkt. Sie kann die Beständigkeit sozialer Beziehungen schwächen und so zur Gefährdung oder zum Verlust von Beschäftigungsverhältnissen beitragen. Im SGB II steht die Eingliederung in Arbeit im Vordergrund. Daher steht Schuldnerberatung, wie oben ausgeführt, über die Voraussetzung der Erforderlichkeit in enger Verbindung mit dieser Zwecksetzung.

Dies führt in der Praxis vielfach zu einem verkürzten Verständnis von Schuldnerberatung. Die Vorstellung des SGB II von Schuldnerberatung ist nach der Rechtsprechung des BSG (vgl. BSG 10.8.2016 – B 14 AS 23/15 R, BeckRS 2016, 113533 Rn. 22–23) allerdings eine weite, wiederum traditionelle. Das Gericht sieht einen zweistufigen Aufbau im Beratungsaufbau: Auf der ersten Stufe finde Schuldnerberatung vorwiegend zur Stärkung von Motivation und Eigeninitiative, zur Selbsteinschätzung, Klärung von Ursachen von Ver- und Überschuldung, zur Budgetberatung und zur psychosozialen Beratung mit dem Ziel der Vermeidung zukünftiger Überschuldung statt. Im Vordergrund stünden Fragen der Selbstorganisation und des Umgangs mit der Verschuldungssituation. Deshalb wird zutreffend auf das Moment der Freiwilligkeit als Voraussetzung für die Inanspruchnahme von Leistungen nach § 16a Nr. 2 SGB II hingewiesen (unter Verweis auf Gagel/Kohte 2021, § 16a SGB II Rn. 13); die richtige Folgerung mit *Kohte* (Gagel/Kohte 2021, § 16a SGB II Rn. 13) ist, dass es keine Sanktion (§ 31 SGB II) in diesem Bereich geben kann. Auf zweiter Stufe bilde die Regulierung und Entschuldung nur eine von drei Beratungsaufgaben, begleitet wiederum von psychosozialer Beratung zu Ursachen der eingetretenen Überschuldung und Möglichkeiten ihrer künftigen Vermeidung. Insolvenzberatung gehört allerdings nicht zum Leistungsumfang (vgl. Münder/Schön/Thie, 2021, § 16a SGB II Rn. 6). Mithin weist Soziale Schuldnerberatung nach § 16a Nr. 2 SGB II keinen primär juristischen Bezug auf, sondern reicht weiter als anwaltliche Schuldnerberatung (Rein 2015, S. 446–447).

3. Rahmenbedingungen von Schuldnerberatung als geeignete Stelle

In der Wahrnehmung der Praxis im Vordergrund steht Schuldnerberatung aufgrund der insolvenz- und vollstreckungsrechtlichen Aufgaben. Diese knüpft an der Anerkennung als geeignete Stelle nach dem letzten Halbsatz des § 305 Abs. 1 Nr. 1 InsO an. Hierauf soll zunächst geschaut werden, bevor dann eine überblicksmäßige Darstellung der konkreten Aufgaben erfolgt.

3.1 Schuldnerberatung als geeignete Stelle

3.1.1 Gesetzliche Konstruktion der Anerkennung als geeignete Stellen

Nach der vorgenannten Vorschrift können die Länder bestimmen, welche Personen oder Stellen als geeignet anerkannt werden sollen. Mit der Bestimmung der geeigneten Personen und Stellen durch die Länder sollen die Gerichte von der Prüfung der Eignung im Einzelfall entlastet werden (BT-Drs. 12/7302, S. 190). Der Gesetzgeber der InsO hatte die Schuldnerberatungsstellen der Gemeinden und Landkreise sowie der Wohlfahrtsverbände und Kirchen als geeignete Stellen angesehen (BT-Drs. 12/7302, S. 190). Die Befugnis zur Bestimmung der geeigneten Stellen übertrug er den Landesgesetzgebern. Damit sollte Rücksicht genommen werden auf regionale Besonderheiten, insbesondere den Stand des Ausbaus der Schuldnerberatung (BT-Drs. 12/7302, S. 190). Alle Bundesländer haben, ursprünglich aufbauend auf einem Musterentwurf (Justizministerkonferenz 1997, S. 1211), entsprechende Anerkennungsvorschriften erlassen (vgl. Henning/Homann 2022, § 305 InsO Rn. 36).

3.1.2 Anerkennungsvoraussetzungen

Im Rahmen der Anerkennung sind verschiedene Voraussetzungen vorgesehen, die hier nur im Überblick wiedergegeben werden sollen (vgl. eingehend Henning/Homann 2022, § 305 InsO Rn. 39–40):

■ So ist die Zuverlässigkeit der leitenden und teilweise auch der mitarbeitenden Personen, vereinzelt auch die Zuverlässigkeit des Trägers der Stelle Voraussetzung der Anerkennung.

■ Daneben muss wenigstens eine Person berufliche Vorerfahrung von wenigstens zwei oder drei Jahren in der Schuldnerberatung aufweisen.

■ Die Mitarbeiter müssen regelmäßig Berufsabschlüsse der Sozialen Arbeit, der Rechtswissenschaften, der Betriebswirtschaft oder kaufmännischer Ausbildungsberufe vorweisen oder aus dem gehobenen Verwaltungs- oder Justizdienst kommen.

- Die Beratungsstelle muss auf Dauer angelegt sein, was insbesondere ein tragfähiges Finanzierungskonzept voraussetzt.
- Daneben muss sie über die notwendigen erforderlichen technischen, organisatorischen und räumlichen Voraussetzungen für die ordnungsgemäße Erfüllung der Aufgaben verfügen.
- Zuletzt ist die erforderliche Rechtsberatung sicherzustellen (vgl. § 8 Abs. 1 Nr. 3 RDG).
- Die Inkompatibilität der Insolvenzberatung mit dem gewerblichen Betrieb von Kredit-, Finanz-, Finanzvermittlungs- oder ähnlichen Diensten ist überwiegend als Anerkennungsvoraussetzung festgeschrieben.

Neben diesen weithin üblichen Inhalten kommen teilweise noch beschränkende Vorgaben hinzu, so hinsichtlich

- der zulässigen Träger der Beratungsstellen (etwa juristische Personen des Öffentlichen Rechts, Verbände der freien Wohlfahrtspflege, Verbraucherzentralen oder als gemeinnützig oder mildtätig anerkannte private Organisationen) oder
- der Unentgeltlichkeit der Aufgabenerfüllung für den Schuldner.

Insoweit ergeben sich interessante Fragestellungen mit Blick auf das Berufsgrundrecht nach Art. 12 GG (vgl. Homann 2009, Rn. 219 ff., 325 ff.). Die Anerkennung erfolgt dann mittels Verwaltungsaktes (Muster → S. 303).

Eine Mehrzahl von Bundesländern stellt bis heute die Anerkennung einer geeigneten Stelle durch ein anderes Bundesland der eigenen Anerkennung gleich, was Folge des oben genannten Musterentwurfs ist, aber angesichts der mittlerweile differierenden Anerkennungsvoraussetzungen sinnlos wurde. Die Absicherung der Anerkennungsvorgaben übernimmt in einigen Bundesländern eine Bußgeldvorschrift.

3.1.3 Finanzierung der Insolvenzberatung

Zuletzt enthalten die Ausführungsgesetze oder darauf beruhende Rechtsverordnungen bzw. Verwaltungserlasse Regelungen zur Finanzierung von geeigneten Stellen, die nach wie vor sehr unterschiedlich ausfallen (vgl. Henning/Homann 2022, § 305 InsO Rn. 43–47). Die Finanzierung erfolgt im Wesentlichen

- entweder durch Zuwendung zu Personal- und Sachkosten als Festbetragsfinanzierung (Bayern, Berlin, Hessen, Mecklenburg-Vorpommern, Nordrhein-Westfalen, Rheinland-Pfalz, Saarland, Sachsen, Sachsen-Anhalt, Schleswig-Holstein, Thüringen)
- oder Einzelfallpauschalen (Baden-Württemberg, Brandenburg, Bremen, Hamburg, Niedersachsen).

Aktuelle Entwicklungen in den Bundesländern Hessen und Bayern zeigen einen Durchführungsweg auf, der bislang eher in den Stadtstaaten bekannt war: Die Aufgabe der Insolvenzberatung wird auf die Kommunen übertragen, die dafür ein Budget aus dem Landeshaushalt erhalten (vgl. Henning/Homann 2022, § 305

InsO Rn. 47). Die Finanzierung der Insolvenzberatung durch die geeigneten Stellen erfolgt dann in Kombination mit der kommunalen Finanzierung der Schuldnerberatung nach dem SGB II (§§ 16a Nr. 4, 17 SGB II → S. 248 f.) und SGB XII (§§ 11 Abs. 5, 75 SGB XII → S. 242 ff.).

3.2 Schuldnerberatung als Insolvenzberatung

Schuldnerberatung als Insolvenzberatung erfolgt auf der Grundlage des § 305 Abs. 1 Nr. 1 InsO. Nach dieser Vorschrift wird eine Schuldnerberatungsstelle als geeignete Stelle im Vorfeld des Antrages auf Eröffnung eines Insolvenzverfahrens im Rahmen des sogenannten außergerichtlichen Einigungsversuchs tätig. Zwecke des einem Insolvenzverfahren vorgeschalteten Verfahrens zur einvernehmlichen Schuldenbereinigung sind die Entlastung der Justiz, die zeitliche und monetäre Günstigkeit für Gläubiger und Schuldner sowie die Umsetzung des Vorrangs der außergerichtlichen Einigung vor der Durchführung eines gesetzlichen Restschuldbefreiungsverfahrens (BT-Drs. 12/7302, S. 190).

Einzelne Aufgaben sind (vgl. Henning/Homann 2022, § 305 InsO Rn. 29 ff.):

■ *Bescheinigung des Scheiterns der außergerichtlichen Einigung*

Die Bescheinigung muss von einer geeigneten Person oder Stelle abgegeben und von einer berechtigten Person unterschrieben sein (Henning/Homann 2022, § 305 InsO Rn. 29).

■ *Persönliche Beratung des Schuldners*

Das Wort „persönlich" bedeutet nach dem allgemeinen Sprachgebrauch eine unmittelbare Verbindung zwischen Berater und Schuldner. Diese liegt regelmäßig nur bei einer persönlichen Individualberatung (vgl. LG Köln 24.11.2015 – 13 T 96/15, BeckRS 2201; LG Potsdam 23.6.2015 – 2 T 24/15, BeckRS 2015, 14447; LG Düsseldorf 26.6.2015 – 25 T 410/15, BeckRS 2015, 15640) oder aber innerhalb einer Gruppenberatung (Henning/Homann 2022 § 305 InsO Rn. 32) vor; von Beratung kann im letztgenannten Fall aber nur die Rede sein, wenn der Schuldner die Gelegenheit erhält, Fragen zu stellen und Bedenken zu äußern (vgl. LG Potsdam 23.6.2015 – 2 T 24/15, BeckRS 2015, 14447). Ausnahmsweise sind telefonische Beratungen zulässig (vgl. LG Düsseldorf 26.6.2015 – 25 T 410/15, BeckRS 2015, 15640), wenn der Unmittelbarkeit erhebliche Gründe wie Krankheit oder Strafhaft entgegenstehen. Der geeigneten Person oder Stelle müssen in dieser Situation die Unterlagen des Schuldners bereits vorliegen, das Telefonat zeitlich und inhaltlich umfangreich sein (vgl. AG Potsdam 19.2.2015 – 35 IK 1239/14, BeckRS 2015, 4989). Gleiches gilt auch für die Beratung via Internettelefonie (vgl. LG Düsseldorf 20.6.2016 – 25 T 334/16, BeckRS 2016, 17056; a.A. LG Göttingen 7.7.2017 – 10 T 37/17, BeckRS 2017, 116585). Gerade in Zeiten einer Pandemie dürfte diese Form sogar die Regel darstellen (vgl. Frind 2020, S. 501). Unzulässig ist jedwede Form der Online-Beratung, bei der der Schuldner sich lediglich der bereitgestellten Informationen und Formularen selbst bedient (vgl. Henning/Homann 2022, § 305 InsO Rn. 32). Mit diesen Vorgaben wird der Anspruch an eine tragfähige Schuldnerberatung im Vorfeld eines gerichtlichen

Entschuldungsverfahrens deutlich. Ein gut vorbereiteter Schuldner führt am Ende auch zu einer geringeren Belastung der Insolvenzgerichte. Die Beratung hat sich darum auf die außergerichtliche Einigung, das Insolvenz- und Restschuldbefreiungsverfahren sowie die Chancen und Risiken des gesamten Entschuldungsverfahrens zu beziehen (Henning/Homann 2022, § 305 InsO Rn. 32).

▪ *Eingehende Prüfung der Vermögensverhältnisse*

Mit der eingehenden Prüfung der Vermögensverhältnisse setzt das Gesetz eine Auseinandersetzung der geeigneten Person oder Stelle mit der Vermögenssituation des Schuldners voraus. Die Person oder Stelle darf die Angaben des Schuldners nicht ungeprüft übernehmen (Henning/Homann 2022, § 305 InsO Rn. 32). Sie wird anlassbedingt eine Recherche nach weiteren Gläubigern betreiben, die Unterlagen des Schuldners ordnen und führen, dann für den Antrag aufbereiten (BT-Drs. 17/13535, S. 24). Seriös arbeitende geeignete Personen und Stellen erfüllen diese Anforderung vor dem Gesichtspunkt professionellen Handelns ohne Weiteres. Die Vorschrift hat vorwiegend Appellcharakter an die Qualitätsanforderung der geeigneten Personen und Stellen (Henning/Homann 2022, § 305 InsO Rn. 33).

▪ *Vertretung des Schuldners im gesamten Verfahren bis zur Erteilung der Restschuldbefreiung)*

Nach § 305 Abs. 4 InsO dürfen geeignete Stellen im gerichtliche Schuldenbereinigungsplanverfahren, im eröffneten Insolvenzverfahren und dem sich anschließenden Restschulbefreiungsverfahren den Schuldner vor Gericht vertreten. Mangels gesonderter Finanzierung und des erheblichen Aufwandes findet die Vertretung in der Praxis aber kaum statt (vgl. Henning/Homann 2022, § 305 InsO Rn. 89 ff.).

▪ *Aufgaben nach den Landesausführungsgesetzen zur Insolvenzordnung*

Die meisten Ausführungsgesetze zur InsO enthalten weitergehende Aufgabenkataloge für geeignete Personen und Stellen, die über die Bescheinigung der Erfolglosigkeit des außergerichtlichen Einigungsversuchs hinaus noch die Beratung, Unterstützung und Vertretung des Schuldners im Rahmen der außergerichtlichen Schuldenbereinigung sowie die Unterstützung beim Zusammenstellen der erforderlichen Unterlagen für die Antragstellung (vgl. Henning/Homann 2022, § 305 InsO Rn. 42).

▪ *Sozialarbeiterische Aufgaben*

Ausdrücklich nicht gesetzlich normiert sind sozialarbeiterische Aufgaben oder Anforderungen; dies war und ist auch nicht zu erwarten. Die Insolvenzordnung regelt ein Gesamtvollstreckungsverfahren, in dem die Schuldnerberatung außergerichtlich und gerichtlich beteiligt ist. Dieses Restschuldbefreiungsverfahren ist sozialstaatlich geprägt,

▪ wenn man die Möglichkeit zur Restschuldbefreiung für den redlichen Schuldner (vgl. Henning/Rein 2022, § 1 InsO Rn. 6 f.),

▪ die Ausgestaltung der Kostenstundung als Zugangshilfe zum Verfahren (vgl. Henning/Homann 2022, § 4a InsO Rn. 4) und

■ die Sicherstellung der Existenz mit den anzuwendenden Pfändungsschutzvorschriften (vgl. Henning/Lackmann 2022, § 36 InsO Rn. 1)

in den Blick nimmt. Im Übrigen regelt die Insolvenzordnung ein förmliches Verfahren. Mit den Regelungen zur persönlichen Beratung und eingehenden Vermögensprüfung, sowie der Einbindung der Schuldnerberatung in ihrem historischen Ansatz ganz allgemein in das gesetzliche Entschuldungsverfahren ist ein Rahmen für die Tätigkeit geschaffen worden, der ausfüllungsbedürftig ist und von geeigneten Personen und Stellen auch abweichend ausgefüllt wird. In diesem Rahmen kann und muss in der Schuldnerberatung Soziale Arbeit für überschuldete Menschen stattfinden. Vorrangiges Ziel muss die psychosoziale Stabilisierung sein, die einen besonderen Wert für das Durchlaufen des gerichtlichen Verfahrens hat (vgl. AGSBV 2018a, S. 13). Zudem gilt es, den Drehtüreffekt, d.h. die stetige Wiederholung von Entschuldungsverfahren zu verhindern (vgl. Schmerbach 2011, S. 133), was der Gesetzgeber mit den Sperrfristen (§ 287a InsO) sogar zur formellen Hürde erklärt hat.

3.3 Schuldnerberatung als bescheinigende Stelle beim P-Konto

An die Anerkennung als geeignete Stelle knüpft auch die Erteilung einer Bescheinigung nach für Pfändungsschutzkonten (P-Konto, § 850k ZPO) an. Die einzelnen Bescheinigungstatbestände wurden oben (→ S. 122 ff.) dargestellt.

4. Schuldnerberatung und Rechtsdienstleistung

Die Schuldnerberatung hat sich, wie andere beratende Berufe, in ihrer Tätigkeit an die Vorgaben des Rechts der Rechtsdienstleistung zu halten. Die Zulässigkeit von Rechtsdienstleistungen richtet sich nach dem Rechtsdienstleistungsgesetz (RDG). Ziele des Rechtsdienstleistungsgesetzes sind der Schutz der Rechtssuchenden vor unqualifiziertem Rechtsrat, die Stärkung des gesellschaftlichen Engagements sowie die Deregulierung und Entbürokratisierung des Rechtsberatungsmarktes (BT-Drs. 16/3655, S. 1).

Rechtsdienstleistung ist nach § 2 RDG „jede Tätigkeit in konkreten fremden Angelegenheiten, sobald sie eine rechtliche Prüfung des Einzelfalls erfordert." Die Regulierung von Schulden stellt eine Rechtsdienstleistung dar (vgl. BGH 1.2.1962 – VII ZR 212/60, BeckRS 1962; BGH 5.10.2006 – I ZR 7/04, BeckRS 2006, 15261 Rn. 16). Schuldnerberatung ohne Rechtsdienstleistung ist kaum denkbar (vgl. OLG Brandenburg 13.11.2019 – 4 U 38/19, BeckRS 2019, 29164 Rn. 20; LG Ulm 2.12.2010 – 6 O 193/10, BeckRS 2011, 9511 Rn. 39). Dies dürfte insbesondere vor dem Hintergrund der vorstehenden Erläuterungen dieses Kapitels und der Ausführungen in den Kapiteln 2, 3 und 4 deutlich geworden sein: Rechtsdienstleistungen i.S.d. § 2 RDG finden sich in nahezu allen Phasen einer Schuldnerberatung, so beispielsweise im Rahmen der Existenzsicherung, der Sicherstellung des Bezugs von Sozialleistungen, der Umsetzung des Anspruchs auf Einrichtung eines Basiskontos sowie Umwandlung und Führung eines Pfändungsschutzkontos, der Forderungsprüfung, der Verhandlung mit Gläubigern oder der

Vorbereitung eines Insolvenz- und Restschuldbefreiungsverfahrens (vgl. Homann, 2009, § 14; Richter in Groth et al. 2021, PHSB Teil 8 S. 3 ff.).

Rechtsdienstleistungen sind nur dann erlaubt, wenn sie durch das RDG erlaubt sind (§ 3 RDG). Das RDG enthält sodann mehrere einschlägige Erlaubnistatbestände:

- Im Rahmen des Aufgaben- und Zuständigkeitsbereichs sind Rechtsdienstleistungen zunächst den als geeignet anerkannten Schuldnerberatungsstellen nach § 8 Abs. 1 Nr. 3 RDG gestattet; dies betrifft sowohl die eigentlichen Aufgaben im Rahmen des außergerichtlichen Einigungsversuchs als auch als bescheinigende Stelle im Rahmen der Führung eines Pfändungsschutzkontos (§ 903 ZPO).

- Entsprechendes gilt für Schuldnerberatungsstellen in Trägerschaft der Kommunen (§ 8 Abs. 1 Nr. 2 RDG) oder der Verbände der freien Wohlfahrtspflege im Sinne des § 5 SGB XII (§ 8 Abs. 1 Nr. 5 RDG); für die Aufgabenbeschreibungen im Rahmen von Schuldnerberatung ist sodann vorrangig auf sozialrechtliche Regelungen abzustellen.

- Der Erlaubnistatbestand des § 5 RDG greift im Fall eines Verbraucherschuldners regelmäßig nicht, da die rechtliche Seite der Überschuldung im Vordergrund der Beratung steht, nicht die wirtschaftliche (vgl. LG Ulm 2.12.2010 – 6 O 193/10, BeckRS 2011, 9511 Rn. 41).

- Im Fall unentgeltlicher Beratung kann die Rechtsdienstleistungserlaubnis nach § 6 RDG bestehen, im Fall der Beratung von Mitgliedern eines Vereins nach § 7 RDG. Beide Tatbestände dürfen aber nicht zur Umgehung des Schutzzwecks des RDG genutzt werden. Dies ist z. B. der Fall, wenn ein eingetragener Verein (e.V.) die kostenlose, rechtliche Beratung und eine mit dem Verein verbundene Gesellschaft des Zivilrechts die kostenpflichtige, kaufmännische Dienstleistung erbringt (vgl. LG Fulda 6.2.2015 – 1 S 136/14, Beck RS 2015, 5600 Rn. 22–24) Gleiches gilt, wenn eine nicht zur Rechtsdienstleistung zugelassene GmbH mit einem Rechtsanwalt zusammenarbeitet (vgl. BGH 29.7.2009 – I ZR 166/06, BeckRS 2009, 24832 Rn. 23)

5. Wirksamkeit von Schuldnerberatung

Die Übernahme öffentlicher Aufgaben und die Vergütung aus öffentlichen Geldern stellte die Schuldnerberatung in der Vergangenheit bis heute vor die Frage nach einem Tätigkeits- und Wirksamkeitsnachweis (vgl. kritisch zu dieser Verbindung Rein 2013, S. 116). Daher wurden in der Vergangenheit und Gegenwart diverse Untersuchungen zur Evaluation der Arbeit der Schuldnerberatung durchgeführt. Einen Überblick vermitteln Ansen/Schwarting 2015, eine aktuelle Studie (Januar 2020) stammt aus der Schweiz (vgl. Gisler et al. 2020). Allen ist gleich, dass sie die positive Wirkung der Schuldnerberatung positiv belegen konnten (vgl. Ansen/Schwarting 2015, S. 47). Schon etwas älteren Datums, aber durch ihre Aufnahme in den 3. Armuts- und Reichtumsbericht der Bundesregierung herausgehoben, ist die Studie von Kuhlemann/Walbrühl (2008). Diese kamen in ihrer Studie zu folgenden Ergebnissen: Die Schuldenhöhe verringerte sich im Laufe eines Beratungsjahres um durchschnittlich 15,5 %. Die Arbeitsplatzsituation verbesserte sich signifikant. So stieg die Zahl der Klienten, die über einen sicheren Arbeitsplatz verfügen, von 27,7 auf 46 %, die von Klienten mit unsicheren Arbeitsplätzen sank von 15,2 auf 4,6 %. Waren zu Beginn der Beratung noch 49,6 % der Klienten ohne Arbeit, betrug diese Zahl nach einem Jahr in der Schuldnerberatung nur noch 39,2 %. Zur Folge hatte dies für die betreffende Kommune zweierlei: Zunächst sank die Anzahl der Leistungsbezieher um über 30 %; errechnet sparte die Kommune über 140.000 Euro ein. Neben diesen eher formalen Erfolgen änderte sich auch die persönliche Situation der Klienten. So verbesserte sich die seelische und körperliche Verfassung signifikant. Die Schuldnerberatung ermöglichte den Klienten ein planvolleres Umgehen mit der Schuldensituation, die bessere Einhaltung von Vereinbarungen und die aktive Bekämpfung der Ver- und Überschuldung. Zuletzt konnten auch soziale Bindungen wieder besser genutzt werden, die durch die vormalige Situation belastet worden waren. Diese Verbesserung der psychosozialen Situation konnte in der Folgezeit bei knapp 80 % der Klienten gefestigt werden.

Diese Ergebnisse sind natürlich positiv zu bewerten: Schuldnerberatung wirkt. Ob Wirksamkeitsnachweise vor dem Hintergrund der Ausführungen zu den sozialarbeiterischen Grundlagen einer Schuldnerberatung und der hier vorauszusetzenden Koproduktion mit dem Ratsuchenden sinnvoll und zielführend sind, sei an dieser Stelle aber mit einem deutlichen Fragezeichen versehen. Die wichtigen Ergebnisse im Sinne der Professionalisierung von Schuldnerberatung lassen sich eher im Rahmen der Selbstevaluation gewinnen, die wir oben (→ S. 224 ff.) dargestellt haben.

Diskussionsfragen

- Was bedeutet die Gewährleistungsverantwortung des Sozialhilfeträgers?
- Was zeichnet das sozialrechtliche Dreiecksverhältnis im Vergleich zur Erbringung einer Geldleistung aus?
- Wieso besteht für Nicht-Leistungsberechtigte kein Anspruch auf Schuldnerberatung nach dem SGB XII?
- Wieso kann der Abbruch einer Schuldnerberatung nach dem SGB II nicht nach § 31 SGB II sanktioniert werden?
- Welche Voraussetzungen besteht zur Anerkennung einer geeigneten Stelle im Sinne des § 305 Abs. 1 Nr. 1 InsO?
- Welche Anforderungen bestehen an eine persönliche Beratung nach § 305 Abs. 1 Nr. 1 InsO?
- Wieso ist die Frage der Wirksamkeit einer Schuldnerberatung aus dem Blickwinkel der Sozialen Arbeit schwierig?

Literatur zur Einführung

Homann, Carsten (2021): Recht (in) der Sozialen Schuldnerberatung. In: Mattes, Christoph/Rosenkranz, Simon/Witte, Matthias D. (Hrsg.): Das Soziale in der Schuldnerberatung. Hohengehren: Schneider, S. 185-199
Einführender Sammelbandbeitrag zu den rechtlichen Rahmenbedingungen von Schuldnerberatung

Rein, Andreas (2013): Qualität kostet Geld – Zur Finanzierung und rechtlichen Verankerung der Schuldnerberatung. In: BAG-SB Informationen, Jahrgang 2013, H. 2, S. 116-127
Fachzeitschriftenbeitrag zu den Finanzierungsgrundlagen von Schuldnerberatung
Groth, Ulf/Homann, Carsten/Hornung, Rita/Maltry, Christian/Peters, Sally/Richter, Claus/Tiffe, Achim/Zimmermann, Dieter/Zipf, Thomas (2021): Praxishandbuch Schuldnerberatung. Loseblattsammlung. 30. Ergänzungslieferung. Köln: Wolters Kluwer
Nachschlagewerk für die Praxis der Schuldnerberatung mit Ausführungen zu den sozialrechtlichen und organisatorischen Rahmenbedingungen

Weiterführende Literatur
Bieritz-Harder, Renate/Conradis, Wolfgang/Thie, Stephan (Hrsg.) (2020): Sozialgesetzbuch XII. Lehr- und Praxiskommentar. 12. Aufl. Baden-Baden: Nomos
Standardkommentar zum SGB XII
Henning, Kai; Lackmann, Frank; Rein, Andreas (Hrsg.) (2022): Privatinsolvenz. Insolvenzverfahren und Restschuldbefreiung. Handkommentar. 2. Aufl. Baden-Baden: Nomos
Kommentar für die Praxis zu den Vorschriften, die im Rahmen der Aufgabe der Insolvenzberatung zur Anwendung kommen können
Münder, Johannes/Geiger, Udo (Hrsg.) (2020): SGB II. Grundsicherung für Arbeitssuchende. 7. Aufl. Baden-Baden: Nomos
Standardkommentar zum SGB II

Kapitel 8: Anhang

Beispiel einer Vollmacht (→ S. 81, 200)

VOLLMACHT zur Schuldner- und Insolvenzberatung
Schweigepflichtentbindung der Gläubiger

Hiermit erteile ich (Name, Vorname): _____

geb. am _____

Anschrift: _____

der (Name Beratungsstelle): _____

vertreten durch

Name Berater*in: _____

bis auf Widerruf
die Vollmacht für mich/ für uns gegenüber allen Gläubigern zum Zwecke der Unterstützung bei der Regulierung meiner/unserer Schulden bei meinen/unseren Gläubigern die für die Beratung erforderlichen Einkünfte einzuholen, Unterlagen einzusehen und daraus Kopien zu fertigen.
Die Vollmacht erstreckt sich auf das Führen von außergerichtlichen Verhandlungen, die Abgabe von Erklärungen sowie das Treffen von Vereinbarungen in Bezug auf die Anerkennung, Ablehnung, Stundung, Erlass oder die Vereinbarung (Vergleich) von Rückzahlungsmodalitäten bestehender Gläubigerforderungen.

Die Vollmacht berechtigt außerdem zur Durchführung des gesetzlich vorgeschriebenen außergerichtlichen Einigungsversuches mit den Gläubigern auf der Grundlage eines Plans gemäß § 305 Abs. 1 InsO.
Die Vollmacht berechtigt außerdem zur Unterstützung und Hilfeleistung nach § 305 Abs. 4, 4 InsO und erstreckt sich auch auf die zulässige Rechtsbesorgung nach § 305 Abs. 4 InsO und § 8 RDG.
Im Zusammenhang mit der Geltendmachung meiner Ansprüche auf gesetzliche Sozialleistungen erstreckt sich die Vollmacht ferner auf das Recht, mit den entsprechenden Sozialleistungsträgern Informationen auszutauschen, Auskünfte einzuholen und Akteneinsicht zu nehmen.
Die Vollmacht erlischt durch schriftlichen Widerruf oder nach Abschluss oder endgültigem Abbruch des Beratungsprozesses; spätestens 3 Jahre nach deren Ausstellung.
Der Berater/die Beraterin ist berechtigt, alle Gläubiger, zu denen Kontakt bestand, über ein vorzeitiges Ende der Beratung zu unterrichten.

_____   _____
Ort, Datum   Unterschrift

Im Rahmen der vorstehend bezeichneten Zwecke entbinde ich alle meine Gläubiger, Gläubigervertreter, Finanzämter, Banken, Sparkassen und andere Geldinstitute sowie Versicherungen von datenschutzrechtlichen Beschränkungen, dem Finanz- und dem Bankgeheimnis beziehungsweise der Schweigepflicht nach § 203 StGB.

_____   _____
Ort, Datum   Unterschrift

Postzustellungsurkunde (PZU) / „gelber Umschlag" (→ S. 106)

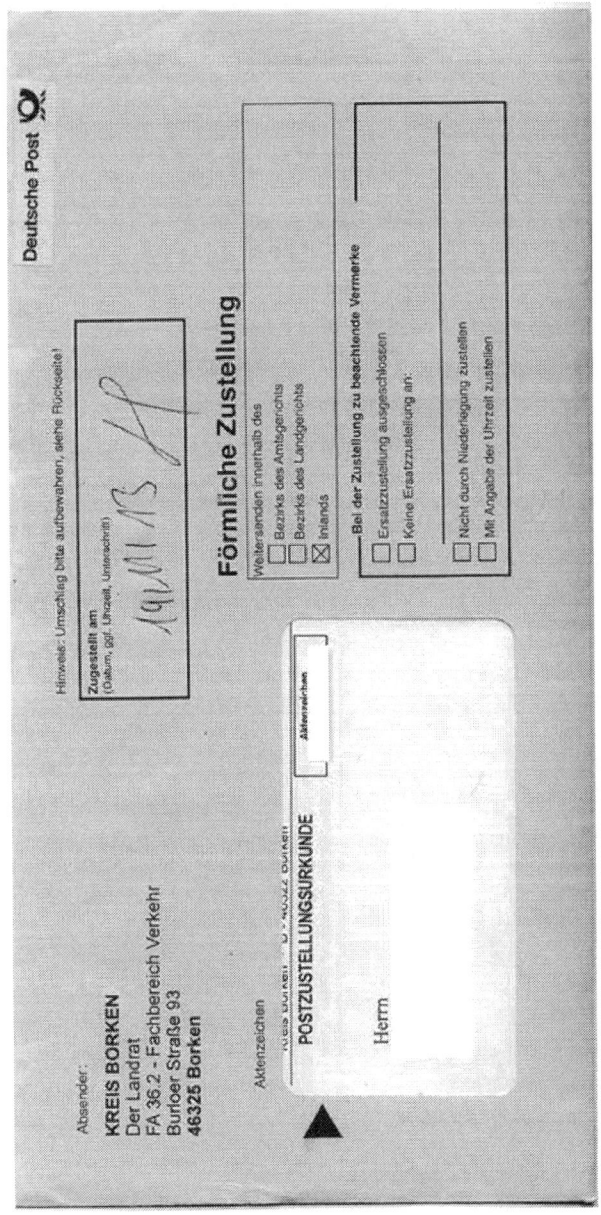

Vollstreckungsbescheid (→ S. 106)

VOLLSTRECKUNGSBESCHEID
vom 10.05.2017 aufgrund des am 12.04.2017
erlassenen und am 15.04.2017 zugestellten Mahnbescheids.
- Geschäftsnummer -
- Seite 1 von 2 -

Amtsgericht Hamburg-Altona
- Gemeinsames Mahngericht der Länder
Hamburg und Mecklenburg-Vorpommern -
Max-Brauer-Allee 89, 22765 Hamburg

Telefon: 040 42828-0
Telefax: 040 4279-83294

A102
Geschäftsnummer des Amtsgerichts
Bei Rückfragen an das Gericht stets angeben

Antragsgegner:

01304

Dieser Bescheid wurde dem Antragsgegner zugestellt am 18.05.2017.
Hamburg, den 18.05.2017.

Weitersenden innerhalb des Inlands

Amtsgericht Hamburg-Altona, 22747 Hamburg

Frau

Der Antragsteller macht folgenden Anspruch geltend:

I. Hauptforderung:
1. Kaufvertrag gem. Factoring-Dauerkonto   vom 23.03.16   2.604,55 EUR
2. Zinsrückstände/Verzugszinsen vom 30.07.16 bis 10.04.17   74,96 EUR

II. Verfahrenskosten (Streitwert: 2.679,51 EUR):
1. Gerichtskosten:
   - Gebühr (§§ 3, 34, Nr. 1100 KV GKG)   54,00 EUR
2. Auslagen des Antragstellers für dieses Verfahren:
   - Vergütung Inkassodienstleistung gem. § 4
     Abs.4 S.2 RDGEG   21,01 EUR
                                              Summe Kosten   75,01 EUR

III. Nebenforderungen:
1. Mahnkosten   37,00 EUR
2. Inkassokosten   281,30 EUR

IV. Zinsen:
1. laufende, vom Gericht ausgerechnete Zinsen zu Hauptforderung I.1:
   Zinsen von 5,000 Prozentpunkten über dem jeweils gültigen
   Basiszinssatz aus 2.604,55 EUR vom 11.04.17 bis 12.04.17   0,60 EUR

                                              Gesamtsumme   3.073,42 EUR

2. Hinzu kommen weitere laufende Zinsen zu Hauptforderung I.1:
   Zinsen von 5,000 Prozentpunkten über dem jeweils gültigen
   Basiszinssatz aus 2.604,55 EUR ab dem 13.04.17

Hinweis zu Hauptforderung I.1-2:
Die Forderung ist seit dem 17.10.16 an den Antragsteller abgetreten bzw. auf ihn
übergegangen. Früherer Gläubiger: Otto (GmbH & Co KG) in 22179 Hamburg

Der Antragsteller hat erklärt, dass der Anspruch von einer Gegenleistung abhänge, diese
aber erbracht sei.

Auf die Grundlage des Mahnbescheids ergeht Vollstreckungsbescheid wegen vorstehender
Beträge.

Die Kosten des Verfahrens haben sich ggf. um Gebühren und Auslagen für das Verfahren über
den Vollstreckungsbescheid erhöht.

Die Kosten des Verfahrens sind ab 10.05.2017 mit fünf Prozentpunkten über dem jeweiligen
Basiszinssatz zu verzinsen.

Prozessbevollmächtigte:

Reg. Inkassounternehmen (§ 10 RDG)
EOS Deutscher Inkasso-Dienst GmbH
Steindamm 71
20099 Hamburg
gesetzlich vertreten durch:
Geschäftsführer
der GmbH

Bankverbindung des Prozessbev.:
IBAN
BIC

Geschäftszeichen:

Antragsteller:

EOS Investment GmbH
Steindamm 71
20099 Hamburg

gesetzlich vertreten durch:
Geschäftsführer

Beachten Sie bitte die Hinweise auf der Rückseite
Ausfertigung für den Antragsteller   Rechtspfleger
                                             Maschinell erstellte Ausfertigung, ohne Unterschrift gültig

Vorläufiges Zahlungsverbot / Vorpfändung (→ S. 108)

Vorläufiges Zahlungsverbot vom 04.02.2022 zugestellt am 18.02.2022
Forderung: 922,41 € zzgl. Zinsen
Aktenzeichen:
Gläubiger: Telekom Deutschland GmbH, Landgrabenweg 151, 53227 Bonn
Vertreter:

Sehr geehrter Herr

der oben bezeichnete Pfändungsgläubiger hat alle gegenwärtigen und künftigen Guthaben auf Ihren bei uns geführten Konten gepfändet.

Aus diesem Grunde mussten wir folgende Konten sperren:
Folgende Konten sind der Pfändung zugeordnet:

Wir bitten Sie, sich an den obigen Gläubiger zu wenden, um Schritte einzuleiten, die die Aufhebung der Pfändung bewirken.

Sollte uns nicht innerhalb eines Monats die entsprechende Pfändung zugestellt werden, erlischt das vorläufige Zahlungsverbot durch Fristablauf.

Für Rückfragen steht ausschließlich oben genannter Gläubiger zur Verfügung.

Wir bitten um Beachtung des beigefügten Merkblattes.

Mit freundlichen Grüßen

Pfändungsbeschluss Konto – in Auszügen (→ S. 107, 122)

Raum für Kostenvermerke und Eingangsstempel

Amtsgericht Mainz

Vollstreckungsgericht

Diether-von-Isenburg-Straße

55116 Mainz

Gerichtsvollzieherin

Eing. 1 9. Feb. 2021

DR I / II _____ 121

Antrag auf Erlass eines Pfändungs- und Überweisungsbeschlusses insbesondere wegen gewöhnlicher Geldforderungen

Es wird beantragt, den nachfolgenden Entwurf als Beschluss auf ☒ Pfändung ☒ und ☒ Überweisung zu erlassen.

☒ Zugleich wird beantragt, die Zustellung zu vermitteln (☐ mit der Aufforderung nach § 840 der Zivilprozessordnung – ZPO).
☐ Die Zustellung wird selbst veranlasst.

Es wird gemäß dem nachfolgenden Entwurf des Beschlusses Antrag gestellt auf

☐ Zusammenrechnung mehrerer Arbeitseinkommen (§ 850e Nummer 2 ZPO)
☐ Zusammenrechnung von Arbeitseinkommen und Sozialleistungen (§ 850e Nummer 2a ZPO)
☐ Nichtberücksichtigung von Unterhaltsberechtigten (§ 850c Absatz 4 ZPO)
☐

Es wird beantragt,

☐ Prozesskostenhilfe zu bewilligen

☐ Frau Rechtsanwältin / Herrn Rechtsanwalt

beizuordnen,

☐ Prozesskostenhilfe wurde gemäß anliegendem Beschluss bewilligt.

Anlagen:
☒ Schuldtitel und _0_ Vollstreckungsunterlagen
☐ Erklärung über die persönlichen und wirtschaftlichen Verhältnisse nebst ___ Belegen
☐

☐ Verrechnungsscheck für Gerichtskosten
☒ Gerichtskostenstempler

☒ Ich drucke nur die ausgefüllten Seiten

1-5,8,9

(Bezeichnung der Seiten)
aus und reiche diese dem Gericht ein.

02.02.2021   Rechtsanwalt
Datum   (Unterschrift Antragsteller/-in)

Hinweis:
Soweit für den Antrag eine zweckmäßige Eintragungsmöglichkeit in diesem Formular nicht besteht, können ein geeignetes Freifeld sowie Anlagen genutzt werden.

Amtsgericht	Mainz
Anschrift:	Diether-von-Isenburg-Stra
	55116 Mainz

Geschäftszeichen:

☒ Pfändungs- ☒ und ☒ Überweisungs-Beschluss
in der Zwangsvollstreckungssache

des/der Herrn/Frau/Firma	REAL Solution Inkasso GmbH & Co. KG, vertreten	
	durch die Komplementärin REAL Solution	
	Verwaltungsgesellschaft mbH, vertr.d.d. GF	
	Normannenweg 32, 20537 Hamburg	
vertreten durch Herrn/Frau/Firma	KODIAK Rechtsanwaltsgesellschaft mbH	
	Normannenweg 30	
	20537 Hamburg	– Gläubiger –

Aktenzeichen des Gläubigervertreters

Bankverbindung	☐ des Gläubigers	☒ des Gläubigervertreters
IBAN:		
BIC: Angabe kann entfallen, wenn IBAN mit DE beginnt.		

gegen

Herrn/Frau/Firma	Frau	
vertreten durch Herrn/Frau/Firma		– Schuldner –

Aktenzeichen des Schuldnervertreters

Nach dem Vollstreckungstitel/den Vollstreckungstiteln
(den oder die Titel bitte nach Art, Gericht/Notar, Datum, Geschäftszeichen etc. bezeichnen)

Vollstreckungsbescheid des Amtsgerichts Hamburg-Altona vom   -

kann der Gläubiger von dem Schuldner nachfolgend aufgeführte Beträge beanspruchen: 3

351,99 €	☒ Hauptforderung ☐ Teilhauptforderung
0,00 €	☐ Restforderung aus Hauptforderung
€	☐ nebst _____ % Zinsen daraus/aus _____ Euro seit dem _____ ☐ bis _____
3,04 €	☒ nebst Zinsen in Höhe von ☒ 5 Prozentpunkten ☐ 2,5 Prozentpunkten ☐ 8 Prozentpunkten ☐ _____ Prozentpunkten über dem jeweiligen Basiszinssatz daraus/aus _____ 351,99 Euro seit dem 03.02.2021 ☐ bis _____
€	☐ Säumniszuschläge gemäß § 193 Absatz 6 Satz 2 des Versicherungsvertragsgesetzes
86,42 €	☒ titulierte vorgerichtliche Kosten ☐ Wechselkosten
113,60 €	☒ Kosten des Mahn-/Vollstreckungsbescheides
€	☐ festgesetzte Kosten
€	☐ nebst ☐ 4 % Zinsen ☐ _____ % Zinsen daraus/aus _____ Euro seit dem _____ ☐ bis _____
0,62 €	☒ nebst Zinsen in Höhe von ☒ 5 ☐ _____ Prozentpunkten über dem jeweiligen Basiszinssatz daraus/aus 113,80 _____ Euro seit dem 03.02.2021 ☐ bis _____
0,00 €	☐ bisherige Vollstreckungskosten
555,87 €	**Summe I**
€ (wenn Angabe möglich)	☐ gemäß Anlage(n) _____ (zulässig, wenn in dieser Aufstellung die erforderlichen Angaben nicht oder nicht vollständig eingetragen werden können)
555,87 € (wenn Angabe möglich)	**Summe II** (aus Summe I und Anlage(n) _____)

Wegen dieser Ansprüche sowie wegen der Kosten für diesen Beschluss (vgl. Kostenrechnung) und wegen der Zustellungskosten für diesen Beschluss wird/werden die nachfolgend aufgeführte/-n angebliche/-n Forderung/-en des Schuldners gegenüber dem Drittschuldner – einschließlich der künftig fällig werdenden Beträge – so lange gepfändet, bis der Gläubigeranspruch gedeckt ist.

Drittschuldner (genaue Bezeichnung des Drittschuldners: Firma bzw. Vor- und Zuname, vertretungsberechtigte Person/-en, jeweils mit Anschrift; Postfach-Angabe ist nicht zulässig; bei mehreren Drittschuldnern ist eine Zuordnung des Drittschuldners zu der/den zu pfändenden Forderung/-en vorzunehmen)

Herr/Frau/Firma

Anspruch aus D

_____ bank _____

_____

_____

_____

Forderung aus Anspruch

□ **A (an Arbeitgeber)**

□ **B (an Agentur für Arbeit bzw. Versicherungsträger)**

Art der Sozialleistung: _____

Konto-/Versicherungsnummer: _____

□ **C (an Finanzamt)**

☒ **D (an Kreditinstitute)**

□ **E (an Versicherungsgesellschaften)**

Konto-/Versicherungsnummer: _____

□ **F (an Bausparkassen)**

□ **G**

□ **gemäß gesonderter Anlage(n)** _____

Anspruch A (an Arbeitgeber)

1. auf Zahlung des gesamten gegenwärtigen und künftigen Arbeitseinkommens (einschließlich des Geldwertes von Sachbezügen)

2. auf Auszahlung des als Überzahlung jeweils auszugleichenden Erstattungsbetrages aus dem durchgeführten Lohnsteuer-Jahresausgleich sowie aus dem Kirchenlohnsteuer-Jahresausgleich für

das Kalenderjahr _____ und für alle folgenden Kalenderjahre

3. auf

Anspruch B (an Agentur für Arbeit bzw. Versicherungsträger)

auf Zahlung der gegenwärtig und künftig nach dem Sozialgesetzbuch zustehenden Geldleistungen. Die Art der Sozialleistungen ist oben angegeben.

Anspruch A und B

Die für die Pfändung von Arbeitseinkommen geltenden Vorschriften der §§ 850 ff. ZPO in Verbindung mit der Tabelle zu § 850c Absatz 3 ZPO in der jeweils gültigen Fassung sind zu beachten.

Anspruch C (an Finanzamt)

auf Auszahlung

1. des als Überzahlung auszugleichenden Erstattungsbetrages bzw. des Überschusses, der sich als Erstattungsanspruch bei Abrechnung der auf die Einkommensteuer (nebst Solidaritätszuschlag) und Kirchensteuer sowie Körperschaftsteuer anzurechnenden Leistungen für das abgelaufene Kalen-

derjahr _____ und für alle früheren Kalenderjahre ergibt

2. des Erstattungsbetrages, der sich aus dem Erstattungsanspruch zu viel gezahlter Kraftfahrzeug-

steuer für das Kraftfahrzeug mit dem amtlichen Kennzeichen _____ ergibt

Erstattungsgrund:

Anspruch D (an Kreditinstitute)

1. auf Zahlung der zu Gunsten des Schuldners bestehenden Guthaben seiner sämtlichen Girokonten

    (insbesondere seines Kontos _____) bei diesem Kreditinstitut einschließ-
    lich der Ansprüche auf Gutschrift der eingehenden Beträge; mitgepfändet wird die angebliche
    (gegenwärtige und künftige) Forderung des Schuldners an den Drittschuldner auf Auszahlung
    eines vereinbarten Dispositionskredits („offene Kreditlinie"), soweit der Schuldner den Kredit in
    Anspruch nimmt

2. auf Auszahlung des Guthabens und der bis zum Tag der Auszahlung aufgelaufenen Zinsen sowie
    auf fristgerechte bzw. vorzeitige Kündigung der für ihn geführten Sparguthaben und/oder Fest-

    geldkonten, insbesondere aus Konto _____

3. auf Auszahlung der bereitgestellten, noch nicht abgerufenen Darlehensvaluta aus einem Kreditge-
    schäft, wenn es sich nicht um zweckgebundene Ansprüche handelt

4. auf Zahlung aus dem zum Wertpapierkonto gehörenden Gegenkonto, insbesondere aus

    Konto _____ , auf dem die Zinsgutschriften für die festverzinslichen Wertpa-
    piere gutgebracht sind

5. auf Zutritt zu dem Bankschließfach Nr. _____ und auf Mitwirkung des Drittschuld-
    ners bei der Öffnung des Bankschließfachs bzw. auf die Öffnung des Bankschließfachs allein
    durch den Drittschuldner zum Zweck der Entnahme des Inhalts

6. auf

Hinweise zu Anspruch D:

Auf § 835 Absatz 3 Satz 2 ZPO (Zahlungsmoratorium von vier Wochen) und § 835 Absatz 4 ZPO wird der
Drittschuldner hiermit hingewiesen.
Pfändungsschutz für Kontoguthaben und Verrechnungsschutz für Sozialleistungen und für Kindergeld
werden seit dem 1. Januar 2012 nur für Pfändungsschutzkonten nach § 850k ZPO gewährt.

Anspruch E (an Versicherungsgesellschaften)

1. auf Zahlung der Versicherungssumme, der Gewinnanteile und des Rückkaufwertes aus der
    Lebensversicherung/den Lebensversicherungen, die mit dem Drittschuldner abgeschlossen
    ist/sind

2. auf das Recht zur Bestimmung desjenigen, zu dessen Gunsten im Todesfall die Versicherungs-
    summe ausgezahlt wird, bzw. auf das Recht zur Bestimmung einer anderen Person an Stelle der
    von dem Schuldner vorgesehenen

3. auf das Recht zur Kündigung des Lebens-/Rentenversicherungsvertrages, auf das Recht auf
    Umwandlung der Lebens-/Rentenversicherung in eine prämienfreie Versicherung sowie auf das
    Recht zur Aushändigung der Versicherungspolice

Ausgenommen von der Pfändung sind Ansprüche aus Lebensversicherungen, die nur auf den Todesfall
des Versicherungsnehmers abgeschlossen sind, wenn die Versicherungssumme den in § 850b Absatz 1
Nummer 4 ZPO in der jeweiligen Fassung genannten Betrag nicht übersteigt.

Anspruch F (an Bausparkassen)

aus dem über eine Bausparsumme von (mehr oder weniger) _____ Euro

abgeschlossenen Bausparvertrag Nr. _____
insbesondere Anspruch auf _____ ,

1. Auszahlung des Bausparguthabens nach Zuteilung

2. Auszahlung der Sparbeiträge nach Einzahlung der vollen Bausparsumme

3. Rückzahlung des Sparguthabens nach Kündigung

4. das Kündigungsrecht selbst und das Recht auf Änderung des Vertrags

5. auf

Der dem Schuldner danach zu belassende weitere Teil seines Arbeitseinkommens darf jedoch den Betrag nicht übersteigen, der ihm nach der Tabelle des § 850c Absatz 3 ZPO bei voller Berücksichtigung der genannten unterhaltsberechtigten Person zu verbleiben hätte. **8**

☒ **Es wird angeordnet, dass**

☐ der Schuldner die Lohn- oder Gehaltsabrechnung oder die Verdienstbescheinigung einschließlich der entsprechenden Bescheinigungen der letzten drei Monate vor Zustellung des Pfändungs- und Überweisungsbeschlusses an den Gläubiger herauszugeben hat

☒ der Schuldner das über das jeweilige Sparguthaben ausgestellte Sparbuch (bzw. die Sparurkunde) an den Gläubiger herauszugeben hat und dieser das Sparbuch (bzw. die Sparurkunde) unverzüglich dem Drittschuldner vorzulegen hat

☒ ein von dem Gläubiger zu beauftragender Gerichtsvollzieher für die Pfändung des Inhalts Zutritt zum Schließfach zu nehmen hat

☐ der Schuldner die Versicherungspolice an den Gläubiger herauszugeben hat und dieser sie unverzüglich dem Drittschuldner vorzulegen hat

☐ der Schuldner die Bausparurkunde und den letzten Kontoauszug an den Gläubiger herauszugeben hat und dieser die Unterlagen unverzüglich dem Drittschuldner vorzulegen hat

☐

☐ **Sonstige Anordnungen:**

Der Drittschuldner darf, soweit die Forderung gepfändet ist, an den Schuldner nicht mehr zahlen. Der Schuldner darf insoweit nicht über die Forderung verfügen, sie insbesondere nicht einziehen.

☒ **Zugleich wird dem Gläubiger die zuvor bezeichnete Forderung in Höhe des gepfändeten Betrages**

☒ zur Einziehung überwiesen.   ☐ an Zahlungs statt überwiesen.

9

Ausgefertigt:

(Datum,
Unterschrift Rechtspfleger

(Datum,
Unterschrift Urkundsbeamter der Geschäftsstelle)

I.	Gerichtskosten		
	Gebühr gemäß GKG KV Nr. 2111		22,00 €
II.	Anwaltskosten gemäß RVG		
	Gegenstandswert:	555,87 €	
	1. Verfahrensgebühr		
	VV Nr. 3309, ggf. i. V. m. Nr. 1008	26,40 €	
	2. Auslagenpauschale		
	VV Nr. 7002	5,28 €	
	3. Umsatzsteuer		
	VV Nr. 7008	0,00 €	
	Summe von II.		31,68 €
	Summe von I. und II.:		53,68 €

☐ Inkassokosten gemäß § 4 Absatz 4 des Einführungsgesetzes zum Rechtsdienstleistungsgesetz (RDGEG) gemäß Anlage(n)

Ladung zur Abgabe der Vermögensauskunft (→ S. 117)

Obergerichtsvollzieher	Büro:

Sprechzeiten im Büro:
Dienstag   16.00-17.30 Uhr
Donnerstag 08.00-08.30 Uhr

Sprechzeiten im AG
Montag   14.00-15.00 Uhr

Telefon (im Büro):

OGV

Mobil (soweit erreichbar):

e-mail:

Bankverbindung:
IBAN:

Mein Zeichen   Ihr Zeichen

DR II   21   den 15.05.2021
Bitte immer angeben!

Zwangsvollstreckungssache
      BFS health finance GmbH, Hülshof 24, 44369 Dortmund
vertr. d.   Rehborn, Brüderweg 9, 44135 Dortmund, Aktz.   Tel.
              Fax   E-Mail
gegen   Frau

Sehr geehrte Frau

in oben genannter Sache haben Sie Ihre Zahlungszusage nicht eingehalten.
Die Ratenbewilligung ist somit hinfällig

Die Restforderung beträgt jetzt

2.429,07 EUR

und ist sofort auf mein o. a. Dienstkonto zu zahlen.

Vorsorglich wird für den Fall der Nichtzahlung Termin zur Abgabe der Vermögensauskunft bestimmt auf:

Freitag, den 02.07.21, 10:30 Uhr,
Amtsgericht

Zu diesem Termin werden Sie hiermit geladen.

Bitte bringen Sie u.a. zum Termin mit: den gültigen Personalausweis, Sozialversicherungsausweis,
Ehevertrag o.ä., Unterlagen über Bankkonten, Depots, Lebensversicherungen, Sterbe- und Bausparkassen, Sparverträge,
Kfz-Papiere / Zulassungsbescheide sowie evtl. Arbeitslosen- oder Rentenbescheide, Lohnabrechnungen, Pacht- und
Mietverträge, Angaben über unterhaltsberechtigte Personen, Bescheide über Sozialleistungen sowie Papiere über
Forderungen, die Ihnen gegenüber Dritten zustehen.

In dem Termin müssen Sie ein Verzeichnis Ihres Vermögens vorlegen.

Ein Vordruck für das Vermögensverzeichnis ist beigefügt. Die Vermögensauskunft ist stets persönlich
abzugeben. Daher ist die bloße Übersendung des ausgefüllten Vordrucks nicht ausreichend.

Sollten Sie Einwendungen erheben wollen, so müssen Sie beim hiesigen Vollstreckungsgericht den Rechtsbehelf
der Erinnerung nach § 766 ZPO einlegen.

Falls Sie zu dem Termin nicht erscheinen oder wenn Sie sich grundlos weigern, die Vermögensauskunft

Telefon im Büro: E-Mail   Dienstkonto:

Mobil:

abzugeben, wird auf Antrag

Haftbefehl

gegen Sie erlassen.

Die Abgabe der Vermögensauskunft, eine grundlose Weigerung oder ein Nichterscheinen zum Termin führen zu einer Eintragung in das <u>Schuldnerverzeichnis</u>.

Kommen Sie Ihrer Pflicht zur Abgabe der Vermögensauskunft nicht nach, darf der Gerichtsvollzieher Auskünfte gemäß § 802 I ZPO dem Bundeszentralamt für Steuern oder dem Kraftfahrbundesamt einholen; wenn die zu vollstreckenden Ansprüche mehr als 500 EURO betragen, auch bei der Deutschen Rentenversicherung.

Mit freundlichen Grüßen

Obergerichtsvollzieher
beim Amtsgericht

P-Konto Bescheinigung am Fall Rita (→ S. 125)

Bescheinigung

nach § 903 Abs. 1 ZPO über die gemäß §§ 902 und 904 ZPO
von der Pfändung nicht erfassten Beträge auf einem Pfändungsschutzkonto

I. Bezeichnung der bescheinigenden Person oder Stelle nach § 903 Abs. 1 Satz 2 ZPO	Name	Schuldnerberatung		
	Straße		Hausnummer	
	Postleitzahl	Ort		
	Ansprechpartner:in			

Die Bescheinigung wird erteilt als

☐ geeignete Person gemäß § 305 Abs. 1 Nr. 1 InsO
☑ geeignete Stelle gemäß § 305 Abs. 1 Nr. 1 InsO
  Anerkennende Behörde/ Gericht:
  Datum des Bescheids: _____ Aktenzeichen: _____
☐ Arbeitgeber ☐ Sozialleistungsträger ☐ sonstiger Leistungsträger (§ 902 ZPO) ☐ Familienkasse

II. Angaben zum Kontoinhaber und Pfändungsschutz- konto	Kontoinhaber:in	Rita	Geburtsdatum	09.11.1983
	Anschrift			
	Kreditinstitut	Sparkasse		
	IBAN	DE92		

III. Ermittlung des pfändungsfreien Betrages	☑ **Grundfreibetrag** des Schuldners (= Kontoinhaber) derzeit[1] (§ 899 Abs. 1 ZPO in Verbindung mit § 850c Abs. 1 iVm Abs. 4 ZPO) **in Höhe von**	**1.252,64 €**
	☑ **Erhöhungsbetrag für die erste Person** derzeit[1] in Höhe von 471,44 € a) der aufgrund gesetzlicher Verpflichtung Unterhalt gewährt wird oder b) für die der Schuldner Geldleistungen nach SGB II/ XII oder c) Geldleistungen nach dem AsylbLG entgegennimmt (§ 902 Satz 1 Nr. 1 a – c ZPO) **in Höhe von**	**471,44 €**
	Erhöhungsbetrag für ☐ eine ☐ zwei ☐ drei ☐ vier weitere Person(en) derzeit[1] iHv von je 262,65 € a) der aufgrund gesetzlicher Verpflichtung Unterhalt gewährt wird oder b) für die der Schuldner Geldleistungen nach SGB II/ XII oder c) dem Asylbewerberleistungsgesetz entgegennimmt (§ 902 Satz 1 Nr. 1a – c ZPO) **in Höhe von**	
IV. weitere laufende monatliche Geldleistungen	☐ **Laufende Geldleistungen, die dem Schuldner selbst** gem. SGB II, XII oder AsylbLG gewährt werden und den Grundfreibetrag übersteigen (§ 902 Satz 1 Nr. 4 ZPO) **in Höhe von**	
	☐ **Laufende Geldleistungen** zum Ausgleich des durch einen **Körper- oder Gesundheitsschaden** bedingten Mehraufwandes (§ 902 Satz 1 Nr. 2 ZPO iVm § 54 Abs. 3 Nr. 3 SGB I) **in Höhe von**	
	☐ Laufende Geldleistungen für den Schuldner selbst nach landes- und bundesrechtlichen Rechtsvorschriften, die unpfändbar sind (§ 902 Satz 1 Nr. 6 ZPO) **in Höhe von**	
	☑ **Kindergeld** für (§ 902 Satz 1 Nr. 5 ZPO)[2] ☑ Kind 1 geboren im Monat/Jahr 8/2018 in Höhe 219,00 € ☐ Kind 2 geboren im Monat/Jahr in Höhe ☐ Kind 3 geboren im Monat/Jahr in Höhe ☐ Kind 4 geboren im Monat/Jahr in Höhe ☐ Kind 5 geboren im Monat/Jahr in Höhe ☐ weitere Kinder[3] (Anzahl 0) in Höhe 0,00 €	**219,00 €**
	☐ **Andere gesetzliche Geldleistung(en) für Kinder** - z. B. Kinderzuschlag und vergleichbare Rentenbestandteile (§ 902 Satz 1 Nr. 5 ZPO) **in Höhe von**	
	Monatlicher Gesamtfreibetrag	**1.943,08 €**
V. Ermittlung des einmaligen Freibetrags	**Einmalige Freibeträge**	
	☐ **Einmalige Sozialleistungen** (§ 902 Satz 1 Nr. 2 iVm § 54 Abs. 2 SGB I) **in Höhe von**	**0,00 €**
	☐ **Einmalige Geldleistungen für den Schuldner selbst** nach landes- oder bundesrechtlichen Rechtsvorschriften (§ 902 Satz 1 Nr. 6 ZPO) **in Höhe von**	
	☐ **Nachzahlung laufender Geldleistungen** (SGB II/ XII, AsylbLG, Kindergeld, andere Geldleistungen für Kinder nach landes- und bundesrechtlichen Recht) – Einmalbetrag (§ 904 Abs. 4 iVm Abs. 1 ZPO) **in Höhe von**	
	☐ **Nachzahlung sonstiger laufender Geldleistungen** nach dem SGB oder Arbeitseinkommen **bis 500 € Nachzahlbetrag** – Einmalbetrag (§ 904 Abs. 2 ZPO) **in Höhe von**	
	☐ **Geldleistungen der Stiftung „Mutter und Kind – Schutz des ungeborenen Lebens"** (§ 902 Satz 1 Nr. 3 ZPO) **in Höhe von**	

Ingelheim, 22.02.2022
_____
(Ort, Datum)

_____
(Unterschrift/ Stempel der bescheinigenden Person oder Stelle)

[1] die Freibeträge werden jährlich zum 01.07. angepasst
[2] bei jedem Kind ist der Geburtsmonat und das Geburtsjahr einzutragen
[3] sind auf einem Zusatzblatt gesondert aufgelistet

**Arbeitsgemeinschaft Schuldnerberatung der Verbände (AG SBV) vom 21.09.2021
in Absprache mit der Deutschen Kreditwirtschaft (DK) – Stand: 01.12.2021**

Pfändungsbeschluss Vorrechtsbereich Unterhalt 850d ZPO (→ S. 128)

— Kopie —

Amtsgericht Bingen am Rhein

Vollstreckungsgericht

Mainzer Str. 52

55411 Bingen am Rhein

Raum für Kostenvermerke und Eingangsstempel

(vertical text, left margin:) Antrag auf Erlass eines Pfändungs- und Überweisungsbeschlusses wegen Unterhaltsforderungen nach § 829 ZPO – gen. 07.2014 – Justizvollzugsanstalt Bochum

Hinweis:
Soweit für den Antrag eine zweckmäßige Eintragungsmöglichkeit in diesem Formular nicht besteht, können ein geeignetes Freifeld sowie Anlagen genutzt werden.

Antrag auf Erlass eines Pfändungs- und Überweisungsbeschlusses wegen Unterhaltsforderungen   1

Es wird beantragt, den nachfolgenden Entwurf als Beschluss auf ☒ Pfändung ☒ und ☒ Überweisung zu erlassen.

☒ Zugleich wird beantragt, die Zustellung zu vermitteln (☒ mit der Aufforderung nach § 840 der Zivilprozessordnung – ZPO).

☐ Die Zustellung wird selbst veranlasst.

Es wird gemäß dem nachfolgenden Entwurf des Beschlusses Antrag gestellt auf

☐ Zusammenrechnung mehrerer Arbeitseinkommen (§ 850e Nummer 2 ZPO)

☐ Zusammenrechnung von Arbeitseinkommen und Sozialleistungen (§ 850e Nummer 2a ZPO)

☐ _____

Es wird beantragt,

☐ Prozesskostenhilfe zu bewilligen

☐ Frau Rechtsanwältin / Herrn Rechtsanwalt

beizuordnen.

☐ Prozesskostenhilfe wurde gemäß anliegendem Beschluss bewilligt.

Anlagen:

☒ Schuldtitel und _1_ Vollstreckungsunterlagen

☐ Erklärung über die persönlichen und wirtschaftlichen Verhältnisse nebst ___ Belegen

☒ Gläubiger hat Kostenfreiheit gemäß § 2 GKG und § 2 GVKostG.

☐ Verrechnungsscheck für Gerichtskosten

☐ Gerichtskostenstempler

☐ Ich drucke nur die ausgefüllten Seiten

_____
(Bezeichnung der Seiten)
aus und reiche diese dem Gericht ein.

Im Auftrag

16.05.2017
Datum   (Unterschrift Antragsteller / -in)

Amtsgericht	Bingen am Rhein	N
Anschrift:	Mainzer Str. 52	(:
	55411 Bingen am Rhein	

| Geschäftszeichen: | |

☒ Pfändungs- ☒ und ☒ Überweisungs-Beschluss
in der Zwangsvollstreckungssache

des / der Herrn / Frau	Landes Rheinland-Pfalz	
	vertreten durch den Landkreis	
geboren am (Angabe des Geburtsdatums bei Minderjährigen sinnvoll)		
gesetzlich vertreten durch Herrn / Frau		
vertreten durch Herrn / Frau / Firma		– Gläubiger –
Aktenzeichen des Gläubigervertreters		
Bankverbindung	☒ des Gläubigers	☐ des Gläubigervertreters
IBAN:		
BIC: Angabe kann entfallen, wenn IBAN mit DE beginnt.		

gegen

Herrn / Frau	geb.	
vertreten durch Herrn / Frau / Firma		– Schuldner –
Aktenzeichen des Schuldnervertreters		

Nach dem Vollstreckungstitel / den Vollstreckungstiteln
(den oder die Titel bitte nach Art, Gericht / Notar / Jugendamt, Datum, Geschäftszeichen etc. bezeichnen)

Beschluss des Amtsgerichtes Bingen am Rhein vom   Az.

3

---

kann der Gläubiger von dem Schuldner nachfolgend aufgeführte Beträge beanspruchen:

I. Unterhaltsrückstand

4.561,00 €	☒ Unterhaltsrückstand für die Zeit vom 01.09.2014 ☒ bis 31.05.2017
€	☐ nebst ____ % Zinsen seit dem _____ ☐ bis _____
€	☐ nebst Zinsen in Höhe von 5 Prozentpunkten über dem jeweiligen Basiszinssatz seit dem _____ ☐ bis _____
€ (wenn Angabe möglich)	☒ gemäß Anlage(n) Forderungsaufstellung (zulässig, wenn in dieser Aufstellung die erforderlichen Angaben nicht oder nicht vollständig eingetragen werden können)

II. Nur auszufüllen bei statischer Unterhaltsrente

Unterhalt für   ☐ Kind   ☐ Ehegatten   ☐ Lebenspartner / -in

☐ Elternteil nach §1615l des Bürgerlichen Gesetzbuches (BGB)   ☐ Eltern   ☐ Enkel

Der Unterhalt ist zu zahlen   ☐ wöchentlich   ☐ monatlich   ☐ vierteljährlich

☐ laufend ab _____   ☐ zahlbar am _____
                          (Wochentag bzw. bezifferten Tag des Monats oder des Jahres angeben)

☐ jeder Woche   ☐ jeden Monats   ☐ jeden Jahres   ☐ bis _____

€	☐ Unterhalt bis zur Vollendung des **sechsten** Lebensjahres des Kindes
€	☐ Unterhalt von der Vollendung des **sechsten** Lebensjahres bis zur Vollendung des **zwölften** Lebensjahres des Kindes
€	☐ Unterhalt von der Vollendung des **zwölften** Lebensjahres bis zur Vollendung des **achtzehnten** Lebensjahres des Kindes
€	☐ Unterhalt von der Vollendung des **achtzehnten** Lebensjahres des Gläubigers an
€	☐ Unterhalt vom _____ bis _____
€	☐ Unterhalt vom _____ bis _____
€	☐ Unterhalt vom _____ bis _____
€ (wenn Angabe möglich)	☐ gemäß Anlage(n) _____ (vgl. Hinweis zu I.)

III. Nur auszufüllen bei dynamisierter Unterhaltsrente

☒ Unterhalt, veränderlich gemäß dem Mindestunterhalt nach § 1612a Absatz 1 BGB, zahlbar am Ersten jeden Monats, laufend ab 01.06.2017 ☒ bis 06.06.2017

_____ Prozent des Mindestunterhalts der **ersten Altersstufe,**

☐ abzüglich ☐ des hälftigen ☐ des vollen Kindergeldes für ein

☐ erstes/zweites ☐ drittes ☐ _____ Kind

☐ abzüglich Kindergeld in Höhe von _____ €
☐ abzüglich sonstiger kindbezogener Leistungen in Höhe von _____ €

(derzeitiger monatlicher Zahlbetrag des Unterhalts: _____ €) bis zur Vollendung des **sechsten** Lebensjahres des Kindes (Zeitraum vom _____ bis _____)

100,00 Prozent des Mindestunterhalts der **zweiten Altersstufe,**

☒ abzüglich ☐ des hälftigen ☒ des vollen Kindergeldes für ein

☒ erstes/zweites ☐ drittes ☐ _____ Kind

☐ abzüglich Kindergeld in Höhe von _____ €
☐ abzüglich sonstiger kindbezogener Leistungen in Höhe von _____ €

(derzeitiger monatlicher Zahlbetrag des Unterhalts: 201,00 €) vom **siebenten** bis zur Vollendung des **zwölften** Lebensjahres des Kindes (Zeitraum vom 01.06.2017 bis 06.06.2017)

_____ Prozent des Mindestunterhalts der **dritten Altersstufe,**

☐ abzüglich ☐ des hälftigen ☐ des vollen Kindergeldes für ein

☐ erstes/zweites ☐ drittes ☐ _____ Kind

☐ abzüglich Kindergeld in Höhe von _____ €
☐ abzüglich sonstiger kindbezogener Leistungen in Höhe von _____ €

(derzeitiger monatlicher Zahlbetrag des Unterhalts: _____ €) ab dem **dreizehnten** Lebensjahr des Kindes (Zeit ab dem _____

☒ ~~gemäß Anlage(n)~~ Unterhalt für Juni 2017= 6 Tage à (201/30=) 6,70 € = 41,00 € (aufgerundet) (vgl. Hinweis Seite 3 zu I.)

IV. Kosten

_____ €	☐ festgesetzte Kosten	
_____ €	☐ nebst ☐ 4 % Zinsen ☐ _____ % Zinsen daraus/aus _____ Euro	
	seit dem _____ ☐ bis _____	
_____ €	☐ nebst Zinsen in Höhe von ☐ 5 ☐ _____ Prozentpunkten über dem jeweiligen	
	Basiszinssatz daraus/aus _____ Euro	
	seit dem _____ ☐ bis _____	
_____ €	☐ bisherige Vollstreckungskosten	
_____ €	☐ gemäß Anlage(n) _____	
(wenn Angabe möglich)	(vgl. Hinweis Seite 3 zu I.)	

Wegen dieser Ansprüche einschließlich der künftig fällig werdenden Beträge sowie wegen der Kosten für diesen Beschluss (vgl. Kostenrechnung) und wegen der Zustellungskosten für diesen Beschluss wird/werden die nachfolgend aufgeführte/-n angebliche/-n Forderung/-en des Schuldners gegenüber dem Drittschuldner – einschließlich der künftig fällig werdenden Beträge – so lange gepfändet, bis der Gläubigeranspruch gedeckt ist.

5

Drittschuldner (genaue Bezeichnung des Drittschuldners: Firma bzw. Vor- und Zuname, vertretungsberechtigte Person/-en, jeweils mit Anschrift; Postfach-Angabe ist nicht zulässig; bei mehreren Drittschuldnern ist eine Zuordnung des Drittschuldners zu der/den zu pfändenden Forderung/-en vorzunehmen)

Herr/Frau/Firma

Forderung aus Anspruch

☒ A (an Arbeitgeber)

☐ B (an Agentur für Arbeit bzw. Versicherungsträger)

Art der Sozialleistung:

Konto-/Versicherungsnummer:

☐ C (an Finanzamt)

☐ D (an Kreditinstitute)

☐ E (an Versicherungsgesellschaften)

Konto-/Versicherungsnummer:

☐ F (an Bausparkassen)

☐ G

☐ gemäß gesonderter Anlage(n)

Anspruch A (an Arbeitgeber)

1. auf Zahlung des gesamten gegenwärtigen und künftigen Arbeitseinkommens (einschließlich des
   Geldwertes von Sachbezügen)

2. auf Auszahlung des als Überzahlung jeweils auszugleichenden Erstattungsbetrages aus dem
   durchgeführten Lohnsteuer-Jahresausgleich sowie aus dem Kirchenlohnsteuer-Jahresausgleich für

   das Kalenderjahr 2017   und für alle folgenden Kalenderjahre

3. auf

Anspruch B (an Agentur für Arbeit bzw. Versicherungsträger)

auf Zahlung der gegenwärtig und künftig nach dem Sozialgesetzbuch zustehenden Geldleistungen.
Die Art der Sozialleistungen ist oben angegeben.

Anspruch A und B

Die für die Pfändung von Arbeitseinkommen geltenden Vorschriften der §§ 850 ff. ZPO in Verbindung mit
der Tabelle zu § 850c Absatz 3 ZPO in der jeweils gültigen Fassung sind zu beachten.

Anspruch C (an Finanzamt)

auf Auszahlung

1. des als Überzahlung auszugleichenden Erstattungsbetrages bzw. des Überschusses, der sich
   Erstattungsanspruch bei Abrechnung der auf die Einkommensteuer (nebst Solidaritätszuschlag
   und Kirchensteuer sowie Körperschaftsteuer anzurechnenden Leistungen für das abgelaufene
   Kalenderjahr _____ und für alle früheren Kalenderjahre ergibt

2. des Erstattungsbetrages, der sich aus dem Erstattungsanspruch zu viel gezahlter Kraftfahrzeug
   steuer für das Kraftfahrzeug mit dem amtlichen Kennzeichen _____ ergibt

   Erstattungsgrund:
   _____
   _____
   _____

Anspruch D (an Kreditinstitute)

1. auf Zahlung der zu Gunsten des Schuldners bestehenden Guthaben seiner sämtlichen Girokonten
   (insbesondere seines Kontos _____) bei diesem Kreditinstitut einschließlich
   der Ansprüche auf Gutschrift der eingehenden Beträge; mitgepfändet wird die angebliche (gegenwär-
   tige und künftige) Forderung des Schuldners an den Drittschuldner auf Auszahlung eines vereinbarten Dispositionskredits („offene Kreditlinie"), soweit der Schuldner den Kredit in Anspruch nimmt

2. auf Auszahlung des Guthabens und der bis zum Tag der Auszahlung aufgelaufenen Zinsen sowie
   auf fristgerechte bzw. vorzeitige Kündigung der für ihn geführten Sparguthaben und/oder Fest-
   geldkonten, insbesondere aus Konto _____

3. auf Auszahlung der bereitgestellten, noch nicht abgerufenen Darlehensvaluta aus einem Kreditge-
   schäft, wenn es sich nicht um zweckgebundene Ansprüche handelt

4. auf Zahlung aus dem zum Wertpapierkonto gehörenden Gegenkonto, insbesondere aus
   Konto _____ , auf dem die Zinsgutschriften für die festverzinslichen Wertpa-
   piere gutgebracht sind

5. auf Zutritt zu dem Bankschließfach Nr. _____ und auf Mitwirkung des Drittschuld-
   • ners bei der Öffnung des Bankschließfachs bzw. auf die Öffnung des Bankschließfachs allein
   durch den Drittschuldner zum Zweck der Entnahme des Inhalts

6. auf
   _____
   _____
   _____

Hinweise zu Anspruch D:

Auf § 835 Absatz 3 Satz 2 ZPO (Zahlungsmoratorium von vier Wochen) und § 835 Absatz 4 ZPO wird der
Drittschuldner hiermit hingewiesen.

Pfändungsschutz für Kontoguthaben und Verrechnungsschutz für Sozialleistungen und für Kindergeld
werden seit dem 1. Januar 2012 nur für Pfändungsschutzkonten nach § 850k ZPO gewährt.

Anspruch E (an Versicherungsgesellschaften)

1. auf Zahlung der Versicherungssumme, der Gewinnanteile und des Rückkaufwertes aus der
   Lebensversicherung/den Lebensversicherungen, die mit dem Drittschuldner abgeschlossen
   ist/sind

2. auf das Recht zur Bestimmung desjenigen, zu dessen Gunsten im Todesfall die Versicherungssumme ausgezahlt wird, bzw. auf das Recht zur Bestimmung einer anderen Person an Stelle der
   von dem Schuldner vorgesehenen

3. auf das Recht zur Kündigung des Lebens-/Rentenversicherungsvertrages, auf das Recht auf
   Umwandlung der Lebens-/Rentenversicherung in eine prämienfreie Versicherung sowie auf das
   Recht zur Aushändigung der Versicherungspolice

Ausgenommen von der Pfändung sind Ansprüche aus Lebensversicherungen, die nur auf den Todesfall
des Versicherungsnehmers abgeschlossen sind, wenn die Versicherungssumme den in § 850b Absatz 1
Nummer 4 ZPO in der jeweiligen Fassung genannten Betrag nicht übersteigt.

7

nspruch F (an Bausparkassen)

ch aus dem über eine Bausparsumme von (mehr oder weniger) _____ Euro
lag
le bgeschlossenen Bausparvertrag Nr. _____

sbesondere Anspruch auf
19 1. Auszahlung des Bausparguthabens nach Zuteilung
2. Auszahlung der Sparbeiträge nach Einzahlung der vollen Bausparsumme
3. Rückzahlung des Sparguthabens nach Kündigung
4. das Kündigungsrecht selbst und das Recht auf Änderung des Vertrags
5. auf _____

Anspruch G
(Hinweis: betrifft Anspruch an weitere Drittschuldner bzw. schon aufgeführte Drittschuldner,
soweit Platz unzureichend)

_____
_____
_____
_____
_____
_____
_____
_____
_____

Berechnung des pfändbaren Nettoeinkommens
(betrifft Anspruch A und B)

Von der Pfändung sind ausgenommen:

1. Beträge, die unmittelbar auf Grund steuer- oder sozialrechtlicher Vorschriften zur Erfüllung gesetz-licher Verpflichtungen des Schuldners abzuführen sind, ferner die auf den Auszahlungszeitraum entfallenden Beträge, die der Schuldner nach den Vorschriften der Sozialversicherungsgesetze zur Weiterversicherung entrichtet oder an eine Ersatzkasse oder an ein Unternehmen der privaten Kran-kenversicherung leistet, soweit diese Beträge den Rahmen des Üblichen nicht übersteigen;
2. Aufwandsentschädigungen, Auslösegelder und sonstige soziale Zulagen für auswärtige Beschäfti-gungen, das Entgelt für selbstgestelltes Arbeitsmaterial, Gefahren-, Schmutz- und Erschwerniszula-gen, soweit sie den Rahmen des Üblichen nicht übersteigen;
3. ein Viertel der für die Leistung von Mehrarbeitsstunden gezahlten Teile des Arbeitseinkommens;
4. die Hälfte der nach § 850a Nummer 2 ZPO (z. B. Urlaubs- oder Treuegelder) gewährten Bezüge und Zuwendungen;
5. Weihnachtsvergütungen bis zu einem Viertel des monatlichen Arbeitseinkommens, höchstens aber bis zur Hälfte des in § 850a Nummer 4 ZPO in der jeweiligen Fassung genannten Höchstbetrages;
6. Heirats- und Geburtsbeihilfen, sofern die Vollstreckung wegen anderer als der aus Anlass der Heirat oder der Geburt entstandenen Ansprüche betrieben wird;
7. Erziehungsgelder, Studienbeihilfen und ähnliche Bezüge;

8. Sterbe- und Gnadenbezüge aus Arbeits- und Dienstverhältnissen;

9. Blindenzulagen;

10. Geldleistungen für Kinder sowie Sozialleistungen, die zum Ausgleich immaterieller Schäden ge... werden.

☐ **Es wird angeordnet,** dass zur Berechnung des nach § 850c ZPO pfändbaren Teils des Gesa... einkommens zusammenzurechnen sind:

☐ Arbeitseinkommen bei Drittschuldner (genaue Bezeichnung)

☐ Arbeitseinkommen bei Drittschuldner (genaue Bezeichnung)

Der unpfändbare Grundbetrag ist in erster Linie den Einkünften des Schuldners bei Drittschuldner (genaue Bezeichnung)

_____ zu entnehmen

weil dieses Einkommen die wesentliche Grundlage der Lebenshaltung des Schuldners bildet.

☐ **Es wird angeordnet,** dass zur Berechnung des nach § 850c ZPO pfändbaren Teils des Gesamt-einkommens zusammenzurechnen sind:

☐ laufende Geldleistungen nach dem Sozialgesetzbuch von Drittschuldner (genaue Bezeich-nung der Leistungsart und des Drittschuldners)

_____ und

☐ Arbeitseinkommen bei Drittschuldner (genaue Bezeichnung)

Ansprüche auf Geldleistungen für Kinder dürfen mit Arbeitseinkommen nur zusammengerechnet werden, soweit sie nach § 76 des Einkommensteuergesetzes (EStG) oder nach § 54 Absatz 5 des Ersten Buches Sozialgesetzbuch (SGB I) gepfändet werden können.

☐ Der erweiterte Pfändungsumfang gilt nicht für die Unterhaltsrückstände, die länger als ein Jahr vor Stellung des Pfändungsantrags vom _____ fällig geworden sind, weil nach Lage der Verhältnisse nicht anzunehmen ist, dass der Schuldner sich seiner Zahlungspflicht absichtlich entzogen hat.

Der Schuldner ist nach Angaben des Gläubigers	
☐ ledig.	☐ verheiratet / eine Lebenspartnerschaft führend.
☐ mit dem Gläubiger verheiratet / eine Lebenspartnerschaft führend.	☒ geschieden.

☐ Der Schuldner ist dem geschiedenen Ehegatten gegenüber unterhaltspflichtig.

☐

Der Schuldner hat nach Angaben des Gläubigers

☐ keine unterhaltsberechtigten Kinder.

☒ keine weiteren unterhaltsberechtigten Kinder außer dem Gläubiger.

☐ ____ unterhaltsberechtigtes Kind / unterhaltsberechtigte Kinder.

☐ ____ weiteres unterhaltsberechtigtes Kind / weitere unterhaltsberechtigte Kinder außer dem Gläubiger.

☐

9

Im Gericht auszufüllen

Pfandfreier Betrag

Dem Schuldner dürfen von dem errechneten Nettoeinkommen bis zur Deckung des Gläubigeranspruchs für seinen eigenen notwendigen Unterhalt _1000_ Euro monatlich verbleiben

☐ sowie _____ Euro monatlich zur Erfüllung seiner laufenden gesetzlichen Unterhaltspflichten gegenüber den Berechtigten, die dem Gläubiger vorgehen.

☐ sowie zur gleichmäßigen Befriedigung der Unterhaltsansprüche der berechtigten Personen, die dem Gläubiger gleichstehen, _____/_____ Anteile des Nettoeinkommens, das nach Abzug des notwendigen Unterhalts des Schuldners verbleibt, bis zur Deckung der gesamten Unterhaltsansprüche dieser Personen von zusammen monatlich _____ Euro. Gepfändet sind demzufolge _____/_____ Anteile des _____ Euro monatlich übersteigenden Nettoeinkommens und das nach Deckung der eben genannten Unterhaltsansprüche von zusammen monatlich _____ Euro verbleibende Mehreinkommen aus den bezeichneten _____/_____ Anteilen.

Der sich hieraus ergebende dem Schuldner zu belassende Betrag darf nicht höher sein als der unter Berücksichtigung der Unterhaltspflichten gemäß der Tabelle zu § 850c ZPO (in der jeweils gültigen Fassung) pfandfrei verbleibende Betrag.

☐ Sonstige Anordnungen:

_____

_____

_____

_____

☐ **Es wird angeordnet, dass**

☐ der Schuldner die Lohn- oder Gehaltsabrechnung oder die Verdienstbescheinigung einschließlich der entsprechenden Bescheinigungen der letzten drei Monate vor Zustellung des Pfändungs- und Überweisungsbeschlusses an den Gläubiger herauszugeben hat

☐ der Schuldner das über das jeweilige Sparguthaben ausgestellte Sparbuch (bzw. die Sparurkunde) an den Gläubiger herauszugeben hat und dieser das Sparbuch (bzw. die Sparurkunde) unverzüglich dem Drittschuldner vorzulegen hat

☐ ein von dem Gläubiger zu beauftragender Gerichtsvollzieher für die Pfändung des Inhalts Zutritt zum Schließfach zu nehmen hat

☐ der Schuldner die Versicherungspolice an den Gläubiger herauszugeben hat und dieser sie unverzüglich dem Drittschuldner vorzulegen hat

☐ der Schuldner die Bausparurkunde und den letzten Kontoauszug an den Gläubiger herauszugeben hat und dieser die Unterlagen unverzüglich dem Drittschuldner vorzulegen hat

☐ _____

_____

_____

_____

_____

Für die Pfändung der Kosten für den Unterhaltsrechtsstreit (das gilt nicht für die Kosten der Zwangsvollstreckung) sind bezüglich der Ansprüche A und B die gemäß § 850c ZPO geltenden Vorschriften für die Pfändung von Arbeitseinkommen anzuwenden; bei einem Pfändungsschutzkonto gilt § 850k Absatz 1 und 2 ZPO.

Der Drittschuldner darf, soweit die Forderung gepfändet ist, an den Schuldner nicht zahlen. Der Schuldner darf insoweit nicht über die Forderung verfügen, sie insbeson. nicht einziehen.

☒ Zugleich wird dem Gläubiger die zuvor bezeichnete Forderung in Höhe des gepfändeten Betrages

　　☒ zur Einziehung überwiesen. 　　　　　　☐ an Zahlungs statt überwiesen.

☐ _____

Ausgefertigt:

(Datum, 11. 6. 17
Unterschrift Rechtspfleger)

(Datum,
Unterschrift Urkundsbeamter der Geschäftsstelle)

I. Gerichtskosten
Gebühr gemäß GKG KV Nr. 2111
　　　　　　　　　　　　　　　　　　　　　　　　€

II. Anwaltskosten gemäß RVG
Gegenstandswert: _____ €

　1. Verfahrensgebühr
　VV Nr. 3309
　　　　　　　　　　　　　　　　　€

　2. Auslagenpauschale
　VV Nr. 7002
　　　　　　　　　　　　　　　　　€

　3. Umsatzsteuer
　VV Nr. 7008
　　　　　　　　　　　　　　　　　€

　Summe von II.
　　　　　　　　　　　　　　　　　　　　　€

Summe von I. und II.:
　　　　　　　　　　　　　　　　　　　　　€

☐ Inkassokosten gemäß § 4 Absatz 4 des Einführungsgesetzes zum Rechtsdienstleistungsgesetz (RDGEG) gemäß Anlage(n)

Anschreiben Unterhaltsvorschuss (→ S. 129)

Kreisverwaltung

Herrn

Es schreibt Ihnen

Frau
Abteilung Jugendamt
Fachbereich Verwaltung Jugendamt

Tel.
Fax
E-Mail

Ihre Nachricht vom
Aktenzeichen   )
Seite 1 von 2

Leistungen nach dem Unterhaltsvorschussgesetz (UhVorschG)   .04.2020
für   **, geb. am**

Sehr geehrter Herr

wir nehmen Bezug auf den bisherigen Schriftverkehr. Wie Ihnen bekannt ist, sind Sie grundsätzlich gemäß § 7 UhVorschG zum Ersatz der Ihrem o. g. Kind bewilligten Unterhaltsvorschussleistungen verpflichtet.

Für die Zeit vom 01.09.2014 bis 06.06.2017 sowie vom 01.01.2020 bis 30.04.2020 besteht derzeit ein Unterhaltsrückstand in Höhe von insgesamt 5.465,00 €, wie Sie der beigefügten Aufstellung entnehmen können.

Die Forderung aus unserem ersten Leistungszeitraum in Höhe von insgesamt 4.561,00 € wurde Ihnen vorläufig bis 30.06.2020 gestundet. Bitte informieren Sie uns bis dahin über den Fortgang des Verfahrens bei der   Schuldnerberatung.

Seit 01.03.2020 haben Sie wieder eine Arbeitsstelle bei der Firma   Bitte übersenden Sie uns **bis zum 05.05.2020** Kopien Ihrer **Einkommensnachweise ab 01.03.2020 (März und April)** vorzulegen. Ebenfalls bitten wir um Übersendung einer **Kopie Ihres Arbeitslosengeldbescheides** für die Zeit vom 01.01.2020 bis 29.02.2020.

Weiterhin fordern wir Sie auf, **ab sofort** die laufenden Unterhaltszahlungen für das o.g. Kind in Höhe von **monatlich 293,00 €** unter Angabe des Verwendungszweckes
          auf eines der Konten der Kreiskasse an uns aufzunehmen.

Seit 01.01.2020 sind Unterhaltsrückstände in Höhe von 904,00 € aufgelaufen. Wir erwarten daher neben der laufenden Zahlung auch eine **Rückstandstilgung von mindestens 50-100,00 € monatlich.**

Ihre erste Zahlung oder Mitteilung der Hinderungsgründe unter Vorlage entsprechender Nachweise erwarten wir **bis zum 05.05.2020**.

Sollten Sie auf dieses Schreiben nicht reagieren, gehen wir davon aus, dass Sie voll leistungsfähig im Sinne des Unterhaltsrechtes sind und werden unsere Ansprüche ohne weitere Erinnerung gerichtlich bzw. zwangsweise gegen Sie geltend machen. In Ihrem eigenen Interesse bitten wir daher um fristgerechte Erledigung.

Da Sie verpflichtet sind, alle Ihnen zur Verfügung stehenden Möglichkeiten zur Erhöhung Ihrer Einnahmen auszuschöpfen, fordern wir Sie, soweit noch nicht erfolgt, zur Abgabe der Einkommenssteuererklärungen für die letzten drei Kalenderjahre auf.

Für Rückfragen stehen wir Ihnen gerne zur Verfügung.

Mit freundlichen Grüßen
Im Auftrag

Sachbearbeiterin

Unterhaltsschreiben Jugendamt (→ S. 129)

Kreisverwaltung

Es schreibt Ihnen

Abteilung Jugendamt
Fachbereich Verwaltung Jugendamt

E-Mail

Ihre Nachricht vom
Aktenzeichen
Seite 1 von 2

Leistungen nach dem Unterhaltsvorschussgesetz (UhVorschG) für geb. am

05.11.2021

Sehr geehrter

wir nehmen Bezug auf Ihr Schreiben vom 23.10.2021, hier eingegangen am 26.10.2021.

Für das o.g. Kind werden seit dem 01.01.2020 Leistungen nach dem Unterhaltsvorschussgesetz in einer monatlichen Höhe von derzeit 309,00 € gewährt. Zuvor wurden in der Zeit vom 01.09.2014 bis 06.06.2017 Unterhaltsvorschussleistungen bewilligt. Aktuell besteht gem. der beigefügten Forderungsaufstellung ein Unterhaltsrückstand von 9.527,76 €.

Die Forderungen sind nach § 7 Abs. 1 UhVorschG i.V.m. §§ 1601 ff. BGB kraft Gesetzes auf das **Land Rheinland-Pfalz, vertreten durch die Kreisverwaltung** (Gläubiger) übergegangen. Der Anspruch für die Zeit vom 01.09.2014 bis 06.06.2017 ist tituliert durch Beschluss des Amtsgerichtes vom

Nach Überprüfung der Verjährung/Hemmung der Forderungen findet keine Korrektur der Forderungen statt. Es bleibt bei einem Unterhaltsrückstand von derzeit 9.527,76 €. Dieser Rückstand erhöht sich ab 01.12.2021 monatlich um 309,00 €.

Bislang liegen uns keine Informationen bezüglich der Erwerbsminderungsrente sowie der Invalidenrente von Herrn vor. Bis zur vollständigen Vorlage der entsprechenden Unterlagen (z. B. aktueller Rentenbescheid) gehen wir von der vollen unterhaltsrechtlichen Leistungsfähigkeit und Ersatzpflicht von Herrn Schweikhard aus. Insoweit trägt Herr die Darlegungs- und Beweispflicht.

Für Rückfragen stehen wir Ihnen gerne zur Verfügung.

Unterhaltsbeschluss Amtsgericht (→ S. 130)

— Kopie — Vollstreckbare Ausfertigung

Aktenzeichen:

Das Urteil — Der Beschluß —
ist rechtskräftig

Amtsgericht
Bingen am Rhein

Beschluss

In der Familiensache

Land Rheinland Pfalz, vertreten durch   Unterhaltsvorschussstelle,

- Antragsteller -

gegen

- Antragsgegner -

Verfahrensbevollmächtigte: Rechtsanwälte

wegen Kindesunterhalt

hat das Amtsgericht - Familiengericht - Bingen am Rhein durch die Richterin am Amtsgericht

am   beschlossen:

1. Der Antragsgegner wird verpflichtet, für das Kind   geb. am

    für die Zeit vom 01.09.2014 bis 30.09.2015 rückständigen Kindesunterhalt in Höhe von

    884,00 Euro an den Antragsteller zu zahlen.

2. Der Antragsgegner wird verpflichtet, ab 01.10.2015 (bis längstens 06.06.2017) den laufen-

    den Unterhalt für das Kind   geb. am   in Höhe von 100 % des

    sich nach § 1612 a Abs. 1 Satz 3 BGB ergebenden Mindestunterhalts abzüglich des nach

    § 2 Abs. 2 des Unterhaltsvorschussgesetzes anzurechnenden Leistungen in Höhe des für

    ein erstes Kind zu zahlenden Kindesunterhalts, somit in Höhe von zur Zeit 192,00 Euro für

    die zweite Altersstufe an den Antragsteller zu zahlen.

3. Die Kosten des Verfahrens hat der Antragsgegner zu tragen.

4. Der Verfahrenswert wird auf 3188,00 Euro festgesetzt.

Richterin am Amtsgericht

Ausgefertigt:

Justizbeschäftigte
als Urkundsbeamtin der Geschäftsstelle

Vorstehende Ausfertigung wird d.
(X) ~~Kläger(in)~~ /Antragsteller(in)
( ) Beklagten /Antragsgegner(in)
zum Zwecke der Zwangsvollstreckung erteilt.

Eine beglaubigte Abschrift / Ausfertigung des Beschlusses ist d.
( ) Kläger(in) /Antragsteller(in)
(X) ~~Beklagten~~ /Antragsgegner(in)
zu Händen von Rechtsanw.
zugestellt worden am

Justizbeschäftigte
als Urkundsbeamtin der Geschäftsstelle

Haushaltsplan (→ S. 142)

HAUSHALTSPLAN

Stand per:

Name:

Einnahmen		Ausgaben	
Lohn/Gehalt	_____	Miete	_____
Lohn/Gehalt	_____	Heizkosten	_____
Leistungen des Arbeitsamtes	_____	Energie	_____
Krankengeld	_____	Unterhalt	_____
Sozialhilfe	_____	Versicherungen	_____
Rente	_____	PKW (s. Tabelle)	_____
Kindergeld	_____	GEZ/Kabelfernsehen	_____
Kindergeldzuschlag	_____	Zeitung/Zeitschrift/Abos	_____
Erziehungsgeld (bis..........)	_____	Vereinsbeiträge/Hobby	_____
Wohngeld (bis..........)	_____	Gewerkschaftsbeiträge	_____
Beihilfen	_____	Kita/Hort	_____
Unterhalt	_____	Haustier	_____
Unterhaltsvorschuss (bis........)	_____	Telefon	_____
Sonstiges	_____	Fahrkosten	_____
Sonstiges	_____	Raten	_____
Sonstiges	_____	Sonstiges	_____
		Rücklagen PKW Urlaub Anschaffungen Altersvorsorge	

Gesamteinnahmen.................................... **Gesamtausgaben**..

Gesamteinnahmen   _____

./. Gesamtausgaben   _____

Zwischensummen   _____

./. Lebenshaltungskosten   _____   (sollte zumindest ca. 250,-- € bei Alleinstehenden

betragen, 125,-- € bis ca. 200,-- € zusätzlich für jeden

Haushaltsangehörigen)

Rest: .... **Frei verfügbarer Einkommensanteil**

Versicherungen:

	Zahlweise	Monatlicher Beitrag
1. private Haftpflichtversicherung		
2. Hausrat/Glasversicherung		
3. Unfall		
4. Lebensversicherung		
5. Rechtsschutz		
6. private Krankenversicherung		
7. Krankenhaustage		
8. Bausparverträge		
9. Sonstige		
10. Sonstige		

Summe ....€   ....€

Laufende Kosten des PKWs/ Motorrads pro Monat:

KFZ-Steuer   _____ €

KFZ-Versicherung   _____ €

Lfd. Kosten/Reparaturen   _____ €

Benzin   _____ €

Sonstiges   _____ €

Summe monatliche Kosten: _____ €

Vereinbarte Raten/Sonstiges:

1. _____

2. _____

3. _____

4. _____

5. _____

6. _____

Beispiel 1: Gläubigerschreiben Forderungsaufstellung (→ S. 148)

KOHL
Forderungsmanagement

KOHL GmbH & Co. KG | Rheinstraße 105 | D-55424 Münster-Sarmsheim

P DV 01.20   0,60 Deutsche Post ♀
PREMIUMADRESS

Telefon
WhatsApp
Mail
Telefax

Stadtverwaltung
Schuldnerberatung

Ohne Angabe dieses Aktenzeichens
ist eine Bearbeitung nicht möglich.

Münster-Sarmsheim, den

Forderungsaufstellung in Sachen Fidor Bank AG ./.
Ihre erbetene Übersicht – Ihr Zeichen

Sehr geehrte Damen und Herren,

in der zurückliegenden Korrespondenz haben Sie uns um Bereitstellung einer Aufstellung der in der Angelegenheit geltend gemachten Forderungspositionen gebeten.

Diese gliedern sich wie folgt auf:

Hauptforderung aus Darlehen	1.581,09 €
4,00 % Zinsen bis heute	48,69 €
Schadensersatz aus vorgerichtlicher Geschäftsbesorgung einschließlich Drittaufwendungen und Kundenmahnauslagen von insgesamt 0,00 €	549,01 €
Gesamt	**2.178,79 €**

Mit freundlichen Grüßen

KOHL GmbH & Co. KG
Rheinstraße 105
55424 Münster-Sarmsheim
www.kohlkg.de

St. Nr. 08/200/0941/3
Amtsgericht Mainz
HRA 22007
Aufsichtsbehörde
Landgericht Mainz
75 E 80/08

vertreten durch
KOHL Verwaltungs GmbH
Amtsgericht Mainz
HRB 42 52 1

Geschäftsführer
Sven Gauch
Bernd Krziscik

Bankverbindung

Beispiel 2: Gläubigerschreiben Forderungsaufstellung (→ S. 148)

Deutscher Inkasso-Dienst

Postanschrift ■ 20085 Hamburg   Als Inkassounternehmen registriert

EOS DID

EOS Deutscher Inkasso-Dienst GmbH 20085 Hamburg

Ihre zuständigen Ansprechpartner erreichen Sie
telefonisch   Montag – Freitag   07.00 – 20.00
               Samstag   09.00 – 19.00
E-Mail   abwicklung@eos-did.com

Telefon   : 02842/962-
Telefax   : 0800/66·

Geschäftsräume: Steindamm 71 • 20099 Hamburg
Bankverbindung: _

per E-Mail

Diese **Forderungs-Nummer** bitte stets angeben

Hamburg, den

Außergerichtliches Schuldenbereinigungsverfahren
Ihr Aktenzeichen:
Schuldner:

Sehr geehrte Damen und Herren,

wir haben Ihre Mitteilung vom 06.12.2021 erhalten.

Sie erhalten anliegend eine gem. § 305 Abs.2 Satz 2 InsO gegliederte Forderungsaufstellung der von uns geltend gemachten Forderung. Zur obigen Forderungs-Nummer greift keine Verjährung.

An dieser Stelle wird ausdrücklich darauf hingewiesen, dass es sich bei anliegender Aufstellung nicht um eine Forderungsanmeldung i. S. des § 174 InsO handelt.

Zur Zeit können wir keine weiteren Forderungen in unserem Haus feststellen. Dies ist allerdings bei der Vielzahl von Auftraggebern nicht als verbindlich anzusehen.

Wir werden nunmehr entscheiden, ob wir unsere Inkassotätigkeit aufgrund Ihres Schreibens vorerst zum Ruhen bringen können oder fortsetzen müssen.

Sofern Sie beabsichtigen, uns einen Regulierungsvorschlag zu unterbreiten, weisen wir schon jetzt darauf hin, dass diesem Einkommens-, Vermögens-, Forderungs- und Gläubigerverzeichnisse beizufügen sind. Wir benötigen diese Unterlagen, um Ihren Vorschlag wirtschaftlich beurteilen zu können. Sollten uns diese Unterlagen nicht zur Verfügung gestellt werden, müssen wir etwaige Vorschläge leider ablehnen.

Freundliche Grüße

Anlage/n

EOS Deutscher Inkasso-Dienst GmbH als verantwortliche Stelle speichert personenbezogene Daten auf Grundlage von Art. 6 I b DS-GVO, Art. 6 I c DS-GVO und Art. 6 I f DS-GVO.
Alle gem. Art. 13 / 14 DS-GVO erforderlichen Informationen finden Sie im Internet unter: info.eos-serviceportal.de.

EOS Deutscher Inkasso-Dienst GmbH	Geschäftsführer	AG Hamburg HRB 115 781	Bankverbindung
Geschäftsräume:	Jürgen Borgartz,	USt-IdNr. DE 273852134	
Steindamm 71 • 20099 Hamburg	Jörg Schweda	Registriertes Inkassounternehmen	
		Mitglied im Bundesverband	
	www.eos-did.com	Deutscher Inkassounternehmen e.V.	

Forderungs-Nr.:

Schuldner:

Forderungsinhaber: EOS Deutscher Inkasso-Dienst GmbH
Ursprungsgläubiger: Quelle GmbH

Inkassoauftrag am: 2021

Abtretungsdatum: 2021

Titel vom: , Aktenzeichen:

Forderungsstand siehe Anlage

zzgl. weiterer Verzugszinsen und möglicher weiterer Kosten.
Bei einem nach Zustimmung wirksam gewordenen Schuldenbereinigungsplan wird auf die Geltendmachung zukünftiger Verzugszinsen verzichtet.

Hamburg, den

Verpflichtungsaufstellung ab Zugang

Verpflichtungsnummer:
Kundenkontonummer:

Währung: EUR
Name des Verpflichteten:
Name des Auftraggebers: Quelle GmbH

Datum	Bezeichnung	Betrag	Zahlung	Kosten	Zinsen	Hauptforderung	Gesamt
15.11.2020	Zugang Haupt-/Nebenforderung	1.318,85	0,00	10,00	0,00	1.308,85	1.318,85
16.01.2021	Inkassovergütung	185,10	0,00	195,10	0,00	1.308,85	1.503,95
20.02.2021	Zinsen 4,12% aus 1.308,85 EUR v. 15.11.2020 - 20.02.2021	14,48	0,00	195,10	14,48	1.308,85	1.518,43
27.02.2021	Vergleichs/Einigungsgebühr	73,50	0,00	268,60	14,48	1.308,85	1.591,93
14.12.2021	Zinsen 4,00% aus 14,48 EUR v. 21.02.2021 - 14.12.2021	0,47	0,00	268,60	14,95	1.308,85	1.592,40
14.12.2021	Zinsen 4,12% aus 1.308,85 EUR v. 21.02.2021 - 14.12.2021	43,88	0,00	268,60	58,83	1.308,85	1.636,28
14.12.2021	**Gesamtforderung**	**1.636,28**	**0,00**	**268,60**	**58,83**	**1.308,85**	**1.636,28**
	Zzgl. weiterer Zinsen ab 15.12.2021						

Beschluss gerichtliches Schuldenbereinigungsplanverfahren (→ S. 188)

- Ausfertigung -

Amtsgericht Mainz
Insolvenzgericht
Geschäfts-Nr.: 290 IK   12
(Bitte stets angeben)

2013

B e s c h l u ß

In dem Verbraucherinsolvenzverfahren
geboren

Verfahrensbevollmächtigte:
Rechtsanwälte
Wiesbaden,

Der Schuldenbereinigungsplan vom   2012 ist angenommen worden.

Dieser Schuldenbereinigungsplan hat die Wirkung eines Vergleichs im Sinne des § 794 Abs. 1 Nr. 1 der Zivilprozeßordnung.

Der Antrag auf Eröffnung des Insolvenzverfahrens und der Antrag auf Erteilung von Restschuldbefreiung gilt als zurückgenommen, § 308 Abs. 2 InsO.

Wert: 700 Euro

G r ü n d e :

Von den Gläubigern wurden keine Einwendungen gegen den Schuldenbereinigungsplan erhoben bzw wurden die fehlende Zustimmung durch das Gericht ersetzt. Der Plan gilt damit als angenommen.

Richter am Amtsgericht

Ausgefertigt
Mainz, den   Amr.

Eröffnungsbeschluss Kostenstundung und Belehrung Erwerbsobliegenheit
(→ S. 188, 189, 192)

Amtsgericht
Insolvenzgericht

Amtsgericht Mainz, Postfach 1180, 55116 Mainz
290 IK   /20

Herrn

Ihr Zeichen:	Geschäfts-Nr.:	☎
	290 IK '20	Vermittlung
		Durchwahl
	Bitte stets angeben	Telefax

Verbraucherinsolvenzverfahren

Sehr geehrter Herr

anliegender Beschluss wird Ihnen mit der Bitte um Kenntnisnahme zugestellt.

Der Bericht des Insolvenzverwalters gem. § 156 Abs. 1 InsO wird ab dem 3. Tag vor dem   in der Geschäftsstelle des Insolvenzgerichts zur Einsicht zur Verfügung stehen. Eine etwaige Stellungnahme gem. § 156 Abs. 2 InsO muss vor dem   bei dem Insolvenzgericht eingegangen sein.

Es wird darauf hingewiesen, dass während der Abtretungsfrist die Obliegenheit besteht, eine **angemessene Erwerbstätigkeit** auszuüben und, wenn Sie ohne Beschäftigung sind, sich um eine solche zu bemühen und keine zumutbare Tätigkeit abzulehnen.

Für den Fall der Erwerbslosigkeit gehört es zu der Obliegenheit, sich im Regelfall bei der Bundesagentur für Arbeit oder dem Jobcenter arbeitsuchend zu melden und laufend Kontakt zu den dort zuständigen Mitarbeitern zu halten. Weiter müssen Sie sich selbst aktiv um eine Arbeitsstelle bemühen, etwa durch stetige Lektüre einschlägiger Stellenanzeigen und durch entsprechende Bewerbungen. Als ungefähre Richtgröße können zwei bis drei Bewerbungen in der Woche gelten, sofern entsprechende Stellen angeboten werden. Die Erwerbsobliegenheit nach der Insolvenzordnung ist unabhängig und unter Umständen weitgehender als die Verpflichtungen aus einer Eingliederungsvereinbarung mit der Bundesagentur für Arbeit oder dem Jobcenter. Es muss gegebenenfalls auch eine unterqualifizierte Tätigkeit ausgeübt werden.

- Ausfertigung -

Amtsgericht
Mainz

INSOLVENZGERICHT

Beschluss

290 IK '20

in dem Verbraucherinsolvenzverfahren

über das Vermögen des

geboren am

- Antragsteller -

Dem Antragsteller werden die Kosten des Verfahrens bis zur Erteilung der Restschuldbefreiung gestundet, da das Vermögen des Antragstellers voraussichtlich nicht ausreicht, die Verfahrenskosten zu decken, ferner Restschuldbefreiung beantragt wurde und eine Erklärung vorliegt, dass Versagensgründe gem. § 290 Abs. 1 Nr. 1 InsO nicht vorliegen.

Richter am Amtsgericht

Ausgefertigt
Mainz, den   - 2021

als Urkundsbeamtin der Geschäftsstelle

- Ausfertigung -

Amtsgericht Mainz

INSOLVENZGERICHT

Beschluss

290 IK   20

In dem Verbraucherinsolvenzverfahren über das Vermögen des

geboren am

wird heute, am   2021 um 09:00 Uhr das Insolvenzverfahren gemäß §§ 2, 3, 11, 16 ff. InsO eröffnet.

Von der Durchführung eines Schuldenbereinigungsplanverfahrens ist gemäß § 306 Abs. 1 S. 3 InsO abgesehen worden.

Der Schuldner wird Restschuldbefreiung erlangen, wenn er den Obliegenheiten nach § 295, § 295a InsO nachkommt und die Voraussetzungen für eine Versagung nach den §§ 290, 297 bis 298 InsO nicht vorliegen.

Zum Insolvenzverwalter wird bestellt:

Rechtsanwalt   , GF   Hindenburgstraße 32, 55118 Mainz,
Tel.:   Fax: , E-Mail: , Internet:

Dem Schuldner wird die Verfügung über sein zur Insolvenzmasse gehörendes gegenwärtiges und zukünftiges Vermögen für die Dauer des Insolvenzverfahrens verboten. Die Verfügungsbefugnis wird dem Insolvenzverwalter übertragen.

Schuldbefreiende Leistungen an den Schuldner können nach dem Eröffnungszeitpunkt nicht mehr erfolgen. Wird gleichwohl an den Schuldner geleistet und gelangen die Mittel nicht zur Masse, besteht die Gefahr der nochmaligen Leistungsverpflichtung gegenüber dem Insolvenzverwalter.

Der Insolvenzverwalter wird mit der Durchführung der Zustellungen gemäß § 8 Abs. 3 InsO beauftragt.

Die Gläubiger werden aufgefordert:

a) Insolvenzforderungen (§ 38 InsO) bei dem Insolvenzverwalter schriftlich unter Beifügung von Urkunden, Rechnungen und ggf. weiteren über die Forderung bestehenden Unterlagen unter Beachtung des § 174 InsO anzumelden bis:
   12.2021,

b) dem Insolvenzverwalter unverzüglich mitzuteilen, welche Sicherungsrechte sie an beweglichen Sachen oder an Rechten des Schuldners in Anspruch nehmen. Der Gegenstand, an dem das Sicherungsrecht beansprucht wird, die Art und der Entstehungsgrund des Sicherungsrechts sowie die gesicherte Forderung sind zu bezeichnen. Wer die Mitteilung schuldhaft unterlässt oder verzögert, haftet für den daraus entstehenden Schaden (§ 28 Abs. 2 InsO).

Personen, die Verpflichtungen gegenüber dem Schuldner haben, werden aufgefordert, nicht mehr an den Schuldner, sondern an den Insolvenzverwalter zu leisten (§ 28 Abs. 3 InsO).

Das Verfahren wird **schriftlich** durchgeführt (§ 5 Abs. 2 S. 1 InsO). Stichtag, der dem Prüfungstermin entspricht, ist der .01.2022.

Bis zu diesem Datum müssen schriftlich bei Gericht eingegangen sein:

» Widersprüche, mit denen Forderungen bestritten werden,

» Anträge über:

- die Person des Insolvenzverwalters (§ 57 InsO),
- die Einsetzung und Besetzung eines Gläubigerausschusses (§ 68 InsO)

sowie gegebenenfalls über:

- Zwischenrechnungslegungen gegenüber der Gläubigerversammlung (§ 66 Abs. 3 InsO),
- eine Hinterlegungsstelle und Bedingungen zur Anlage und Hinterlegung von Geld, Wertpapieren und Kostbarkeiten (§ 149 InsO),
- die Verwertung der Insolvenzmasse (§ 159 InsO),
- besonders bedeutsame Rechtshandlungen des Insolvenzverwalters (§ 160 InsO); insbesondere: Veräußerung eines unbeweglichen Gegenstandes aus freier Hand, die Aufnahme eines Darlehens, das die Masse erheblich belasten würde, Anhängigmachung, Aufnahme, Beilegung oder Vermeidung eines Rechtsstreits mit erheblichem Streitwert,
- Zahlung von Unterhalt aus der Insolvenzmasse (§ 100 InsO),
- eine Einstellung des Verfahrens durch das Gericht gem. § 207 InsO ohne Einberufung einer besonderen Gläubigerversammlung,

Die Insolvenztabelle und die Anmeldungsunterlagen werden innerhalb des ersten Drittels des Zeitraums, der zwischen dem Ablauf der Anmeldefrist (12.2021) und dem vorstehend genannten Stichtag, zu dem die Forderungen schriftlich geprüft werden (.01.2022), liegt, in der Geschäftsstelle des Insolvenzgerichts zur Einsicht für die Beteiligten niedergelegt.

Hinweise:

- ➢ Zustimmungen der Gläubiger zu besonders bedeutsamen Rechtshandlungen nach § 160 InsO gelten als erteilt, auch wenn eine einberufene Gläubigerversammlung nicht beschlussfähig ist oder wenn bis zu dem Stichtag, der im schriftlichen Verfahren dem Prüfungstermin entspricht, keine Widersprüche erhoben werden.
- ➢ Gläubiger, deren Forderungen festgestellt werden, werden nicht benachrichtigt.

Löschungsfristen:

Die Löschung von Veröffentlichungen in einem elektronischen Informations- und Kommunikationssystem erfolgt nach § 3 InsoBekV. Die Löschungsfristen sind folgende:

- Veröffentlichungen, die im Antrags- oder Insolvenzverfahren erfolgt sind, werden spätestens sechs Monate nach der Aufhebung oder der Rechtskraft der Einstellung des Insolvenzverfahrens gelöscht. Wird das Verfahren nicht eröffnet, beginnt die Frist mit der Aufhebung der veröffentlichten Sicherungsmaßnahmen.
- Veröffentlichungen im Restschuldbefreiungsverfahren werden spätestens sechs Monate nach rechtskräftiger Entscheidung über die Restschuldbefreiung gelöscht.
- Sonstige Veröffentlichungen nach der Insolvenzordnung werden einen Monat nach dem ersten Tag der Veröffentlichung gelöscht.

G r ü n d e :

Der Schuldner ist zahlungsunfähig. Dies steht zur Überzeugung des Gerichts fest aufgrund der durchgeführten Ermittlungen, insbesondere aufgrund der Angaben des Schuldners.

Rechtsmittelbelehrung

Die Entscheidung über die Eröffnung des Insolvenzverfahrens kann von dem Schuldner mit der sofortigen Beschwerde angefochten werden. Darüber hinaus kann, wenn nach Art. 5 Abs. 1 der Verordnung (EU) 2015/848 das Fehlen der internationalen Zuständigkeit für die Eröffnung des Hauptinsolvenzverfahrens gerügt werden soll, die sofortige Beschwerde auch von jedem Gläubiger eingelegt werden. Sie ist innerhalb einer Notfrist von 2 Wochen bei dem Amtsgericht Mainz, Diether-von-Isenburg-Straße, 55116 Mainz einzulegen.
Die Frist beginnt mit der Zustellung bzw. mit der Verkündung der Entscheidung. Soweit die Zustellung durch öffentliche Bekanntmachung erfolgt ist, beginnt sie, sobald nach dem Tage der Veröffentlichung zwei weitere Tage verstrichen sind. Erfolgt die öffentliche Bekanntmachung neben der Zustellung ist für den Beginn der Frist das frühere Ereignis maßgebend.
Die Beschwerde kann durch Einreichung einer Beschwerdeschrift bei dem o. g. Gericht eingelegt oder auch zu Protokoll der Geschäftsstelle eines jeden Amtsgerichts erklärt werden, wobei es für die Einhaltung der Frist auf den Eingang bei dem o. g. Gericht ankommt. Sie ist von dem Beschwerdeführer oder seinem Bevollmächtigten zu unterzeichnen. Die Beschwerde muss die Bezeichnung des angefochtenen Beschlusses sowie die Erklärung enthalten, dass Beschwerde gegen diesen Beschluss eingelegt wird. Soll die Entscheidung nur zum Teil angefochten werden, so ist der Umfang der Anfechtung zu bezeichnen.
Die Beschwerde soll begründet werden.

Richter am Amtsgericht

Hinweise zum Datenschutz:
Die Datenschutzerklärung zur Informationspflicht nach Artikel 13 und 14 der Datenschutz-Grundverordnung (DSGVO), § 55 Bundesdatenschutzgesetz und § 43 Landesdatenschutzgesetz finden Sie auf der Startseite des Internetauftritts des Gerichts: www.agmz.justiz.rlp.de. Auf Wunsch übersenden wir diese Information auch in Papierform.

Ausgefertigt
Mainz, den   10.2021

Justizbeschäftigte
als Urkundsbeamtin der Geschäftsstelle

Beschluss Restschuldbefreiung (→ S. 189)

Amtsgericht Hamburg

Amtsgericht Hamburg, Sievekingplatz 1, 20355 Hamburg

	Dienstgebäude	**Zivilljustizgebäude** Sievekingplatz 1 20355 Hamburg
Herrn	Telefon	(040) 428 28 0
	bei Rückfragen	(040) 428 43 - 2804
	Telefax	(040) 428 43 - 2874
	Internet	www.justiz.hamburg.de

Ansprechpartner/in

Datum

Aktenzeichen:
(bei Antwort bitte angeben)

Verfahren zur Erteilung der Restschuldbefreiung

Sehr geehrte

den beigefügten Beschluss erhalten Sie zur Kenntnisnahme.

Hinweis zur SCHUFA

Vorsorglich werden Sie darauf hingewiesen, dass die SCHUFA als Auskunftsdienst ein privatwirtschaftliches Unternehmen ist. Sie entnimmt in den meisten Fällen die Informationen über die Insolvenzen einer natürlichen Person den öffentlichen Bekanntmachungen der Insolvenzgerichte, ohne dass das Insolvenzgericht darauf Einfluss nehmen kann.

Es wird hier deutlich darauf hingewiesen, dass das Insolvenzgericht in keiner Weise für die Eintragung oder die Löschung einer SCHUFA-Eintragung zuständig ist.

Wenden Sie sich bitte an die zuständige SCHUFA-Einrichtung. Informationen finden Sie im Internet oder bei den Verbraucherberatungsstellen.

Mit freundlichen Grüßen

Justizfachangestellter

- Automatisiert erstellt, ohne Unterschrift gültig -

Öffnungszeit: 9.00 bis 13.00
Nachtbriefkasten: Sievekingplatz 1, 20355 Hamburg

- Abschrift -

AMTSGERICHT HAMBURG
BESCHLUSS

In dem Verfahren zur Erteilung der Restschuldbefreiung

des

wird dem Schuldner die Restschuldbefreiung erteilt (§ 300 InsO). Die Restschuldbefreiung wirkt gegen alle Insolvenzgläubiger, auch solche, die ihre Forderungen nicht angemeldet haben (§§ 301, 38 InsO). Von der Restschuldbefreiung nicht erfasst werden die ausgenommenen Forderungen gem. § 302 InsO.

G r ü n d e

Die Dauer der Laufzeit der Abtretungserklärung ist am   2013 verstrichen. Anträge auf Versagung der Restschuldbefreiung wurden nicht gestellt. Dem Schuldner war daher die Restschuldbefreiung antragsgemäß zu erteilen.

Rechtsmittelbelehrung

Gegen diesen Beschluss ist das Rechtsmittel der sofortigen Beschwerde gem. §§ 300 Abs. 3; 4 InsO, § 569 ZPO i.V.m. § 11 Abs. 1 RPflG gegeben. Sie steht dem Schuldner und jedem Insolvenzgläubiger zu, der bei der Anhörung nach § 300 Absatz 1 InsO die Versagung der Restschuldbefreiung beantragt hat.

Die sofortige Beschwerde ist bei dem Amtsgericht Hamburg, Sievekingplatz 1, 20355 Hamburg schriftlich in deutscher Sprache oder zur Niederschrift der Geschäftsstelle einzulegen. Die Beschwerde kann auch zur Niederschrift der Geschäftsstelle eines jeden Amtsgerichtes abgegeben werden.

Die sofortige Beschwerde muss innerhalb von zwei Wochen bei dem Amtsgericht Hamburg eingegangen sein. Dies gilt auch dann, wenn die Beschwerde zur Niederschrift der Geschäftsstelle eines anderen Amtsgerichtes abgegeben wurde.

Die Frist beginnt mit der Verkündung der Entscheidung oder, wenn diese nicht verkündet wird, mit deren

Zustellung. Zum Nachweis der Zustellung genügt auch die öffentliche Bekanntmachung. Diese gilt als bewirkt, sobald nach dem Tag der unter www.insolvenzbekanntmachungen.de erfolgten Veröffentlichung zwei weitere Tage verstrichen sind. Maßgeblich für den Beginn der Beschwerdefrist ist der frühere Zeitpunkt.

Die sofortige Beschwerde muss die Bezeichnung des angefochtenen Beschlusses sowie die Erklärung enthalten, dass sofortige Beschwerde gegen diesen Beschluss eingelegt wird. Sie soll begründet werden.

Hamburg,   2014
Amtsgericht

Rechtspflegerin

Anerkennungsurkunde § 305 InsO (→ S. 251)

RheinlandPfalz

LANDESAMT FÜR SOZIALES,
JUGEND UND VERSORGUNG

Anerkennung

Die

Schuldner- und Insolvenzberatungsstelle

wird gemäß § 305 Abs. 1 Nr. 1 InsO in Verbindung mit § 1 und § 3 AGInsO als

„geeignete Stelle" im Verbraucherinsolvenzverfahren

anerkannt.

Im Auftrag

Mainz, den

Leiterin des Landesjugendamtes

303

Literatur- und Materialienverzeichnis

Angele, Jürgen (2007): Überschuldung privater Haushalte im Jahr 2006. In: Wirtschaft und Statistik, Jg. 2007, H. 10, S. 948-959

Ansen, Harald (2018): Soziale Schuldnerberatung. Prävention und Intervention. Stuttgart: Kohlhammer

Ansen, Harald (2006): Soziale Beratung bei Armut. München, Basel: Ernst Reinhardt

Ansen, Harald (2016): Armut und Lebensweltorientierung. In: Grundwald, Klaus/ Thiersch, Hans (Hrsg.): Praxishandbuch Lebensweltorientierte Soziale Arbeit. Handlungszusammenhänge und Methoden in unterschiedlichen Arbeitsfeldern. 3. Aufl. Weinheim, Basel: Beltz Juventa, S. 267-276

Ansen, Harald/Schwarting, Frauke (2015): Werthaltigkeit und Nachhaltigkeit von Sozialer Schuldner- und Insolvenzberatung. Eine Metastudie empirischer Arbeiten im Auftrag der

Bundesarbeitsgemeinschaft Schuldnerberatung (BAG SB). Hamburg. www.lag-sb -thueringen.de/sites/default/files/Werthaltigkeit%20und%20Nachhaltigkeit%20S ozialer%20Schuldner-%20und%20Insolvenzberatung%20-%20Eine%20Metastu die%20empirischer%20Arbeiten.pdf, 15.3.2022

Arbeitsgemeinschaft Schuldnerberatung der Verbände (AGSBV) (2018a): Konzept einer Soziale Schuldnerberatung. Aachen. www.agsbv.de/2018/04/konzept-soziale -schuldnerberatung, 10.3.2022

Arbeitsgemeinschaft Schuldnerberatung der Verbände (AGSBV) (2018b): Rechtsanspruch auf Schuldnerberatung. Positionspapier. Aachen. www.agsbv.de/2018/0 2/positionspapier-zum-recht-auf-schuldnerberatung, 10.3.2022

Arbeitskreis Inkassowatch (2022): Prüfungsschema Inkassokosten des AK Inkassowatch. www.infodienst-schuldnerberatung.de/ak-inkassowatch-pruefungsschem a-inkassokosten, 15.3.2022

Becker, Peter (2018): Vollstreckung seitens Leistungsträger. In: Die Sozialgerichtsbarkeit, Jg. 2018, H. 8, S. 456-465

Becker, Matthias (2021): Überschuldung in der Lebensphase Alter. Eine quantitative Betrachtung. In: Mattes, Christoph/Rosenkranz, Simon/Witte, Matthias D. (Hrsg.): Das Soziale in der Schuldnerberatung. Hohengehren: Schneider, S. 169-181

Beicht, Gottfried (2020): Warum wir unsere Anerkennung als geeignete Stelle nach 22 Jahren unter Protest zurückgeben. In: Zeitschrift für Verbraucher- und Privat-Insolvenzrecht, Jg. 2020, H. 10, S. 371-376

Bieker, Rudolf (2019): Soziale Arbeit studieren. Leitfaden für wissenschaftliches Arbeiten und Studienorganisation. 4. Aufl. Stuttgart: Kohlhammer

Bieritz-Harder, Renate/Conradis, Wolfgang/Thie, Stephan (Hrsg.) (2020): Sozialgesetzbuch XII. Lehr- und Praxiskommentar. 12. Aufl. Baden-Baden: Nomos (zitiert: Bieritz-Harder/Bearbeiter 2020, §... SGB XII Randnummer...)

Bitzan, Maria/Bolay, Eberhard (2018): Adressatin und Adressat. In: Otto, Hans-Uwe/Thiersch, Hans/Treptow, Rainer/Ziegler, Horst (Hrsg.): Handbuch Soziale Arbeit. Grundlagen der Sozialarbeit und Sozialpädagogik. 6. Aufl. München: Ernst Reinhardt, S. 42-48

Brockhaus Enzyklopädie Online (o.J.):

- Anamnese (Medizin):
  https://brockhaus.de/ecs/permalink/75B471F55FCECB9D5B1499C8A68CFD8 A.pdf, 11.3.2022
- Diagnose (allgemein):
  https://brockhaus.de/ecs/permalink/3194CF0F315934210E4FE26E9AB71578. pdf, 11.3.2022
- Intervention (allgemein):
  https://brockhaus.de/ecs/permalink/72974081127E664045D39B2D3B9A153D .pdf, 11.3.2022
- Evaluation (bildungssprachlich):
  https://brockhaus.de/ecs/permalink/A77406153E1D8E980ABBBE64DE2345D E.pdf, 11.3.2022
- Evaluation (Sozialwissenschaften): https://brockhaus.de/ecs/permalink/E30267 94E477F20BF568F27FDF9C8C93.pdf, 11.3.2022

Brühl, Albrecht/Zipf, Thomas (2000): Guter Rat bei Schulden. Informationen für Betroffene und Schuldnerberater. München: Deutscher Taschenbuch Verlag

Buhmann-Küllig, Martin/Rohlf, Alis (2014): Kooordinierungsstelle Schuldnerberatung in Schleswig-Holstein. In: Groth, Ulf/Mesch, Rainer (Hrsg.): Schuldnerberatung – eine Nahaufnahme. Beispiele guter Praxis. Kassel: Eigenverlag der Bundesarbeitsgemeinschaft Schuldnerberatung, S. 158-177

Buhren, Claus G. (2015): Grundlegendes. In: Buhren, Claus G. (Hrsg.): Handbuch Feedback in der Schule. Weinheim, Basel: Beltz, S. 11-30

Bundesarbeitsgemeinschaft Schuldnerberatung e.V. (BAG-SB) (2020): Grundsätze guter Schuldnerberatung. Satzung der BAG-SB. Berlin. www.bag-sb.de/fachverb and, 10.3.2022

Bundesregierung (2021): Sechster Armuts- und Reichtumsbericht. Berlin

Bundesregierung (2017): Fünfter Armuts- und Reichtumsbericht. Berlin

Buschkamp, Heinrich Wilhelm (2019): Die ersten 25 Jahre (1975-2000) – Anregungen zu einer Geschichte der Schuldnerberatung. In: Schwarze, Uwe/Buschkamp, Heinrich Wilhelm/Elbers, Alexander: Geschichte der Schuldnerhilfe in Deutschland. Weinheim, Basel: Beltz Juventa, S. 148-219

Cohrs, Maike (2014): Spezialisierte Senior/innen-Schuldnerberatung. In: In: Groth, Ulf/Mesch, Rainer (Hrsg.): Schuldnerberatung – eine Nahaufnahme. Beispiele guter Praxis. Kassel: Eigenverlag der Bundesarbeitsgemeinschaft Schuldnerberatung, S. 72-95

Deutscher Landkreistag/Deutscher Städtetag/Deutscher Städte- und Gemeindebund/Deutscher Anwaltsverein (1988): Kommunale Schuldnerberatungsstellen im Verhältnis zur Anwaltschaft. Abgrenzungspapier des Deutschen Landkreistages, des Deutschen Städtetages, des Deutschen Städte- und Gemeindebundes und des Deutschen Anwaltsvereins. In: Anwaltsblatt, Jg. 1988, H. 1, S. 49-50

Deutscher Bundestag (1992): Entwurf einer Insolvenzordnung. Bundestags-Drucksache (BT-Drs.) 12/2443

Deutscher Bundestag (1994): Beschlussempfehlung und Bericht des Rechtsausschusses zu dem Gesetzentwurf der Bundesregierung Drucksache 12/2443. Bundestags-Drucksache (BT-Drs.) 12/7302

Deutscher Bundestag (2006): Entwurf eines Gesetzes zur Neuregelung des Rechtsberatungsrechts. Bundestags-Drucksache (BT-Drs.) 16/3655

Deutscher Bundestag (2011): Entwurf eines Gesetzes über die Statistik der Überschuldung privater Personen (Überschuldungsstatistikgesetz). Bundestags-Drucksache (BT-Drs.) 17/7418

Deutscher Bundestag (2013): Beschlussempfehlung und Bericht des Rechtsausschusses (6. Ausschuss) zu dem Gesetzentwurf der Bundesregierung Drucksache 17/11268. Bundestags-Drucksache (BT-Drs.) 17/13535

Deutscher Bundestag (2020): Entwurf eines Gesetzes zur Fortentwicklung des Rechts des Pfändungsschutzkontos und zur Änderung von Vorschriften des Pfändungsschutzes

(Pfändungsschutzkonto-Fortentwicklungsgesetz). Bundestags-Drucksache (BT-Drs.) 19/19850

Deutscher Verein für Öffentliche und Private Fürsorge (1988): Überlegungen zur Schuldnerberatung in der sozialen Arbeit. In: Nachrichtendienst des Deutschen Vereins, Jg. 1988, S. 367-374

Dittmann, Jörg/Oehler, Patrick (2018): Soziale Arbeit und Armut. In: Böhnke, Petra/Dittmann, Jörg/ Goebel, Jan (Hrsg.): Handbuch Armut. Opladen, Toronto: Barbara Budrich, S. 331-340

Dudenredaktion (o.J.)

■ Anamnese:
  https://www.duden.de/node/5905/revision/548492, 11.3.2022
■ Diagnose:
  https://www.duden.de/node/32254/revision/703814, 11.3.2022
■ Intervention:

https://www.duden.de/node/71939/revision/535960, 11.3.2022
- Evaluation:
https://www.duden.de/node/43225/revision/484099, 11.3.2022

Ebli, Hans (2003): Pädagogisierung, Entpolitisierung und Verwaltung eines gesellschaftlichen Problems. Die Institutionalisierung des Arbeitsfeldes „Schuldnerberatung". Baden-Baden: Nomos

Ebli, Hans (2015): Wie es der Sozialen Arbeit gelang, die exklusive Zuständigkeit für die Bearbeitung von kreditspezifischen, finanziell schwierigen Situationen zu erhalten … In: Zeitschrift für sozialistische Politik im Bildungs-, Gesundheits- und Sozialbereich, H. 35 (163) S. 53-63. www.ssoar.info/ssoar/handle/document/56 763, 15.3.2022

Ebli, Hans (2020): Überschuldung und Schuldnerberatung. In: Sozialmagazin, Jg. 2020, H. 5-6, S. 6-12

Ebli, Hans/Groth, Ulf (2004): Schuldnerberatung. In: Nestmann, Frank/Engel, Frank/Sickendiek, Ursel (Hrsg.): Das Handbuch der Beratung. Band 2: Ansätze, Methoden und Felder. Tübingen: dgvt-Verlag, S. 1161-1172

Effinger, Herbert (2017): Adressat. In: Deutscher Verein für öffentliche und private Fürsorge e.V. (Hrsg.): Fachlexikon der Sozialen Arbeit. 8. Aufl. Baden-Baden: Nomos

Eicher, Wolfgang/Luik, Steffen/Harich, Björn (Hrsg.) (2021): SGB II. Grundsicherung für Arbeitssuchende. Kommentar. 5. Aufl. München: C.H. Beck (zitiert: Eicher/Bearbeiter 2021, § … SGB II Randnummer …)

Elbers, Alexander (2019): „Nach der Reform ist vor der Reform …" – Die jüngere Geschichte deutscher Verbraucherinsolvenz (1975-2015). In: Schwarze, Uwe/Buschkamp, Heinrich Wilhelm/Elbers, Alexander: Geschichte der Schuldnerhilfe in Deutschland. Weinheim, Basel: Beltz Juventa, S. 260-295

Erath, Peter (2006): Sozialarbeitswissenschaft. Eine Einführung. Stuttgart: Kohlhammer

Engisch, Karl (1963): Logische Studien zur Gesetzesanwendung. 3. Aufl. Heidelberg: Winter

Fisher, Roger/Ury, William/Patton, Bruce (2015): Das Harvard-Konzept. Die unschlagbare Methode für beste Verhandlungsergebnisse. 25. Aufl. Frankfurt und New York: Campus

Fisher, Roger/Ury, William/Patton, Bruce (2020): Das Harvard-Konzept. Die unschlagbare Methode für beste Verhandlungsergebnisse. 4. Aufl. München: Deutsche Verlags-Anstalt

Frind, Frank (2020): Fehler bei der insolvenzrechtlichen Schuldnerberatung natürlicher Personen. In: Neue Zeitschrift für Insolvenz- und Sanierungsrecht, Jg. 2020, H. 12, S. 497-503

Füssenhäuser, Cornelia (2017): Soziale Arbeit. In: Deutscher Verein für öffentliche und private Fürsorge e.V. (Hrsg.): Fachlexikon der Sozialen Arbeit. 8. Aufl. Baden-Baden: Nomos

Füssenhäuser, Cornelia/Thiersch, Hans (2018): Theorie und Theoriengeschichte Sozialer Arbeit. In: Otto, Hans-Uwe/Thiersch, Hans/Treptow, Rainer/Ziegler, Horst (Hrsg.): Handbuch Soziale Arbeit. Grundlagen der Sozialarbeit und Sozialpädagogik. 6. Aufl. München: Ernst Reinhardt, S. 1720-1733

Gagel, Alexander/Knickrehm, Sabine/Deinert, Olaf (Hrsg.) (2021): SGB II/SGB III. Grundsicherung und Arbeitsförderung. Kommentar. 84. Ergänzungslieferung. München: C.H. Beck (zitiert: Gagel/Bearbeiter 2021, § ... Gesetz Randnummer ...)

Galuske, Michael (2013): Methoden der Sozialen Arbeit. Eine Einführung. 10. Aufl. Weinheim, München: Beltz Juventa

Galuske, Michael (2018): Methoden der Sozialen Arbeit. In: Otto, Hans-Uwe/Thiersch, Hans/Treptow, Rainer/Ziegler, Horst (Hrsg.): Handbuch Soziale Arbeit. Grundlagen der Sozialarbeit und Sozialpädagogik. 6. Aufl. München: Ernst Reinhardt, S. 993-1007

Geisler, Susanna (2020): Überschuldungsstatistik 2018: Die Überschuldungssituation von Privatpersonen. In: Sozialmagazin, Jg. 2020, H. 5-6, S. 50-57

Geißler, Karlheinz A./Hege, Marianne (2007): Konzepte sozialpädagogischen Handelns: ein Leitfaden für soziale Berufe. 11. Aufl. Weinheim: Juventa

Gernhuber, Joachim (1983): Die Erfüllung und ihre Surrogate sowie das Erlöschen von Schuldverhältnissen aus anderen Gründen. Handbuch des Schuldrechts in Einzeldarstellungen. Tübingen: Mohr

Gierhake, Katrin (2021): Rechtsphilosophie. In: Krüper, Julian (Hrsg.): Grundlagen des Rechts. 4. Aufl. Baden-Baden: Nomos

Gisler, Fiona/Haunberger, Sigrid/Kita, Zuzana/Sundermann, Larissa M. (2020): Wirkungsmodell Schuldenberatung Zusammenspiel vielfältiger Wirkfaktoren – Ergebnisse systematische Literaturreview. Forschungsbericht im Rahmen der Studie „Wirkfaktoren professionellen Handelns in sozialen Organisationen (WIFA-SO)" finanziert durch den Schweizerischen Nationalfonds. Teilbericht. Zürich. https://digitalcollection.zhaw.ch/bitstream/11475/19821/3/2020_Gisler-Haunberger-Kita-Sundermann_Wirkungsmodell-Schuldenberatung.pdf, 15.3.2022

Groenemeyer, Axel (2018): Soziale Probleme. In: Otto, Hans-Uwe/Thiersch, Hans/Treptow, Rainer/Ziegler, Hilger (Hrsg.): Handbuch Soziale Arbeit. 6. Aufl. München: Ernst Reinhardt, S. 1492-1507

Groenemeyer, Axel/Schmidt, Holger (2018): Evaluation und Evaluationsforschung. In: Otto, Hans-Uwe/Thiersch, Hans/Treptow, Rainer/Ziegler, Hilger (Hrsg.): Handbuch Soziale Arbeit. 6. Aufl. München: Ernst Reinhardt, S. 361-373

Groenemeyer, Axel (2017): Soziale Probleme. In: Deutscher Verein für öffentliche und private Fürsorge e.V. (Hrsg.): Fachlexikon der Sozialen Arbeit. 8. Aufl. Baden-Baden: Nomos

Greve, Werner (Hrsg.) (2000): Psychologie des Selbst. Weinheim: Psychologie Verlags Union

Grote, Hugo/Zamaitat, Andreas (2018): ABC der pfändbaren Lohn- und Gehaltspositionen. Bonn: ZAP Verlag GmbH

Groth, Ulf (1984): Schuldnerberatung. Praktischer Leitfaden für die Sozialarbeit. Frankfurt, New York: Campus-Verlag

Groth, Ulf (1990): Schuldnerberatung. Praktischer Leitfaden für die Sozialarbeit. Frankfurt, New York: Campus-Verlag

Groth, Ulf (1992): Schuldnerberatung. Praktischer Leitfaden für die Sozialarbeit. Frankfurt, New York: Campus-Verlag

Groth, Ulf (2014): Tools für eine optimierte Beratung. In: Groth, Ulf/Mesch, Rainer (Hrsg.): Schuldnerberatung – eine Nahaufnahme. Beispiele guter Praxis. Kassel: Eigenverlag der Bundesarbeitsgemeinschaft Schuldnerberatung, S. 22-47

Groth, Ulf/Schulz, Rolf/Schulz-Rackoll, Rolf (1994): Handbuch Schuldnerberatung. Neue Praxis der Wirtschaftssozialarbeit. Frankfurt/Main, New York: Campus Verlag

Groth, Ulf/Mesch, Rainer (2014): Einführung. In: Groth, Ulf/Mesch, Rainer (Hrsg.): Schuldnerberatung – eine Nahaufnahme. Kassel: Eigenverlag der Bundesarbeitsgemeinschaft Schuldnerberatung, S. XI-XXI

Groth, Ulf/Homann, Carsten/Hornung, Rita/Maltry, Christian/Peters, Sally/Richter, Claus/Tiffe, Achim/Zimmermann, Dieter/Zipf, Thomas (2021): Praxishandbuch Schuldnerberatung (PHSB). Loseblattsammlung. 30. Ergänzungslieferung. Köln: Wolters Kluwer

Grube, Christian/Wahrendorf, Volker/Flint, Thomas (Hrsg.) (2020): SGB XII. Sozialhilfe mit Eingliederungshilfe (SGB IX Teil 2) und Asylbewerberleistungsgesetz. Kommentar. 7. Aufl. München: Beck (zitiert: Flint/Bearbeiter 2020, § ... Randnummer ...)

Grüneberg, Christian (2022): Bürgerliches Gesetzbuch. Kommentar. 81. Aufl. München: C.H. Beck (zitiert: Grüneberg/Bearbeiter 2022, § ... BGB Randnummer ...)

Hau, Wolfgang/Poseck, Roman (2022): Beck'scher Online-Kommentar Bürgerliches Gesetzbuch. 61. Edition. München: C.H. Beck (zitiert Hau/Bearbeiter 2022, § ... BGB Randnummer ...)

Heiner, Maja (1988): Von der forschungsorientierten zur praxisorientierten Selbstevaluation. Entwurf eines Konzeptes. In: Heiner, Maja (Hrsg.): Selbstevaluation in der sozialen Arbeit. Freiburg im Breisgau: Lambertus, S. 7-40

Heiner, Maja (2018): Diagnostik in der Sozialen Arbeit. In: Otto, Hans-Uwe/ Thiersch, Hans/Treptow, Rainer/Ziegler, Horst (Hrsg.): Handbuch Soziale Arbeit. Grundlagen der Sozialarbeit und Sozialpädagogik. 6. Aufl. München: Ernst Reinhardt, S. 242-255

Henning, Kai/Lackmann, Frank/Rein, Andreas (Hrsg.) (2022): Privatinsolvenz. Insolvenzverfahren und Restschuldbefreiung. Handkommentar. 2. Aufl. Baden-Baden: Nomos (zitiert: Henning/Bearbeiter 2022, § … Gesetz Randnummer …)

Hergenröder, Curt Wolfgang (2021): Das vorläufige Zahlungsverbot im Spannungsfeld zwischen Gläubigersicherung und Rechtsmissbrauch. In: Deutsche Gerichtsvollzieherzeitung, Jg. 2021, H. 5, S. 101-110

Hergenröder, Curt Wolfgang (2003): Die gewerbliche Schuldnerberatung im Spannungsfeld zwischen Insolvenzordnung, Rechtsberatungsgesetz und Verfassungsrecht. In: Zeitschrift für Verbraucher- und Privat-Insolvenzrecht, Jg. 2003, H. 11, S. 577-587

Hegenröder, Curt Wolfgang/Homann, Carsten (2013): Die Reform der Verbraucherentschuldung: Plädoyer für eine Neuorientierung. In: Zeitschrift für Verbraucher- und Privat-Insolvenzrecht, Jg. 2013, H. 4, S. 129-134

Herten, Agnes/Monshausen/Petra (2012): Erstkontakte und Erstgespräche. In: Gastiger, Sigmund/Stark, Marius: Schuldnerberatung – eine ganzheitliche Aufgabe für methodische Sozialarbeit. Freiburg im Breisgau: Lambertus, S. 23-31

Herzog, Kerstin (2020): Zur (Nicht-)Nutzung von Schuldnerberatung. In: Sozialmagazin, Jg. 2020, H. 5-6, S. 44-49

Hesse, Konrad (1999): Grundzüge des Verfassungsrechts der Bundesrepublik Deutschland. 20. Aufl. Heidelberg: C.F. Müller

Hirseland, Andreas/Kerschbaumer, Lukas (2021): Überschuldung durch Arbeitslosigkeit. Finanzielle und soziale Folgen kritischer Lebensereignisse in der Konsumgesellschaft. In: Mattes, Christoph/Rosenkranz, Simon/Witte, Matthias D. (Hrsg.): Das Soziale in der Schuldnerberatung. Hohengehren: Schneider, S. 155-167

Homann, Carsten (2009): Praxis und Recht der Schuldnerberatung. Köln: RWS

Homann, Carsten (2011): Krise und Schulden – Eine (rechtliche) Begriffsklärung. In: Hergenröder, Curt Wolfgang: Krisen und Schulden. Wiesbaden: VS Verlag/Springer, S. 125-136

Homann, Carsten (2015): Überschuldung aufgrund unwirtschaftlicher Haushaltsführung – gleichzeitig ein Anlass zur Versagung der Restschuldbefreiung? In: Hergenröder, Curt Wolfgang: (Un)wirtschaftliche Haushaltsführung. Perspektiven aus interdisziplinärer Sicht. Wiesbaden: Springer VS, S. 147-163

Homann, Carsten (2020): Inkassokosten – ein perpetuum mobile? Gleichzeitig eine Betrachtung des Gesetzentwurfs der Bundesregierung zur Verbesserung des Verbraucherschutzes im Inkassorecht. In: Deutsche Gerichtsvollzieherzeitung, Jg. 2020, H. 9, S. 157-169

Homann, Carsten (2021): Recht (in) der Sozialen Schuldnerberatung. In: Mattes, Christoph/Rosenkranz, Simon/Witte, Matthias D. (Hrsg.): Das Soziale in der Schuldnerberatung. Hohengehren: Schneider, S. 185-199

Homann, Carsten/Zimmermann, Dieter (2018): Resozialisierung und Verschuldung. In: Cornel, Heinz/Kawamura-Reindl, Gabriele/Sonnen, Bernd-Rüdeger (Hrsg.): Resozialisierung. Handbuch. 4. Aufl. Baden-Baden: Nomos

Jahn, Wilfried (2012): Schuldenregulierung. In: Gastiger, Sigmund/Stark, Marius: Schuldnerberatung – eine ganzheitliche Aufgabe für methodische Sozialarbeit. Freiburg im Breisgau: Lambertus, S. 75-81

Jankowiak, Walter (2016): Erstmals hochgerechnete Ergebnisse der Überschuldungsstatistik. In: Wirtschaft und Statistik, Jg. 2016, H. 2, S. 26-34

Just, Werner (Hrsg.) (1990): Sozialberatung für SchuldnerInnen. Methodische, psychodynamische und rechtliche Aspekte. Eine Orientierungshilfe für die Praxis. Unter Mitarbeit von Wolfgang Ohnesorge, Wilfried Roßmanith, Alfred Schleimer, Harry Wagner und Karl-Heinz Willems. Freiburg im Breisgau: Lambertus

Just, Werner (2012): Schuldnerberatung ist Sozialarbeit. In: Gastiger, Sigmund/Stark, Marius: Schuldnerberatung – eine ganzheitliche Aufgabe für methodische Sozialarbeit. Freiburg im Breisgau: Lambertus, S. 13-18

Konferenz der Justizministerinnen und Justizminister (1997): Musterentwurf eines Ausführungsgesetzes zur Insolvenzordnung. In: Zeitschrift für Wirtschaftsrecht, Jg. 1997, H. X, S. 1211-1212

Keßler, Rainer (1990): Methoden der praktischen Rechtsanwendung – Rechtstechnik. In: Kreft, Dieter/Münder, Johannes/Keßler, Rainer/Kühnel, Reiner/Roscher, Falk: Soziale Arbeit und Recht. 3. Aufl. Weinheim, Basel: Beltz, S. 114-129

Knobloch, Michael/Reifner, Udo (2010): iff-Überschuldungsreport. Hamburg

Knobloch, Michael/Reifner, Udo (2012): iff-Überschuldungsreport. Hamburg

Korczak, Dieter (2001): Überschuldung in Deutschland zwischen 1988 und 1999. Gutachten im Auftrag des Bundesministeriums für Familie, Senioren, Frauen und Jugend. Schriftenreihe des Bundesministeriums für Familie, Senioren, Frauen und Jugend, Band 198. Stuttgart, Berlin, Köln: Kohlhammer

Korczak, Dieter (2006): Überschuldung im Kontext der Modernisierung. In: Korczak, Dieter (Hrsg.): Geld und andere Leidenschaften, Macht, Eitelkeit und Glück, Asanger: Kröning, S. 153–180

Korczak, Dieter (2013): Überschuldungsforschung im Nebel. In: BAG-SB Informationen, Jg. 2013, H. 2, S. 128-132

Korczak, Dieter/Pfefferkorn, Gabriela (1992): Überschuldungssituation und Schuldnerberatung in der Bundesrepublik Deutschland: Studie im Auftrag des Bundesministeriums für Familie und Senioren und des Bundesministeriums der Justiz. Stuttgart, Berlin, Köln: Kohlhammer

Kötter, Ute (2013): Stolperstein oder Steigbügel? Soziales Recht – Behinderer und/oder Ermöglicher Sozialer Arbeit. In: Hammerschmidt, Peter/Sagebiel, Juliane/Steindorff-Classen, Caroline (Hrsg.): Unheimliche Verbündete. Recht und Soziale Arbeit in Geschichte und Gegenwart. Neu-Ulm: AG-SPAK-Bücher, S. 117 bis 133

Krahmer, Utz (2011): Rechtsfragen der Schuldnerberatung nach Hartz IV: Kritische Anmerkungen zum Urteil des Bundessozialgerichts vom 13.7.2010 (B 8 SO 14/09 R) zu § 16a SGB II sowie § 11 Abs. 5 S. 3 SGB XII. In: Sozialrecht aktuell, Jg. 2011, H. 5, S. 161 bis 164

Kuhlemann, Astrid/Walbrühl, Ulrich (2008): Wirksamkeit von Schuldnerberatung in Deutschland. In: Bundesministerium für Familie, Senioren, Frauen und Jugend: Lebenslagen von Familien und Kindern. Überschuldung privater Haushalte. Expertisen zur Erarbeitung des dritten Armuts- und Reichtumsberichts der Bundesregierung. Materialien zur Familienpolitik Nr. 22/2008. Berlin, S. 6-32

Kuntz, Roger (1989): Arbeitsansätze und Arbeitsinhalte. In: Münder, Johannes/Höfker, Guntram/Kuntz, Roger/Westerath, Jürgen: Schuldnerberatung in der sozialen Arbeit. München: Votum Verlag, S. 24-30

Kuntz, Roger (1989): Schuldnerberatung ist Sozialabeit. In: Münder, Johannes/Höfker, Guntram/Kuntz, Roger/Westerath, Jürgen: Schuldnerberatung in der sozialen Arbeit. München: Votum Verlag, S. 31-40

Lambers, Helmut (2020): Theorien der Sozialen Arbeit. Ein Kompendium und Vergleich. 5. Aufl. Opladen, Toronto: Barbara Budrich

Langenbahn, Martin (2012): Krisenintervention. In: Gastiger, Sigmund/Stark, Marius: Schuldnerberatung – eine ganzheitliche Aufgabe für methodische Sozialarbeit. Freiburg im Breisgau: Lambertus, S. 33-68

Larenz, Karl/Canaris, Claus-Wilhelm (1995): Methodenlehre der Rechtswissenschaft, 3. Aufl. Berlin, Heidelberg: Springer

Lechner, Götz/Backert, Wolfram (2008): Menschen in der Verbraucherinsolvenz. Rechtliche und soziale Wirksamkeit des Verbraucherinsolvenzverfahrens einschließlich Darstellung der Haushaltsstrukturdaten des untersuchten Personenkreises. In: Bundesministerium für Familie, Senioren, Frauen und Jugend: Lebenslagen von Familien und Kindern. Überschuldung privater Haushalte. Expertisen zur Erarbeitung des dritten Armuts- und Reichtumsberichts der Bundesregierung. Materialien zur Familienpolitik Nr. 22/2008. Berlin, S. 33-54

Luft, Joseph (1989): Einführung in die Gruppendynamik. Frankfurt am Main: Fischer Taschenbuch Verlag

Lutz, Ronald (2014): Soziale Erschöpfung: kulturelle Kontexte sozialer Ungleichheit. Weinheim, Basel: Beltz

Maas, Udo (1996): Soziale Arbeit als Verwaltungshandeln. 2. Aufl. Weinheim, München: Juventa

Maltry, Christian (2003a): Kundenakquise. In: Arbeitskreise Neue Armut (Hrsg.): Geschäfte mit der Armut, EWS e.V. Unseriöse Kreditvermittlung und Schuldenregulierung. Ein Handbuch für die Schuldnerberatung und den Verbraucherschutz. 2. Aufl. Berlin: Arbeitskreis Neue Armut

Maltry, Christian (2003b): Gewerbliche Schuldenregulierung. In: Arbeitskreise Neue Armut (Hrsg.): Geschäfte mit der Armut, EWS e.V. Unseriöse Kreditvermittlung und Schuldenregulierung. Ein Handbuch für die Schuldnerberatung und den Verbraucherschutz. 2. Aufl. Berlin: Arbeitskreis Neue Armut

Mantseris, Nicolas (2012): Haushaltsplanung, Budgetberatung. In: Gastiger, Sigmund/Stark, Marius: Schuldnerberatung – eine ganzheitliche Aufgabe für methodische Sozialarbeit. Freiburg im Breisgau: Lambertus, S. 69-73

Matthes, Christoph (2021): Schuldenberatung und Schuldenprävention als Soziale Arbeit. Grundwissen und Handlungskonzepte. Stuttgart: Kohlhammer

Mattes, Christoph (2020): Professionalisierung und Professionalität der Schuldnerberatung. In: Sozialmagazin, Jg. 2020, H. 5-6, S. 23-29

Mattes, Christoph/Rosenkranz, Simon/Witte, Matthias D. (Hrsg.) (2021): Einleitung. Das Soziale in der Schuldnerberatung. In: Mattes, Christoph/Rosenkranz, Simon/Witte, Matthias D. (Hrsg.): Das Soziale in der Schuldnerberatung. Hohengehren: Schneider, S. 7-15

Mattes, Christoph/Rosenkranz, Simon/Witte, Matthias (Hrsg.) (2021): Das Soziale in der Schuldnerberatung. Baltmannsweiler: Schneider Verlag Hohengehren

Mattes, Christoph/Knöpfel, Carlo (Hrsg.) (2019): Armutsbekämpfung durch Schuldenprävention. Empirische Befunde, methodische Zugänge und Perspektiven. Wiesbaden: Springer VS

Mattes, Christoph/Lang, Michael (2015): Professionalität und Entfremdung in der Schuldnerberatung – ein Beitrag zur Präzisierung des beruflichen Handelns der Sozialen Arbeit bei Verschuldung. In: BAG-SB Informationen, Jg. 2015, H. 2, S. 70-77

Maurer, Susanne/May, Michael (2018): Gender, Genderforschung. In: Otto, Hans-Uwe/Thiersch, Hans/Treptow, Rainer/Ziegler, Horst (Hrsg.): Handbuch Soziale Arbeit. Grundlagen der Sozialarbeit und Sozialpädagogik. 6. Aufl. München: Ernst Reinhardt, S. 476-489

May, Michael/Schäfer, Arne (2021): Theorien für die Soziale Arbeit. 2. Aufl. Baden-Baden: Nomos

Mecheril, Paul/Blößer, Melanie (2018): Diversity und Soziale Arbeit. In: Otto, Hans-Uwe/Thiersch, Hans/Treptow, Rainer/Ziegler, Hilger (Hrsg.): Handbuch Soziale Arbeit. 6. Aufl. München: Ernst Reinhardt, S. 283-292

Merchel, Joachim (2019): Evaluation in der Sozialen Arbeit. 3. Aufl. München: Ernst Reinhardt Verlag

Mesch, Rainer (2014): Methodenvielfalt in der Insolvenzberatung. In: Groth, Ulf/Mesch, Rainer (Hrsg.): Schuldnerberatung – eine Nahaufnahme. Beispiele guter Praxis. Kassel: Eigenverlag der Bundesarbeitsgemeinschaft Schuldnerberatung, S. 48-71

Mitsch, Wolfgang (Hrsg.) (2018): Karlsruher Kommentar zum Gesetz über Ordnungswidrigkeiten. 5. Aufl. München: C.H. Beck (zitiert: Mitsch/Bearbeiter 2018, § … OWiG Randnummer …)

Müller, Burkhard (1993): Sozialpädagogisches Können. Ein Lehrbuch zur multiperspektivischen Fallarbeit. 1. Aufl. Freiburg im Breisgau: Lambertus

Müller, Burkhard/Hochuli Freund, Ursula (2017): Sozialpädagogisches Können. Ein Lehrbuch zur multiperspektivischen Fallarbeit. 8. Aufl. Freiburg im Breisgau: Lambertus

Mühlethaler, Esther/Drilling, Matthias/Iyadurai, Gosalya/Dittmann, Jörg (2021): Verschuldung und Obdachlosigkeit. Schuldnerberatung als Querschnittskompetenz Sozialer Arbeit im Handlungsfeld Wohnen. In: Mattes, Christoph/Rosenkranz, Simon/Witte, Matthias D. (Hrsg.): Das Soziale in der Schuldnerberatung. Hohengehren: Schneider, S. 143-154

Münder, Johannes (1989): Schuldnerberatung als Aufgabe der sozialen Arbeit. In: Münder, Johannes/Höfker, Guntram/Kuntz, Roger/Westerath, Jürgen: Schuldnerberatung in der sozialen Arbeit. München: Votum Verlag, S. 15-23

Münder, Johannes (1990): Gesellschaft, Recht, soziale Arbeit – Die Bedeutung des Rechts für die Berufspraxis der sozialen Arbeit. In: Kreft, Dieter/Münder, Johannes/Keßler, Rainer/Kühnel, Reiner/Roscher, Falk: Soziale Arbeit und Recht. 3. Aufl. Weinheim, Basel: Beltz, S. 13-32

Münder, Johannes/Geiger, Udo (Hrsg.) (2020): SGB II. Grundsicherung für Arbeitssuchende. 7. Aufl. Baden-Baden: Nomos (zitiert: Münder/Bearbeiter 2020, § … SGB II Randnummer …)

Münster, Eva/Letzel, Stephan: Überschuldung, Gesundheit und soziale Netzwerke. In: Bundesministerium für Familie, Senioren, Frauen und Jugend: Lebenslagen von Familien und Kindern. Überschuldung privater Haushalte. Expertisen zur Erarbeitung des dritten Armuts- und Reichtumsberichts der Bundesregierung. Materialien zur Familienpolitik Nr. 22/2008. Berlin, S. 55-129

Musielak, Hans-Joachim/Voit, Wolfgang (Hrsg.) (2022): ZPO. Zivilprozessordnung mit Gerichtsverfassungsgesetz. Kommentar. 19. Auflage, München: Franz Vahlen (zitiert: Musielak/Bearbeiter 2022, § … ZPO, Randnummer …)

Nestmann, Frank/Sickendiek, Ursula (2018): Beratung. In: Otto, Hans-Uwe/Thiersch, Hans/Treptow, Rainer/Ziegler, Horst (Hrsg.): Handbuch Soziale Arbeit. Grundlagen der Sozialarbeit und Sozialpädagogik. 6. Aufl. München: Ernst Reinhardt, S. 110-120

Neuenfeldt, Detlef (1998): Schuldnerberatung. Ein Lehr- und Praxisbuch. Weinheim, Basel: Beltz Verlag

Pattar, Andreas Kurt (2012): Sozialhilferechtliches Dreiecksverhältnis – Rechtsbeziehungen zwischen Hilfebedürftigen, Sozialhilfeträgern und Einrichtungsträgern. Einführung in die rechtlichen Grundlagen. In: Sozialrecht aktuell, Jg. 2012, H. 3, S. 85-99

Peters, Sally (2020): Schulden – ein geschlechtsspezifisches Thema? In: Sozialmagazin, Jg. 2020, H. 5-6, S. 72-77

Preuße, Heide (2019): Überschuldungsrisiken von Niedrigeinkommenbeziehern und Familienhaushalten – Konsequenzen für präventive Bildungs- und Beratungsansätze. In: Mattes, Christoph/Knöpfel, Carlo (Hrsg.): Armutsbekämpfung durch Schuldenprävention. Empirische Befunde, methodische Zugänge und Perspektiven. Wiesbaden: Springer VS, S. 53-72

Rein, Andreas (2015): Finanzierung einer anwaltlichen Schuldnerberatung durch Kommunen. Zugleich Besprechung LSG Celle v. 28.4.2015 – L 11 AS 255/13. In: Zeitschrift für Verbraucher- und Privatinsolvenzrecht, Jg. 2015, H. 12, S. 445-447

Rein, Andreas (2013): Qualität kostet Geld – Zur Finanzierung und rechtlichen Verankerung der Schuldnerberatung. In: BAG-SB Informationen, Jg. 2013, H. 2, S. 116-127

Rein, Andreas (2010): Keine präventive Schuldnerberatung zur Verhinderung einer Bedürftigkeit. Anmerkung zu BSG, Urteil vom 13.7.2010 – B 8 SO 14/09 R. In: Verbraucherinsolvenz aktuell, Jg. 2010, H. 11, S. 86-87

Rein, Andreas/Herzog, Kerstin (2014): Die Finanzierung der Schuldnerberatung – Grenzen und Perspektiven nach dem BSG-Urteil vom 13.7.2010. In: Zeitschrift für Verbraucher- und Privatinsolvenzrecht, Jg. 2010, H. 3, S. 81-92

Rosendörfer, Tatjana (2019): Alltägliches Wirtschaften mit (zu) wenig Geld – empirische Ergebnisse von Haushalten im Grundsicherungsbezug. In: Mattes, Christoph/Knöpfel, Carlo (Hrsg.): Armutsbekämpfung durch Schuldenprävention. Empirische Befunde, methodische Zugänge und Perspektiven. Wiesbaden: Springer VS, S. 73-87

Säcker, Franz Jürgen/Rixecker, Roland/Oetker, Hartmut/Limberg, Bettina (Hrsg.): Münchener Kommentar zum Bürgerlichen Gesetzbuch. Band 3. 9. Auflage 2019. München: C.H. Beck (zitiert: MüKo-BGB/Bearbeiter 2019, § … BGB Randnummer …)

Säcker, Franz Jürgen/Rixecker, Roland/Oetker, Hartmut/Limberg, Bettina (Hrsg.): Münchener Kommentar zum Bürgerlichen Gesetzbuch. Band 2. 8. Auflage 2019. München: C.H. Beck (zitiert: MüKo-BGB/Bearbeiter 2019, § … BGB Randnummer …)

Sauer, Heiko (2021): Juristische Methodenlehre. In: Krüper, Julian (Hrsg.): Grundlagen des Rechts. 4. Aufl. Baden-Baden: Nomos

Saur, Christiane (2004): Beratungsanfang: Oft verkannte und unterschätzte Chance des Beratungsprozesses. Berlin. www.infodienst-schuldnerberatung.de;berat

ungsanfang-oft-verkannte-und-unterschaetzte-chance-des-beratungsprozesses, 10.3.2022

Schefold, Werner (2012): Sozialpädagogische Forschung – Stand und Perspektiven. In: Thole, Werner (Hrsg.): Grundriss Soziale Arbeit. Ein einführendes Handbuch. 4. Aufl. Wiesbaden: VS Verlag/Springer, S. 1123-1144

Schellhorn, Helmut/Hohm, Karl-Heinz/Scheider, Peter/Legros, Christoph (Hrsg.) (2020): SGB XII. Kommentar. 20. Aufl. Köln: Luchterhand (zitiert: Schellhorn/Bearbeiter 2020, § ... SGB XII Randnummer ...)

Schilling, Johannes/Klus, Sebastian (2022): Soziale Arbeit. Geschichte – Theorie – Profession. 8. Aufl. München: Ernst Reinhardt

Schlabs, Susanne (2011): Schuldnerberatungstätigkeit: Ablauf, Strategie, organisatorischer Rahmen. In: Schruth, Peter/Schlabs, Susanne/Müller, Klaus/Stammler, Claudia/Westerath, Jürgen/Wolkowski, Boris: Schuldnerberatung in der Sozialen Arbeit – Sozialpädagogische, juristische und gesellschaftliche Grundkenntnisse für Theorie und Praxis. Weinheim: Juventa, S. 109-134

Schlag, Roman (2020): Der Kern der Arbeit ist immer die Schuldnerberatung und die psychosoziale Begleitung. In: Sozialmagazin. Die Zeitschrift für Soziale Arbeit. 45. Jahrgang, H. 5-6, S. 30-36

Schmerbach, Ulrich (2011): Leitlinien einer Reform der Insolvenzverfahren natürlicher Personen. In: Neue Zeitschrift für das Insolvenz- und Sanierungsrecht, Jg. 2011, H. 4, S. 131-134

Schmidt-Futterer, Wolfgang/Börstingshaus, Ulf P. (2021): Mietrecht. Großkommentar des Wohn- und Gewerberaummietrechts. 15. Aufl. 2022. München: C.H. Beck (zitiert: Schmidt-Futterer/Bearbeiter 2022, § ... Gesetz, Randnummer ...)

Schneider, Daniel (2021): Überschuldung im Alter. Handlungsmöglichkeit im Rahmen der Sozialen Schuldnerberatung. Regensburg: Walhalla

Schröder, Tobias (2016): Überschuldung privater Haushalte und die Möglichkeit der Restschuldbefreiung. Eine rechtssoziologische Analyse. Baden-Baden: Nomos

Schruth, Peter (2003): Schuldnerberatung als Aufgabe der sozialen Arbeit. In: Schruth, Peter/Kuntz, Roger/Müller, Peter/Stammler, Claudia/Westerath, Jürgen: Schuldnerberatung in der Sozialen Arbeit. Weinheim, Basel, Berlin: Beltz

Schulze, Reiner (Schriftleitung) (2021): Bürgerliches Gesetzbuch. Handkommentar. 11. Aufl. Baden-Baden: Nomos (zitiert: Schulze/Bearbeiter 2021, § ... BGB Randnummer ...)

Schütz, Astrid (2000): Das Selbstwertgefühl als soziales Konstrukt: Befunde und Wege der Erfassung. In: Greve, Werner (Hrsg.): Psychologie des Selbst. Weinheim: Psychologie Verlags Union, S. 189-207

Schütze, Bernd (Hrsg.) (2020): SGB X. Sozialverwaltungsverfahren und Sozialdatenschutz. Kommentar. 9. Aufl. München: C.H. Beck (zitiert: Schütze/Bearbeiter 2020, § ... SGB X Randnummer ...)

Schwarze, Uwe (2011): Schuldnerberatung: „Querschnittsaufgabe" im Geflecht von Verbraucherinsolvenz, aktivierender Arbeitsmarktpolitik und Sozialarbeit? Eine steuerungstheoretische Analyse. In: BAG-SB Informationen, Jg. 2011, H. 2, S. 76-91

Schwarze, Uwe/Buschkamp, Heinrich Wilhelm/Elbers, Alexander (2019): Geschichte der Schuldnerhilfe in Deutschland. Weinheim, Basel: Beltz Juventa

Schwengers, Clarita/Ehmann, Frank/Homann, Carsten (2021): § 17 Armut. In: Fasselt, Ursula/Schellhorn, Helmut (Hrsg.): Handbuch Sozialrechtsberatung. 6. Aufl. Baden-Baden: Nomos, S. 317-383

Schwing, Rainer/Fryszer, Andreas (2018): Systemisches Handwerk. Werkzeug für die Praxis. 8. Aufl. Göttingen: Vandenhoeck & Ruprecht

Siefert, Jutta (2020): § 23 Sozialhilferecht. In: Ruland, Franz/Becker, Ulrich/Axer, Peter (Hrsg.): Sozialrechtshandbuch. 6. Aufl. Baden-Baden: Nomos, S. 1135-1188

Sommerfeld, Peter (1998): Erkenntnistheoretische Grundlagen der Sozialarbeitswissenschaft und Konsequenzen für die Forschung. In: Steinert, Erika/Sticher-Gil, Birgitta/Sommerfeld, Peter/Maier, Konrad (Hrsg.): Sozialarbeitsforschung. Was sie ist und leistet. Freiburg im Breisgau: Lambertus, S. 182-192

Statistisches Bundesamt (destatis) (2020): Statistik zu beendeten Insolvenzverfahren und Restschuldbefreiung, Fachserie 2, Reihe 4.1.1. www.destatis.de/DE/Met hoden/Qualitaet/Qualitaetsberichte/Unternehmen/beendete-insolvenzverfahren.h tml, 15.3.2022

Statistisches Bundesamt (destatis) (2021a): Statistik zur Überschuldung privater Personen, Fachserie 15, Reihe 5. www.des tatis.de/DE/Themen/Gesellschaft-Umwelt/Einko mmen-Konsum-Lebensbedingungen/Vermoegen-Schulden/_inhalt.html;jsessio nid=5257F6F6A43A238072B36E81096E456F.live732#sprg233606, 15.3.2022

Statistisches Bundesamt (destatis) (2021b): Insolvenzen nach Jahren. https://www. destatis.de/DE/Themen/Branchen-Unternehmen/Unternehmen/Gewerbemeldungen -Insolvenzen/Tabellen/lrins01.html

Statistisches Bundesamt (destatis) (2021c): Verbraucherinsolvenzen nach Jahren. www.destatis.de/DE/Themen/Gesellschaft-Umwelt/Einkommen -Konsum-Lebensbedingungen/Vermoegen-Schulden/Tabellen/verbraucherinsolven zen-jahren.html, 15.3.2022

Statistisches Bundesamt (destatis) (2021d): Insolvenzen von Unternehmen und übrigen Schuldnern. www.destatis.de/DE/Themen/Branchen-Unternehmen/Untern ehmen/Gewerbemeldungen-Insolvenzen/Tabellen/anzahl-der-beantragten-insolven zverfahren.html, 15.3.2022

Statistisches Bundesamt (destatis) (2021e): Statistik über beantragte Verfahren, mangels Masse abgewiesen. www-genesis.destatis.de/genesis/online?operation=abr uftabelleBearbeiten&levelindex=1&levelid=1646417828390&auswahloperation= abruftabelleAuspraegungAuswaehlen&auswahlverzeichnis=ordnungsstruktur&au

swahlziel=werteabruf&code=52411-0001&auswahltext=&werteabruf=Werteabr uf#abreadcrumb, 15.3.2022

Stegmaier, Peter (2021): Recht und Normativität aus soziologischer Perspektive In: Krüper, Julian (Hrsg.): Grundlagen des Rechts. 4. Aufl. Baden-Baden: Nomos

Stock, Christof/Schermaier-Stöckl,Barbara/Klomann, Verena/Vitr, Anika (2020): Soziale Arbeit und Recht, Lehrbuch sowie Fallsammlung und Arbeitshilfen. 2. Aufl. Baden-Baden: Nomos

Thomsen, Monika (2008): Professionalität in der Schuldnerberatung. Wiesbaden: VS Verlag

Uhlendorff, Uwe/Euteneuer, Matthias/Sabla, Kim-Patrick (2013): Soziale Arbeit mit Familien. München, Basel: Ernst Reinhardt

Weber, Klaus (2021): Rechtswörterbuch. 27. Edition. München: C.H. Beck

Westerath, Jürgen/Franken, Michael: Gerichtliches Mahnverfahren und Zwangs-vollstreckung (2011). In: Schruth, Peter/Schlabs, Susanne/Müller, Klaus/Stammler, Claudia/Westerath, Jürgen/Wolkowski, Boris: Schuldnerberatung in der Sozialen Arbeit – Sozialpädagogische, juristische und gesellschaftliche Grundkenntnisse für Theorie und Praxis. Weinheim: Juventa, S. 274-302

Winkler, Jürgen/Homann, Carsten (2021): § 25 Besondere soziale Schwierigkeit (Strafentlassene/Wohnungslose). In: Fasselt, Ursula/Schellhorn, Helmut (Hrsg.): Handbuch Sozialrechtsberatung. 6. Aufl. Baden-Baden: Nomos, S. 622-647

Zier, Ulrike/Letzel, Stephan/Münster, Eva (2015): Probleme der Erfassung von Überschuldungsgründen am Beispiel der Ursachen „unwirtschaftliche Haushalts-führung" und „Krankheit". In: Hergenröder, Curt Wolfgang: (Un)wirtschaftliche Haushaltsführung. Perspektiven aus interdisziplinärer Sicht. Wiesbaden: Springer VS, S. 219-245

Zimmermann, Dieter/Zipf, Thomas (2014): Das Darmstädter Praxisforum. In: Groth, Ulf/Mesch, Rainer (Hrsg.): Schuldnerberatung – eine Nahaufnahme. Bei-spiele guter Praxis. Kassel: Eigenverlag der Bundesarbeitsgemeinschaft Schuldner-beratung, S. 140-157

Zöller, Richard (2020): ZPO. Zivilprozessordnung. Kommentar. 33. Aufl. Köln: Otto Schmidt (zitiert: Zöller/Bearbeiter 2020, § ... ZPO Randnummer ...)

Stichwortverzeichnis

Die Angaben verweisen auf die Seitenzahlen des Buches.

Bereits erschienen in der Reihe
KOMPENDIEN DER SOZIALEN ARBEIT

Einladung zur Sozialen Arbeit
Von Prof. Dr. Peter Löcherbach und Prof. Dr. Ria Puhl
2. Auflage 2022, 251 Seiten, broschiert, ISBN 978-3-8487-8185-0

Migration und Integration in der Sozialen Arbeit
Von Prof. Dr. Beate Aschenbrenner-Wellmann und Lea Geldner
2022, 251 Seiten, broschiert, ISBN 978-3-8487-6832-5

Beratung und Beratungswissenschaft
Herausgegeben von Prof. Dr. Tanja Hoff und Prof. Dr. Renate Zwicker-Pelzer
2. Auflage 2022, 239 Seiten, broschiert, ISBN 978-3-8487-7846-1

Jungen als Opfer sexueller Gewalt
Von Clemens Fobian, Prof. Dr. Michael Lindenberg und Rainer Ulfers
2. Auflage 2022, 181 Seiten, broschiert, ISBN 978-3-8487-7259-9

Pflegekinderhilfe für die Soziale Arbeit
Von Prof. Dr. Klaus Wolf
2022, 227 Seiten, broschiert, ISBN 978-3-8487-6707-6

Soziale Arbeit nach traumatischen Erfahrungen
Von Prof. Dr. Julia Gebrande
2021, 245 Seiten, broschiert, ISBN 978-3-8487-6412-9

Recht für die Kindheitspädagogik
Von Prof. Dr. Christopher Schmidt und Prof. Dr. Annette Rabe
2021, ca. 227 Seiten, broschiert, ISBN 978-3-8487-8076-1

Sozialleistungsansprüche für Flüchtlinge und Unionsbürger
Von Prof. Dr. Gabriele Kuhn-Zuber
2018, 304 Seiten, broschiert, ISBN 978-3-8487-3206-7

Zeitfracht Medien GmbH
Ferdinand-Jühlke-Straße 7
99095 Erfurt, Deutschland
produktsicherheit@kolibri360.de